Entre nous

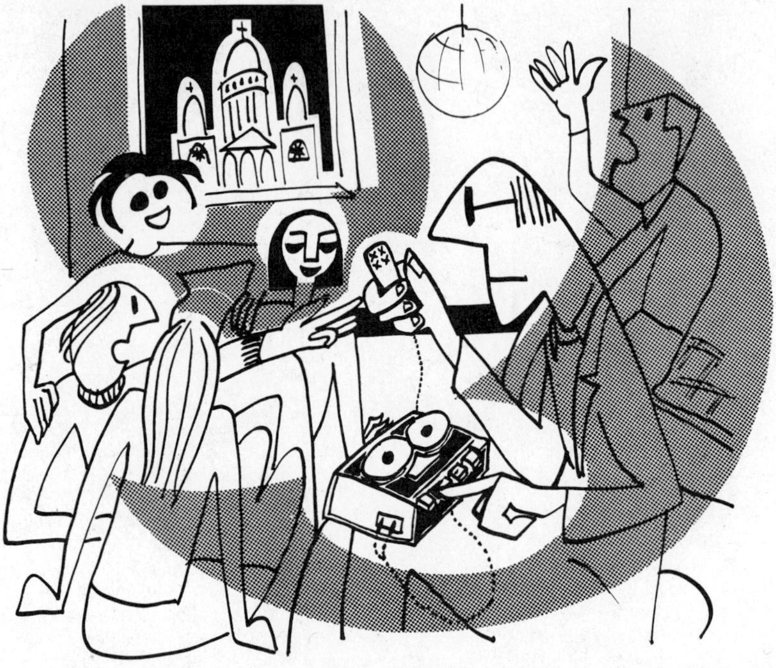

Entre nous

CONVERSATION ET CULTURE

Ray Ortali
THE STATE UNIVERSITY OF
NEW YORK AT ALBANY

Illustrations par Justin Grégoire

**The Macmillan Company, New York
Collier-Macmillan Limited, London**

COPYRIGHT © THE MACMILLAN COMPANY, 1972

Printed in the United States of America

All rights reserved. No part of this book may be reproduced or transmitted in any form or by any means, electronic or mechanical, including photocopying, recording, or by any information storage and retrieval system, without permission in writing from the Publisher.

THE MACMILLAN COMPANY, *866 Third Avenue, New York, New York 10022*

COLLIER-MACMILLAN CANADA, LTD., *Toronto, Ontario*

Library of Congress Catalog Card Number: 72-77159

printing number
1 2 3 4 5 6 7 8 9 10

ACKNOWLEDGMENTS

Je souhaite exprimer ici ma reconnaissance à tous ceux qui m'ont aidé dans la réalisation de ce livre:

    Lucien Attoun, critique dramatique, Claude-Michel Cluny, poète, Jean Decoté, industriel, Jacques Guicharnaud, professeur à Yale, Brice Parain, philosophe et essayiste, Jacques Pomonti, secrétaire du *Club Jean Moulin,* dont les contributions n'ont malheureusement pu, faute de place, figurer dans ce volume.
    Robert Galisson (I.P.F.E.–Paris) et Colette Stourdzé (C.I.E.P.–Sèvres) dont les travaux sur la lexicographie et les niveaux de langue font autorité.
    Georges Suffert et l'Express (pp. 145, 146)
    Les éditions Larousse (*journal de l'année*) (pp. 26 et 30)
    Les quinze étudiants de ma classe de conversation avancée à Yale (1970-71), grâce à qui j'ai apporté plus d'une amélioration au manuscrit: Chris Carver, Walter Cowger, Peter Domenicali, Jeff Godwin, Lise Goldberg, Bruce Hampton, Chris Harder, Georges Hauptfuhrer, Larry Horn, Barry Hunter, Brian Joseph, Kathy McGoldrick, Garry Pratt, Lee Stanton, John Sterling.
    Justin Grégoire, mon excellent "complice en illustrations."
    Les photographes: Renaud Martinie (membres de groupe), Niquie Allard (plats, pp. 157-158), Office Du Cinéma Français–N.Y. (pp. 138, 140, 141), Artistes Associés (*Macadam Cowboy*).
    Claudine Scherer, pour sa transcription des bandes magnétiques.
    Simone Candiotti, pour la patience et l'intelligence dont elle a fait preuve dans la préparation du manuscrit.
    Ed Miller, responsable de la préparation de ce livre chez Macmillan.

    Quand aux noms des membres du groupe et à ceux de nos invités, on les trouvera presque à chaque page de ce livre qui leur doit tant.

Les mots que j'emploie,
Ce sont les mots de tous les jours.
—Paul Claudel

Lettre à l'étudiant

Cher ami, chère amie,

Tu t'appelles John, Steve ou Mark, Suzy, Jane ou Cathy, tu as probablement plus de dix-sept ans, moins de vingt cinq ans, et la plupart de tes livres de classe écrits en français t'ennuient. Je sais bien pourquoi, tu me l'as dit cent fois: tu as l'impression qu'ils ne te *concernent pas*.

J'espère qu'avec celui-ci les choses seront différentes, car je l'ai préparé en étroite collaboration avec cinq garçons et filles qui ont ton âge, qui sont étudiants comme toi... mais qui habitent Paris: Carolle, Jean-Claude, Joël, Martine et Nicole.

Je suis parti d'une idée simple: il me semble que ce qui t'intéresse, c'est de découvrir ce que pensent *vraiment* Joël ou Nicole de leurs études, de leurs amis, de la musique qu'ils écoutent, des films qu'ils voient, des livres qu'ils lisent, des voyages dans la lune, de leur futur mariage, des petits cafés et des grandes idées, des bons sentiments et des mauvais professeurs. Ce que je te propose, en d'autres termes, c'est une rencontre et une confrontation: écoute-les, essaie d'entrer dans leur monde; il te permettra peut-être de mieux comprendre le tien.

Mais ces filles et ces garçons sont-ils *représentatifs* de la jeunesse français? Eux-mêmes refusent le mot et il est bien vrai que, s'ils représentent quelque chose, c'est, au mieux, une classe d'âge, une occupation, une ère géographique. Ce qu'ils ont en commun cependant, c'est d'avoir vingt ans dans les années 70, d'être conditionnés par la France des années 70, cette France « multiple », mais dans laquelle jeunes parisiens et jeunes provinciaux prennent chaque jour plus conscience de ce qui les rapproche plutôt que de ce qui les sépare. Et ce livre qui, au départ, semblait ne parler que de quelques jeunes gens, pourrait bien constituer un portrait — non pas complet, mais assez fidèle — de la jeunesse française des années 70.

Comment avons-nous fait ce livre?

Tout au long d'une récente année scolaire, Nicole, Martine, Carolle, Joël, Jean-Claude et moi avons passé ensemble presque toutes les soirées du mercredi, tantôt chez l'un, tantôt chez l'autre. Nous étions assis par terre ou sur le lit, l'atmosphère était sympathique et décontractée, malgré la présence du magnétophone.

Quelquefois nous étions six, mais souvent un spécialiste du sujet proposé se joignait à nous, assis par terre comme nous. Pour choisir chacun d'eux, j'avais bien sûr pensé d'abord à ses qualifications, mais aussi à ce que je savais de sa personnalité. Il fallait qu'il soit capable de parler *avec* le groupe, et non pas *au* groupe. Je crois pouvoir affirmer qu'il y a réussi dans la majorité des cas.

A mon retour aux Etats-Unis, j'ai poursuivi la mise au point du livre pendant toute une année scolaire, en étroite collaboration avec un autre groupe de garçons et de filles : ma classe de « conversation avancée » à Yale. Chaque bande magnétique avait d'abord été transcrite, puis modifiée suivant des critères que j'explique dans la *Lettre au professeur*. Chaque chapitre ainsi obtenu était ensuite discuté en détail avec mes étudiants : leurs réactions, leurs questions, leurs critiques, leurs suggestions m'ont alors permis de préparer le livre tel que tu l'as devant les yeux.

Comment vas-tu l'utiliser ?

L'idéal serait, bien entendu, que tu sois capable de lire facilement, donc avec plaisir, ce que nos amis ont à dire du mariage ou des voyages dans la lune. Mais pour cela tu as besoin d'aide, et même de plusieurs aides. Voici celles que tu trouveras dans ce livre :

a.) avant chaque chapitre, une *présentation* te permettant de te faire une idée de ce que contient le chapitre.

b.) des explications en marge, parfois remplacées d'ailleurs par les dessins de Justin Grégoire, pour tous les mots *familiers, populaires, vulgaires* (il y a un seul mot vulgaire dans le texte. A toi de le découvrir !) et pour quelques autres.

Mais les difficultés de vocabulaire ne sont pas toujours les plus importantes. Il t'arrive de comprendre chaque mot d'une phrase, et cependant le sens général t'échappe. Ce livre apporte une solution originale à ce problème : à la fin de la présentation de chaque chapitre, tu trouveras un dessin t'invitant à te reporter d'abord à la *Présentation grammaticale*, dont il t'indique la page. C'est là en effet que tu trouveras d'avance une solution à la plupart des difficultés que tu pourrais rencontrer dans le texte.

Tu remarqueras que cette *Présentation grammaticale* est toujours construite autour de deux « piliers » : au début, la présentation des principales expressions idiomatiques du chapitre, à la fin, la présentation d'un problème grammatical important (rapports du passé composé et de l'imparfait, subjonctif, etc...). Entre les deux, tu noteras des titres aussi différents que *Quelques bons tuyaux* (tu apprendras vite le sens de ce mot), *Un petit dictionnaire des insultes, Des noms qui ne sont pas des noms*, etc... donnant à chaque *Présentation grammaticale* sa physionomie particulière : diversité dans l'unité.

Tu es maintenant prêt à lire sans difficulté le chapitre, ou la partie de chapitre, que ton professeur t'a demandé de lire. Bien sûr, pour comprendre toutes les subtilités du texte (il y en a), tu le liras au moins deux fois !

Tu peux ensuite passer aux *Applications* qui se trouvent à la fin de chaque chapitre. Elles vont te permettre de vérifier en détail ce que tu as appris dans la *Présentation grammaticale*. Tu trouveras d'ailleurs avant chaque série d'exercices d'application une indication telle que *Relis la page* (325), par exemple, qui est celle où ce problème précis avait été présenté.

Ce que tu ne trouveras pas dans ce livre: les habituelles *questions de fait* sur le texte. Je préfère laisser à ton professeur le soin de te les poser en classe, plus ou moins nombreuses et plus ou moins difficiles suivant le niveau de ta classe. Une suggestion cependant: avant de venir en classe, prépare toi-même quelques questions simples sur le texte, que tu pourras poser à tes camarades pour vérifier s'ils ont bien compris tel ou tel aspect de la discussion.

Pour cette classe, tu auras préparé aussi, suivant les indications de ton professeur, quelques-uns des exercices d'application dont nous avons parlé: certains oralement, d'autres par écrit. Si ton professeur ne te donne pas de précision à ce sujet, voici ma suggestion: prépare oralement les exercices qui exigent l'emploi de plusieurs expressions familières, et surtout populaires: on *écrit* rarement de telles expressions.

Mais le but final de tous ces exercices, comme celui de la lecture, est de te préparer aux *Controverses* que tu trouveras dans chaque chapitre, juste avant les *Applications*.

Comme leur nom l'indique, ces *Controverses* vont te donner l'occasion de discuter certaines affirmations de Joël, de Carolle ou de Martine. Tu es d'accord avec eux? Utilise ton expérience personnelle pour expliquer pourquoi. Tu n'es pas d'accord? Fais de même, en préparant le maximum d'arguments pour justifier ta position. Tu verras comme une heure passe vite quand deux étudiants — ou les deux moitiés de la classe — s'opposent, parfois très vivement, mais en français, sur des affirmations telles que: « Les *Beatles*, les *Rolling Stones* sont une image de liberté » ou que: « Tout s'apprend, sauf le mariage. C'est dommage! »

Bien sûr, une ou plusieurs de ces *Controverses* peuvent constituer un sujet de composition écrite. Attention cependant au *ton* de cette composition: pas trop de mélanges de *niveaux de langues*, S.V.P.! Tu dois décider d'avance, probablement en accord avec ton professeur, quel genre d'expressions tu peux te permettre d'employer: familières, ou non? populaires, ou non? Jette un coup d'oeil, à ce sujet, sur la mise en garde de la page 369.

Index: J'aimerais attirer encore ton attention sur l'*Index général* que tu trouveras à la fin du livre, car c'est en fait beaucoup plus qu'un index; c'est un véritable instrument de travail.

Tu auras remarqué que, dans toutes les *Applications grammaticales*, grammaire et vocabulaire sont intimement liés. L'index peut permettre à ton professeur, ou à toi-même, d'aller encore plus loin dans cette voie, en faisant preuve de la plus grande fantaisie. Pourquoi ne pas inventer une histoire ou un dialogue (oralement ou par écrit)

— en utilisant cinq mots de suite de l'index: *outil, pacha, paëlla, paniqué* et *papier*, par exemple?

— en utilisant tous les sens du verbe *tenir*? L'index te permet de les trouver facilement.

— en utilisant tous les mots de l'index qui ont quelque chose à voir avec l'*eau*, une *couleur* ou un *animal*?

Je te dois maintenant une dernière explication sur un point qui a pu t'étonner. Pourquoi est-ce que, dans ce livre, je te tutoie (je te dis *tu*), au lieu de te vouvoyer (te dire *vous*), comme le fait peut-être ton professeur?

C'est peut-être d'abord que j'en ai pris l'habitude avec les membres du groupe... Mais il y a autre chose de plus important. Le but final de ce livre, c'est de te permettre de *communiquer* réellement, un jour, à Paris, avec Nicole ou Jean-Claude... ou Jean-Pierre ou Jacqueline; tu dois être capable d'utiliser avec eux le *tu* habituel aux jeunes gens. En attendant, ta classe de français doit être pour toi une préparation constante à cette rencontre. Le fait que je te tutoie t'en donne l'instrument et l' atmosphère; il donne le ton à tes essais de communication, en classe, avec les autres étudiants.

Que ton professeur continue à te vouvoyer, et que bien sûr tu le vouvoies aussi, n'a rien de contradictoire. Cela te donne au contraire l'occasion de faire l'un des exercices les plus utiles pour la préparation de ton voyage en France: apprendre à passer au bon moment du *tu* au *vous*, en d'autres termes du français familier au français courant.

Un dernier mot: oublie quelquefois ta classe de français, ouvre le livre au hasard et essaie de lire. Si tu as *envie* de continuer, de lire ce livre *comme un roman*, Jean-Claude, Nicole, Carolle, Joël, Martine et moi-même n'aurons pas perdu notre temps.

Bien amicalement,
Ray Ortali

P.S. Si tu t'appelles John, Steve ou Mark, je n'ai rien à ajouter à cette lettre. Mais si tu t'appelles Susy, Jane ou Cathy, il se peut que tu sois choquée par le fait suivant: dans ce livre, les exercices, controverses, etc., ont parfois l'air de ne s'adresser qu'aux garçons. Crois bien que c'est seulement pour éviter d'énormes complications! Je te fais toute confiance pour modifier tout cela dans un sens féminin et, pourquoi pas? féministe.

Lettre au professeur

Cher ami, chère amie,

Que cette « lettre au professeur » suive la « lettre à l'étudiant » plutôt que de la précéder n'est peut-être pas sans quelque valeur symbolique: je suis de ceux qui croient qu'un livre de classe est fait *d'abord* pour l'étudiant: c'est donc à lui que j'ai décidé d'expliquer en détail les tenants et les aboutissants de ce livre. Je ne me dissimule pas cependant l'ambiguïté de ma démarche: il m'écoutera — et m'entendra peut-être — si *vous* lui avez suggéré de lire *sa* lettre ou, pour être plus précis, si vous lui avez demandé, dès le premier jour de classe, « de la lire pour la prochaine fois. » Considérez, si vous voulez, cette *lettre à l'étudiant* comme une dernière tentative de l'auteur pour orienter l'utilisation du livre dans le sens qu'il croit être le plus efficace...

Lettre au professeur **xi**

Mais en fait, c'est vous qui, dès la première classe allez prendre le relai. C'est vous qui, avec votre connaissance du niveau et des besoins particuliers de votre classe, allez modifier telle ou telle de mes directives: demander à l'étudiant de lire ou non telle ou telle partie d'un chapitre, de faire ou non tel ou tel exercice.

C'est pourquoi j'ai voulu ce livre suffisamment riche, suffisamment souple aussi, pour que vous puissiez l'adapter facilement à vos propres besoins et à votre propre personnalité. C'est pourquoi aussi j'ai établi une courte bibliographie pour orienter votre choix d'un matériel supplémentaire, si vous décidez d'accentuer encore l'aspect *culturel* du livre et de minimiser son aspect grammatical. C'est pourquoi enfin je n'ai pas voulu d'un « livre du maître », jamais assez complet pour les mauvais professeurs, et presque toujours inutile pour les bons.

J'aurais terminé là cette lettre s'il ne m'avait semblé nécessaire d'apporter quelques éléments de réponse à une question que vous ne manquerez pas de vous poser: *dans ce livre, quelle langue parle-t-on?*

La plupart des livres français destinés aux étudiants américains essaient de leur enseigner ce qu'on appelle d'ordinaire *le bon usage*. Or le *bon usage* n'existe pas. Je veux dire qu'il est différent suivant la *personne* qui parle, et suivant la *situation* dans laquelle se trouve cette personne. Le *bon usage* varie selon l'âge, le lieu d'habitation, la classe sociale. Cependant, il s'est récemment opéré sur ce point une certaine unification, dûe surtout à l'influence des journaux, de la radio et de la télévision.

Mais le bon usage varie davantage encore selon les circonstances dans lesquelles nous nous trouvons: selon que nous écrivons ou que nous parlons, que nous nous adressons à un inconnu ou à un ami, que nous sommes de bonne humeur ou que nous sommes en colère, pour ne citer que quelques exemples.

Dans ces différents cas, les Français emploient des *niveaux de langue* différents:

langue littéraire
langue soignée
langue courante
langue familière
langue populaire

On note, depuis quelques années, une nette tendance des Français à restreindre l'usage de la langue soignée à des circonstances particulières. Ce qu'ils emploient le plus souvent, c'est ce que j'appelle la *langue courante*, à laquelle ils incorporent certains éléments de la *langue familière*. C'est exactement la langue qu'on trouvera dans ce livre, telle que l'usage du magnétophone a permis de la fixer:

— l'atmosphère décontractée permettait à chaque membre du groupe d'utiliser l'expression, même familière, exprimant exactement sa pensée du moment.

— la présence du micro compensait, en général inconsciemment, la tendance possible à un trop grand laisser-aller.

Une question vient alors à l'esprit: est-il vraiment possible, dans un livre comme celui-ci, de passer *sans déformation* de la langue parlée à la langue écrite?

Ces deux langues sont différentes, en effet, car elles sont destinées à *communiquer*, à transmettre un message, dans des conditions différentes. Elles se sont cependant rapprochées de plus en plus depuis quelques années, du fait de l'influence de la presse écrite. Les journaux, «pour faire vrai», reproduisent de plus en plus souvent les termes presque exacts d'une interview donnée à la radio ou à la télévision par exemple. Toute une technique nouvelle s'est ainsi créée, que j'ai essayé d'appliquer ici, pour la première fois à ma connaissance, dans un livre de classe destiné à des étudiants étrangers. Elle impose quelques modifications au texte parlé, dont voici les principales:

— suppression de certains passages (questions qui amènent des réponses sans aucun intérêt, répétitions évidentes dans les mots ou dans la pensée).

— suppression (et *non* modification) de certaines phrases où la pensée avait pris vraiment trop de liberté avec la grammaire: la phrase était claire à cause de la façon dont elle était prononcée, mais par écrit, elle devenait incompréhensible.

— suppression de certains mots marquant l'hésitation: heu... heu... je sais pas..., mais conservation de quelques-uns d'entre eux, pour garder autant que possible le rythme de la phrase.

— une transcription exacte des mots tels qu'ils ont été prononcés rendrait le texte illisible et choquant: notre œil aurait beaucoup de mal à s'adapter à une telle graphie. On a donc utilisé une solution de compromis. Par rapport à la graphie habituelle, on notesa deux modifications, et deux seulement; la suppression de deux *mots grammaticaux*, chaque fois qu'ils n'ont pas été prononcés:

Je n'ai pas mangé → *J'ai* pas mangé
Il faut dire que... → *Faut* dire que...

Un mot de la ponctuation. On trouvera dans ce livre plus de points d'exclamation et de «trois points» que dans un texte ordinaire: les premiers permettent de deviner le ton de la phrase, les autres indiquent que la phrase n'est pas vraiment terminée, que la pensée continue. Un excellent exercice à proposer à l'étudiant: essayer de compléter certaines phrases comme Jean-Claude ou Carolle *aurait pu le* faire.

Caractéristiques de la langue courante et de la langue familière

Vocabulaire: Pour rendre la langue plus expressive, plus pittoresque, nos amis utilisent, en plus du vocabulaire courant, certains mots et expressions considérés comme *familiers* (ça *m'emballe* pas = ça ne m'enthousiasme pas) et quelquefois, mais moins souvent, des mots et expressions considérés comme *populaires* (elle *rapplique* = elle arrive rapidement). Un seul mot considéré comme *vulgaire* a été utilisé, et une seule fois, dans le texte. Ce *niveau de langue* est indiqué à l'occasion de l'explication de chacun de ces mots: *fam.* pour le premier, *pop.* pour le second, *vulg.* pour le dernier. Ces indications ne sont d'ailleurs ni tout à fait objectives, ni tout à fait subjectives. Elles suivent presque toujours celles données par le *Dictionnaire du français contemporain* (voir la bibliographie): elles ne sont pas réellement basées sur des critères scientifiques, mais représentent les opinions des six auteurs de ce dictionnaire, opinions qui me semblent en général parfaitement raisonnables.

Grammaire: la grammaire de la *langue courante*, comme celle de la *langue familière*, n'est pas très différente de celle de la *langue soignée*; en fait elle est plus simple.

Ce que l'étudiant trouvera dans la partie *Présentation grammaticale* de ce livre, c'est avant tout la grammaire de la *langue courante*, celle que Jean-Claude et Martine utilisent tous les jours. C'est d'ailleurs la raison pour laquelle la plupart des exemples de grammaire sont tirés des conversations elles-mêmes.

Pour simplifier, disons que cette grammaire a trois caractéristiques:

a.) elle *emprunte* à la *langue soignée* un certain nombre de règles, qu'elle applique exactement de la même façon.

b.) elle *oublie* quelques-unes des règles de la langue soignée.

c.) elle *crée* quelques règles (ou plutôt elle adopte quelques habitudes), peu nombreuses d'ailleurs, qui lui sont propres.

L'organisation de notre *Présentation grammaticale* s'impose donc d'elle-même:

a.) révision des principaux éléments grammaticaux empruntés à la langue soignée

— en insistant sur les plus importants et les plus difficiles (les plus éloignés de l'anglais)

— en les présentant chaque fois que c'est possible de façon synthétique.

b.) indication des règles que la langue courante *oublie* la plupart du temps, par exemple:

— *oubli* de *ne* dans l'expression *ne... pas*. (C'est pas drôle).

— *oubli* de l'inversion en posant une question (Tu viens?)

Ces deux premiers oublis étant fondamentaux, on les trouvera expliqués dès la première présentation grammaticale.

c.) à l'occasion, indication des quelques habitudes propres à la langue courante, — *et à la langue familière* — par exemple:

— *c'est* remplaçant souvent *ce sont* (C'est mes parents).

— importance très grande accordée à *ça*, remplaçant parfois *ce* (Ça n'est pas vrai).

Un dernier mot. Je l'avais suggéré à l'étudiant, je le souhaite aussi vivement pour le professeur: ouvrez quelquefois ce livre sans souci de «préparer la leçon pour la prochaine fois», et lisez quelques pages comme j'aimerais qu'elles soient lues: avec plaisir.

Bien amicalement,

Ray Ortali

Une Courte Bibliographie

Guy Michaud. *Guide France*, Hachette, 1964
- un petit livre de référence, plein de cartes et de diagrammes, facile à consulter.

Centre d'études des civilisation... de Paris-Nanterre. *La Mentalité française. Analyses et textes.* Klincksieck, 1967
- tous les éléments pour comprendre le caractère du Français, « abîme de contradictions.»

François Nourissier. *Les Français.* Rencontre-Lausanne, 1968
- un « mode d'emploi » de la France à travers un portrait des Français. Le meilleur livre de « civilisation française » à ce jour, bien qu'il n'ait pas été (parce qu'il n'a pas été?) écrit pour des étudiants.

Jean Planchais. *Les Provinciaux ou la France sans Paris.* Le Seuil, 1970
- « La France sans Paris n'est plus la France qui s'ennuie. C'est la France du risque, de l'éclosion.»

Journal de l'année. Larousse 1966-67, 70-71, 71-72, etc....
- L'année dernière en France... Un bilan, admirablement présenté et très bien illustré, de ce qui s'est passé dans tous les domaines.

Jean Dubois, etc.... *Dictionnaire du français contemporain-Spécial enseignement.* Larousse, 1971
- « Il contient tous les mots qui entrent dans l'usage écrit *ou parlé* du français le plus habituel.» Les tableaux grammaticaux sont nombreux et excellents. Les *niveaux de langue* sont indiqués avec précision.

Table des Matières

I JEAN-CLAUDE

      Première rencontre *4*
      Jean-Claude de A à Z *7*
      Première victime *16*

II L'ENSEIGNEMENT SUPERIEUR EN QUESTION

      Du secondaire au supérieur *30*
      Examens et concours *37*
      Etudiant français, étudiant américain *44*

III QUELLE LITTERATURE?

      La culture, c'est ce qui reste quand on a tout oublié *57*
      La grande question; pourquoi écrivez-vous? *62*
      Sartre, le Nouveau Roman, Papillon:
         pourquoi faire? *66*

IV NICOLE ET MARTINE

      Une drôle de journée *78*
      Mon mystère, elle le devine aussi! *86*
      Farfelue, explosive, présente *88*

V UNE MUSIQUE REVELATRICE

        Musique classique et jazz   *98*
        Le jazz, ça nourrit son homme?   *103*
        Le pop   *110*
                L'opinion de Philippe Labro   *113*

VI CINEMA ET TELEVISION

        A propos de *Midnight Cowboy*   *122*
                L'opinion de Philippe Labro   *131*
        Du cinéma américain au cinéma français   *131*
                L'opinion de Philippe Labro   *136*
        Les *Incorruptibles* oui, *Batman* non!   *139*

VII JOEL

        Sorties en groupe   *153*
        Joël sur la sellette   *164*
        Jean-Jacques n'est pas étudiant   *167*

VIII EN DANGER DE PROGRES

        La religion du capitaine   *181*
        Une société bloquée   *188*
        De la terre à la lune   *190*

IX   L'AMOUR ET LA VIE

    Nous nous préférons à toutes les autres femmes   *201*
    L'Amour avec un grand A   *210*
    Mariage?   *218*

X   CAROLLE

    Carolle en liberté   *229*
    Qui est Carolle?   *235*
    Tu   *238*
    Avenir et mystère   *240*

XI   UNE FRANCE MULTIPLE

    Les rumeurs d'Orléans   *249*
    Il n'y a pas de fumée sans feu   *253*
    Présence de la Révolution   *256*
        L'opinion de Philippe Labro   *260*

XIII   ABBY ET STEVE

    Traditions   *267*
    Faites . . . Ne faites pas   *268*
    Visitez . . . Ne visitez pas   *271*
    Autocritique   *273*

Présentations Grammaticales

I Négation-Question *285*

II Faire *292*

III De *297*

IV C'est-Il est *305*

V P.C. des verbes avec *se* *315*

VI P.C.-Imparfait-Plus-que-parfait *324*

VII Insultes-Que *332*

VIII Subjonctif I *342*

IX Subjonctif II *352*

X Adverbe *359*

XI Révisions I *363*

XII Révisions II *369*

JEAN-CLAUDE. ETUDIANT EN SOCIOLOGIE
Je crois qu'il n'est pas possible de parler décemment en employant souvent les mots amour, beauté, intelligence, démocratie...

Jean-Claude

I

Présentation

Après t'avoir brièvement présenté l'ensemble des membres du groupe, ce chapitre te donne l'occasion de faire connaissance avec Jean-Claude, étudiant en sociologie.

C'est d'abord le récit d'une de ses journées, la journée (typique?) d'un étudiant qui, comme des milliers d'autres, habite le Quartier Latin: journée organisée souvent autour du film qu'il a envie de voir; journée où il trouve le temps — mais il ne sait pas bien quand — de travailler.

Quelques mois après avoir rencontré Jean-Claude pour la première fois, tous les autres membres du groupe, en sa présence muette, parlent de lui. Avec sincérité? A toi de juger. Ensuite, c'est au tour de Jean-Claude de réagir.

Tu noteras, dans la façon qu'a Jean-Claude de s'exprimer, une certaine ironie, une façon de plaisanter à propos de petites choses (l'histoire des savonnettes, des toilettes) qui pourront te sembler curieuses: essaie d'entrer, non seulement dans le monde de Jean-Claude, mais aussi dans la façon qu'il a de l'exprimer.

Au cours du récit de sa journée, celui-ci a d'ailleurs l'occasion de t'expliquer, sans en avoir l'air, un certain nombre de choses pratiques. C'est le cas par exemple du système des tickets et des cartes de métro. Quand tu liras ce chapitre, il est d'ailleurs probable que le prix des tickets aura augmenté. Signe que le livre a vieilli? Non: trait regrettable, mais classique, de l'économie française. Remarque que les prix, dans ce chapitre, sont exprimés en *nouveaux* francs (un café vaut 1 franc 50, c'est à dire 30 *cents* environ); dans d'autres chapitres, certains de nos amis s'expriment encore en *anciens* francs, qui valaient cent fois moins que les nouveaux: il y a près de vingt ans que les anciens francs n'existent plus officiellement, mais les habitudes ne se perdent pas facilement en France!

Ce qu'un intellectuel comme Jean-Claude pense des quotidiens parisiens (les journaux qui paraissent tous les jours) pourra te sembler sévère, mais amuse-toi à mettre sous le nom de chaque journal parisien celui d'un journal new-yorkais... A qui l'avantage?

Le récit du déjeuner à la cantine du Ministère des Finances pourrait s'appeler: un étudiant non-conformiste dans le temple du conformisme... Pourquoi il a le droit de déjeuner dans ce lieu curieux? Parce que l'organisation où il travaille à mi-temps, un centre de renseignement pour les jeunes, est un organisme semi-public.

Pour être plus précis, c'est le *Centre d'Information et de Documentation Jeunesse* (CIDJ), Quai Branly, près du métro Bir Hakeim. Si tu arrives à Paris et que tu as besoin d'une chambre ou d'un travail temporaire, c'est là qu'il faut aller d'abord.

Et si tu veux avoir une idée des conditions dans lesquelles Jean-Claude a fait le récit de la journée que tu vas lire, reporte-toi à la page 274, où il l'explique lui-même.

282

4   *Entre Nous*

Première rencontre

Un petit studio près de la place Pigalle, au cinquième étage. Par la fenêtre, on aperçoit le sommet du Sacré-Cœur. Six personnages, un magnétophone. Nous sommes le 30 octobre. Il est huit heures et demie du soir.

RAY: Bonsoir Carolle, bonsoir Nicole, bonsoir Jean-Claude, bonsoir Martine, bonsoir Joël. Nous sommes tous ensemble ce soir chez moi, parce que nous avons décidé de former un groupe. Comment est-ce que ça s'est passé?
5   Le premier que j'ai rencontré, c'est Jean-Claude. Il *faisait du stop* et je l'ai pris en voiture de Lyon à Paris. Nous avons parlé, entre autres choses, de sociologie, puis d'un certain projet que j'avais: faire, pour les étudiants américains, un livre à partir d'interviews avec des
10 étudiants français. Il a décidé que mon projet l'intéressait, et le voilà! Ensuite, eh bien, je crois que c'est Joël. Joël habite la maison. Je connais un petit peu ses parents... Qu'est-ce que tu fais exactement, Joël?

JOËL: *Classe terminale,* c'est à dire la classe qui précède   Voir page 26
15 l'entrée à l'université.

RAY: Donc Joël est encore au lycée, mais il a déjà son bac de philo et il prépare maintenant son bac de *math élem*.   Mathématiques élé-
Je crois d'ailleurs que c'est le plus jeune du groupe. Tu   mentaires (fém. pl.)
as quel âge?

20 JOËL: J'ai dix-sept ans et demi.

RAY: Oh, j'ai oublié de demander à Jean-Claude... Quel âge tu as?

JEAN-CLAUDE: Vingt-deux ans.

RAY: Ensuite, les jeunes filles. Ça a été un peu plus com-
25 pliqué, je dois dire: par l'intermédiaire d'amis. Il y a eu quelques hésitations: est-ce que ça ne prendra pas trop de temps? est-ce que je saurai m'intégrer au groupe? Elles sont là, c'est le principal! Je crois que, dans l'ordre, voyons, j'avais rencontré... Martine. Nous nous sommes
30 rencontrés devant un chocolat, non?

MARTINE: Un café!

RAY: Ah oui, un café. Ça change tout, évidemment! Martine, tu fais quoi?
MARTINE: Je fais de l'histoire de l'art.
RAY: Premiere année d'histoire de l'art?
MARTINE: Non, en fait, je suis dans une école privée, qui prépare aux *carrières para-artistiques,* mais on a d'abord une année d'initiation à l'histoire de l'art.   Attachée de presse pour un film par ex.
RAY: Et tu as quel âge?
MARTINE: Vingt et un ans.
RAY: Bien! Grâce à Martine, j'ai rencontré son amie Nicole dès le lendemain. Est-ce que c'était devant un café, Nicole? Je ne sais plus.
NICOLE: C'était un chocolat!
RAY: Un chocolat, bon! Nicole, qu'est-ce que tu fais?
NICOLE: Moi, je fais médecine.
RAY: Tu es en quelle année?
NICOLE: En deuxième année.
RAY: Et tu as quel âge?
NICOLE: J'ai vingt et un ans.
RAY: Ensuite, j'ai rencontré Carolle, grâce à son père. Il se trouve que j'allais faire arranger un pantalon chez son père, qui est tailleur, et je lui ai posé la question: «Est-ce que, par hasard, vous n'auriez pas dans vos relations une jeune fille qui, que, etc....» Il a dit: «Mais si, ma fille!» Pas plus compliqué que ça! Carolle, tu fais quoi?
CAROLLE: Je fais *une licence* d'espagnol. Je suis en première année.   Voir page 30
RAY: Et tu as quel âge?
CAROLLE: J'ai vingt et un ans aussi.
RAY: Nous avons donc ici un étudiant de sociologie, un étudiant qui est à la limite des classes terminales et de l'université, une étudiante d'histoire de l'art et puis une étudiante en médecine et une étudiante en littérature. Il faut le préciser tout de suite, nous ne prétendons pas être un résumé complet de la société française, même pas de la société étudiante, mais enfin je crois que nous sommes relativement représentatifs... Je voudrais vous poser d'abord quelques questions concernant vos familles. Je prends un peu au hasard: Carolle, ton père est tailleur, ça je le sais, mais ta mère...?
CAROLLE: Elle ne travaille pas.
RAY: Est-ce que les relations avec tes parents sont faciles?
CAROLLE: Oui... C'est à dire que je n'ai pas de problème de générations, comme on dit. Ni avec mon père, ni avec ma mère.

RAY: Très bien. La même question à chacun d'entre vous. Nicole?
NICOLE: Mes parents habitent *la province*.   En France, mais pas à Paris
RAY: Où ça?
5 NICOLE: A Valence, dans la Drôme, et je fais mes études, indépendamment, à Paris.
RAY: Est-ce que c'est exprès, pour être un petit peu loin, ou est-ce parce que c'est Paris?
NICOLE: Non, parce qu'en fait, j'étais venue à Paris pour
10   faire de la philosophie. Je venais d'avoir mon bac et je ne savais pas tellement ce que je voulais faire. C'est seulement l'an dernier que j'ai vraiment choisi de faire médecine.
RAY: Tes parents habitent donc assez loin. Tu vas de temps
15   en temps les voir?
NICOLE: De temps en temps, oui.
RAY: Avec plaisir?
NICOLE: Avec plaisir, bien sûr!
RAY: Qu'est-ce qu'ils font, tes parents?
20 NICOLE: Mon père est *négociant* en électricité et maman ne   Marchand qui vend en gros (masc.)
travaille pas.
RAY: C'est à dire qu'elle est *ménagère,* je pense?   Maîtresse de maison
NICOLE: Oui.
RAY: Bon. Uniquement pour *rompre* la monotonie, je me   Casser, briser
25   tourne vers la droite. Joël, tes parents?
JOËL: Mon père est *comptable* dans une entreprise de bâti-   S'occupe de la paye des ouvriers, etc.
ment. Ma mère n'exerce pas de profession.
RAY: Tu as toujours vécu à Paris?
JOËL: Oui, toujours. Je suis même né dans ce quartier...
30 RAY: Dans cette maison, non?
JOËL: Oui, et j'y habite depuis dix-sept ans et demi.
RAY: C'est un non-transplanté, lui. C'est peut-être le seul d'entre nous qui soit non-transplanté.
JOËL: Je suis *un sédentaire!*   Un (garçon) qui ne voyage pas beaucoup
35 RAY: Martine, tes parents?
MARTINE: Mon père est *ingénieur des Travaux Publics.* Il   Il construit des routes, des ponts, etc....
travaille dans une grosse entreprise française, et puis moi, j'habite Paris depuis trois ans.
RAY: Et avant, tu habitais la province?
40 MARTINE: J'ai habité un petit peu partout du fait de mon père qui voyageait pour son travail, qui faisait *des*   La route, le pont en construction (masc. pl.)
chantiers à l'étranger.
RAY: Ah bon, alors tu connais plusieurs pays étrangers?
MARTINE: Oui, mais j'étais très jeune; j'en garde pas telle-
45   ment de souvenirs. Après, on a fait la province.

RAY: Où ça?
MARTINE: A Modane, à côté de Chambéry, en Savoie. Egalement à Saverne, en Alsace, à quarante kilomètres de Strasbourg.
RAY: Pas de...? Comment est-ce que tu avais dit tout à l'heure? C'est l'expression anglaise qui me vient: *generation gap*...
MARTINE: Problème de générations?
RAY: Problème de générations, merci!
MARTINE: Non, pas de problème.
RAY: C'est merveilleux! Jean-Claude, qu'est-ce que tu en penses?
JEAN-CLAUDE: Moi, mes parents sont plus près. Ils sont à une heure de chez moi; ça pose d'autres problèmes.
RAY: De quel genre?
JEAN-CLAUDE: C'est à dire que je vais les voir une fois par semaine à peu près. Quand je dis qu'il y a des problèmes... Mon père est électricien, artisan électricien. Ma mère est ménagère; elle s'occupe du jardin, de la maison et du chat...
RAY: Comment s'appelle ton chat?
JEAN-CLAUDE: Pimprenelle. C'est une chatte...
RAY: Pimprenelle. C'est très joli! Quelqu'un d'autre a des animaux? Pas d'animal, Carolle?
CAROLLE: Si, ma mère a deux, trois chiens.
RAY: Tu aimes les chiens?
CAROLLE: Oui, mais enfin, je ne m'en occupe pas du tout.
RAY: Joël, pas d'animaux?
JOËL: Non, pas d'animaux! Moi, ça suffit!

Jean-Claude de A à Z

Nous sommes le 12 novembre. Ce soir, réunion en petit comité: tous les garçons, mais une seule fille, Carolle.

RAY: Eh bien, nous allons mettre d'abord Jean-Claude sur la sellette! D'accord?
JEAN-CLAUDE: J'écoute!
CAROLLE: Vas-y, commence... Raconte ta journée! Le petit déjeuner?
JEAN-CLAUDE: C'est bête, parce que le petit déjeuner, c'est toujours la même chose! On se lève le matin avec la sonnerie du...
JOËL: Du *réveil?*

8   *Entre Nous*

JEAN-CLAUDE: Du réveil, oui.
CAROLLE: A quelle heure?
JEAN-CLAUDE: Ça dépend! La plupart du temps vers sept heures, huit heures. Comme je travaille en ce moment,
5   c'est plutôt sept heures et demie.
RAY: Quel genre de réveil as-tu?
JEAN-CLAUDE: Une espèce de *machin* carré qui fait un bruit infernal. Il est posé sur une petite table basse et *ça résonne* beaucoup.
10 JOËL: C'est électrique ou pas?
JEAN-CLAUDE: Non, non, il *marche* à la main, mécaniquement. Mais il a vraiment une sonnerie affreuse.
RAY: Et il faut le *remonter* tous les soirs, non?
JEAN-CLAUDE: Tous les soirs!
15 RAY: Tu n'oublies jamais?
JEAN-CLAUDE: Parfois, mais je me réveille quand même par habitude. Le lever, c'est difficile, parce que j'ai rien du tout de l'athlète; je mets beaucoup de temps à *étirer un bras* après l'autre.
20 CAROLLE: Tu fais de la gymnastique?
JEAN-CLAUDE: Non, jamais de gymnastique. C'est pour ça que j'ai le dos un peu *voûté!* Non, tous mes efforts du matin consistent à *me traîner* jusqu'à l'électrophone et à mettre un disque, parce que c'est la seule chose qui me
25   réveille un peu.
RAY: Est-ce qu'il y a un disque typique du matin?
JEAN-CLAUDE: Non, n'importe quel disque de pop musique, parce que c'est le plus amusant. Ça a déjà demandé dix minutes, un quart d'heure, le disque. C'est très *brumeux,*
30   à ce moment-là…
RAY: Un quart d'heure? C'est au moins *un 33 tours!*
JEAN-CLAUDE: Au moins, au moins! Alors après, je commence à m'habiller. Je passe les détails…
CAROLLE: Tu te laves pas?
35 JEAN-CLAUDE: Non, plus tard! En fait, je me lave rarement (Rires). Et puis après, je me traîne en bas. Je commence par aller chez mon crémier pour acheter du lait… parce que j'achète du lait tous les matins pour mon petit déjeuner, puis trois croissants ordinaires, pas au beurre!
40   Ce qui me vaut toujours un regard méchant de ma boulangère parce que, depuis un an, c'est toujours trois croissants le matin à huit heures et elle me demande toujours si c'est ordinaire ou au beurre. Parce qu'évidemment les croissants au beurre coûtent deux fois plus cher
45   et ça fait deux fois plus de profit pour elle… Alors je

Une chose, n'importe quoi (masc.) (*fam.*)

Arrondi
Me déplacer avec peine

Pas clair

Un (disque) 33 tours, un microsillon (L.P.)

lui dis toujours « ordinaires » et elle est jamais contente. Elle me donne quand même les trois croissants; je mange mes croissants, et puis voilà!

RAY: Tu fais toi-même ton petit café crème?

5 JEAN-CLAUDE: Oui, oui, j'ai du nescafé, *du truc* en poudre avec un peu d'eau chaude. Ce que ça peut-être mauvais! Je prends ça tous les matins, je trouve ça *dégueulasse* tous les matins, mais je le prends quand même!

RAY: Avec les trois croissants?

10 JEAN-CLAUDE: Ah oui, ça c'est le plaisir du matin. C'est au moment que le croissant commence à *se ramolir* dans le café que je commence à me réveiller. C'est la première *étape*. Alors là, je suis réveillé! Je me lave quand même, et puis je me rase.

15 RAY: Quel genre de rasoir, puisque nous sommes dans les détails?

JEAN-CLAUDE: J'ai un rasoir anti… anté… comment on dit? Antédiluvien, voilà! Un rasoir à main, quoi! On le *dévisse*, on met une *lame* dessus et hop! on le *revisse*, comme ça.
20 Pas de rasoir électrique, pas du tout.

RAY: Tu as le plaisir de te couper souvent, donc?

JEAN-CLAUDE: Je me coupe assez peu. Je me rase jamais beaucoup d'ailleurs. Faut dire que je suis pas très *minutieux* pour ça. J'ai toujours deux ou trois millimètres de
25 barbe qui *dépassent*; ça se voit d'ailleurs (Il montre sa barbe). Bon, *ben* voilà, ça, c'est le matin.

RAY: Tu lis le journal, le matin?

JEAN-CLAUDE: Non, toujours les journaux du soir: *Le Monde*.

RAY: Tu n'achètes aucun journal du matin?

30 JEAN-CLAUDE: Non, jamais, non!

JOËL: Pourquoi?

JEAN-CLAUDE: Ils sont mauvais! Il y a *Le Parisien* qui donne le dernier crime; c'est la même chose avec *Paris Jour*… Ils aiment beaucoup les enfants et les petits animaux.
35 *L'Aurore*, c'est des trucs bêtes… c'est *l'ancien combattant* qu'on a boxé dans la rue.

Du machin (*fam.*)

Mauvais, dégoûtant (*pop.*)

Devenir mou (contraire de dur)
Phase

Méticuleux

Eh bien (*pop.*)

Ancien soldat

JOËL: Et puis, il y a *France Soir!*
JEAN-CLAUDE: Oui, ça, *France Soir,* c'est vers onze heures, un petit peu plus tard. Alors là, c'est *le ramassis* de tous les autres trucs, quoi!   Le mélange. Légère idée de mépris
5 RAY: Il y a *Le Figaro,* non, quand même?
JEAN-CLAUDE: Oui, il y a *Le Figaro,* mais, ça, *Le Figaro*...
CAROLLE: Ah mais, il est très bon pour les petites annonces!
JEAN-CLAUDE: Oui, c'est vrai, il y a les petites annonces. Mais autrement c'est pas drôle du tout, c'est très *laid,*   Contraire de beau
10 c'est un journal laid.
RAY: *Combat,* non?
JEAN-CLAUDE: Ah, *Combat,* c'est pas mal. Mais non, je ne le lis pas tellement, finalement. Non, il m'arrive de tomber sur un livre, de lire dix minutes n'importe quoi, quelque
15 chose qui *traîne,* le journal de *la veille* peut-être, ou alors   Qui n'est pas à sa place / Le jour avant
de mettre une autre face du disque, ou bien, je sais pas, de regarder par la fenêtre. J'aime bien regarder par la
fenêtre le matin, c'est *marrant.*   Amusant (*pop.*)
CAROLLE: Et qu'est-ce qu'il y a devant la fenêtre?
20 JEAN-CLAUDE: Il y a des gens qui courent. Alors je me dis: « Dans dix minutes je serai avec eux. » Je les regarde comme ça, *méchamment.* C'est drôle, parce qu'ils   Voir page 284
se pressent toujours.   Voir page 364 (rapidité)
RAY: Mais ce que tu nous racontes là, c'est un jour où tu
25 suis des cours, ou bien un jour où tu travailles?
JEAN-CLAUDE: En fait, c'est un peu la même chose, parce que j'aime pas rester au lit le matin. J'ai beaucoup trop de choses à faire dans la journée. J'aime pas rester tard, même le dimanche.
30 RAY: Alors, la matinée se passe à...
JEAN-CLAUDE: Ben, ça dépend. C'est à dire que, quand je travaille, je prends mon métro. Ça me prend une demi-heure. C'est pas drôle du tout. Tous les métros du monde doivent se ressembler un peu: ça sent mauvais... c'est
35 pas agréable du tout!
CAROLLE: Il fait chaud!
JEAN-CLAUDE: Oui, d'accord, mais un peu trop parfois.
JOËL: C'est une chaleur qui n'est pas agréable du tout. Il y a des gens qui *se pressent.* Ça sent *la sueur* humaine.   Voir page 365 / La transpiration
40 CAROLLE: Non, pas en hiver!
JEAN-CLAUDE: Moi, je trouve ça *moite.*   Légèrement humide
JOËL: Moi aussi.
RAY: Je dois dire qu'à New York, c'est encore beaucoup plus désagréable, parce que, de toute façon, on ne s'y

retrouve pas, dans le métro! Paris a un métro relativement plus *commode,* mais ça, c'est une autre histoire. — Facile. On s'y perd moins facilement

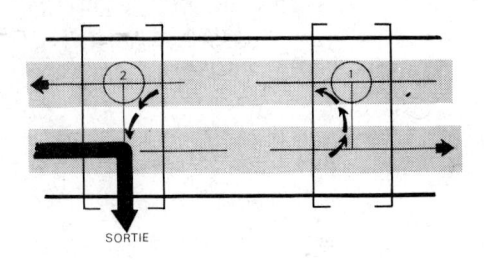

JEAN-CLAUDE: Oui, en fait, il m'arrive parfois, pas de me perdre, mais de *rater* une station. Ça, c'est catastrophique, — Manquer (*fam.*)
5 parce qu'après, quand il faut faire deux changements pour *retomber sur sa ligne...* Quand on lève la tête de

son livre et qu'on voit les portes se refermer devant sa station, on dit rien, bien sûr, mais enfin on se sent tout bête, quoi!

10 RAY: Est-ce que tu prends des tickets séparés, des cartes, des carnets?

JEAN-CLAUDE: Quand je travaille toute la semaine, je prends une carte. C'est mieux, la carte.

RAY: Et c'est quand même nettement moins cher, je crois.

15 JEAN-CLAUDE: Oui.

RAY: Ça vaut combien une carte de métro, maintenant? et un carnet?

CAROLLE: Un carnet, ça coûte sept francs, et une carte, ça coûte cinq francs soixante, hein?

20 JEAN-CLAUDE: Oui, c'est ça, cinq francs soixante.

RAY: Et avec cinq francs soixante, on peut faire un voyage par jour, toute la semaine, c'est bien ça?

CAROLLE: Un aller et retour, six jours par semaine.

RAY: Et alors, avec le carnet, qu'est-ce qu'on peut faire?

25 JEAN-CLAUDE: Dix voyages, ou cinq aller et retour.

RAY: Bien! Supposons que tu sois parti et que la matinée soit plus ou moins *écoulée.* — Terminée

JEAN-CLAUDE: Alors là, je mange.

CAROLLE: Encore!

30 JEAN-CLAUDE: Comment, encore? Si la matinée est écoulée, il est midi et à midi, on mange!

RAY: Où ça?

JEAN-CLAUDE: Ça dépend. Si je travaille là où je suis *actuellement* — un centre de renseignements pour les — Voir page 290
35 jeunes — je mange à la cantine du Ministère des Finances.

C'est quelque chose de très drôle. C'est très grand. Je sais pas, il doit y avoir deux, trois cents tables de quatre personnes. Ça fait quand même pas mal de monde! C'est plein, plein à craquer de petits bureaucrates avec une petite cravate, une chemise bien blanche, *un costume tout étriqué* et des chaussures noires. Ils me regardent toujours passer, parce que je travaille pas du tout au Ministère des Finances, bien sûr. Je les étonne beaucoup, parce que je leur ressemble pas du tout. J'ai pas du tout la même façon de m'habiller.

RAY: Disons que tes cheveux sont un peu plus longs et que ta cravate n'est pas noire.

JEAN-CLAUDE: Il faut pas croire qu'ils se permettent d'avoir des costumes de couleurs différentes! Ils ont tous une espèce d'habit *bleuté* du plus *terne* effet. Vraiment c'est atroce. Ils parlent tout le temps de leurs problèmes de bureau, parce qu'ils ont beaucoup de problèmes de bureau! Par exemple, il y a un gros problème: souvent, dans les toilettes, il n'y a pas de savonnette. Alors ça... Et puis, on ne sait pas à qui en demander, parce que, quand on va voir la responsable des toilettes, elle renvoie au chef de bureau et le chef de bureau dit: « Qu'est-ce que j'en ai à faire de vos toilettes! » Et il renvoie à l'intendant, et puis l'intendant dit: « Mais ça, c'est pas mon affaire, il faut vous renseigner à la dame des toilettes. » Ils sont perdus, ces pauvres gens, il faut les comprendre! Alors, bien entendu, pendant tout le repas, ils essaient de trouver une solution. Ils ne la trouvent pas... A moins qu'il n'y ait quelqu'un qui propose d'apporter sa savonnette, mais elle sera volée deux jours après... Alors, il dira que tous les gens sont stupides. C'est bien, parce que, de repas en repas, *on reconduit* le problème, voilà!

RAY: Tu as l'occasion de parler avec ces gens-là?

JEAN-CLAUDE: Non, pas du tout, pas du tout! Quand j'ai quelqu'un avec moi, on parle d'autre chose, pas du tout de savonnette!

CAROLLE: Si tu ne parles pas avec eux, tu ne peux pas savoir s'ils n'ont vraiment pas d'autres problèmes que leur savonnette!

JEAN-CLAUDE: En fait, j'ai pas du tout envie de parler avec eux, tu vois. De toute façon, quand la méchanceté est *gratuite*, faut pas s'en priver! Et puis, je vais pas dire ce que je dis quand je mange, parce que... (Rires). C'est très tentant, quand on a des gens comme ça auprès de

Plus ou moins bleu / Sombre, triste

On continue à parler du problème

Sans raison

soi, de dire des choses, sinon *grossières,* du moins tout à fait différentes de ce qu'ils racontent... (Silence) Ce que je mange à midi, ça vous intéresse?

TOUS: Oui!

⁵ JEAN-CLAUDE: J'aime bien le bifteck, les *frites* et puis les *tartes.*

RAY: Et dans les petits plats cuisinés, il y a quelque chose que tu aimes beaucoup?

JEAN-CLAUDE: La *ratatouille!*

¹⁰ RAY: Niçoise?

JEAN-CLAUDE: Niçoise, bien sûr!

RAY: Est-ce que tu fais attention aux vins que tu bois, par rapport à ce que tu manges?

JEAN-CLAUDE: En fait non, et pour une raison bien précise, ¹⁵ c'est que ces vins-là *coûtent cher* et que, dans les restaurants où je vais, c'est vraiment *de la piquette à* 10°5 et, dans ce cas là, on ne choisit pas, on la boit comme ça... parce qu'il faut boire en mangeant, c'est tout! Lorsque j'ai l'occasion de faire un dîner correct, j'ap-²⁰ précie beaucoup le vin, mais j'ai très peu l'occasion de le faire.

RAY: Et après déjeuner?

JEAN-CLAUDE: Ben, c'est la même chose, *ça reprend.*

RAY: Supposons que ce soit un après-midi où tu as des ²⁵ cours, pour changer un peu. Comment ça se passe?

JEAN-CLAUDE: Les cours eux-mêmes sont souvent monotones, parce que... C'est jamais très drôle, les cours dans les facultés. J'y ai été un peu, la semaine dernière. On suit un professeur, et puis on s'en va, une fois que le ³⁰ professeur a parlé pendant une heure... Quand il y a deux heures de libres, on va voir un film. Il y a une chose très particulière, quand on habite le Quartier Latin surtout: les journées sont *découpées,* à partir de l'après-midi, *par tranches* de deux heures, parce que les cinémas ³⁵ commencent, *en gros,* à deux heures, quatre heures, six heures... Alors là, c'est vraiment *une aubaine* d'avoir *un trou de libre* entre quatre et six heures, parce qu'on peut *se précipiter* pour aller voir un film. C'est très *chouette,* on perd pas de temps. Mais alors, par contre, entre trois ⁴⁰ et cinq heures, c'est catastrophique, parce qu'on peut rien faire! C'est pas drôle de voir *un petit bout d'*un film et un petit bout d'un autre. Dans ce cas-là, on se traîne en bibliothèque, on va travailler, quoi!

JOËL: Uniquement entre trois et cinq?

⁴⁵ JEAN-CLAUDE: Ou entre cinq et sept...

Voir page 332

Voir page 158

Voir page 369
Du mauvais vin à dix degrés cinq d'alcool (*fam.*)

Ça recommence

A peu près, en général
Une chance extraordinaire / Un moment « vide » (*fam.*) / Voir page 364 / Agréable, excellent (*fam.*)
Un petit morceau, une petite tranche (*fam.*)

Entre Nous

RAY: Dans quelle bibliothèque vas-tu travailler?
JEAN-CLAUDE: Celle où il y a de la place, et c'est pas facile d'en trouver!
JOËL: Tu vas à la bibliothèque Sainte-Geneviève?
JEAN-CLAUDE: C'est justement là qu'il n'y a pas de place à partir de trois heures! Alors, *on retient* ses places: de temps en temps, on envoie *un copain,* le matin, avec *un dossier,* des cahiers... *Il dispose* ça comme si on était là, en train de chercher un livre ailleurs. Comme ça, il y a un tas de places qui sont faussement occupées. C'est assez *ahurissant!*
RAY: Tu y vas pour travailler surtout avec tes propres livres ou bien pour demander des livres à la bibliothèque?
JEAN-CLAUDE: Je vais souvent demander des livres, parce que les livres coûtent assez cher en France. On a fréquemment *des bouquins* qui font cinquante francs, soixante francs. Un livre de Lévi-Strauss que je devais lire l'an dernier valait un peu plus de soixante francs. C'est quand même cher! Alors, je demande pas mal de livres à la bibliothèque. (Silence)
RAY: Et après, on mange, non?
JEAN-CLAUDE: Ben oui! (Rires)
RAY: A quelle heure?
JEAN-CLAUDE: Sept heures, huit heures, ça dépend. Si on a vu un film de six à huit heures, on mange à huit heures; sinon, on mange avant huit heures pour voir le film de huit à dix... Et puis non, en fait, j'attache pas tellement d'importance aux repas! Il m'arrive très souvent de *sauter* un repas ou de manger un sandwich, en passant.
RAY: Tu fais ça dans un des cafés du Quartier Latin?
JEAN-CLAUDE: Oui, mais on peut aussi acheter des sandwichs dans la rue, sans entrer à l'intérieur où ça coûte plus cher. Il y a des tas de fromage tout *moisi* dessus... moisi, non, mais enfin *dégoulinant!*
RAY: Il y a des petits cafés que tu aimes au Quartier Latin?
JEAN-CLAUDE: Pas beaucoup! Ils sont tous maintenant avec des espèces de grosses lampes *orange,* très grosses. C'est pas beau du tout, c'est trop propre, beaucoup trop propre, avec des tas de glaces qui renvoient les images d'un endroit à un autre. On paie facilement un café un franc cinquante là-dedans, la petite tasse de café noir vraiment *infect.* Même dans la rue Mouffetard où, il y a encore trois ou quatre ans, il y avait des petits cafés plus *sympathiques,* ils n'existent pratiquement plus! Ils seront remplacés par les autres grands beaux cafés.

On fait garder
Un camarade (*fam.*).
Plusieurs feuilles concernant le même sujet / Arrange
Stupéfiant (*fam.*)

Des livres (masc.) (*fam.*)

Qui commence à s'altérer / Coulant lentement (*fam.*)

Orange est un substantif...

Très mauvais

Voir page 296

RAY : Avec du néon?
JEAN-CLAUDE : Avec du néon bien sûr, et des boules orange, ou alors par des petites boutiques vendant des petites jupes et des grands pantalons. C'est triste, hein? Très triste!
RAY : Le soir, c'est toujours aussi triste?
JEAN-CLAUDE : Oh, le soir, ça peut être mieux: on va au cinéma de huit à dix ou de dix à douze, et puis, si on va pas au cinéma... qu'est-ce qu'on peut faire? On peut se promener! C'est parfois agréable de se promener... Ou bien on peut aller au théâtre, on peut aller au concert.
RAY : Il t'arrive de travailler le soir?
JEAN-CLAUDE : Très rarement, très rarement! J'ai pas envie de travailler le soir. J'ai jamais très envie de travailler d'ailleurs. (Rires)
CAROLLE : Alors, quand est-ce que tu travailles, si tu ne travailles pas le soir?
JEAN-CLAUDE : Mais je me le demande, je me le demande! Un fait est certain, je travaille. Mais quand? Je ne sais pas. (Rires). Peut-être le matin. C'est pour ça que j'aime me lever tôt, parce que je sais que, pendant les premières heures, ça va. Après, je travaille de moins en moins bien. Quand on a passé, je ne sais pas, moi, deux, trois, quatre heures à faire quelque chose qui plait plus ou moins, on n'a pas envie de passer le journée entière comme ça, toute *moche,* toute grise, pleine de bureaucrates avec des cravates noires et une savonnette! Les bibliothèques, c'est triste aussi. Il y a des tas de gens qui *se ramènent* avec de gros dossiers. Ils s'enfoncent dessous, ils disparaissent presque sous les bouquins accumulés autour d'eux. De

Laid(e) (*fam.*)

Qui arrivent (*pop.*)

temps en temps, ils ressortent, ils se lèvent, ils vont faire un tour de bibliothèque, et puis ils se rassoient (Silence). Et, pour me coucher, je ne prends pas de douche, parce que je me lave très peu... J'insiste sur ce détail, puisqu'on me l'a demandé tout à l'heure. Et puis, je mets un disque, aussi cérémoni...

CAROLLE: eusement...
JEAN-CLAUDE: Oui, aussi cérémonieusement que le matin. Et puis, je lis un peu.
RAY: Et c'est là-dessus que tu t'endors?
5 JEAN-CLAUDE: Oui.
CAROLLE: Tu n'oublies jamais de refermer ton électrophone?
JEAN-CLAUDE: Si, ça arrive parfois. Il tourne toute la nuit. C'est pour ça qu'il est complètement *bousillé* maintenant. 10 Il fait un bruit atroce. Chaque fois qu'il y a un disque, ça fait broum! brouch! comme ça, tout le temps.

Très endommagé (*fam.*)

CAROLLE: Tu entends la musique quand même?
JEAN-CLAUDE: Quand il y a du jazz, ça va, mais alors, quand c'est des motets, où il y a deux ou trois voix 15 seulement, on entend les chanteurs dans une pureté de cathédrale, et puis on entend broum! brouch! Ça va pas du tout, pas du tout!
RAY: Et c'est à quelle heure, ce disque?
JEAN-CLAUDE: Ça dépend du film ou de la pièce: dix heures, 20 onze heures, minuit, ça dépend (Silence). Il y a des jours où c'est plus drôle que ça quand même!

Première victime

Le groupe existe depuis quatre mois. C'est une soirée délicate: comment chaque membre du groupe voit-il les autres? Le cobaye est présent, silencieux. On commence par les garçons.

RAY: On tire au sort pour savoir lequel de vous deux sera sur la sellette. D'accord? Le plus jeune... Joël, à toi de jouer!
JOËL: Je prends la pièce, je la lance *d'une pichenette* en l'air. 25 Je la rattrape, je la mets comme ça, sur le dos de la main...
RAY: Tu as oublié de dire ce que tu avais pris.
JOËL: *Face!*
RAY: Et que donc...
30 JOËL: Jean-Claude avait pris *pile,* bien sûr!
RAY: Face! Tu as gagné. (J'ai l'impression que Joël *a triché* un tout petit peu...). On parle de Jean-Claude! Carolle, qu'est-ce que tu penses de Jean-Claude?

pile ou face

N'a pas respecté la règle du jeu

CAROLLE: Un peu bohème...
35 RAY: D'avoir vu sa chambre, ça a modifié l'idée que tu avais de lui?
MARTINE: Moi, ça l'a modifiée! Parce que Nicole m'avait

dit que c'était *un foutoir* et moi, j'ai pas trouvé du tout ! Pardon, Carolle, continue...   Un grand désordre (*vulg.*)

CAROLLE : Elle lui ressemble finalement, et les affiches...

JOËL : Non, les *posters*... !

CAROLLE : A part ça, il lit beaucoup, c'est évident. Il a cet esprit de synthèse que la plupart des garçons ont. Ils réfléchissent plus facilement que les filles. Peut-être qu'on a les mêmes informations, enfin à peu de choses près, mais lui, il en tire beaucoup plus de choses que moi...

Il est assez sûr de lui, mais ça c'est normal. *Ça tient à* ce qu'il est mieux informé, et qu'il sait en tirer les choses importantes, je crois.   Voir page 359

RAY : Tu dirais que c'est vrai dans tous les domaines ?

CAROLLE : Oui. Dans les domaines où il est moins bien documenté, il *s'en tire* quand même. Ça vient d'une certaine forme d'esprit... Je peux le dire, parce que je ne l'ai pas, justement !   Voir page 365

RAY : Est-ce qu'on peut deviner en général ce qu'il va dire sur certains sujets, ou non ?

CAROLLE : Non, non ! parce que justement c'est tellement vaste, ce qu'il connaît...

RAY : Il baisse la tête. Il ne te regarde pas... Tu peux *y aller* !   Voir page 296

JEAN-CLAUDE : Sans quoi, ça serait difficile !

NICOLE : Profite de ce qu'il joue avec *les mégots* dans le cendrier...   Les bouts de cigarettes qu'on a fini de fumer (*masc.*) (*pop.*)

RAY : Mais cette documentation dont tu parles, est-ce que ça l'amène à avoir une doctrine cohérente ?

CAROLLE : Non, je ne crois pas, je n'ai pas remarqué.

RAY : Non ?

CAROLLE : Il n'a jamais dit, par exemple, qu'il était maoïste ou autre chose politiquement. Qu'il ait une doctrine personnelle, sûrement, mais c'est une synthèse de tout ce qu'il connaît. Ça n'a pas de nom...

RAY : Il n'est pas de ces gens qui, en toute occasion, vous sortiront leur petite théorie ?

CAROLLE : Si Jean-Claude était comme ça, ça serait plutôt pénible !

MARTINE : Je crois qu'il y a un mot qui le caractérise assez bien... Jean-Claude, *cache-toi dans ton col roulé !* C'est l'adjectif complet.

JEAN-CLAUDE : On voit que tu ne m'as jamais vu faire de sport !

RAY : Silence ! Tu n'as pas la parole !

MARTINE : Remarque que je t'ai jamais vu faire *grand chose*, à part traîner sur une moquette, écraser des mégots dans   Voir page 291 le cendrier, et parler! En tout cas, il me fait beaucoup rire.

RAY: *Un petit marrant,* en somme!   Voir page 10; peut avoir un sens péjoratif (*fam.*)
MARTINE: Ça dépend dans quel sens on l'entend...
5 RAY: Ce n'est pas un peu voulu, tu crois?
MARTINE: Si, si, bien sûr!
NICOLE: Beaucoup de *malice*.   Voir page 284
RAY: Ah, on n'avait pas encore prononcé ce mot!
NICOLE: Beaucoup de richesse et surtout, surtout, je crois,
10   une grande sensibilité. Et pour moi la sensibilité, c'est *l'atout* majeur de l'intelligence.
RAY: C'est à dire que la véritable intelligence passe par la sensibilité?
NICOLE: Absolument!
15 MARTINE: Curiosité intellectuelle... Il me semble que quand on est *à court d*'idées on quand on n'a rien à dire, on   Quand on n'a plus d'idées
attend que Jean-Claude parle... Parce qu'il a toujours quelque chose à dire.
RAY: Jean-Claude? Maintenant tu as la parole!
20 JEAN-CLAUDE: Heu...
JOËL: Il va falloir qu'il enlève toute cette pommade, hein!
JEAN-CLAUDE: Eh bien, un grand merci à vous tous! Vous avez été très bien, vraiment très bien...
RAY: Tu n'aurais pas quelques défauts, quand même?
25 JEAN-CLAUDE: Ah, la la! J'en ai, des défauts!
RAY: Ah, bon!
JEAN-CLAUDE: Les défauts de mes qualités, d'abord. Je crois qu'être intellectuel, c'est très bien, mais ça peut être une limitation à certains égards... Ça peut être *une fuite*   Un essai de s'échapper
30   devant le symbolique.
RAY: Une fuite devant le symbolique?
JEAN-CLAUDE: Oui, c'est à dire vivre un peu bêtement, plutôt que de faire les choses essentielles qui, dans la vie de tous les jours, entraîneraient des prises de position un
35   peu difficiles peut-être. On peut choisir — et je choisis — de vivre dans des livres, en voyant des films, en   Devenu sec; contraire d'humide / Voir p. 283
écoutant de la musique... Maintenant, ce qui m'a fait plaisir, c'est que quand même on me refuse l'aspect doctrinaire. Parce que je ne voudrais pas du tout être
40   doctrinaire! Ça me ferait énormément peur pour des tas de raisons. Je trouve que c'est être tout à fait *desséché*... une figure avec *des tas de rides*...
RAY: Tu refuses le cadre d'une doctrine, mais est-ce que tu acceptes quand même certains principes?
45 JEAN-CLAUDE: Bien sûr, on peut pas les éviter, ou bien

alors on reste extraordinairement subjectif. On perçoit
des tas de petites choses séparées, des tas de petites
rivières dans tous les coins. C'est pour ça qu'il faut quand
même avoir quelque chose qui permette de *relier* les — Mettre ensemble
choses entre elles.
   RAY: Et si, brutalement, je te demandais de nous énumérer
quelques-uns de tes principes?
   JEAN-CLAUDE: Justement, ce n'est pas possible! Parce que
ce ne sont pas des règles qu'on inscrit sur un petit carnet
avec, en première page, mes dix commandements ou ce
que je ferai toute ma vie, ou quelque chose comme ça!
Ça ne peut pas tenir dans *des propositions* très nettes et — Des phrases
très claires (Silence).

LES DIX COMMANDEMENTS DE DIEU

Un seul Dieu tu adoreras,
   Et aimeras parfaitement.
Dieu en vain tu ne jureras,
   Ni autre chose pareillement.
Les dimanches tu garderas,
   En servant Dieu dévotement.
Tes père et mère honoreras,
   Afin de vivre longuement.
Homicide point ne seras,
   De fait ni volontairement.
Luxurieux point ne seras,
   De corps ni de consentement.
Le bien d'autrui tu ne prendras,
   Ni retiendras à ton escient.
Faux témoignage ne diras,
   Ni mentiras aucunement.
L'œuvre de chair ne désireras,
   Qu'en mariage seulement.
Biens d'autrui ne convoiteras,
   Pour les avoir injustement.

RAY: Et la sensibilité qu'on t'a généreusement attribuée,
c'est important?
   JEAN-CLAUDE: Très important, oui. Pour transposer ça dans
le domaine du cinéma, je crois que la meilleure façon
de voir un film, c'est de rire jusqu'à en tomber par terre
quand c'est drôle, et de pleurer franchement quand c'est
triste. C'est ça, la vraie façon de vivre le cinéma!

20 *Entre Nous*

RAY: Ça t'arrive de pleurer à des films?

JEAN-CLAUDE: Très souvent! La sensibilité, c'est simplement être ouvert et laisser les choses entrer. Si on ferme les canaux, on est *fichu!*   Perdu, fini, détruit (*fam.*). Voir page 363

5 Ce n'est pas la raison qui nous fournit une direction morale, c'est la sensibilité.
                                          Maurice Barrès

RAY: Tu aimes bien employer des images... Pourquoi?

JEAN-CLAUDE: Je suis toujours un peu mal à l'aise avec les
10 mots qui sont employés partout. Je crois qu'il n'est pas possible de parler décemment en employant souvent les mots amour, beauté, intelligence, démocratie... Je crois que l'image, elle n'est peut-être pas plus précise, mais elle est quand même beaucoup plus personnelle. Tiens,
15 j'ai oublié un de mes défauts: je suis assez faible...

JOËL: Dans quel sens? On peut changer facilement tes déterminations?

JEAN-CLAUDE: Non, pas ça. Plutôt une faiblesse au niveau de la vie quotidienne. Par exemple, je suis malade:
20 j'oublie d'envoyer ma feuille à la Sécurité Sociale! Bon, eh bien c'est idiot! Quand, après, j'ai besoin de cinq mille *balles* pour m'acheter un pantalon, c'est idiot de   Francs (fém.) (*pop.*)
ne pas m'être fait rembourser. Ou bien... j'oublie de téléphoner à mon propriétaire pour le prévenir que je le
25 paierai seulement dans une semaine: alors, il m'envoie une lettre d'*injures,* et après, je suis obligé de m'aplatir   Voir page 332
comme une carpette!

Nous ne donnons jamais, jamais, les raisons véritables de nos actes.
30   André Siegfried

Controverses

1. Jean-Claude n'aime plus les cafés du Quartier Latin. Pourquoi? Quel trait de son caractère est-ce que ça révèle? Ta propre position?

2. Reproduis quelques-unes des phrases prouvant que Jean-Claude est un fanatique de cinéma. Sur ce point, il est représentatif de la majorité des étudiants français. Peut-on dire la même chose des étudiants américains? Compare-toi à Jean-Claude sur ce point précis.

3. Jean-Claude n'aime pas employer les grands mots, tels qu' « amour, démocratie, etc.... » Qu'est-ce qu'il préfère employer? Qu'en penses-tu?

4. « Pour moi, la sensibilité, c'est l'atout majeur de l'intelligence », dit Nicole. Es-tu d'accord?

5. Il ne semble pas possible à Jean-Claude d'énumérer les principes sur lesquels est basée sa vie. Pourquoi? Et à toi, la chose te semble-t-elle possible?

Applications

Expressions idiomatiques (283)[1]

1. • Quand on se réunit en petit comité, est-ce qu'il y a pas mal de monde? *N'utilise pas cette dernière expression dans la réponse.*

   • Peux-tu donner quelques cas où on a l'habitude de tirer au sort?

   • S'aplatir, c'est devenir plat.
   _____, c'est devenir mou.
   _____, c'est devenir sec.

   Ces deux verbes se trouvent dans le texte.

   • Après que ses copains lui ont passé la pommade, qu'est-ce que Jean-Claude aurait pu dire: c'est moche? c'est chouette?

   • Tu t'adresses à un copain qui insiste pour que tu apprennes le chinois avec lui: « Qu'est-ce que _____! »

   • Peux-tu trouver un exemple de réunion en petit comité dont le but est de mettre quelqu'un sur la sellette?

   • Si ta tête est pleine à craquer, c'est en général à quel moment?

2. Invente deux courtes histoires (de 5 à 10 lignes) dans lesquelles tu emploieras les expressions et mots suivants:

   a. en petit comité   b. tirer au sort
      plein à craquer   qu'est-ce que j'en ai à faire de...
      province   ramassis
      marrant   laid

Faux amis (283)

• Aimerais-tu avoir l'occasion de rencontrer l'un des membres du groupe?

• Tu fais triste figure! Tu me fais penser à un célèbre héros de la littérature espagnole: _____, le chevalier à la _____.

[1] Ce chiffre signifie: relis d'abord la page 283

- Combien y a-t-il de chiffres dans 1789?
- Qu'est-ce qu'il faut faire pour garder une silhouette mince?
- Je te regarde malicieusement; quelle sera ta réaction?
- Je te regarde avec méchanceté; qu'est-ce que tu vas faire?

Un genre-Une espèce (284)

1. Complète chaque fois avec un mot différent.

    Quel genre de (d') { _____connaissez-vous? / _____aiment-ils? / _____peux-tu me donner? }

    Réponds aux questions précédentes.

2. Sur le modèle suivant, quatre questions et quatre réponses.

    « A quoi sert cette espèce de boîte carrée? »
    « Ça sert à enregistrer la voix: c'est un magnétophone. »

3. Sur le modèle suivant, trois questions et trois réponses.

    A quoi sert ce machin que tu as sur la tête? A _____.

4. Décris ta chambre, ou ta salle de classe, ou ta voiture, en employant chacun des mots: *machin, truc, espèce, bouquin, dossier, moche, disposer, ahurissant.*

Peu ... Beaucoup (284)

1. Sur le modèle suivant, réponds de quatre façons à chaque question.

    Il y a { peu d'étudiants / pas mal d'étudiants / un tas d'étudiants / beaucoup d'étudiants } en classe aujourd'hui.

    - Combien y-a-t-il de dossiers sur la table?
    - Combien y a-t-il de bouquins dans la bibliothèque?
    - Combien y a-t-il de mégots dans le cendrier?

2. Complète.

    A soixante ans, elle a encore très _____rides.
    A soixante ans, elle a encore assez_____rides.
    A vingt-cinq ans, elle a déjà_____rides. (3 solutions)

Comment utiliser la négation (285)

1. Complète les phrases d'après le modèle suivant.

   Si on ( ) va pas au cinéma, on ( ) saura pas si le film est bon.

   Si tu ( ) te laves pas, tu ( ) _____
   Si tu ( ) sais pas faire ça, tu ( ) _____
   Si tu ( ) fais pas de gymnastique, tu ( ) _____

2. Tu ( ) te laves pas?
   En faisant les modifications nécessaires, mets cette question: au futur, au passé composé, au plus-que-parfait, au conditionnel (Tu... si...?)
   Attention à la place de pas *et au temps du verbe après* si!

3. Complète la phrase de trois façons différentes:
   C( ) 'est jamais très drôle de _____ / _____ / _____

4. Qu'est-ce que tu dis? Je ( ) dis rien!
   Qu'est-ce que tu as dit? J ( )'ai rien dit!
   Mêmes phrases avec le verbe *faire*. *Attention à la place de* rien!

5. Je ( ) leur ressemble pas du tout!
   Même phrase avec les verbes:
   — y croire (croire à quelque chose)
   — s'amuser
   — se presser

6. Récris chacune des trois phrases précédentes en la mettant au passé composé et en la faisant commencer par *ils*.

Comment poser une question (285)

- Dans ce livre, prends au hasard quatre pages de conversation.
- Fais le compte de tous les cas que tu trouveras de chacune des trois principales formes de questions (et d'autres formes éventuelles).
- Essaie ensuite de tirer une conclusion sur la fréquence d'emploi de ces différentes formes dans la langue courante. Compare avec ce que dit de leur fréquence d'emploi ta grammaire habituelle.

II

PIERRE ALBOUY.
PROFESSEUR A LA SORBONNE
*L'étudiant américain est éminemment
sympathique, sans aucun doute!*

L'Enseignement supérieur en question

Présentation

Les événements de mai 1968 ont été l'occasion d'une totale remise en question de l'Université française : avant 68, était-elle la meilleure du monde, comme la propagande officielle essayait de le faire croire ? ou l'une des plus mauvaises, comme on l'entend dire quelquefois aujourd'hui ? Probablement ni l'une ni l'autre.

En tout cas, sa structure a été totalement modifiée par la *loi d'orientation* d'Edgar Faure, votée à l'unanimité par le parlement — fait extraordinaire en France — en 1968. Les tableaux placés au début du chapitre te donneront une idée précise et complète de l'organisation actuelle. Dans le chapitre lui-même, nos amis discutent avec Pierre Albouy, un professeur à la Sorbonne qui a également enseigné aux États-Unis, de cette nouvelle organisation, de ses points forts comme de ses points faibles.

Tu auras ainsi une idée de ce qu'est le fameux *baccalauréat* (le bac ou le bachot, comme on l'appelle encore), si important pour de nombreuses familles françaises. Tu sauras ce que sont les fameux *concours* pour l'entrée aux *grandes écoles :* deux pièces maîtresses du système français, très différent du système américain. Essaie en particulier de bien suivre la discussion sur le concours difficile qu'est l'*agrégation,* et sur les grandes écoles typiques : *Normale Sup.* pour les lettres, *Polytechnique* pour les sciences.

L'université française, depuis 1968, s'est cependant rapprochée de l'université américaine sur plusieurs points, les *unités de valeur* et le *contrôle continu* par exemple. Quant au problème fondamental de la *sélection* à l'entrée de l'université, certaines modifications, en 1971, de la loi d'orientation de 1968, représentent un pas, encore timide et controversé, vers la solution américaine. L'opposition des étudiants en médecine à ce genre de réforme, exprimée par Nicole, se prolongera certainement pendant plusieurs années et s'élargira peut-être à d'autres catégories d'étudiants.

288

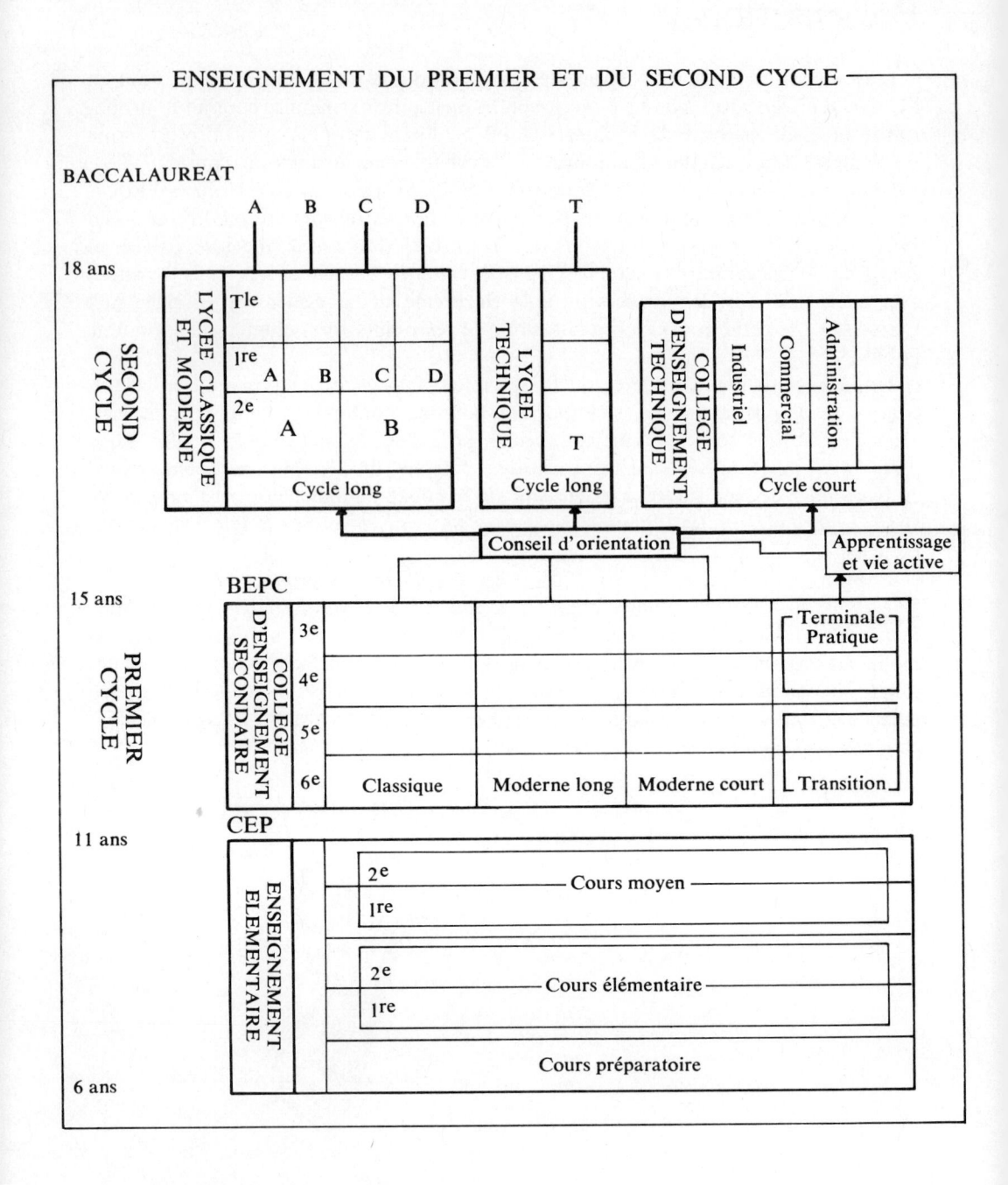

ENSEIGNEMENT DU PREMIER ET DU SECOND CYCLE

BACCALAUREAT

18 ans

SECOND CYCLE

LYCEE CLASSIQUE ET MODERNE — Tle (A, B, C, D) / 1re (A, B, C, D) / 2e (A, B) — Cycle long

LYCEE TECHNIQUE — T — Cycle long

COLLEGE D'ENSEIGNEMENT TECHNIQUE — Industriel, Commercial, Administration — Cycle court

Conseil d'orientation

Apprentissage et vie active

15 ans

BEPC

PREMIER CYCLE

COLLEGE D'ENSEIGNEMENT SECONDAIRE — 3e, 4e, 5e, 6e — Classique, Moderne long, Moderne court, Transition

Terminale Pratique

11 ans

CEP

ENSEIGNEMENT ELEMENTAIRE
- 2e / 1re — Cours moyen
- 2e / 1re — Cours élémentaire
- Cours préparatoire

6 ans

Enseignement primaire

Il prépare au:
CEP. (*Certificat d'Études Primaires*)

PREMIER CYCLE de la 6ᵉ à la 3ᵉ.
Il se fait dans:
CES. (*Collège d'Enseignement Secondaire*)
L'ancien nom est CEG. (*Collège d'Enseignement Général*).
Lycée est l'ancien nom des établissements du premier et du second cycles.
Il faut le réserver maintenant aux établissements du second cycle.
Il prépare au BEPC. (*Brevet d'Études du Premier Cycle*)

SECOND CYCLE de la seconde à la terminale.
Il se fait dans:
Lycée Classique et Moderne: qui prépare à l'une des quatre sections, A. B, C ou D du *Baccalauréat*
A littéraire
B sciences économiques et sociales
C mathématiques et physique
D mathématiques et sciences de la nature

Lycée Technique: qui prépare au *Baccalauréat*
T technique

Collège de Second Cycle, appelé provisoirement *Collège d'Enseignement Technique,* qui prépare au:
BEP. (Brevet d'Études Professionnelles).

Entre Nous

Les nouvelles universités françaises

U E R
Unité d'Enseignement et de Recherche
de 500 à 2.000 étudiants
avec

Directeur
Conseil élu

Les 720 U E R sont groupées en:

65 Universités
de 10.000 à 15.000 étudiants (dont 13 dans la région parisienne)
avec

Président
Conseil élu

Dans chaque région

Conseil Régional de l'Enseignement Supérieur et de la Recherche

élu.
Pour coordonner les universités de la région.

à Paris

Conseil National de l'Enseignement Supérieur et de la Recherche

élu.
Représentants des enseignants
Représentants des étudiants
Représentants des chercheurs
Personnalités locales
Pour conseiller le Ministre de l'Éducation Nationale.

LES UNIVERSITES DE PARIS ET DE SA BANLIEUE

PARIS XIII
Sciences et lettres

Saint-Denis Villetaneuse

PARIS X
Lettres
Droit

Nanterre

PARIS IX
Economie
appliquée

Dauphine

PARIS I
Economie
Histoire
Philo

Sorbonne-Panthéon
Censier

PARIS VII
Sciences
Médecine
Lettres, modernes

Halle aux Vins-Censier

PARIS VI
Sciences
Médecine

Halle aux Vins

PARIS II
Droit

Panthéon
Assas

PARIS III
Langues vivantes
Lettres modernes

Censier

PARIS V
Psychologie
Moderne

Institut de Psycho

PARIS IV
Français
Latin-grec

Sorbonne

PARIS VIII
Problèmes
contemporains

Vincennes

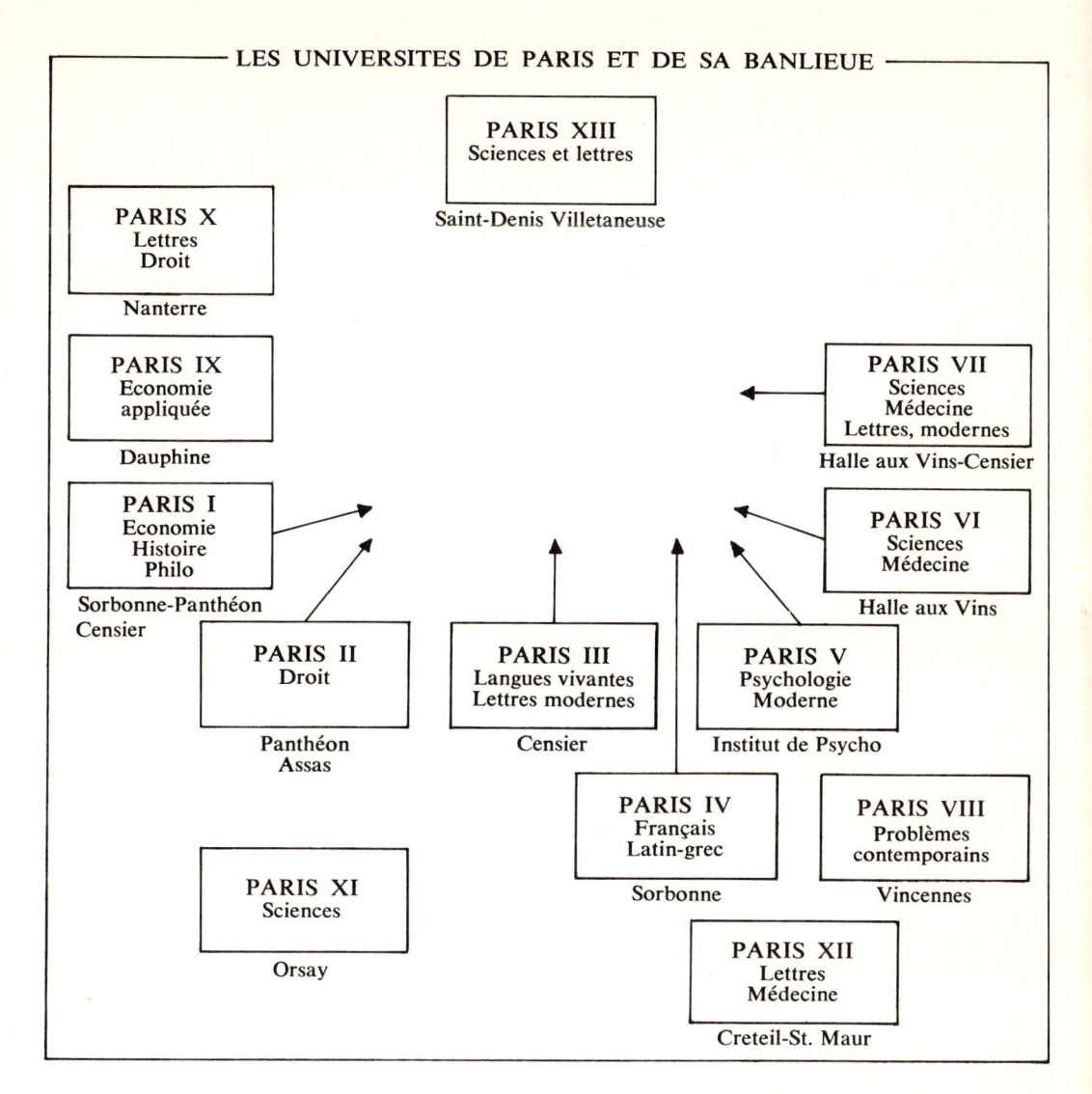

PARIS XI
Sciences

Orsay

PARIS XII
Lettres
Médecine

Creteil-St. Maur

— Les 7 universités de Paris-centre (Paris I à Paris VII) se sont réparti les locaux existants. (ainsi l'ex-Sorbonne est maintenant divisée entre Paris I, III et IV)
— La plus traditionnelle: Paris IV.
— La plus proche d'une université américaine: Paris VII.
   Parmi les UER. la composant: « Sciences des textes et documents, » où la littérature est enseignée à l'aide de méthodes basées sur la linguistique, la psychanalyse et l'histoire. Directeur de cette UER.: Pierre Albouy.

— Parmi les universités de la banlieue parisienne, les plus célèbres:

Vincennes (Paris VIII) et *Nanterre* (Paris X)

— En 1972, Paris XII et XIII commençaient à ne plus être des « universités sur le papier ».

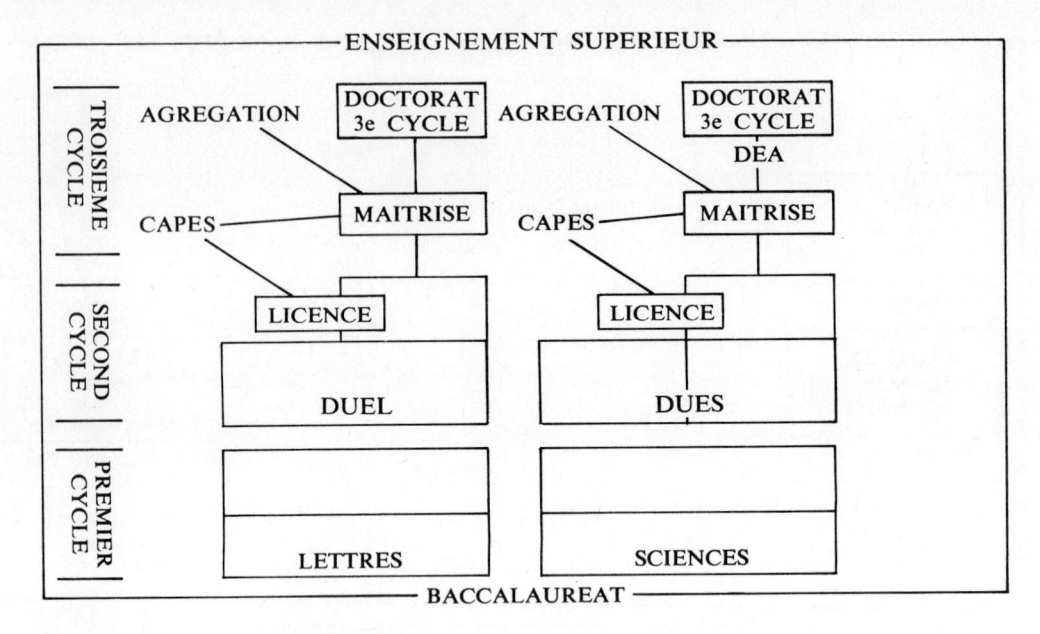

```
┌─────────────── ENSEIGNEMENT SUPERIEUR ───────────────┐
│         ┌──────────┐              ┌──────────┐       │
│ T       │ DOCTORAT │              │ DOCTORAT │       │
│ R  AGREGATION 3e CYCLE │  AGREGATION │ 3e CYCLE │    │
│ O │     └──────────┘              └──────────┘       │
│ I │                                    DEA           │
│ S │      ┌─────────┐                ┌─────────┐      │
│ I │CAPES─│ MAITRISE│          CAPES─│ MAITRISE│      │
│ E │      └─────────┘                └─────────┘      │
│ M │                                                  │
│ E │      ┌────────┐                 ┌────────┐       │
│   │      │LICENCE │                 │LICENCE │       │
│ S │      └────────┘                 └────────┘       │
│ E │    ┌──────────────┐          ┌──────────────┐   │
│ C │    │     DUEL     │          │     DUES     │   │
│ O │    └──────────────┘          └──────────────┘   │
│ N │                                                  │
│ D │                                                  │
│   │                                                  │
│ P │    ┌──────────────┐          ┌──────────────┐   │
│ R │    │              │          │              │   │
│ E │    │   LETTRES    │          │   SCIENCES   │   │
│ M │    └──────────────┘          └──────────────┘   │
└─────────────── BACCALAUREAT ─────────────────────────┘
```

Premier cycle   Il prépare au:

DUEL: *Diplôme Universitaire d'Études Littéraires*
DUES: *Diplôme Universitaire d'Études Scientifiques*

Second cycle   Il prépare à:

la *Licence*, en 1 an.
la *Maîtrise*, en 2 ans.

CAPES: La licence permet de se présenter au:
Certificat d'Aptitude au Professorat des Enseignements du Second Degré (nécessaire pour être professeur titulaire dans un lycée)
La maîtrise permet de se présenter à:
l'*Agrégation*

Troisième cycle   Il prépare au:
Doctorat de Troisième Cycle, qui permet d'obtenir un poste d'assistant dans une université.

Pour être professeur d'université, il faut avoir un *Doctorat d'État* (au moins quatre ans après le doctorat de troisième cycle).

Du secondaire au supérieur

Cinq novembre. Joël a repris les cours au lycée depuis près d'un mois. Les vacances viennent de se terminer pour Carolle, Jean-Claude et Martine. Mais Nicole est en grève...

RAY: Mai 68! Tout le monde se le rappelle, même les Américains, j'en suis sûr: c'est la grande contestation de l'enseignement supérieur et de l'ensemble de l'enseignement français. Elle a eu de nombreuses causes... S'il fallait en citer deux ou trois: la centralisation trop forte, le manque de rapports entre les étudiants et les professeurs, le nombre insuffisant de professeurs...

Vous savez que depuis, un ministre plein d'imagination, Edgar Faure, a fait une «*loi d'orientation*» autour de quelques idées simples: l'autonomie, la participation, et la troisième — c'est un peu difficile à prononcer — la pluridisciplinarité.

L'autonomie, c'est assez facile à définir. Autonomie administrative, les facultés l'avaient déjà un peu *auparavant;* autonomie financière, c'est relativement nouveau; autonomie pédagogique, c'est tout à fait nouveau et ça pose beaucoup de problèmes.   Voir page 290

La participation, eh bien, ça veut dire que les étudiants auront l'occasion, avec les professeurs, de participer à un certain nombre de groupes, de comités, etc...

Quant à la pluridisciplinarité, c'est un peu plus compliqué à comprendre. Notre invité de ce soir est certainement *à même de* nous aider. Notre invité, c'est Pierre   Peut nous aider
Albouy, professeur à la Sorbonne. Il était auparavant professeur à Montpellier. Pierre Albouy est un de nos grands spécialistes français de Victor Hugo. Il a une autre caractéristique, c'est qu'il est allé enseigner — une seule fois, Pierre, ou deux fois? — aux États-Unis.

P. ALBOUY: Une fois, à Yale...

RAY: Alors, cette notion de pluridisciplinarité, qu'est-ce que c'est, en fait?

P. ALBOUY: Eh bien, c'est tout simplement le système américain. Dans la même université, sont réunies des écoles de lettres, de *droit,* de sciences, etc..., tandis qu'en France   L'étude des lois (masc.)
les facultés restaient séparées en lettres, droit, sciences. Le but que s'était proposé Edgar Faure, ça avait été justement de faire craquer ce cadre facultaire pour que les étudiants puissent faire par exemple à la fois du droit, des lettres, des sciences. Je dis tout de suite que je crois que le moyen pris par Edgar Faure pour arriver à son but n'est pas le bon, mais enfin voilà le but.

Entre parenthèses, par rapport à ce que vous avez dit tout au début, je souligne une chose, c'est qu'en mai 68, le point de départ a été universitaire, bien entendu, mais que *la visée* des principales forces étudiantes ou ouvrières a été révolutionnaire, il ne faut pas l'oublier. Ça explique pas mal de choses.

NICOLE: Au départ, on se réunit pour des buts universitaires et puis, automatiquement, on *débouche sur* des buts politiques...

RAY: Récemment, il y a eu justement une certaine opposition — politique? — entre les étudiants en médecine et leur ministre. Peux-tu expliquer, Nicole?

NICOLE: Oui, on est contre *un décret,* un décret Guichard...

RAY: Olivier Guichard, il faut le préciser, est l'actuel ministre de l'Education Nationale.

NICOLE: ... qui a imposé des mesures de sélection pour les premières années médicales, et c'est contre ce décret que toute la masse des étudiants s'est insurgée et s'est réunie en comités. Et depuis, on a voté des grèves et on discute.

RAY: Le mot de sélection est un mot important. C'est un mot que le ministre *récuse* je crois. En fait, est-ce que ce décret, Pierre, touche vraiment le problème de la sélection ou bien...

P. ALBOUY: Oui, un peu, oui. C'est une sélection qui n'est pas absolument claire, mais enfin, ça consiste tout de même à éliminer un assez grand nombre d'étudiants de médecine après la première année, au lieu de les éliminer à l'entrée. Or le problème de la sélection est en effet quelque chose de très important.

RAY: Lié, bien entendu, à celui de l'orientation...

P. ALBOUY: Ah, bien sûr!

RAY: ... dont on a pris conscience récemment. L'orientation chez les étudiants, jusqu'à il y a quelques années, ça n'existait pratiquement pas, n'est-ce pas?

P. ALBOUY: C'est à dire que, voyez-vous, aux États-Unis, la sélection, il faut bien l'avouer, est faite dans une certaine mesure sur la base de l'argent. Par exemple, si on entre à Yale, ce n'est pas la même chose que si on va à... College. (Pour ne faire de peine à personne, l'auteur a préféré supprimer le nom du «*College*» indiqué par P. Albouy.) C'est une question d'argent, puis aussi, il faut le reconnaître tout de même, de capacité, tandis qu'en France, il n'y a jamais eu de sélection à l'entrée des facultés. Tout le monde peut devenir étudiant, et évidemment on se trouve devant une masse très diversifiée: leurs capacités, leurs besoins, leurs possibilités sont très variés. Le problème serait à mon avis un problème d'orientations multiples à l'intérieur de l'université, et non pas de *barrage* au départ. C'est le point de vue d'un des syndicats d'enseignants, qui est le *S.N.E. Sup.,* dont je fais partie, mais qui n'est pas le point de vue de la majorité des professeurs, de loin.

Le résultat est. Voir page 365

Un texte décidé par le gouvernement. Une loi, elle, doit être votée par le parlement.

N'admet pas

univer$ité

Voir page 251
Syndicat National de l'Enseignement Supérieur

RAY: Puisque nous parlions argent, sélection ou non par l'argent, je crois qu'il faudrait préciser un peu le prix des études en France et aux États-Unis. Aux États-Unis, il est évident qu'on paye assez cher. En France, le problème
5 s'est posé tout récemment à propos d'une — disons — relativement légère augmentation de ce qu'on appelle *les droits d'inscription*. Pour être exact, les droits d'inscription sont passés de quarante-cinq à quatre-vingt-quinze francs... c'est à dire... un peu moins de vingt dollars, c'est
10 bien cela? Et les étudiants français en général ont pris une position assez nette contre l'augmentation de ces droits. Carolle, qu'est-ce que tu en penses?

Ce qu'on doit payer pour avoir le droit d'être étudiant.

CAROLLE: D'abord, ça a augmenté beaucoup plus que vous l'avez dit. En réalité c'est quinze mille francs... enfin, cent
15 cinquante francs!

P. ALBOUY: *Tout compris,* sécurité sociale... et un tas de choses! De toute façon, comment réagis-tu à cette augmentation?

Voir page 357

CAROLLE: Moi, je trouve ça cher, parce que c'est moi qui
20 les paye, bien entendu. Si c'était mes parents, je trouverais ça beaucoup moins cher... Et puis en plus, il y a les livres. Evidemment c'est autre chose, mais enfin ça revient quand même relativement cher de faire des études.

RAY: Comparé aux États-Unis, c'est beaucoup moins
25 cher.

P. ALBOUY: Combien paient les étudiants de Yale?

RAY: Plus de quatre mille dollars par an, je crois.

MARTINE: Oh, la la!

JEAN-CLAUDE: Je voudrais quand même dire deux choses.
30 D'abord, je vais prendre simplement mon cas. Moi, je fais des études dans deux sections différentes, ce qui normale-

ment ne peut pas se faire. Mais j'ai une *dérogation* spéciale du *doyen*, donc je peux faire des études à la fois en lettres modernes et en sociologie. Seulement, le problème, c'est que je dois payer deux fois les inscriptions
5 aux travaux pratiques, ce qui me *revient* en tout *à* vingt et un mille francs! Bon, ça c'est une chose. Mais ce que je voulais dire aussi, c'est que l'augmentation des droits pose un autre problème: l'enseignement lui-même est placé dans un cadre tout à fait différent. Chez nous,
10 l'enseignement est *laïc*, l'enseignement est gratuit, il est ouvert à tout le monde. Or, en fait, cette augmentation des droits qui peut sembler relativement minime, cette augmentation des droits, elle conduit petit à petit à *remettre en cause* ces principes-là, à justement nous diriger
15 vers un système d'enseignement qui commence à être celui des États-Unis. On y vient tout doucement...

RAY: Est-ce que tu ne risques pas de choquer certains Américains en disant, ou presque, que l'enseignement américain n'est pas démocratique?

20 JEAN-CLAUDE: Qu'est-ce que ça veut dire, démocratique? Enfin, oui, il est démocratique, mais est-ce que la démocratie, telle qu'elle est pratiquée en Amérique, est le fin du fin, en termes de système social? C'est plutôt ça, la question à poser.

25 RAY: Il faut ajouter tout de même que, en France comme aux États-Unis, il y a beaucoup de *bourses*. Le système des bourses dans l'enseignement secondaire français est assez *répandu*. Dans l'enseignement supérieur aussi, et les boursiers, si j'ai bien compris, ne paient aucun droit
30 d'inscription, n'est-ce pas?

P. ALBOUY: C'est ça!

RAY: Donc, ça remédie d'une certaine façon à la situation dont nous parlions tout à l'heure. Peut-être qu'on peut faire maintenant la liaison avec autre chose qui est très
35 important: la préparation à l'enseignement supérieur, c'est tout de même l'enseignement secondaire... N'oublions pas que notre ami Joël est encore *à la charnière* des deux enseignements...

JOËL: Oui, c'est ça!

40 RAY: Alors, si je te pose brutalement la question: est-ce qu'il y a eu un changement, à ton avis, dans la façon d'enseigner des professeurs de ton lycée, entre mai 68 et maintenant?

JOËL: *A part une seule exception,* les professeurs ont enseigné
45 exactement de la même manière qu'avant. Quelques

———

Permission spéciale
Dean

Voir page 369

Contraire de religieux

Ne plus accepter

La somme donnée par l'état pour permettre de faire des études (fém.)
Courant, habituel

Sauf dans un cas

réformes avaient été accordées pour contenter certaines
associations de parents d'élèves, qui sont quand même
influentes dans les enseignements primaire et secondaire :
des foyers socio-culturels... quelques aménagements, quoi !
5 Elles ont été acceptées en principe au début de l'année
dernière, et *reniées* tout au long de la même année, de   Refusées après avoir
sorte que nous sommes dans une situation presque sem-   été acceptées
blable à celle d'avant mai 1968.
   RAY : Alors, comment réagissent tes camarades en général ?
10 Est-ce que tu as l'impression qu'il y a un nouveau risque
d'agitation ou bien si l'on pense surtout au travail ? Je
prends ta classe, par exemple ?
   JOËL : Il y a beaucoup de mes camarades qui ont été frappés
par cet échec... qui avaient cru en mai 68. Ça *se traduit*   S'exprime par
15 soit *par* une sorte de défaitisme, de je m'en foutisme, si
je peux employer cette expression, ou alors d'autres qui
sont absolument indifférents.

   RAY : Toi par exemple, comment le ressens-tu ? T'occupes-tu
surtout de ton travail, ou bien aurais-tu envie de militer
20 de nouveau pour obtenir certaines choses que mai 68 ne
t'a pas apportées ?
   JOËL : Personnellement, pour l'instant je ne vois pas de
solution dans le secondaire et c'est là où il y a une attitude
très commune : la lassitude. On est fatigué, on est fatigué
25 de suivre toujours le même enseignement, d'avoir perdu
un mois et demi de classes, d'avoir lutté pendant un mois
et demi pour en rester au même point.
   RAY : Mais ça, c'est un problème qui est valable surtout pour
cette année. De façon plus générale, si je te demandais :
30 à ton avis, quel est le principal défaut des méthodes
d'enseignement dans ton lycée... ?
   JOËL : Il y en a énormément ! Dans le secondaire, on ne peut
pas faire des cours avec discussions, sauf dans certaines
matières comme la littérature, la philosophie...

RAY: Tu as des professeurs de littérature et de philosophie qui aiment la discussion? C'est quelque chose, non?
JOËL: Oui, mais ce sont des exceptions!
RAY: Et tu voudrais qu'on élargisse cela à d'autres...
JOËL: Qu'on élargisse et aussi qu'on décide d'aménager de meilleurs *locaux* avec plus de matériel et plus de professeurs. C'est un problème essentiel à mon sens, parce que, cette année, on est dans des classes *surchargées,* des locaux très petits.
RAY: Nicole, est-ce que les défauts que Joël vient d'indiquer te semblent également valables dans l'enseignement supérieur?
NICOLE: Les défauts à notre niveau dans l'enseignement médical? On manque de professeurs *titulaires*... on manque de locaux... les enseignements ne sont pas coordonnés ... C'est la raison pour laquelle on se met en grève; parce qu'on ne peut pas travailler correctement!

Un local: partie d'un bâtiment réservé à un usage spécial
Où il y a trop d'étudiants

Le contraire d'assistants, de remplaçants

L'Université a toujours été une institution *discordante*. Elle l'était déjà au Moyen-Âge.

Différente, comme jouée sur une autre corde d'un instrument de musique

Le mal des facultés actuelles, qui risque d'être celui des universités nouvelles si l'on n'y porte pas *le fer,* c'est que l'étudiant s'y sent seul et, ce qui est pire encore, seul dans la foule.

Si on ne modifie pas profondément

Qui est capable de dire sans équivoque à quoi sert l'université aujourd'hui?

Toujours contesté mais indestructible, le baccalauréat survit à tous les tourbillons et à toutes les réformes.

Les journaux

Examens et concours

P. ALBOUY : Vous êtes combien sur *un macchabée ?*   Un cadavre, un corps mort (*pop.*)

NICOLE : On n'a pas de macchabée ! On est obligé d'apprendre l'anatomie chez soi en ce moment. On est grévistes !
RAY : Vous avez ce qu'on appelle des...
5 NICOLE : CHU.
P. ALBOUY : Centres Hospitaliers Universitaires.
NICOLE : Ça, c'est à partir de la troisième année de médecine.
RAY : Et tu penses que c'est une bonne institution, qu'il faudrait les commencer plus tôt peut-être ?
10 NICOLE : Non, je pense qu'à la troisième année, c'est très bien. Seulement, il en faudrait plus. Il y a un problème de locaux, et une trop forte densité d'étudiants *par rapport*   Relativement
aux CHU.
P. ALBOUY : Peut-être qu'il faudrait dire quand même ce
15 que c'est, les CHU.
RAY : Oui, précisez, voulez-vous ?
P. ALBOUY : C'est dans les hopitaux, n'est-ce pas ? Il y a des espèces d'universités *greffées* sur les hopitaux...
RAY : Le problème se pose plus ou moins de la même façon
20 dans l'enseignement littéraire ?
P. ALBOUY : Oui, c'est à dire que le problème des locaux se pose essentiellement à la Sorbonne. Alors là, c'est *démen-*   Fou, à la limite de
tiel ! Il y a quarante mille étudiants : on essaie d'émigrer   l'impossible
vers Censier, vers les *Arts et Métiers, l'École Centrale...*
25 En province, le problème est moins grave. Sauf exceptions douloureuses, il est moins grave. On a pas mal construit. Par exemple à Montpellier, il y a une faculté des lettres qui est toute neuve, assez vaste, et très jolie par dessus le marché. Il y a le problème, évidemment plus grave, des
30 enseignants qui ne sont pas assez nombreux. Sans aucun doute, ils sont *débordés* par l'afflux des étudiants dans les   Accablés, surchargés
facultés des lettres. Alors, cet afflux pose le problème de la sélection. Il est sûr qu'il y a trop d'étudiants dans les

facultés des lettres. Je crois que ces facultés des lettres devraient s'articuler de façon beaucoup plus variée, beaucoup plus diverse sur des *débouchés* professionnels beaucoup plus nombreux. Il faudrait que nous ayons un grand nombre d'instituts de formation professionnelle, d'instituts de formation *approfondie* ou de recherche, avec des passages faciles mais précis de l'un à l'autre, ce qui permettrait d'orienter les étudiants au lieu de laisser *s'entasser* dans ces facultés une masse assez désorientée qui finalement n'aura guère comme débouchés, en gros, que le seul enseignement secondaire.

RAY: Carolle, comment vois-tu ton avenir? *Prof.* d'enseignement secondaire, comme le dit Pierre Albouy?

P. ALBOUY: Si elle trouve! Parce qu'espagnol, c'est... je ne veux pas la décourager, mais...

CAROLLE: Eh bien, oui, je voyais mon avenir comme ça, je me voyais professeur d'enseignement secondaire, et après j'aimerais continuer dans une faculté.

RAY: Précisons un petit peu comment ça va se passer. Tu en es à ta première année d'espagnol. Quel est le premier diplôme que tu espères obtenir?

CAROLLE: Eh bien d'abord, passer toutes les unités de valeur de cette année: il y en a dix.

P. ALBOUY: Les unités de valeur, ça correspond à peu près aux *credits* américains.

CAROLLE: Au bout de trois ans, je peux... eh bien, rien! Je peux presque rien faire. Je peux être professeur jusqu'en troisième dans un CEG.

P. ALBOUY: Elle sera *licenciée* au bout de trois ans.

CAROLLE: Licenciée, oui!

RAY: Au dessus de la licence qu'est-ce que tu peux obtenir?

CAROLLE: Avec une année de plus, je peux enseigner de la troisième à la terminale.

RAY: Et tu auras... la maîtrise?

CAROLLE: La maîtrise, oui, c'est ça, et ensuite on peut devenir professeur de lycée.

P. ALBOUY: Après des concours: CAPES et agrégation. C'est le CAPES qui lui permettra d'être professeur titulaire de lycée.

CAROLLE: Oui.

P. ALBOUY: Alors, il y a le fameux problème de l'agrégation.

RAY: Tout le monde en dit un peu de mal. Pierre, qu'est-ce que c'est que cette agrégation?

P. ALBOUY: Eh bien, c'est un concours qui permet d'*agréger* des gens à la masse des professeurs de l'enseignement secondaire. Ce concours, à mon avis, s'est complètement

---

Voir page 365

Le contraire de superficiel

Mettre en tas

Professeur (*fam.*)

Voir page 30

Mettre ensemble

dévalorisé. Attention, tout le monde dit du mal de l'agrégation, peut-être, mais la Société des Agrégés est extrêmement puissante, énergique, virulente! Edgar Faure avait promis des réformes sur lesquelles pratiquement Olivier Guichard est *revenu*. Je ne sais pas du tout si l'agrégation n'a pas devant elle un assez bel avenir encore. Actuellement, l'agrégation me semble mal à sa place, parce que d'une part, elle ne prépare pas du tout à l'enseignement secondaire, puisqu'il n'y a aucun contrôle pédagogique, et d'autre part, elle ne prépare pas à l'enseignement supérieur, parce qu'elle n'est pas spécialisée.

> Qu'il a remises en cause

RAY: Parlons un peu maintenant de cette Sorbonne, dont le nom, au moins, dit quelque chose à la plupart des étudiants américains. Qu'est-ce que c'est exactement?

P. ALBOUY: La Sorbonne, c'était autrefois la faculté de théologie. Comme telle, elle a joué un rôle considérable dans l'histoire de France... qui n'a pas toujours été très heureux d'ailleurs. Ensuite, ça a été la faculté des lettres et des sciences de Paris, tout simplement. C'est à dire que dans les bâtiments qui sont construits tout autour de la chapelle où est enterré Richelieu, ont cohabité les sciences, les lettres et les services administratifs. Les sciences sont parties. Elles ont émigré vers une nouvelle faculté qui est située sur les quais de la Seine, la « Halle aux Vins ». Même ainsi, les locaux sont finalement trop petits et il y a une annexe de cette faculté des lettres qui est à Censier.

RAY: Je crois, Jean-Claude, que tu as été à Censier un certain temps et que maintenant tu vas à la Sorbonne, n'est-ce pas?

JEAN-CLAUDE: Oui, c'est à dire qu'actuellement les deux premières années de la faculté des lettres se font à Censier et, à partir de la troisième année qui se termine par la licence, et de la quatrième année qui se termine par la maîtrise, l'essentiel des cours et des travaux pratiques a lieu à la Sorbonne.

RAY: Et Censier, matériellement, comment c'est?

JEAN-CLAUDE: C'est tout à fait différent de la Sorbonne. C'est un bâtiment moderne, très laid, tout en carrés, tout en boîtes accumulées les unes sur les autres, impersonnel, rendu encore plus laid par des tas d'affiches fixées sur les murs par *les appariteurs*... C'est repeint très souvent. Je crois que c'est la faculté de France la plus repeinte...

> Le personnel chargé de donner des renseignements et de maintenir l'ordre (masc.)

P. ALBOUY: C'est assez impersonnel, évidemment, tandis que la Sorbonne, c'est très *vieillot*, mais finalement plus humain.

> Qui paraît vieux, démodé.

RAY: Pierre, est-ce que vous faites des cours à la Sorbonne ou à Censier?

P. ALBOUY: Ah moi, je fais les deux. Je fais une direction d'équipes de première année à Censier, et un cours à la Sorbonne dans l'amphithéâtre Richelieu.

RAY: Qui contient…?

P. ALBOUY: Oh… huit cents étudiants. C'est un joli *amphi* qui a des allures théâtrales. Il y a un balcon. On y *étouffe* absolument, mais ce n'est pas si désagréable qu'un amphi moderne.

<small>Diminutif d'amphi-théâtre (*fam.*)
On ne peut pas respirer. Voir page 250</small>

RAY: Quelle impression avez-vous quand vous êtes devant huit cents étudiants, comme ça? Il peut y avoir communication?

P. ALBOUY: A dire vrai, non… Ce n'est certainement pas un très bon système. Je crois que la critique du cours *magistral demande à* être faite de très près.

<small>Où le professeur est seul à parler / Devrait être faite</small>

RAY: Est-ce qu'il y a autant d'étudiants dans les cours que tu suis en médecine, Nicole?

NICOLE: Oui, nous avons des cours magistraux dans d'immenses salles comme celles-là et aussi des cours dans des salles réduites: vingt à vingt-cinq personnes.

RAY: C'est le minimum, de vingt à vingt-cinq pour les travaux pratiques?

NICOLE: Oui.

RAY: Et les cours de sociologie, Jean-Claude?

JEAN-CLAUDE: La première année, c'était assez extraordinaire, parce que la première année de sociologie a des cours communs avec la première année de psychologie et la première année de philosophie, et nous avions un cours dans le grand amphithéâtre de la Sorbonne. Là, je pense que nous étions facilement deux mille. Si le professeur a du génie ou une énorme personnalité, ça va. Ça arrive parfois. Sinon…

P. ALBOUY: Le professeur doit être un acteur.

JEAN-CLAUDE: Oui, c'est-ça, oui, bien sûr!

RAY: Nous savons que les événements de mai-juin 68 ont eu leur point de départ chez les étudiants de sociologie justement. Pourquoi?

JEAN-CLAUDE: Qu'est-ce que c'est, la sociologie? C'est l'étude critique de la société. Or, la première chose qu'on fait, à ce moment-là, c'est de vouloir dépasser les mots qu'on emploie! Il y a la nécessité de penser par rapport à une action. Et entre penser par rapport à une action et agir, il n'y a qu'un pas facile à franchir.

RAY: Mais est-ce que la sociologie telle qu'on te l'a enseignée est une espèce de mise en cause de la société, ou si c'est vous, étudiants, qui en tirez cette conséquence.

JEAN-CLAUDE: Non, je crois que c'est tout un ensemble. Il est évident que la sociologie américaine a peu de choses à voir avec la sociologie française. En France, la plupart des professeurs font une sociologie plus ou moins marxiste, avec des tas de tendances bien sûr.

RAY: Et le fait que le mouvement de mai 1968 ait pris comme point de départ Nanterre... est-ce qu'il y a une raison?

Il faut peut-être préciser que Nanterre était une faculté relativement nouvelle, établie un petit peu sur le modèle américain mais avec beaucoup de choses manquantes par rapport aux campus américains...

JOËL: ... et avec un élément supplémentaire: un environnement de *bidonvilles!*   Un quartier constitué de maisons très laides et très pauvres (masc.)

RAY: C'est à quoi je pensais, précisément.

P. ALBOUY: Mais Columbia touche Harlem! Le mouvement contestataire étudiant est parti plus ou moins de Columbia, et à propos d'un problème touchant Harlem. Nanterre, c'est une petit peu le même environnement, les mêmes réactions psychologiques.

RAY: Seulement, je crois, il manquait à Nanterre un certain nombre d'autres choses, par exemple des endroits où les étudiants puissent se réunir. Ils sont loin de Paris, ils n'ont pas la vie de groupe qu'on trouve sur les campus américains...

JOËL: Je crois qu'une autre cause du malaise étudiant français, c'est la contradiction entre deux aspects du problème. Il y a un enseignement *dispensé* pour donner   Donné
une certaine culture générale, et le manque de débouchés à la fin! Il y a en France moins de *30%* des étudiants qui   Trente pour cent
font des sciences. Le reste, ils font médecine pour 15% et les autres, droit, lettres, philosophie ou sciences économiques, ce qui représente finalement une grande partie — plus de 50% — qui n'entrent pas directement dans le

système économique *en tant que* producteurs, c'est à dire — Comme
en tant que cadres scientifiques ou en tant que médecins.
Cette contradiction, à mon avis...

RAY: Où est-ce qu'elle mène?

JOËL: A *une impasse,* qui se traduit en général par des — Argent alloué dans un but bien défini
restrictions de *crédits* du gouvernement qui assaye d'ar-
ranger les choses par une certaine politique de déflation
dans l'université, politique qui ne mène qu'à des conflits
beaucoup plus graves, comme celui qui existe actuellement
en médecine.

RAY: Est-ce que c'est cette situation qui t'a poussé vers
un bac scientifique, alors que tu as déjà un bac
littéraire?

JOËL: Oui, c'est le manque de débouchés dans la littérature!
Elle est beaucoup plus *attrayante* que les mathématiques, — Attirante
qui sont *foncièrement rébarbatives,* et d'autre part très — À la base / Le contraire d'attrayantes
difficiles. Les programmes en mathématiques sont de plus
en plus chargés, aussi bien dans les grandes écoles, dont
on parlera ultérieurement, que dans les facultés des
sciences, que dans l'enseignement secondaire. Il faudrait — Chaque type de cours: français, sciences, maths., etc... (fém.)
en réalité étudier plus d'années dans ces *matières*-là. On
ne le fait pas. Pourquoi? Parce qu'une année en mathématiques coûte par élève deux fois plus cher qu'une année
en lettres.

RAY: En effet, en lettres et en droit, l'étudiant moyen coûte
de deux mille quatre cents à trois mille francs et, en
sciences, de sept mille à sept mille trois cents francs.

P. ALBOUY: C'est vrai pour toutes les sciences, la physique,
la chimie, où il y a des travaux de laboratoire.

RAY: Puisque tu as parlé des grandes écoles on peut en dire
un mot maintenant. C'est une chose qui est assez caractéristique de la France, et que les États-Unis n'ont pas.
Aucun d'entre vous n'est dans une grande école. Tu
souhaites aller dans une grande école plus tard, Joël?

JOËL: Oui, oui, si possible l'École des Mines.

RAY: Qu'est-ce que c'est, l'École des Mines?

JOËL: Il faut d'abord définir ce qu'est une grande école. Les
grandes écoles, en France, visent à former *des cadres* — Des dirigeants
éminemment supérieurs par rapport à l'université qui,
elle, forme plutôt des chercheurs ou des professeurs.

RAY: Mais pourquoi, demanderont les Américains, faire une
différence de formation entre ingénieurs spécialisés et professeurs? Pourquoi ne pourrions-nous pas former comme
eux des ingénieurs dans nos universités? Pierre, qu'est-ce
que vous en pensez?

L'Enseignement supérieur en question

P. ALBOUY: Eh bien, ce qui fait la grande école, c'est le concours, le concours d'entrée. Dans les facultés, on entre dès qu'on a le bachot, tandis que pour les grandes écoles, il faut préparar le concours d'entrée pendant deux, trois ans, quoi!

RAY: Vous avez une idée du pourcentage habituel de reçus?

P. ALBOUY: Pour la grande école par excellence, qui est quand même l'École Normale Supérieure de la rue d'Ulm, normalement, il y a à peu près trois cent cinquante candidats de valeur qui travaillent en grande surchauffe dans *les cagnes*. Il y en a trente, trente cinq — dix pour cent — qui passent avec succès. Ça, c'est l'*écrèmage* suprême. A Polytechnique, il y a peut-être 20% de reçus par rapport aux candidats. L'agrégation, c'était à peu près 15% par rapport aux inscrits. Maintenant, ça peut monter jusqu'à 30%. Ça implique des sélections très, très sévères, et à mon avis prématurées et trop systématiques. Le cagneux-type, celui qui réussit à Normale Sup., c'est celui qui ne fait que ça de dix-huit à vingt ans, que des lettres du matin au soir. Pendant que tous ses amis courent les filles, lui travaille tout le temps! Alors, après, il veut se rattraper en occupant les meilleures places! Finalement l'état d'esprit de ce concours me semble un peu malsain. Il est tout de même *la prime* à la précocité... ce qui n'est pas une marque forcée de génie. On peut-être très brillant à vingt ans et *très fruit sec* à quarante. *Le type* qui prépare bien les concours, c'est le type qui s'adapte à un certain style, à un certain genre, qui répond à peu près à ce qu'on lui demande, avec une grande présence d'esprit. Je pense que ce n'est pas forcément une parfaite sélection.

RAY: Cette agrégation mène donc au professorat de l'enseignement secondaire. Ce qu'en général, les Américains ne comprennent pas, c'est à quoi correspond le doctorat français. On sait qu'en Amérique, le doctorat (le PhD) se place au début de la carrière d'un enseignant. Le doctorat français, c'est différent, n'est-ce pas?

P. ALBOUY: Le doctorat de certaines grandes universités américaines correspond largement à l'agrégation. Je pense que le PhD de français que *décerne* par exemple Yale, correspond à l'agrégation d'anglais. Mais, étant donné la prodigieuse extension du secondaire, les agrégés y sont maintenant très minoritaires. Pratiquement, ils émigrent en masse vers l'enseignement supérieur. Dans les facultés, ils deviennent assistants et alors là, il faut qu'ils fassent une thèse et c'est cette thèse de doctorat qui leur

---

Les classes spéciales de certains lycées qui préparent à *Normale Sup.* (*fam.*). « Il est en cagne » (fém.). C'est un *cagneux*.

Quelque chose qui encourage
Comme un fruit sec: se dit de quelqu'un qui a manqués a vie / Celui qui (*fam.*)

Attribuer un diplôme, un prix

permettra de devenir professeur titulaire de faculté. Cette thèse se passe quand même assez vite en sciences, mais encore très lentement en lettres, où il faut bien dix à quinze ans... Il est question d'*assouplir* et de diversifier ce doctorat, mais il y a des oppositions.
JOËL: Au sujet du doctorat *ès* lettres...
RAY: Tu n'y es pas encore!
JOËL: Une anecdote: on ne peut pas faire, je crois, une thèse sur un auteur tant qu'il n'est pas mort, et il y a *un tas de thésards valables* qui attendent la mort d'auteurs comme Montherlant, Mauriac, pour sortir leur thèse et qui se demandent chaque jour s'il est mort!
P. ALBOUY: C'est exact! Je connais un garçon qui attendait avec impatience la mort de Somerset Maugham pour sortir sa thèse de doctorat. Je dois dire entre parenthèses que Somerset Maugham est mort depuis plusieurs années, et que la thèse n'est toujours pas sortie... Mais enfin, il m'avait dit qu'il attendait avec impatience que ce vieillard se décide.

Rendre plus souple, plus flexible
Mot latin habituel dans cette expression
Des étudiants de qualité qui préparent leur thèse (jargon étudiant)

Étudiant français, étudiant américain

RAY: Je propose que nous disions un mot pour finir — ou presque — du système des notes qui est très différent en France et aux États-Unis. Aux États-Unis, quand on compte sur cent, il est très mauvais de donner à un étudiant une note inférieure à, disons, soixante-dix. En France par contre, si je me réfère à une statistique récente qui a fait beaucoup de bruit, certains étudiants n'étaient pas très contents de la moyenne de leurs notes au baccalauréat. Cette moyenne était légèrement supérieure à *8/20*. Le ministre a expliqué que la moyenne de 8/20, c'est une chose à peu près normale! Aux États-Unis par contre, la moyenne sur cent, c'est quelque chose comme quatre-vingts. C'est assez curieux!
NICOLE: C'est une question d'habitude...
RAY: Comment ça se passe, les examens, les notes, en médecine?
NICOLE: On a plusieurs sortes d'examens. On peut avoir le contrôle continu, ce qui nous favorise le plus. On passe des partiels, par exemple tous les trois mois et, suivant la moyenne des notes, on est reçu ou non dans cette matière-là.
RAY: Tu es notée sur vingt, n'est-ce pas?

Huit sur vingt

NICOLE : Sur vingt, oui. D'autre part, on peut avoir un seul examen en juin, ou bien deux *sessions,* en juin et en septembre, et à chaque matière on affecte des coefficients pour valoriser plus ou moins une matière.   Période d'examens (fém.)

RAY : Ce contrôle continu est, je crois, une chose relativement nouvelle dans l'enseignement supérieur ?

P. ALBOUY : C'est nouveau, c'est entièrement nouveau ! Ce n'est pas appliqué encore à tous les niveaux, mais ça va l'être. L'étudiant peut choisir le contrôle continu et, s'il n'est pas déclaré reçu par ses professeurs sur un certain nombre de notes, dont quelques-unes obtenues par des travaux faits dans la faculté même (des partiels, des travaux faits sous surveillance), s'il n'est pas déclaré reçu, il a le droit de passer une session d'examen en juin. Mais il peut refuser le contrôle continu des connaissances et tenter sa chance directement en juin, auquel cas il a droit à une session en septembre. Voilà le principe, en gros.

RAY : Ce contrôle continu se rapproche un peu du système américain...

P. ALBOUY : Oui, mais ce qui fausse tout dans la comparaison avec l'Amérique, c'est qu'en Amérique, il y a une sélection terrible à l'entrée. Alors, si on a commencé à éliminer tous ceux qui sont en dessous de la moyenne à l'entrée, après, il n'y a plus de problème ! Les grandes universités, au lieu de sélectionner les gens par concours, comme les grandes écoles françaises, les sélectionnent d'une façon plus souple, pragmatique, anglo-saxonne en un mot, un peu hypocrite, diront certains, mais admirable sans aucun doute ! Les étudiants de Yale par exemple, on ne les *colle* presque jamais, ils sont tous au niveau, ils sont tout à fait homogènes. Le problème en France est assez différent. Toutefois, il y a une évolution pour abandonner la notation chiffrée, parce que cette notation correspond à la technique des concours qui est fondamentale en France, ou qui l'était : *il s'agissait de* classer les gens à *un quart* de point... Par exemple, je suis au jury de l'École Normale Supérieure de Jeunes Filles de Sèvres. Entre la première reçue et la dernière collée, il y a quelquefois un écart de trois quarts de point ! Tandis que la notation américaine, avec A,B,C, D,E, ou bien *honors, high pass, pass,* etc... correspond à un classement par groupes à l'intérieur d'un ensemble homogène, voilà ! Ce sont deux systèmes assez différents et la notation n'est, il me semble, qu'une technique   Voir page 289

   Le problème était de...

secondaire. Notre choix fondamental en France, il faut bien dire que tout de même, il ne peut pas coïncider avec le choix américain, parce qu'il y a cette question de sélection au départ: peut-être une conception un peu différente de la démocratie...

RAY: Le problème que vous évoquiez tout à l'heure: juger ces jeunes filles à un quart de point près dans des concours qui sont strictement littéraires, est-ce que ça vous semble vraiment possible, vraiment valable?

P. ALBOUY: Si je me place à l'intérieur de ces concours, oui... Maintenant, vu d'un peu plus loin, j'hésite. *A mon sens* c'est un jeu, c'est la règle du jeu. Les concours scientifiques, c'est la même chose. Tout le monde sait qu'à Polytechnique, par exemple, ce qui fait la différence c'est pas les maths, ni même la physique, c'est le français et les langues vivantes. Les candidats en maths ou en physique *se tiennent d'extrêmement près*. L'écart se creuse avec le français et les langues vivantes.

RAY: Pour *aborder* un dernier point, il est évident que les rapports des étudiants entre eux, et avec les professeurs, sont très différents en France et aux États-Unis. Jean-Claude, comment ça se passe en France?

JEAN-CLAUDE: C'est à dire qu'en France, les activités qui sont officiellement proposées aux étudiants ne sont que des cours et des travaux pratiques. Il y a des possibilités de sport qui sont extrêmement réduites et qui ont lieu hors de la faculté. Les associations culturelles, ça n'existe pratiquement pas. Les possibilités de réunion et d'expression politique, c'est très *aléatoire* à l'intérieur de la faculté. Donc, il y a une sorte d'isolement qui, joint à l'impersonnalité des locaux, fait que finalement les universités sont quelque chose de très triste, si on n'a pas de contacts extérieurs.

RAY: Dans ton école privée, est-ce que c'est la même chose, Martine?

MARTINE: Oui, absolument, il n'y a pas d'esprit de groupe, alors que justement, étant donné le nombre restreint d'élèves par classe, il pourrait très bien y avoir un groupe. Ça n'existe pas, non! Si, quand on travaille en commun, on se connaît un peu, mais très vaguement.

RAY: Joël, au lycée, c'est la même chose?

JOËL: Au lycée, c'est un peu la même chose, spécialement dans les grandes classes où les élèves pensent surtout à leur travail et où ils sont même plus isolés que dans les facultés. Quant aux classes préparatoires aux grandes

A mon avis

Voir page 365

Commencer à parler de

Incertain

écoles scientifiques, il y a quelquefois, et même souvent maintenant, des groupes d'élèves qui étudient leurs leçons ensemble, mais ça ne se situe qu'au point de vue travail. Quant aux classes de préparation à Normale Supérieure dans certains lycées parisiens très *cotés,* les élèves *en sont à* se donner de faux renseignements pour être plus sûrs de réussir !

JEAN-CLAUDE: A ce point-là ?

JOËL: Il faut avoir l'esprit de concours, le goût de la compétition forcenée pour *se prêter à* de telles...

P. ALBOUY: L'esprit de compétition, oui, mais des faux renseignements, quand même, c'est un peu exagéré !

JOËL: L'étudiant a une ressource, c'est de rechercher des contacts humains hors de la faculté, ce qui lui est possible puisqu'il n'y a pas de campus, contrairement aux États-Unis.

RAY: Est-ce que c'est ton opinion également, Carolle ?

CAROLLE: Oui, il faut aller dans des clubs de sport par exemple. Les camarades de classe, ce sont des personnes qu'on voit de temps en temps au cours, mais rien de plus.

RAY: Nicole, dans les études médicales ?

NICOLE: C'est exactement pareil, les contacts se trouvent à l'extérieur de la faculté.

JEAN-CLAUDE: Il y a une chose qui est bizarre. J'ai eu l'occasion de créer des groupes de travail, qui ont *marché* d'ailleurs, mais dans lesquels — comme pour le reste — on gardait cette espèce de statut d'étudiant. En fait, on restait là, incapable de dépasser le stade du travail.

RAY: Sommes-nous trop individualistes pour accepter, comme les Américains, de nous grouper ?

JEAN-CLAUDE: Oh, je ne crois pas tellement aux caractères des peuples !

RAY: Quand même, l'étudiant américain est différent de l'étudiant français !

P. ALBOUY: L'étudiant américain est beaucoup plus libre, il dit ce qu'il pense, il est beaucoup plus exigeant, il pose davantage de questions. Il est habitué à être tout de même assez servi dans une université, où il a un peu l'attitude du client. Il faut que les services correspondent...

RAY: à la somme élevée...

P. ALBOUY: ... qu'exige l'entrée dans l'université. Plus, il est vrai, une pratique de la démocratie, d'une certaine forme de démocratie, depuis, je crois, l'enfance c'est à dire l'habitude de parler, de discuter, de donner son avis. D'autre part, l'étudiant français est beaucoup plus

---

Renommés pour l'excellence de cette préparation / Vont jusqu'à Accepter. Voir page 358

Voir page 296

48   *Entre Nous*

timide et renfermé. Par rapport au pouvoir central, il a une attitude de méfiance silencieuse et *roublarde* qui correspond à l'attitude du sujet plus que du citoyen. L'étudiant français est sans doute beaucoup plus passif, et les rapports avec lui sont plus difficiles et moins agréables qu'avec l'étudiant américain. Mais il y a autre chose: l'étudiant américain est tout de même plus intégré à son système, et on ne trouve peut-être pas toujours la valeur de contestation, *de recul,* de prise de positions critiques qu'on peut trouver vis-à-vis du système de la part de l'étudiant français. Voilà à peu près comment je vois les choses avec, bien entendu, d'infinies variations individuelles, et le fait que l'étudiant américain est éminemment sympathique, sans aucun doute!

Pleine de malice, mais sans méchanceté

Le fait de voir les choses d'un peu loin (masc.)

Mini-bibliographie

Albouy, Pierre: *Mythes et mythologies dans la littérature française,* Coll. U' 2, Armand Colin, 1969.

Controverses

1. Etudie et discute le système des concours.
   Pourrait-il être appliqué aux États-Unis?
2. Quels avantages et quels inconvénients vois-tu dans le système du contrôle continu, par opposition au système des examens? Ta préférence?
3. Le principe de la sélection avant l'entrée à l'université. Aux États-Unis, oui; en France, non. Discute.
4. D'après nos amis, les étudiants français se sentent isolés. Et aux États-Unis?
5. Pierre Albouy brosse un portrait rapide de l'étudiant américain. Ta réaction?
6. « L'université a toujours été une institution discordante ». Est-ce vrai aux États-Unis? Est-ce normal? Est-ce souhaitable?

Applications

Expressions idiomatiques (289)

1. • Ma fiancée est extraordinaire: belle, intelligent, et ⎯⎯ par dessus le marché!
   • As-tu jamais travaillé en grande surchauffe? Quand?
   • Indique une des conséquences possibles de ce gros travail, en utilisant une des expressions de la page 283

L'Enseignement supérieur en question **49**

- A ton avis, quel est le fin du fin pour réussir dans la vie?
- Que penses-tu du je m'en foutisme comme style de vie?
- Si ton professeur te met sur la sellette, c'est en général dans quel but?

2. Invente deux courts dialogues dans lesquels tu emploieras les expressions et mots suivants:
   a. le fin du fin
      par dessus le marché
      baccalauréat
      déboucher sur
   b. je m'en foutisme
      en grande surchauffe
      droits d'inscription
      laïc
      démentiel

Faux amis (364)

1. - A quel lycée allais-tu avant d'entrer à l'université?
   - De quoi est-il question dans ce chapitre II?
   - Si on est collé au bachot à la session de juin, qu'est-ce qu'il faut faire?
   - Combien d'années faut-il après le bac pour pouvoir se présenter à la maîtrise?
   - A ton avis, l'entrée dans une université américaine, est-ce plutôt une question d'argent ou de capacité?
   - Passer un examen... réussir... se présenter... échouer... Deux de ces expressions marquent une cause, deux autres une conséquence. Lesquelles?

2. *L'Église en question* C'est le titre d'un livre. Enumère quelques-unes des idées qu'on peut probablement y trouver.

3. Il est sain de remettre en question de temps en temps certaines de nos croyances fondamentales. Est-ce que cela t'est arrivé récemment? Explique.

Ne fais plus d'erreurs... Trois façons... Pour finir...
(289 et 290)

1. Complète. Dans certains cas, il se peut que plusieurs mots conviennent, mais essaie de faire en sorte que ce texte constitue un tout parfaitement équilibré.

   Les événements de mai 68 ont profondément modifié le visage de l'Université. Il reste cependant pas mal de difficultés à surmonter. _____, disent certains étudiants, les choses n'ont changé qu'à la surface: _____, les méthodes d'enseignement sont peu différentes _____ de ce qu'elles étaient _____. _____, quel est l'avis de Joël sur ce sujet? _____, je crois bien qu'il serait d'accord avec le vieux proverbe:

   «Plus ça change, plus c'est la même chose!»

2. Evoque ta dernière classe de français en utilisant les mots et expressions:
   Au début, à la fin
   Auparavant, au total

3. — Alors, pour toi, le fin du fin, c'est le système d'éducation français?
   — Enfin...
   — Enfin, quoi?
Continue ce dialogue et fais-le aussi long que tu veux.

Des choses... Insister... (291)

1. • Essaie de décrire le soleil, en employant autant d'adjectifs que tu veux.
      — C'est quelque chose de ___, de ___, de ___, de ___...
   • Même chose pour une très bonne soirée à laquelle tu as assisté. — C'était___

2. Il y a quelque chose ___ dans le royaume de Danemark, aurait dit Hamlet s'il avait parlé français.
   • Je voudrais te montrer quelque chose (*of importance*).

3. Il y a quelque chose qui n'est pas mal.
   Pourquoi *mal* sans *e*? Parce que *quelque chose* est masculin?
   Non! Parce que mal est un ___, donc ___.

4. • J'ai ___ choses à acheter. (Trois possibilités)
   • Avez-vous besoin ___ chose?
   • N'avez-vous pas autre chose ___ moins (*expensive*)?

5. Pourquoi est-ce que j'insiste sur le sens du mot français *actuellement*?
   • Est-ce que, dans la langue familière, il faut insister sur le *ne* de la négation?
   • Quel est le sens propre du verbe *souligner*?

Faire (292)

1. • Si tu veux faire une licence de sciences, quel bachot devras-tu passer?
   • Actuellement, où fais-tu tes études?
   • Quel genre de cours fait-on à Paris VII?
   • Aimerais-tu suivre de tels cours?
   • Qu'est-ce que fait un appariteur?

2. • Tu fais du français depuis combien d'années?
      Pourquoi emploie-t-on le présent ici?
   • Pour l'instant, qu'est-ce que tu es en train de faire?
   • Est-ce que tu sais faire des frites?
   • Quelles qualités faut-il pour faire du stop?
   • Faut-il faire beaucoup d'efforts pour réussir à l'agrégation? (*Forme courte*)
   • Je ne voudrais pas te faire de peine, mais je dois te dire que ___.

3. Les expressions idiomatiques suivantes sont d'un emploi très courant. Invente une petite histoire dans laquelle tu utiliseras six d'entre elles.

faire $\begin{cases} \text{attention à} \\ \text{du ski} \\ \text{la cuisine} \\ \text{le ménage} \\ \text{plaisir à} \end{cases}$ faire $\begin{cases} \text{beau} \\ \text{la connaissance de} \\ \text{une promenade} \\ \text{un voyage} \\ \text{(sa) toilette} \end{cases}$

4. Modifie les quatres phrase suivantes de façon à bien faire apparaître leur sens.
   - Le doctorat français n'a pas grand-chose à voir avec le Ph.D. américain.
   - Il n'y a plus grand-chose à voir; la cérémonie est terminée.
   - Je n'ai rien à voir avec ces gens-là!
   - Ça n'a rien à voir avec la question.

JEAN-LOUIS BORY.
ROMANCIER.
PRIX GONCOURT
*J'écris pour mettre un petit caillou
dans la chaussure des gens.*

Quelle littérature?

III

Présentation

En France comme aux États-Unis, l'enseignement de la littérature est à réinventer. Ce chapitre essaie modestement d'y contribuer.

«*La culture,*» a dit Edouard Herriot, un ancien Président du Conseil de la troisième République, «*c'est ce qui reste quand on a tout oublié.*» Je me suis donc amusé d'abord à essayer de savoir quelle était la «culture littéraire» des membres du groupe, maintenant qu'ils ont fini leurs études secondaires. Si tu as suivi des cours de littérature française, tu vas pouvoir t'amuser, toi, à comparer leurs réponses-et les critiques de l'enseignement qu'ils ont reçu-avec les réponses que tu aurais pu faire aux mêmes questions.

J'avais voulu d'autre part que l'invité du jour, écrivain connu, soit aussi un ancien professeur: Jean-Louis Bory répond à ces deux critères. Il dévoile quelques-uns de ses «trucs» pour un enseignement intelligent. Puis il discute avec le groupe de la grande question: «Pourquoi écrivez-vous?», fondamentale pour chaque écrivain comme pour chaque lecteur.

Au hasard de la discussion, tu entendras parler de Montaigne et de sa tête rasée, de Victor Hugo, dont Jean-Claude est dégoûté parce que son professeur l'aimait trop, du Nouveau Roman et de ses prétentions révolutionnaires, de Valéry que nos amis connaissent surtout grâce à une chanson de Brassens (le premier est enterré au *Cimetière marin* de Sète, le second voudrait l'être...).

Tu remarqueras également les rapports constants que permet la discussion avec d'autres arts:
— la poésie bien sûr,
— le théâtre: on évoque l'aventure extraordinaire du TNP — Théâtre National Populaire qui, dans les années 50–60, a redonné à toute une génération le goût du théâtre. En écrivant ces lignes, j'apprends avec beaucoup de peine la mort de son animateur, Jean Vilar.
— le cinéma: pourquoi J. L. Bory, écrivain, fait des chroniques de cinéma, dans l'hebdomadaire *Le Nouvel Observateur*.

Problème également des prix littéraires: J. L. Bory a obtenu le prix littéraire français le plus célèbre: le prix Goncourt, qui alimente les conversations du Tout Paris à la «période des prix». Il te fait part à cette occasion de quelques petits secrets.

Et pour finir, vérifie donc que tu sais qui a créé les célèbres personnages de Jean Valjean et d'Hernani (p. 67) et que tu comprends bien le jeu de mots de Joël prétendant que les *Mémoires d'outre-tombe* lui donnent la nausée et ajoutant: «C'était pour passer au vingtième siècle!»

294

Le prix Goncourt, qu'est-ce que c'est?

JEAN-LOUIS BORY: Le prix Goncourt est un prix qui a une très grosse influence sur la situation de l'auteur pendant six mois...

RAY: Quel est *le tirage* moyen d'un prix Goncourt? — Le nombre d'exemplaires imprimés

J. L. BORY: Disons deux cents mille exemplaires. C'est beaucoup pour la France! Il faut dire qu'il est presqu'automatiquement traduit en quatorze langues, que le cinéma *louche* tout de suite dessus, etc...

RAY: Quel est le pourcentage que *touche*... — Reçoit

J. L. BORY: Du 15%. Bon, alors qu'est-ce qui se passe? Ça vous permet d'acheter une résidence secondaire, de changer de voiture, de multiplier les salles de bain dans votre maison... D'autre part, si l'auteur obtient son prix Goncourt au quatrième ou cinquième livre, les livres précédents ressortent avec l'étiquette «Prix Goncourt». Mais si c'est un premier livre — ce qui a été mon cas — c'est une catastrophe!

Je vais vous expliquer le mécanisme. Je fais mon premier livre, j'étais parfaitement inconnu. Il m'arrive, ce prix Goncourt, comme si je recevais une maison de six étages sur le coin de la figure! Les gens ont dit: «Qu'est-ce que c'est que ce petit blanc-bec? On n'a jamais entendu son nom, et il a le prix Goncourt!» Conséquence: les gens ont acheté mon livre... Bon. Mais quand le second est sorti, je n'étais plus prix Goncourt! Ils ont acheté le Goncourt de l'année qui a suivi, et ce n'était plus moi... Par conséquent, mon premier livre a tiré à trois cents mille exemplaires, et le second à cinq mille...

RAY: *Aïe!* — Ça fait mal!

J. L. BORY: Deuxième phénomène: les critiques. Furieux que vous ayez eu le prix Goncourt pour un premier livre! C'est considéré comme une insolence. Et puis, un premier livre est forcément plein de *maladresses:* ils vous attendent au second en voyant rouge, et au troisième, et ça dure dix ans! — Ce qui n'est pas adroit (fém.)

RAY: Alors, pour devenir Bory, et non plus prix Goncourt, on *met* dix ans? *Voir page 370*
J. L. BORY: Oui! Au bout de sept ou huit livres, on dit: «Tiens, il existe encore, celui-là! Tiens, oui, c'est intéres-
5 sant!» Enfin, un jour, on se débarrasse du prix et on trouve un public qui commence à être le vôtre...
RAY: Alors, le Goncourt, vous êtes contre?
J. L. BORY: Non, à condition qu'on ne lui accorde aucune importance littéraire! A la fin de l'année, les gens qui
10 ont quelque chose à offrir, ils offrent le Goncourt. C'est peut-être plus original qu'*une boîte de marrons glacés.* Et puis, c'est quand même plus *sympathique!* *Voir page 296*

La culture, c'est ce qui reste quand on a tout oublié

Ce 14 janvier, nous sommes tous réunis dans l'appartement de Jean-Claude, au Quartier Latin.

RAY: Si on commençait par un petit jeu? De chaque siècle de littérature française, qu'est-ce qui *surnage* dans votre Nage à la surface
15 esprit? Un nom, deux noms? Pourquoi ne pas commencer par le Moyen-Âge? (*Silence.*) Le Moyen-Âge, ça évoque quelque chose pour vous, ou rien du tout?
CAROLLE: Rien du tout...
MARTINE: Je réfléchis... Ça ne vient pas spontanément!
20 RAY: Jean-Claude?
JEAN-CLAUDE: Rien du tout. Le professeur a sauté par dessus à pieds joints.
RAY: Nicole?
NICOLE: *Tristan et Iseult.*
25 JOËL: Moi, ça me rappelle beaucoup de choses. Notre professeur *s'y est attardé;* j'ai trouvé ça très amusant, le A pris tout son temps pour en parler
vieux français.
RAY: Qu'est-ce que tu as lu?
JOËL: Les farces, *Tristan et Iseult,* et puis surtout Villon.
30 RAY: Bien. Le XVIe siècle?
JEAN-CLAUDE: Le bouquin était comme ça: il avait deux

cents pages; quatre-vingts pages sur Rabelais, quatre-vingts pages sur Montaigne, vingt pages d'illustrations et puis vingt pages qui parlaient d'autres personnes... En classe, on en prenait trente lignes et on disait: «C'est beau, c'est extraordinaire!» Ça semblait venir là on ne sait trop comment. Il y avait une belle illustration à côté: la tête de Montaigne un peu rasée, ou le château avec la tour où était sa bibliothèque...
CAROLLE: Pour moi, le XVIe siècle, c'est Ronsard.
RAY: Tu l'aimes beaucoup?
CAROLLE: Beaucoup!
RAY: Et le XVIIe, Martine? (*Silence.*) Est-ce que ce silence veut dire que c'est un ennui profond?
MARTINE: Je crois plutôt que je suis en train de faire une confusion de siècles...
RAY: Bon: Corneille, Racine, Molière...
MARTINE: Evidemment, les classiques! Ceux qu'il faut *ingurgiter,* et qu'on ne comprend pas vraiment!   Avaler de force
RAY: Alors pour toi, Molière c'est pas drôle?
MARTINE: Non! On m'a appris que c'était drôle, alors j'ai bien voulu croire que c'était drôle...
RAY: Est-ce que quelqu'un, dans l'enseignement secondaire, a lu Molière et y a pris du plaisir?
JEAN-CLAUDE: Moi, je faisais ça *en troisième* et on nous   Voir page 26
faisait jouer *Les Femmes savantes*... Alors là, c'était drôle! C'était très drôle aussi de voir la bonne volonté de tous ces gens qui essayaient de nous expliquer pourquoi ils étaient déguisés en Romains. Nous, ça nous était un peu égal...
RAY: Le XVIIIe a une physionomie différente?
CAROLLE: Ah oui, c'est intéressant, c'est plus proche de nous... C'est très intéressant. Voltaire...
RAY: Voltaire? *Il t'a accrochée* par quel bout? Par les   A retenu ton attention
Contes?   (*fam.*)
CAROLLE: Oui.
RAY: A part Voltaire, qu'est-ce qui surnage dans votre esprit?
JOËL: Montesquieu, expliqué par la psychanalyse... Cette année, le professeur explique Rousseau par cette méthode-là, et puis par le structuralisme...
JEAN-CLAUDE: Le XVIIIe siècle, c'est aussi la mort de Chénier sur *l'échafaud,* alors qu'il était tout jeune...   La guillotine (masc.)
RAY: Un scandale politique, en somme! Avec ou sans psychanalyse, Montesquieu, ça évoque quoi?
JEAN-CLAUDE: Sûrement pas *Les Lettres persanes!*
RAY: Pourquoi?

JEAN-CLAUDE: Les heures passées sur *Les Lettres persanes*, franchement, je préfère les oublier.

CAROLLE: Ah, c'est très drôle! C'est un livre qui me plaisait beaucoup!

RAY: Il n'est pas défendu d'aborder ici les auteurs maudits. Il y en a un grand au XVIIIe siècle...

JOËL: Sade!

RAY: Bien sûr! Est-ce qu'on vous a jamais parlé de Sade à l'école?

MARTINE: Non, jamais!

NICOLE: Non!

JOËL: L'année dernière, plusieurs fois.

RAY: A quel *propos?*

JOËL: Pour nous expliquer le mot sadisme, qui est tellement abstrait... (*Silence.*)

RAY: Bon! Je vois qu'il vaut mieux passer directement au XIXe siècle...

CAROLLE: Le Romantisme...

RAY: Tu penses surtout à la poésie ou au roman?

CAROLLE: Je pense à Lamartine...

RAY: Les autres peuvent l'aider... Des noms?

JEAN-CLAUDE: Eh bien, Hugo! Le professeur de français n'aimait qu'Hugo. Alors, pendant deux ans, on a étudié Hugo...

RAY: J'ai l'impression que tu es d'accord avec Gide: « *Hugo, hélas!* »

JEAN-CLAUDE: Oh, même pas! Il y avait *de quoi* vous dégoûter de Hugo!

RAY: C'est strictement une question de méthode?

JEAN-CLAUDE: Oui, oui, absolument! J'ai pu relire n'importe qui, mais Hugo, jamais!

NICOLE: Moi, c'est le contraire: on a sauté le XIXe et on ne m'en a jamais parlé, jamais, jamais!

RAY: *Autrement dit,* peut-être qu'un de ces jours, tu prendras plaisir à lire Hugo...

NICOLE: Ah, oui, je l'espère!

JOËL: Un autre qu'heureusement j'ai eu la chance de ne pas étudier au lycée, c'est Balzac.

RAY: Ah, oui!

JOËL: J'ai eu la chance de ne pas l'étudier au lycée et de ne pas y lire *Le Père Goriot*. Je l'ai lu après, et aussi *Les Illusions perdues*. Je n'ai pas eu le courage d'aller jusqu'au bout...

RAY: Tu vois bien que ce n'est pas toujours la faute du lycée! Encore un nom?

CAROLLE: Chateaubriand.

Voir page 296

Réponse de Gide à la question; «Quel est le plus grand poète français?»
Voir page 289

Voir page 295

JOËL: *Les Mémoires d'outre-tombe...,* ça me donne la nausée.
RAY: C'est vrai ou c'est un jeu de mots?
JOËL: Presque... C'était pour passer au XXe siècle!
5 RAY: Avant, encore quelques noms peut-être?
JOËL: Baudelaire, Lautréamont, Rimbaud, Mallarmé...
RAY: Quelqu'un a étudié Mallarmé en classe? (*Silence.*) Tant pis pour vous! Alors, allons-y pour le XXe!
NICOLE: Proust.
10 RAY: Ah! Nicole a étudié Proust. Tu avais un prof...
NICOLE: ... qui aimait beaucoup Proust, oui.
RAY: Et Valéry? (*Silence.*) Il a fallu attendre Brassens, si je comprends bien, pour entendre parler du *Cimetière marin...*
15 JOËL: On a quand même étudié Camus!
RAY: Et en dehors de la classe, Joël, quel auteur du XXe siècle as-tu découvert tout seul?
JOËL: Tzara! C'est mon livre de chevet, c'est ma Bible!
RAY: Et toi, Jean-Claude?
20 JEAN-CLAUDE: Quelqu'un qui a écrit un livre extraordinaire, aussi bon que les romans de Sartre ou de Malraux, mais beaucoup moins connu: *Le Sang noir,* de Louis Guilloux.

Dans la chanson «*Supplique pour être enterré à la plage de Sète.*»

«Amie, qu'est-ce donc qui vous tourmente?» Elle répondit: «L'amour de vous.» Alors il posa ses lèvres sur les siennes.
Tristan et Yseult

Hé! Dieu, si j'eusse étudié
Au temps de ma jeunesse folle...
Villon

L'appétit vient en mangeant,... la soif s'en va en buvant.
Rabelais

Je veux mourir pour tes beautés, maîtresse.
Ronsard

(Son amitié pour La Boétie): «Parce que c'était lui, parce que c'était moi.»
Montaigne

Vous ne passerez pour belle
Qu'autant que je l'aurai dit.
Corneille

C'est une étrange entreprise que celle de faire rire les honnêtes gens.
Molière

J'embrasse mon rival, mais c'est pour l'étouffer.
Racine

Si les triangles faisaient un dieu, ils lui donneraient trois côtés.
Montesquieu

Tous les genres sont bons, hors le genre ennuyeux.
Voltaire

L'homme est né libre et partout il est dans les fers.
Rousseau

Que cette invention est délicieuse!
Sade

Je ne veux pas mourir encore.
Chénier

Pénétrez dans ces forêts américaines aussi vieilles que le monde...
Chateaubriand

L'homme est Dieu par la pensée.
Lamartine

J'aime aussi les êtres exceptionnels: j'en suis un.
Balzac

Nous sommes trois chez vous; c'est trop de deux, Madame.
Hugo

J'aime les nuages... les nuages qui passent... là-bas... là-bas... les merveilleux nuages.
Baudelaire

Tel qu'en lui-même enfin l'éternité le change.
Mallarmé

Je suis le fils de l'homme et de la femme, d'après ce qu'on m'a dit. Ça m'étonne, je croyais être davantage.
Lautréamont

Voici le temps des assassins.
Rimbaud

Ce qui a été cru par tous, et toujours et partout, a toutes les chances d'être faux.
Valéry

Les vrais paradis sont les paradis qu'on a perdus.
Proust

Peut-on être un saint sans Dieu: c'est le seul problème concret que je connaisse aujourd'hui.
Camus

Le sel et le feu t'attendent sur la colline minérale de l'incandescence de vivre.
Tzara

Emparez-vous de votre bonheur, vous dis-je, sans considération de rien ni de personne.
Louis Guilloux

Ne lis que ce qui t'émeut.
Jean Guitton

La grande question: pourquoi écrivez-vous?

JEAN-LOUIS BORY: J'écris pour mettre *un petit caillou dans la chaussure des gens*. Ça les oblige à boiter, ça les oblige à reconsidérer leur marche. C'est tout ce que je demande. Si j'arrive à ça, j'ai la clé!

RAY: Et vous avez l'impression que vous y arrivez souvent?

J. L. BORY: Oui, d'après certaines réactions...

RAY: Orales ou écrites?

J. L. BORY: Des lettres surtout et aussi d'après la réaction des critiques traditionnels, qui ne m'aiment guère. Je suis ravi d'ailleurs d'être détesté par ces gens là!

Quelle littérature? **63**

RAY: Quel genre de lettres reçoit-on, après avoir publié un roman?

J. L. BORY: Des lettres qui, généralement, prouvent qu'on a *soulevé* quelque chose...   Mis en lumière

5 RAY: Ils disent: « C'est moi, je me retrouve. »?

J. L. BORY: Ou alors: « Pourquoi avez-vous soulevé telle question? Ça me touche énormément, j'aimerais vous voir personnellement pour vous demander des conseils... » (Silence.) Je n'ai pas de conseils à donner!

10 RAY: Des conseils littéraires?

J. L. BORY: Non, non, pas du tout, des conseils de vie! « D'après ce que j'ai lu de vous, je crois que vous vous êtes sorti de tel problème... Dites-moi comment vous avez fait. Donnez-moi *des conseils pour m'en sortir.* »   Voir page 365

15 C'est même très curieux de voir à quel point on peut devenir une espèce de confesseur, dans le plein sens du terme. « Puisqu'il arrive à écrire ça, il s'en est sorti! » Mais ce n'est pas le cas!

RAY: Les bouquins, ça n'aide pas l'écrivain à s'en sortir?

20 J. L. BORY: Pas du tout!

RAY: Non? Pas du tout?

J. L. BORY: Pas du tout, non: on *se défoule!* C'est une libération. C'est vraiment les choses que j'ai à cœur de dire... et, si je ne les dis pas, ça tourne à l'aigre!   On libère ses sentiments cachés (terme psychanalytique)

25 RAY: Et c'est votre meilleure façon de les dire?

J. L. BORY: Oh, oui!

RAY: Par l'intermédiaire d'un certain nombre de vos personnages?

J. L. BORY: Oui, oui.

30 RAY: Mais pourquoi pas dans le cadre d'un essai, par exemple?

J. L. BORY: Je vais vous dire une chose. Pour *vider* problème, j'ai besoin de l'incarner, j'ai besoin que ça prenne *une chair,* j'ai besoin que ça prenne un visage. Je suis   Le traiter complètement / Un corps

35 comme ça, c'est par tempérament. J'aime le contact

avec les gens, et les idées ne m'intéressent que quand elles sont vivantes. C'est pour ça que, lorsque j'enseignais le français, j'avais besoin d'un écrivain vivant pour *faire passer* un mort!

RAY: Alors un roman, ça commence comment? Par un personnage?

J. L. BORY: Par des scènes... J'étais fou de joie quand j'ai vu que quelqu'un pour qui j'ai une admiration quasi religieuse, qui est Faulkner, a raconté que, pour lui aussi, il fallait *des traits* à ses personnages. *Ça tient aussi à ma formation de cinéma, qui compte énormément*: dès que je pense à un problème, presqu'automatiquement il se dramatise, il s'anime avec des personnages et des scènes.

Des caractéristiques précises; souvent un visage / Voir page 17

JOËL: Ce sont des scènes qui marchent toutes seules ou des scènes que vous conduisez?

J. L. BORY: Qui marchent seules, et que je décris. En fait, c'est comme si je voyais le film et que je transcrivais. C'est une situation qui est esentiellement visuelle, très peu auditive. Pour moi, ce que je n'arrive pas à voir, ça n'existe pas. Et puis, ensuite, en écrivant, j'essaie de faire voir... d'obliger les gens à voir les choses d'un oeil neuf.

RAY: « *Donner à voir* »?

J. L. BORY: Oui, donner à voir. J'écris pour essayer de rendre les choses phosphorescentes.

Titre d'un recueil du poète Paul Éluard

MARTINE: En fait, c'est la position de l'Artiste avec un grand A!

J. L. BORY: Exactement! Pour moi, l'artiste, c'est celui qui *dérange*. C'est une façon d'être révolutionnaire. Il y a aussi une très jolie phrase de Breton en réponse à la question «Pourquoi écrivez-vous?»: «J'écris pour donner rendez-vous.» Alors évidemment, on a intérêt à le donner à un maximum de gens!

Modifie l'ordre des choses, des idées

RAY: Jean-Claude, tu as jamais essayé d'écrire?

JEAN-CLAUDE: Oui, j'ai écrit des trucs...

RAY: Explique un peu.

Quelle littérature? **65**

JEAN-CLAUDE: Je ne sais pas, comme ça, des petits textes...
RAY: Des textes en prose?
JEAN-CLAUDE: Disons *des nouvelles,* des histoires que je — De courts romans
voulais raconter. L'histoire d'un professeur qui était (fém.)
5 au quatrième étage d'une école et qui demandait à ses
élèves de *monter une vache dans sa classe...* Des histoires
comme ça...
RAY: C'était une histoire qui t'intéressait vraiment?
JEAN-CLAUDE: Oui, voilà!

Les trois trucs de Bory

10 JEAN-LOUIS BORY: Quand j'étais professeur, je m'étais
juré de faire en sorte que mes élèves ne s'ennuient pas
en classe.
RAY: Vous avez quelques trucs pour ça?
J. L. BORY: Bien sûr! D'abord, ne jamais étudier un texte
15 scolaire sans trouver une espèce de *binôme* moderne: — Expression algébrique
contemporain et vivant si possible. Un exemple bateau: composée de deux
les mystères du Moyen-Âge; eh bien, je parlais termes
de Claudel. Villon, poète et gangster; j'en profitais
pour retrouver certains éléments de Rimbaud. Avec
20 Rabelais, je faisais Céline. Constamment, *j'avançais
avec deux béquilles,* d'un côté la littérature du programme,
du fameux programme, et d'un autre côté, j'essayais
de leur montrer que dans trois cents ans, si la littérature
existe encore, ces gens, Céline, Camus, Sartre seront des
25 auteurs qui *embêteront* les étudiants de 2270 ou 2280 — Ennuieront (*fam.*)
autant que Corneille et Racine embêtent les malheureux
étudiants de 1970. Ça, c'est mon premier truc. Deuxième
truc: je leur faisais moi-même de très abondantes lectures
de textes modernes.
30 RAY: En classe?

J. L. BORY: Oui, en classe. Je leur lisais des passages de Sartre, des pièces complètes de théâtre... Après, on faisait des exercices de style. Je les emmenais au théâtre. J'avais la chance d'être professeur à Paris et d'avoir un *proviseur* très astucieux. Le samedi après-midi — c'était l'époque où le *TNP* marchait *à fond*... j'avais obtenu la permission d'emmener la classe au TNP, et c'est comme ça qu'ils ont vu *Le Cid* avec Gérard Philipe. Ils étaient enthousiasmés. Ils comprenaient ce qu'avait été *Le Cid,* que ça avait été une pièce jeune et d'avant-garde à l'époque. Que *Le Cid* en 1636 était aussi scandaleux que *Les Paravents* de Jean Genêt en 1968.

Mon troisième truc, c'était de faire constamment des rapports entre la littérature et le cinéma. Là encore, j'avais la chance de disposer des programmes parisiens et chaque semaine, je faisais noter sur *le cahier de textes* le programme des salles du Quartier Latin, en leur distant: « Ce film-là, j'aimerais bien que vous le voyiez...»

Principal; celui qui dirige le lycée / Voir page 296

Cahier où les lycéens notent les leçons et les devoirs à faire

Sartre, le Nouveau Roman, Papillon: pour quoi faire?

RAY: Et Sartre... l'existentialisme, ça existe encore?
MARTINE: Ça a beaucoup existé, mais non, maintenant, ça n'existe plus.
RAY: Qu'est-ce que tu avais lu de Sartre?
MARTINE: Je me sais pas: *Les Mains sales, La Nausée*...
RAY: Carolle, tu as lu du Sartre?
CAROLLE: Oui, un peu, oui!
RAY: Et ça t'a marquée!
CAROLLE: Oui, surtout *Huis-Clos*.
NICOLE: Moi, j'ai lu *Les Chemins de la liberté,* j'ai lu *Les Mouches,* et je n'ai pas aimé.
RAY: Tu n'as pas *marché?*   Voir page 296
NICOLE: Non!
JOËL: Moi, j'en ai lu pas mal. Ça m'a semblé... assez timide. Je pense surtout au *Diable et au Bon Dieu*.   Voir page 297
CAROLLE: Je l'ai vu il y a quelques jours au TNP!
RAY: Je l'ai revu aussi. Et qu'est-ce que tu en penses?
CAROLLE: Je l'ai trouvé très, très, très bien.
RAY: D'accord avec toi! Mais, Joël, qu'est-ce que tu veux dire quand tu parles de la timidité de Sartre?
J. L. BORY: Et surtout, timide par rapport à qui?

JOËL: Je le vois timide par rapport à la théorie qu'il développe. Je le considère beaucoup plus valable du point de vue théorique.

JEAN-CLAUDE: Sartre, c'est quelqu'un qui est lié aux problèmes de l'après-guerre.

CAROLLE: Oui!

JEAN-CLAUDE: C'est un très bon auteur dramatique, d'accord, mais...

J. L. BORY: Sartre est un phénomène d'époque, tu as parfaitement raison.

JEAN-CLAUDE: C'est quelqu'un qui parle tout le temps d'engagement, mais *au fond* c'est encore de la littérature. Moi, je vois pas ça tellement plus révolutionnaire que le Nouveau Roman, par exemple.   Voir page 296

J. L. BORY: C'est tout à fait vrai, ce que tu dis là! Le Nouveau Roman veut être révolutionnaire, d'une certaine façon. Par exemple Marguerite Duras: très sympathique et très bien! Aussi bien ses romans que ses films, elle les veut révolutionnaires, mais révolutionnaires pour quatre personnes! C'est à dire qu'il y a quatre personnes capables de voir que le livre, que le film, sont des oeuvres profondément révolutionnaires. Le drame — et ça a été très bien dit par Jean-Claude — le drame, c'est que ces oeuvres révolutionnaires ne peuvent pas faire, et ne feront jamais aucune révolution, parce qu'elles sont justement coupées des masses. Par contre, il y a une autre sorte de littérature qui, elle, touche les masses...

RAY: Celle dont on dit souvent: « Ce n'est pas de la littérature »...

J. L. BORY: Oui, mais qui les touche, et qui les touche d'une façon extrêmement révélatrice et dangereuse. Je pense par exemple à *Papillon* ou je pense aux *Mémoires de Piaf* qui font des tirages *faramineux*. Vous comprenez, ils touchent ce qu'on est bien obligé d'appeler le peuple! Papillon, qu'est-ce que c'est? C'est l'héroïsme du hors-la-loi, c'est à dire le gangster, le grand homme romantique par excellence; c'est Jean Valjean, Hernani, etc... Piaf, c'est la femme tombée, *la putain* régénérée. Ça pourrait être un personnage de Victor Hugo, mais ces valeurs profondes, généreuses, sont canalisées d'une façon qui est scandaleuse et dangereuse, parce qu'ils en font une littérature non pas d'engagement, mais de diversion. C'est fait de telle façon que les gens n'ont plus envie de descendre dans la rue pour protester contre *le sort* qu'on a fait à Papillon, pour protester contre la façon

d'Henri Charrière, best-seller international / De Simone Berteaut, demi-soeur de Piaf / Extraordinaires. (*fam.*)
La prostituée (*pop.*)

Le genre de vie

dont la société a traité souvent les putains qui n'ont pas eu la chance de Madame Piaf... Au contraire, c'est une littérature endormante, *ronronnante* et qui, justement, de forces qui pourraient être révolutionnaires, fait des forces de diversion, *de divertissement* pour employer un terme que j'abomine.

Comme le bruit que fait un chat qui dort. D'amusement, mais aussi: qui empêche d'atteindre le but cherché.

RAY: Mais alors, la littérature, pour vous, devrait être révolutionnaire?

J. L. BORY: Pour moi oui, sans aucune hésitation. L'artiste, pas seulement le littérateur, n'existe qu'à partir du moment où il est différent. Toute littérature, toute peinture, toute musique, tout cinéma, qui endort, qui facilite les habitudes...

RAY: Ce qu'on appelle le cinéma des familles...?

J. L. BORY: Oui, ce qui favorise tous les conformismes, pour moi, c'est l'ennemi à abattre! Il n'y a de vraie littérature, quelle que soit sa forme, roman, poésie ou théâtre, que celle qui oblige le spectateur à sortir de ses habitudes. On le dérange, on l'inquiète, on le choque, justement pour l'obliger à regarder avec un regard neuf le problème qu'il ne voyait plus à cause de l'habitude. Et il arrive que les conséquences soient considérables. C'est une banalité de dire que le XIXe siècle a été le siècle du roman. En fait, ça a été le moment où les littérateurs se sont rendu compte que, par leur art, ils étaient capables de modifier la sensibilité d'une société. Vous savez comment ça s'est passé?

CAROLLE: Je suis pas sûre...

J. L. BORY: Eh bien, c'est que brusquement, il y a eu un véhicule, qui n'était pas le livre mais le journal, qui était très bon marché, et qui a diffusé les très grands romanciers, comme Balzac, Hugo, Eugène Süe, Sand, par *le biais* du *feuilleton* populaire. Le feuilleton populaire, pour établir la liaison entre la littérature, les romanciers, les idées révolutionnaires, et le public, a été un *outil* essentiel. On a dit, vous savez, que les barricades de *48* avaient été formées avec les feuilletons de Sand et d'Eugène Süe. Et il y a même une image qui m'a beaucoup frappé, c'est que *les émeutiers* de 48 *bourraient* les fusils avec les feuilletons d'Eugène Süe, ce qui devenait symbolique!

Le moyen indirect
Un roman publié, dans un journal / Voir page 143 / Un instrument / 1848

Les révoltés pressaient des morceaux de journaux dans les fusils

JEAN-CLAUDE: D'accord, mais j'ai l'impression qu'au vingtième siècle, c'est un peu différent. Il n'est plus possible d'agir, comme le faisait le livre, sur un groupe limité de personnes. Il faut vraiment qu'il y ait un mouvement d'ensemble... Et le problème, c'est de savoir si le roman

Quelle littérature? **69**

n'est pas un peu *voué à l'échec* dans cette quête-là, et si justement le cinéma ne pourrait pas le remplacer...   Amené logiquement à échouer

J. L. BORY: J'en suis persuadé, et c'est d'ailleurs pour ça que je fais tellement de critique de cinéma en ce moment! Je suis persuadé que le combat est plus rentable — rentable est un terme abominable, mais qui dit exactement ce que je veux dire — avec le cinéma qu'avec la littérature. J'écris un article de critique littéraire: j'ai très peu de réactions. Ma chronique de cinéma provoque au contraire beaucoup de réactions; j'ai un abondant courrier. Les idées que je défends, je les défends donc d'une façon plus efficace en parlant de cinéma qu'en parlant de livres. Je suis certain qu'en l'état actuel des choses, on *provoque davantage le public* — j'emploie ici provoque dans le sens qu'on l'empêche de dormir, on l'oblige à réfléchir, on l'oblige à ouvrir les yeux — on le provoque beaucoup plus facilement par un film, par des articles de critique sur un film que par la littérature seule.

JOËL: Oui, mais ça dépend de quels films il s'agit. Vous avez parlé tout à l'heure des films révolutionnaires pour quatre personnes de Marguerite Duras. Mais les films intéressants sont souvent des films difficiles...

J. L. BORY: C'est là le problème! On ne peut pas dire à quelqu'un, à la fin d'une semaine où il s'est levé de bonne heure, où il a travaillé souvent dans des conditions fatigantes, on ne peut pas lui demander de faire un effort intellectuel supplémentaire pour lire un livre ou voir un film qui sera difficile. Alors que ce sont ces livres ou ces films qui, justement, sont capables de changer les conditions d'existence dans lesquelles il vit. C'est ça qui est terrible, c'est là qu'il y a cette espèce de paradoxe dont on est en train de *crever!* Alors, comme disait je ne sais plus qui, la solution est *d'ordre général:* il faut imaginer, espérer, une société où les conditions de travail seront telles que, la fatigue n'existant plus ou

Voir page 359
De caractère général

ayant terriblement diminué, le temps sera plus largement disponible pour ces gens-là. Et aussi que la littérature — ou le film — réussira à faire sauter certaines barrières, acceptera de trouver certaines *rampes d'accès,* de se faire plus ouverte pour un immense public, comme l'avaient fait les grands feuilletonnistes du XIXe siècle!

Positions de départ, comme pour un *missile*

Mini-Bibliographie

J. L. Bory, *Mon Village à l'heure allemande,* 1945. (Prix Goncourt)
    La Sourde Oreille, 1958
    L'Odeur de l'herbe, 1962
    La Révolution de Juillet ou les trois glorieuses, 1971
Tous les ouvrages de J. L. Bory sont édités chez Gallimard.

Controverses

1. La question des prix littéraires suscite beaucoup de controverses en France. Discute le problème en te basant sur l'opinion de Bory.

2. Parmi les auteurs cités par nos amis, y en a-t-il un que tu connaisses? Es-tu d'accord avec l'opinion qu'ils ont de lui? Justifie ta propre opinion.

3. As-tu une opinion aussi négative que celle de nos amis sur la façon dont on t'a enseigné la littérature anglaise ou américaine à l'école?

4. Discute «les trois trucs de Bory».
   Aimerais-tu que ton professeur emploie l'un ou l'autre de ces trucs?

5. «J'écris pour mettre un petit caillou dans la chaussure des gens,» dit Bory. Qu'est-ce que tu penses de cette conception de la littérature?

6. Est-ce que, comme pour Jean-Claude, le roman te semble voué à l'échec au vingtième siècle? Peut-il vraiment être remplacé par le cinéma?

Applications

Expressions idiomatiques (289 et 295)

1. Invente cinq phrases contenant l'expression idiomatique et le mot indiqués
   - Comme disait je ne sais plus qui — culture
   - Petit blanc bec — échafaud
   - Tourner à l'aigre — se défouler

Quelle littérature? 71

- Exemple bateau — nouvelle
- Sauter à pieds joints — béquille

2. Imagine une discussion, animée si possible, avec ton camarade de chambre. Utilise au moins trois des expressions idiomatiques des pages 289 ou 295.

Quelques bons tuyaux (295)

1.
   - A propos, quel membre du groupe te semble le plus sympathique?
   - Au fond, tu penses que tout ça est bien compliqué, n'est-ce pas?
   - Est-ce que tu t'es déjà engagé à fond pour une cause quelconque, politique ou idéologique? Laquelle?
   - D'après ce que tu sais déjà, qu'est-ce qui marche bien et qu'est-ce qui marche mal en France?
   - Dans quel cas pourrais-tu répondre à un copain: « Tu me fais marcher »?
   - *This book concerns French civilization.* Deux façons de dire cela en français.

2. Essaie de répondre en dix ou quinze lignes à la question: « Comment marchent tes études? »

De partitif (297)

1. — Qu'est-ce que tu veux?

   Je voudrais
   - des frites.
   - ___ chocolat.
   - ___ marrons glacés.
   - ___ nouvelles de Carolle.
   - ___ fruits secs.
   - ___ or.
   - ___ locaux plus grands.
   - ___ savon.
   - ___ morceaux de savon.
   - ___ nescafé.
   - ___ tarte.

   Pourquoi emploie-t-on le conditionnel ici?

2. Prends toutes les phrases de l'exercice 1. Pose les questions correspondantes et réponds-y, d'après le modèle suivant:
   — Tu veux des frites?
   — Non, je ne veux pas de frites.

   Pas de conditionnel. Pourquoi?

72 *Entre Nous*

3.
Je ne veux pas
- ____ fruits du tout.
- ____ (vin) blanc sec; je veux ____ doux.
- ____ longs textes.
- ____ textes longs; je veux ____ textes courts.

Ce n'était pas
- ____ fer, c'était ____ or.
- ____ beurre, c'était ____ margarine. (fém.)

Il n'y a pas
- ____ tronc commun aux États-Unis.
- ____ honte (fém.) à ne pas savoir ça.
- ____ locaux assez grands.

Je n'ai pas éprouvé
- ____ plaisir.
- ____ ennui.
- ____ plaisir, mais plutôt ____ ennui.
- ____ honte, mais du dégoût.

De préposition (298)

1. • Par l'intermédiaire de qui a eu lieu la rencontre de Ray et des jeunes filles?
   • Dans quelle partie de Paris se trouve Pigalle?
   • De quel siècle est Villon? C'est un poète _____.

2. • Peux-tu citer le titre du dernier livre de Bory?
   • De qui est *La Nausée?*
   • De qui est la phrase: « Je ne veux pas mourir encore »?
   Réponds de deux façons: a. *en ne donnant que le nom de l'auteur*
   b. *en donnant aussi son prénom: André.*

3. • Combien d'étages a ta maison? C'est une maison _____.
   • De quelle façon regardes-tu le départ de ton ami? (*oeil triste*).
   • Tu ne sais pas le titre de ce morceau ____ musique? Non, je l'ai écouté ____ (*oreille distraite*).
   • Pour tirer à pile ou face, comment faut-il lancer la pièce? (*coup sec*).
   • Comment Joël a-t-il prononcé cette phrase? (*voix assurée*).

4. • Au fond, qu'est-ce que tu espères tirer de tes études de français?
   • Des auteurs du dix-neuvième siècle cités dans ce chapitre, lequel connais-tu le mieux? C'est _____.

5. • Quand Carolle pense au Romantisme, à quel poète pense-t-elle particulièrement?
   • Qu'est-ce que Jean-Claude pense de Hugo?
   Il pense que _____.
   • Et Joël des *Mémoires d'outre-tombe?*

Quelle littérature? 73

De après un nom, un adjectif ou un verbe (298)

1. Il y a deux façons de comprendre la phrase :

    Votre façon de dire cela ne me plaît pas.
    - Elle signifie d'abord que ———————————————————————.
    Mais, écrite de la façon suivante, elle signifie autre chose :
    - Votre façon de dire : « Cela ne me plaît pas » ————————————.
    Ta façon de compléter ces deux phrases montrera si tu as compris.

2. Cinq phrases différentes :

    - Est-ce que tu es CAPABLE DE ⎰ ————————————————?
      ⎨ ————————————————?
      ⎱ ————————————————?

    - Ce devoir est PLEIN DE ⎧ ————————————————.
      ⎩ ————————————————.

3. Qu'est-ce que ce chapitre t'A PERMIS D'apprendre ?
    - Qu'est-ce que cet exercice de grammaire ESSAIE DE faire ?
    - As-tu l'impression que J. L. Bory a réussi dans ce qu'il S'ÉTAIT JURÉ de faire ?
    - Je leur ai demandé ————————————————————.
    - Je ne veux pas t'empêcher ——————————————————.
    - Est-ce qu'IL t'arrive souvent ——————————————————?
    - AS-tu jamais eu la chance ——————————————————?
    - AS-tu souvent L'OCCASION ——————————————————?
    - J'ÉTAIS EN TRAIN ——————— quand Nicole est arrivée.
    - DE QUOI S'AGIT-IL dans ce chapitre ?
    - DE QUEL prix littéraire S'AGIT-IL ?
    - Quand on parle ——— l'auteur ——— *Lettres Persanes*, DE qui s'agit-il ?
    - Avais-tu déjà ENTENDU PARLER DE lui ?
    - A quelle page Jean-Claude PARLE-t-il DE lui ?
    - Et Sade, le professeur a-t-il jamais PARLÉ DE lui à Martine ?
    - Mais toi, tu as certainement ENTENDU PARLER DE lui, n'est-ce pas ? A quelle occasion ?

De préposition vide (299)

1. Quatre phrases différentes
    - La difficulté, c'est de savoir si ——————————. / ——————————.
    - La difficulté, c'est de faire ——————————. / ——————————.

2. Je t'offre un café. Non ? Je croyais pourtant que tu avais une heure de libre de deux à trois ?
    — Pas aujourd'hui, parce que ——————————————————.
    Est-ce qu'il y a une PLACE DE LIBRE à cette table ?

74 *Entre Nous*

— Non, il _____.
- Il est défendu de traverser la route.
- Il est défendu de _____.
- Il n'est pas défendu _____. / _____.

Expressions idiomatiques (300)

DE

1. Complète cette phrase en donnant d'abord un avantage, ensuite un inconvénient du prix Goncourt.
   - D'une part, le prix Goncourt _____, d'autre part, _____.
   Récris trois fois cette même phrase en utilisant les trois autres formules.

2. Complète en utilisant une des opinions de Bory qui t'a particulièrement frappé.
   - D'après J. L. Bory, _____.
   - D'après ce qu'a dit Bory, _____.

3. - Je refuse de vous suivre! D'ailleurs _____.
   - L'attitude de Jean-Claude _____ Victor Hugo a des causes plus psychologiques que littéraires. De toute façon _____.

4. Sois capable d'expliquer la valeur exacte de *de* dans les phrases suivantes:
   - Tout livre a besoin DE lecteurs.
   - Pour réussir, mon livre a besoin DES lecteurs parisiens.
   - Qu'est-ce que tu penses DES lecteurs DE ce journal?
   - La bibliothèque est pleine DE lecteurs.
   - La bibliothèque est pleine DES lecteurs que Bory y a envoyés.
   - Pas mal DE lecteurs m'ont écrit pour me demander DES conseils.
   - J'ai reçu DES lettres DE plusieurs lecteurs.
   - Voici la lettre DU lecteur qui m'avait écrit la semaine dernière.
   - Je n'ai jamais reçu DE lettre DU lecteur dont vous m'aviez parlé.
   - Le problème, c'est DE savoir si DE mauvais lecteurs (langue familière: DES mauvais lecteurs) valent mieux que pas DE lecteurs DU tout.

IV

MARTINE.
ÉTUDIANTE EN
HISTOIRE
DÉ L'ART
Si je m'ennuie quelque part, bon, eh bien, je ne le cache pas!

NICOLE.
ÉTUDIANTE EN
MEDECINE
J'en dessine beaucoup, des éléphants!

Nicole et Martine

Présentation

Après deux chapitres un peu plus techniques, voici un chapitre purement psychologique te permettant d'entrer un peu dans l'intimité de Nicole, notre étudiante en médecine, et de Martine, qui étudie l'histoire de l'art.

Le récit de leur journée commune (elles partagent un appartement) est parfaitement fantaisiste. Tu y apprendras peu de choses pratiques et tu n'y rencontreras aucune idée difficile. C'est plutôt un chapitre qu'il est important de bien *sentir*. Remarque surtout comment la fantaisie et l'ironie se mêlent dans de courts récits, en particulier celui expliquant le surnom de Tititoun donné à Martine, ou la scène du déguisement en petite fille. Essaie par exemple de bien comprendre la drôlerie de la petite phrase, grammaticalement très simple : « On a eu du mal à l'éduquer », page 81.

Et, après avoir lu le petit jeu « Qui est Martine ? Qui est Nicole ? », compare (honnêtement !) ce que tu avais déjà découvert de leur caractère avec ce que t'en apprennent les autres membres du groupe.

302

Une drôle de journée!

Il fait très froid, ce mercredi de la fin février. La soirée a lieu chez Ray. Carolle s'est trompée de jour; Jean-Claude doit être au cinéma... Joël, lui, n'a que quelques étages à monter. Nicole et Martine, qui ont bravé le froid, arrivent d'excellente humeur. Bonne occasion pour leur demander de raconter leur journée!

RAY: Est-ce qu'on commence par ta journée, Nicole, ou par la tienne, Martine?
NICOLE: Notre journée!
RAY: Eh bien, votre journée! Vous habitez ensemble, mais...
5 NICOLE: Moi, je suis en train de préparer mes examens, alors je me lève de très, très bonne heure.
RAY: C'est-à-dire?
NICOLE: De très bonne heure pour nous, je précise.
RAY: C'est-à-dire sept heures?
10 NICOLE: Non, huit heures!
RAY: Ah, bon!
NICOLE: Donc... hier soir, Martine est partie chez ses parents en nous promettant de nous réveiller *le lendemain* matin, avec un copieux petit déjeuner.

Le jour suivant

15 MARTINE: Non, là je me justifie, parce que... Je suis partie chez mes parents... C'est *en banlieue,* pas très loin d'ici, à environ trente kilomètres et je devais revenir ce matin avec mon père qui travaille à Paris. Je *comptais* donc

Voir page 369

revenir tôt, je le répète, pour être prête de bonne heure, pour réveiller Nicole et Geneviève, et travailler.

RAY: Geneviève, c'est la troisième...

MARTINE: Hier, j'avais vaguement entendu dire: « Oui, oui, c'est ça, arrive de bonne heure, tu nous réveilleras et tu nous apporteras le petit déjeuner au lit... » Il se trouve que j'étais de très mauvaise humeur ce matin, parce que je pensais que mon père allait me ramener en voiture jusqu'à l'appartement et, en fait, il m'a laissée à son bureau! J'ai dû prendre le métro avec mes colis. Tu me vois d'ici!

RAY: Comment! Tu avais des colis?

MARTINE: Eh bien, oui! Etant donné que j'avais passé la nuit à la maison, j'avais un sac, avec une brosse à dents et tout le nécessaire, des bouquins, un transistor que j'ai ramené...

JOËL: Tout ce qui était nécessaire pour la nuit, quoi!

MARTINE: Non, non, non! Je ne l'avais pas emmené, celui-là, je l'ai simplement rapporté de la maison de mes parents... Donc, mon père m'a laissée dans le métro...

RAY: Et tu étais de mauvais poil?

MARTINE: Oui, assez, surtout qu'en plus de ça, il faisait froid!

NICOLE: D'excellente mauvaise humeur!

MARTINE: *La veille,* quand j'étais chez mes parents, il faisait très bon, et quand je suis arrivée à l'appartement — il faut préciser qu'on a *un poêle* qui a explosé il y a quelque temps... il y a un mois et demi, et que depuis un mois et demi je passe la journée à téléphoner à un réparateur de poêle qui ne s'est toujours pas décidé à venir — alors donc, quand je suis arrivée à l'appartement, il faisait froid. Il y avait... vous voulez des détails?

TOUS: Bien sûr!

MARTINE: J'ai ouvert la porte d'entrée: il y avait quatre cartons pleins d'*ordures* au beau milieu du couloir... alors, ça m'a tout de suite mise dans le bain! Bref, ça ne m'a pas exactement donné le sourire. D'autre part, il était neuf heures à peu près... Oui, parce que j'étais arrivée à Paris à huit heures et demie, et le temps que je prenne le métro...

JOËL: Elles dormaient toujours, les deux autres?

MARTINE: Bien sûr, elles dormaient! Et je me suis aperçue en montant l'escalier que j'avais oublié mes bouquins! Donc impossible de travailler... Alors j'arrive à l'appartement: d'abord, *les monceaux* de cartons... Ensuite, je

Le jour précédent

Saletés (fém.)

Les gros tas (masc.)

veux téléphoner à mon père à son bureau pour lui dire que j'avais oublié mes bouquins et lui demander de bien vouloir me les rapporter; je cherche le téléphone partout... Evidemment, le téléphone était dans la chambre de Geneviève!

NICOLE: Il se promène beaucoup!

MARTINE: Alors j'ai fait beaucoup de bruit, parce que je ne voulais pas la réveiller en douceur! C'était pas la place du téléphone d'être dans sa chambre, quand même! Je l'ai réveillée *en sursaut,* très méchamment. Je suis allée chercher le téléphone, j'ai appelé mon père, etc...   Très brusquement

NICOLE: Et pendant ce temps-là, l'histoire du petit déjeuner était complètement oubliée!

RAY: C'est tombé à l'eau?

MARTINE: Oui, complètement!

RAY: Alors, Geneviève était réveillée... mais Nicole?

MARTINE: Eh bien, Nicole, vas-y, prends la suite!

NICOLE: J'ai entendu ouvrir ma porte, alors j'ai dit: « Bonjour Tititoun, comment vas-tu? »

RAY: Parce que c'est le nom... c'est le nom de Martine pour les jours de bonne humeur, je suppose. C'est ça?

MARTINE: Je peux préciser l'origine?

RAY: Précise!

MARTINE: L'origine de Tititoun, c'est une histoire de famille... J'ai des petits neveux, dont un qui a trois ans et qui, il n'y a pas longtemps, ne savait pas très bien parler. Pour me dire bonjour, il me disait « coucou » et il m'appelait Tine, au lieu de m'appeler Martine. Mais d'autre part, « coucou », il ne savait pas le dire, alors il disait « toutou », ce qui faisait « toutou-tine ». Ça voulait dire: bonjour Martine! J'avais raconté cette histoire à Geneviève... et elle avait pris l'habitude en me voyant de dire « Toutoutine », et puis un beau jour, Nicole, en pleine effervescence, a tout mélangé et m'a accueillie par un charmant « Tititoun », au lieu de « Toutoutine ». Depuis ce jour, je me suis fait surnommer « Tititoun ».

RAY: Maintenant qu'on a l'explication...
NICOLE: Bon, alors je l'accueille... Je dormais toujours! Mais je parle beaucoup en dormant. J'ai dit: « Bonjour Tititoun », et en fait, c'était Geneviève! J'aime bien Geneviève, mais j'étais très *déçue,* car c'était le petit déjeuner que j'attendais! Alors elle m'a dit: « Martine est d'excellente mauvaise humeur ce matin! Il ne faut plus qu'elle retourne chez sa mère parce qu'elle nous revient dans des états! On a du mal à l'éduquer! »

> Frustrée dans mes espérances

RAY: Je vois!
NICOLE: Alors, pas de pain, pas de beurre, pas de lait... Conclusion: pas de petit déjeuner!
JOËL: Vous n'avez rien mangé?
NICOLE: En général, quand il n'y a pas de lait, pas de pain et pas de beurre, on prend du thé avec le pain le plus dur qu'on trouve, et de la margarine dessus... On fait comme si c'était notre petit déjeuner!
MARTINE: Non, d'abord Nicole, très bravement, nous a dit: « Bon! Je vais me lever, je vais descendre... »
NICOLE: J'ai dit ça, moi? Ah! oui, j'y suis allée habillée en *coyote...*
JOËL: En quoi?
NICOLE: Je disais que j'y étais allée habillée en coyote.
RAY: En coyote...?
MARTINE: Quand il fait froid, elle s'habille en coyote!
RAY: Ça veut dire quoi?
MARTINE: Qu'elle a une grande *couverture* qu'elle tient comme ça, et on ne voit que les yeux...
RAY: Bon, je vais vérifier dans le dictionnaire si les coyotes s'habillent comme ça... Et alors?
NICOLE: Non, il faut dire la vérité. C'est Geneviève qui avait dit d'abord: « Bon, eh bien je vais descendre... » Alors, moi, je me suis dit: « Il faut bien que je dise mon mot aussi! » J'ai dit: « Non, je vous en prie, ne vous dérangez pas, je vais y aller... » Et sur ces gentilles paroles, je suis retournée dans ma chambre, et je n'en ai pas *décollé* jusqu'au moment où Martine *rapplique* — arrive, pardon! — en disant: « Ça t'ennuie beaucoup de descendre chercher du pain, du beurre et du lait...? »

> Devine le sens d'après celui de la page 191 (*pop.*)
> Arrive rapidement (*pop.*)

RAY: Et tu réponds oui!
NICOLE: Oui! Mais j'y vais quand même pour rendre service à mes petites amies. *En fin de compte,* je suis descendue et on a pris un petit déjeuner.

> Voir page 370

JOËL: Qu'est-ce que tu avais acheté?
NICOLE: Du pain, du lait, du beurre...

MARTINE: Parce qu'on avait déjà du café et de l'eau chaude.
NICOLE: Du thé!
MARTINE: Du thé, pardon, oui! Alors voilà, l'histoire du petit déjeuner est close! (*Silence.*)
RAY: Et après, c'est aussi drôle?
NICOLE: Après? Non. Moi, je fais partie de l'*aile sud*... On m'appelle l'aile sud.

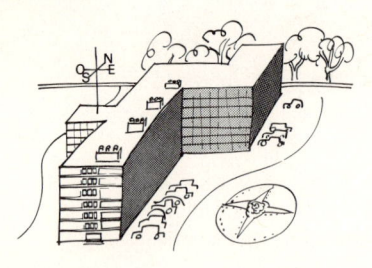

MARTINE: Non! C'est Geneviève, l'aile sud!
NICOLE: Ah, bon!
MARTINE: Tu es l'aile ouest, et moi je suis l'aile est. Alors, au lieu de dire... on dit: « Qu'est-ce qui se passe dans l'aile ouest? » Oh! on peut oublier la chronologie pour un instant?
RAY: Si tu veux!
MARTINE: Bon, alors, c'était l'avant-veille... puisque, la veille, j'étais chez mes parents. L'avant-veille au soir, il y avait eu *une séance* théâtrale; parce qu'on a un ami commun qui est dans les produits de beauté. On précise pas la marque... pas de publicité!   Une représentation. Voir page 121
NICOLE: Et qui, donc, nous en procure *à très bon compte*. On fait des commandes assez monstrueuses! Il arrive avec son petit paquet... son gros paquet. Alors on a décidé de lui offrir quelque chose pour le remercier.   Voir page 369
RAY: Les petits cadeaux entretiennent l'amitié, chacun sait ça!
NICOLE: Voilà! Pour que ça n'ait pas l'air trop idiot, on a décidé de faire une chanson... Non, pas une chanson, un compliment! Et puis, on a décidé qu'il y en aurait une de nous trois qui lui offrirait.
RAY: Le compliment?
MARTINE: Oui, oui, bien sûr... avec le petit cadeau. Je ne sais pas pourquoi, c'est tombé sur moi... C'est Geneviève qui a eu cette idée *géniale* et qui a dit: « On mettra Martine avec un petit ruban dans les cheveux, et puis elle récitera son compliment. »   Extraordinaire (ironique) (*fam.*)

NICOLE: Alors, Martine a passé une demi-heure dans la salle de bains...
RAY: A se préparer?
NICOLE: Bien sûr! Elle a mis des petites chaussettes blanches, des petites chaussures *vernies* noires, une petite jupe... toute petite, à carreaux rouges et blancs, un petit chemisier en dentelle, et puis un ruban dans les cheveux... pour faire très petite fille.
MARTINE: Des petites *couettes*...
NICOLE: Des petites couettes, une petite *frange*... Elle s'est bien *maquillée* avec les fameux produits apportés par le monsieur. Elle s'est fait *plein de taches de rousseur*... Elle s'est mis du rouge à lèvres comme *une poupée*.
JOËL: Pourquoi des taches de rousseur?
MARTINE: Parce que ça faisait petite fille. Les petites filles ont des taches de rousseur, tout le monde sait ça!
RAY: Ah, bon!
MARTINE: On a *étalé* tous les produits à la place du téléphone, comme ça, comme décor. On avait mis les chaises devant pour qu'il s'asseye, et puis moi, avec mon bouquet de fleurs, les yeux baissés, très, très timidement, j'ai récité le compliment, et on lui a offert le petit cadeau, voilà! Il faut dire que c'était assez génial!
RAY: Est-ce que tu le sais encore, ton compliment, par hasard?
MARTINE: (*à Nicole*) On le récite, tu crois?
RAY: Allez-y!
MARTINE: Oh, c'était stupide...
NICOLE: Il y a *la marque,* mais on mettra un blanc à la place de la marque.
RAY: Bon!
MARTINE: Seulement, il faut vous représenter la petite fille!
RAY: On essaie...
MARTINE: Comment ça commence déjà? Ah, oui... « Mes petites amies et moi, nous nous associons pour te remercier de la belle boîte de peinture que tu nous as apportée... » Je sais plus... Je l'avais pourtant appris par coeur, et j'avais *le trac*... Ah, oui! « Nous pensons bien à toi tous les matins et tous les soirs, devant notre petit miroir, et je me présente à toi, image resplendissante... » Alors après, il y avait la marque du produit...
RAY: Et ça rimait?
MARTINE: Oh non, pas du tout! Et puis après, on disait qu'il était *essentiel,* et c'était un mot très important parce que ça faisait partie des produits — il y avait une *lotion*

Des tas de (*pop.*)
Une petite fille artificielle

Placé les uns à côté des autres

Chanel, Lanvin, etc...

J'avais très peur

essentielle — alors, on disait qu'il était essentiel de lui exprimer notre gratitude et qu'on pensait la manifester en lui offrant ce petit cadeau. Voilà, c'est tout!

RAY: Comment est-ce qu'il a pris ça?

NICOLE: *Avec le fou rire*... J'ai jamais vu *une silhouette* aussi comique!... (*Silence*). Qu'est-ce qu'on a fait après?

Voir page 364 et 283

MARTINE: Nicole est descendue.

NICOLE: Oui, je suis descendue. J'ai fait le singe sur la place, ça, je m'en souviens bien!

RAY: Pourquoi?

NICOLE: J'étais de bonne humeur! J'avais une *grosse moumoute,* je ressemblais à un ours.

(*fam.*)

RAY: Une grosse moumoute?

NICOLE: Oui, le gros truc que j'ai, plein de poils.

RAY: Ah, bon! Je croyais que c'était sur la tête!

NICOLE: Et puis on a fait la choucroute que j'avais achetée... et ensuite on s'est mis dans ma chambre, devant la fenêtre, pour contempler *les flocons* qui tombaient. J'étais devant la fenêtre et je faisais de la poésie. J'ai eu beaucoup de mal à vous initier à ma poésie!

MARTINE: Parce qu'on était occupées à *se bagarrer!* C'était à cause du téléphone qui sonnait et que personne ne voulait aller *décrocher*... On était convaincues que c'était pour Geneviève...

Voir page 350

JOËL: Et alors?

MARTINE: Geneviève était occupée à manger sa choucroute et elle ne voulait pas se déranger. Et pendant ce temps-là Nicole voulait nous initier à la poésie, et il n'y avait rien à faire!

NICOLE: Je suis une *incomprise*. C'est la plus grosse injustice qui soit! (*Rires*) Qu'est-ce qu'on a fait ensuite?

On ne me comprend pas

MARTINE: Moi, j'ai travaillé, c'est-à-dire que j'ai passé la journée à me concentrer pour préparer mon *mémoire* sur le baroque...

La meilleure équivalence de *paper*

NICOLE: Moi aussi, sur mon petit tableau, oui.

RAY: Ton petit tableau?

NICOLE: Je me suis installé un tableau. Je travaille sur un tableau. J'ai peint une planche, j'ai acheté des craies de toutes les couleurs, et je fais des *croquis d'anatomie*. C'est moins fatigant que de travailler sur du papier... C'est vrai!

RAY: Moins fatigant! Pourquoi?

NICOLE: Parce qu'on va, on vient, on danse... Et puis après on a rêvé...

RAY: Vous rêvez en commun?

NICOLE: Ah, mais on rêve toujours en commun!

RAY: A quoi?

NICOLE: A planter *du gazon* sur le balcon. Ça, c'est un gros problème: comment planter du gazon sur un balcon...

De l'herbe courte

MARTINE: « De la manière de planter du gazon sur son balcon et de le faire pousser... »

JOËL: Qu'est-ce qu'il y a sur le balcon?

NICOLE: Du *béton*...

MARTINE: Des jerricanes de *mazout,* un tibia de cheval, *une escalope* pourrie...

Matériau de construction très dur / Fuel
Mince tranche de viande, en général de veau

JOËL: Depuis combien de temps?

MARTINE: Oh, quatre mois peut-être...

NICOLE: On l'a découverte par hasard... Moi, j'ai quand même travaillé: j'ai lu *L'Amour fou* d'André Breton, *tout fort* évidemment...

À haute voix (*fam.*)

RAY: Je vous vois d'ici: Nicole lisant de la poésie tout fort et Martine préparant son mémoire... Ça devait être *commode!*

Voir page 11

MARTINE: En fait, on ferme les portes de temps en temps quand on veut vraiment se concentrer sur ce qu'on fait!

RAY: Alors, avec ça, on arrive au soir. Qu'est-ce que vous avez fait le soir?

NICOLE ET MARTINE: Rien!

Mon mystère, elle le devine aussi!

Quelques semaines plus tard. Le groupe est au complet. On reprend le petit jeu: qui est Martine? qui est Nicole?

RAY: Carolle, comment tu te représentes Martine?
CAROLLE: Eh bien, je la vois comme une fille assez *entière*, avec des jugements assez *nets*, si vous voulez, sur un peu tout.

D'une seule pièce
Précis

5 RAY: Trop catégorique?
CAROLLE: Non... Elle aime les choses originales... D'un autre côté, assez représentative des filles de notre âge, d'un certain point de vue.
RAY: Par exemple?
10 CAROLLE: Par exemple pour ce qui touche la politique... J'ai l'impression qu'elle est comme moi: moins informée sur ces questions. Le contraire de Jean-Claude, par exemple.
RAY: Une question précise: quelles qualités principales lui reconnais-tu? (*Carolle hésite.*) On peut espérer que tu lui
15 en reconnais au moins une!
CAROLLE: La franchise, entre autres, oui. Un défaut peut-être: c'est ce que je disais tout à l'heure, un caractère un peu entier, peut-être trop rapide, trop définitif...
(*Jean-Claude, qui vient d'arriver, s'installe par terre, comme
20 il peut.*)
RAY: — Et toi, Jean-Claude, qu'est-ce que tu penses de Martine?
JEAN-CLAUDE: Euh... à part les chats, je crois que Martine doit bien aimer... les tables très, très raffinées.
25 RAY: Ah, bon! Ça, c'est des caractéristiques relativement extérieures, quand même...
JEAN-CLAUDE: Très difficile, tout ça... En fait, ce qui me fait peur, c'est peut-être de révéler trop de choses sur moi à travers ce que je dis des autres...
30 RAY: Oh, oh!
JEAN-CLAUDE: Chez Martine, il y a d'abord de la curiosité! En fait, je la juge beaucoup à travers la pièce dans laquelle elle vit.
RAY: Tu peux la décrire en quelques mots?
35 JEAN-CLAUDE: Il y a beaucoup de... Je n'y arriverai jamais! Je sais par exemple que sa personnalité passe dans *son papier*, bon!
RAY: Alors, décris son papier!

Celui qui se trouve sur les murs

JEAN-CLAUDE: Mais comment le décrire, justement? Si je dis qu'il est moutarde avec des filets et des arabesques...
RAY: Ça ne sera probablement pas ça!
JEAN-CLAUDE: Tout ce que je sais, c'est qu'il a pour moi une certaine qualité de couleur, de forme... En tout cas, il y a une harmonie entre Martine et son papier!
RAY: Nicole, tu habites avec Martine. Tu es donc celle qui la connais la mieux: vas-y!
NICOLE: Je vais essayer de donner un *cliché* de Martine telle que je la vois... Il y en a un que j'aime beaucoup: elle a l'habitude de mettre la moitié du visage à travers une porte et puis de me regarder avec *l'air curieux et amusé*. On ne voit pas son corps, alors il semble que son esprit avance toujours sans son corps... C'est-à-dire qu'elle a une grande paresse à faire les choses, mais un esprit toujours à l'avant...
RAY: Et maintenant, on se tourne vers Martine! La minute de vérité...
MARTINE: «Connais-toi toi-même!» Hum... c'est très drôle et très instructif pour moi, et puis finalement je crois que je suis très... On me devine très bien!
NICOLE: Ah, j'ai oublié! La partie qu'elle cache, c'est tout son mystère. Elle est très mystérieuse... C'est ce qui est derrière la porte et qu'on ne voit pas.
MARTINE: Vous voyez, mon mystère, elle le devine aussi! Elle ne devine pas en quoi il consiste, heureusement, mais... Carolle a dit que je suis très entière: c'est vrai. Que j'aime les chats, c'est très vrai.
RAY: C'est Jean-Claude!
MARTINE: Ah oui! J'ai été très étonnée d'ailleurs quand il a dit ça!
RAY: Tu ne croyais pas qu'il était...
MARTINE: Comme ça, à brûle-pourpoint: «Tu aimes les chats!»
JEAN-CLAUDE: C'est une idée qui m'est venue, que tu aimais les chats, et je ne saurais vraiment pas expliquer pourquoi.
MARTINE: De toute façon, moi, je n'ai rien à ajouter.
RAY: La principale qualité qu'on t'a reconnue, c'est la franchise. C'est important?
MARTINE: Bien sûr! Je ne sais pas si je l'ai, mais je l'apprécie beaucoup. La franchise, d'ailleurs, je l'applique dans un sens particulier. Je ne cache pas tellement mon opinion aux gens...
RAY: Est-ce que tu vas jusqu'à les provoquer?

Une photo

MARTINE: Oui, justement! Et à partir de ce moment-là, ça devient plutôt un défaut. Si je m'ennuie quelque part, bon, eh bien, je ne le cache pas...

RAY: Ça n'arrive jamais avec tes amies, ou si?

MARTINE: Oh, si! Les amies, je leur dis *carrément,* je ne préciserai pas quoi, mais...!   Nettement, franchement

RAY: Parce que ça ne pourrait pas s'imprimer?

MARTINE: C'est ça!

Farfelue, explosive, présente

RAY: Jean-Claude, à toi de nous dire ce que tu penses de Nicole!

JEAN-CLAUDE: Avant, je voudrais expliquer quelque chose. J'ai connu d'autres personnes qui faisaient les mêmes études *rébarbatives*...   Voir page 42

NICOLE: Ce n'est pas ennuyeux, la médecine!

JEAN-CLAUDE: Rébarbatives par rapport à moi, si tu veux... Donc d'autres gens qui ne brillaient particulièrement ni par l'intelligence, ni par la lucidité. Ce n'est pas pour t'opposer à eux, ça serait un peu facile, mais simplement pour dire que tu arrives à *manier* assez bien, d'une part ce qui *ressort du* domaine scientifique... Tu as une certaine rigueur dans ta façon de penser, dans ta façon de te comporter, de ne pas aller à l'aveuglette, à l'aventure, de savoir ce que tu veux... par rationalisation.   Utiliser avec habileté
Qui appartient au

RAY: Par rationalisation?..

JEAN-CLAUDE: Oui, l'aspect rationnel, quoi! Plutôt que scientifique, je préfère dire rationnel. Et puis il y a l'autre aspect justement... Le mot fantaisie ne te va pas tellement, parce que *ça fait* un peu plume sur la tête, Casino de Paris... C'est pas tout à fait ça. Plutôt une certaine agilité, voilà! Je préfère agilité.   Ça fait penser à (*fam.*)

RAY: Comme un chat!

JEAN-CLAUDE: Oui, agilité. Voilà donc deux choses qui me paraissent assez difficiles à mettre ensemble, à intégrer. Mais tu arrives vraiment, je crois, à prendre les choses essentielles de l'un et l'autre aspect. Alors pour moi, c'est un compliment, c'est très, très bien. C'est assez formidable!

JOËL: Aïe!

RAY: Ce *aïe* n'a aucun rapport avec le compliment de Jean-Claude; il veut dire que Martine vient de donner un coup de pied à Joël...

MARTINE: Un coup de pouce, à peine!

JOËL: C'était pour signaler ma présence. Parce qu'on aurait risqué de m'oublier...
JEAN-CLAUDE: Personne ne t'oublie!
RAY: Pas de complexes, Joël! Alors, ton avis sur Nicole?
5 (*Joël n'a pas entendu*)
JEAN-CLAUDE: Il y a des centaines de lecteurs qui attendent ce que tu vas dire...
RAY: Comment, des centaines? Des centaines de milliers, j'espère!
10 JEAN-CLAUDE: Oh, pardon!
JOËL: Bon, alors moi je te vois, contrairement à ce que dit Jean-Claude, moins fantaisiste... C'est drôle, hein?
RAY: Joël, ne te laisse pas influencer... Ne la regarde pas!
JOËL: Oui, mais je la vois dans la glace... Elle prend pas mal
15 de trucs à la plaisanterie. Elle aime bien se moquer des autres... surtout quand ils sont en détresse, comme moi! Je pense qu'elle y prend plaisir. A part ça, tu es attirée par le mystère, comme *ta consoeur*.

Un confrère: qui exerce la même profession; consoeur: mot rare, ironique ici

RAY: Tu crois qu'elle fera un bon médecin?
20 JOËL: Je ne l'aurais pas vue médecin! Anesthésiste, oui. En tout cas, elle a le sens de l'humour!
RAY: Un peu dur de temps en temps, non?
JOËL: Non, pas sarcastique! Non, à mon avis, elle n'est pas du tout *incisive,* mordante. Je ne te vois pas dans la peau
25 d'une tigresse.

Coupante

RAY: Carolle, tu la vois dans la peau d'une tigresse?
CAROLLE: Non, moi je la vois un peu comme Jean-Claude: du charme, disons... quelque chose de charmant, quoi!
JOËL: Je *m'empresse de* dire qu'elle est charmante!

Voir page 364

30 RAY: C'est pas une raison pour toucher le micro, on va rien comprendre!
JOËL: Pardon!
CAROLLE: *Le naturel* qu'elle a, c'est quelque chose qui n'est pas tellement courant.

Sa façon très naturelle d'agir

35 RAY: Sans complexe?
CAROLLE: Je crois que non. Je ne sais pas... Ce naturel, ça implique un petit peu de simplicité, une façon de voir les choses qui est un peu la façon des enfants, une façon un peu poétisée, si on veut, et très, très spontanée.
40 RAY: Et sa camarade de chambre, Martine, qui la connaît si bien?
MARTINE: Pas de chambre vraiment.
RAY: D'appartement, pardon: ta camarade d'appartement.
MARTINE: Pour moi, Nicole, c'est très simple et très com-
45 pliqué. C'est un personnage très étudié... Elle s'est forgée,

elle est très *au point* et très forte. Elle a su faire la part de toutes choses en elle, enfin... établir un équilibre, mais un équilibre, disons, instable.

RAY: Elle a *du caractère,* en somme?

MARTINE: Oui, énormément! Et avec tout ça, elle a beaucoup d'humour, beaucoup de comique, beaucoup de fantaisie, au sens le plus large. Très *farfelue,* très explosive, très présente. C'est un mélange assez étonnant.

RAY: Nicole?

NICOLE: *Ouais*... Je préfère parler tout de suite de mes défauts... J'en ai un gros, c'est d'être superficielle.

RAY: Comment ça?

NICOLE: Comment ça? C'est-à-dire que je touche à tout... dispersion... J'essaie de lutter contre ça.

RAY: Tu touches à tout: ça veut dire que tout t'intéresse?

NICOLE: Oui, mais je me disperse, je ne sais pas me concentrer sur ce que je fais.

JOËL: Est-ce que tu aimes les Impressionnistes?

NICOLE: Pas spécialement... *Les éléphants,* oui, j'aime beaucoup les éléphants. J'en dessine beaucoup, des éléphants.

Elle est exactement ce qu'elle a voulu être

Voir page 304

Fantaisiste, inattendue

Oui (*fam.*). Marque le doute, l'embarras

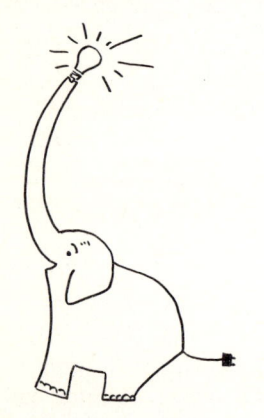

JOËL: Et la Tour Eiffel?

NICOLE: Je ne l'aime pas du tout. C'est rigide, c'est froid, c'est orgueilleux... C'est ennuyeux!

Controverses

1. «En fait, ce qui me fait peur, c'est peut-être de révéler trop de choses sur moi à travers ce que je dis des autres.» (Jean-Claude). As-tu l'impression qu'on peut apprendre beaucoup de choses (trop de choses?) sur toi en t'entendant parler des autres? Essaie d'être assez précis.

2. Penses-tu qu'on puisse vraiment juger quelqu'un en observant la pièce où vit cette personne?
   Prends un exemple: un(e) de tes ami(e)s, ou, pourquoi pas? toi-même.

3. La franchise poussée à l'extrême peut-elle devenir un défaut, comme le suggère Martine? Si tu as lu *Le Misanthrope,* de Molière, tu pourrais t'appuyer sur la pièce pour répondre à cette question.

4. Jusqu'à quel point est-il possible — et souhaitable — de trouver chez la même personne les deux traits de caractère suivants: fantaisie et aspect rationnel?

Applications

Expressions idiomatiques (295, 303, 364)

1. Un _____ jour, Jean-Claude a aperçu Nicole. Elle était au _____ _____ de la rue, en train de faire le _____. Il s'est approché d'elle et, comme ça, à _____, il lui a crié: «Tu ressembles à un _____ avec ta grosse moumoute! Qu'est-ce que tu fais là? — Je suis descendue pour acheter trois _____ chez le boucher. — Deux devraient suffire! — Pourquoi? — Tu oublies que tu en as déjà une sur ton balcon. — Celle-là est immangeable, elle est toute _____!» Alors, tous les deux ont pris _____ _____.

2. Invente cinq courts dialogues dans lesquels tu emploieras les expressions et mots suivants:

   - faire des singeries
     le fin du fin
     le lendemain
   - tomber à l'eau
     en grande surchauffe
     poêle

   - être dans le bain
     mettre sur la sellette
     génial
   - aller à l'aveuglette
     s'en sortir
     en sursaut

   - un beau jour
     tirer au sort
     ordures

Faux-amis (304)

1. Peux-tu citer le nom d'un personnage littéraire célèbre
   qui a du caractère?
   qui a bon caractère?
   qui a mauvais caractère? *Attention: ce n'est pas un jugement moral.*
   dont le principal trait de caractère est { l'orgueil?
                                              le désir de vengeance?
                                              l'humour?

2. Est-ce qu'il t'arrive souvent d'être de mauvais poil? La dernière fois, c'était quand? A quelle occasion? Raconte ce qui s'est passé en utilisant au moins trois des expressions idiomatiques rencontrées jusque-là.

92 *Entre Nous*

Quelques bons tuyaux (304)

1. Complète la phrase suivante de cinq façons différentes (cinq petits événements qui te sont arrivés cette semaine):
   - Il se trouve que ─────────────────────────────────.

2. Fais de même pour des choses, bonnes ou mauvaises, qui t'arrivent assez régulièrement:
   - Il m'arrive souvent de ─────────────────────────────.

3. En lisant ce chapitre, tu as certainement été frappé par certains traits de caractère de Nicole et de Martine. Donne ton avis sur cinq d'entre eux en utilisant les expressions suivantes (attention aux nuances que permettent ces expressions!):
   - J'ai l'impression que
   - Il faut dire que
   - Il faut avouer que
   - Je dois dire que
   - Il est évident que

C'est — Il est (305)

1. Sur le modèle *Parlons de Nicole,* parle des personnages suivants. Utilise chaque fois au moins trois termes, chaque fois différents.
   - ton camarade de chambre. Il est ─────────────────────
   - tes parents. Ils sont ──────────────────────────────
   - ta meilleure amie. Elle est ────────────────────────
   - les filles qui sont dans ta classe. Elles sont ─────────

2. — Ma meilleure amie est jolie.
   — Elle est jolie.

   Sur ce modèle, utilise chacun des adjectifs suivants, en adaptant, bien entendu, le sujet au sens de l'adjectif.
   - commode, farfelu, sympathique, faramineux, gratuit, vieillot, ahurissant, bousille, dégueulasse, fichu, pas mal

3. — Qu'est-ce que c'est?
   — C'est un flocon de neige.

   — Qui est-ce?
   — C'est Nicole.

   Sur l'un de ces deux modèles, utilise chacune des expressions suivantes. Pour les expressions au pluriel, emploie les deux formes possibles *dans la réponse.*
   - une arabesque — un croquis anatomique — une drôle de journée — un poêle à mazout — un carton d'ordures — des taches de rousseur — des appariteurs — un macchabée — mes bouquins

4. Sur le modèle « Geneviève... », page 305 transforme chacune des phrases suivantes. Attention au sens! Les quatre nuances sont-elles possibles chaque fois?
   - Le surnom de Martine est Tititoun.
   - La médecine n'est pas ennuyeuse.
   - La Tour Eiffel est ennuyeuse.
   - Les arabesques sur ce papier sont très jolies.
   - Le béton n'est pas l'idéal pour faire pousser du gazon!
   - L'ours est un animal sauvage.
   - L'ours et le coyote sont des animaux sauvages.
   - Un ours est très maladroit.

Ça (306)

1. Réponds négativement aux questions suivantes:
   Exemple:
   — La pluridisciplinarité, ça te dit quelque chose?
   — Non, ça ne me dit rien.
   - Ton compliment, ça rimait?
   - Le mot *surap*, ça veut dire quelque chose en français?
   - Si je te rends ton livre lundi, ça te va?
   - Si je te rends ton livre lundi, ça te convient?
   - Ça t'amuserait de ressembler à un ours?
   - Ça te plait, la neige?
   - Ça t'ennuie de descendre acheter du pain?
   - Une licence de socio, ça débouche sur quelque chose d'intéressant? (*rien*)
   - En général, un roman, ça rapporte beaucoup d'argent?
   - Une escalope pourrie, à quoi ça sert?
   - Comment ça se dévisse, ce rasoir?

2. Complète en utilisant des expressions contenant le mot *ça*.
   - Martine habite place Falguière, n'est-ce pas?
   - _____ !
   - _____, qu'est-ce que tu sais d'elle?
   - Je sais qu'elle aime les chats.
   - Comment le sais-tu?
   - C'est Jean-Claude qui l'a dit. En _____, elle est très franche, d'après Carolle.
   - _____ me paraît curieux parce que justement, les chats, c'est hypocrite!
   - C'est bien compliqué, _____ !

3. Enumère au moins quatre choses capables de te mettre de bonne humeur. N'oublie pas d'employer *de* chaque fois.
   - Pour moi, être de bonne humeur, ça dépend de...

**MAXIME SAURY.
HOMME DE JAZZ**
*Vous n'écoutez pas le même disque
avec la même oreille tous les jours!*

V

Une musique révélatrice

Présentation

« Dis-moi quelle musique tu préfères, je te dirai qui tu es... » Nos amis discutent de leurs goûts en musique classique, en jazz et en *pop music*. On pouvait s'en douter : c'est à propos du jazz et du *pop* que la discussion est la plus animée.

Pour le jazz, nous avons un expert en la personne de Maxim Saury, chef d'orchestre de jazz Nouvelle-Orléans et clarinettiste réputé. On discute tour à tour de la naissance du jazz, de la danse, des conditions de travail d'un musicien de jazz, de la façon d'écouter le jazz, de bien d'autres choses encore.

Et quand on arrive au *free jazz,* les choses s'obscurcissent... Peut-être seras-tu capable de les clarifier !

Le *pop* déchaîne les passions, comme on pouvait s'y attendre ; Joël est contre... et Martine explique comment elle avait d'abord pris les *Beatles* pour des joueurs de rugby.

Le sujet est repris à l'occasion de la visite du journaliste et cinéaste Philippe Labro (tu trouveras sa photo et quelques mots le concernant au début du chapitre suivant). On insiste sur la qualité de langage universel du *pop* et sur le fait que c'est l'un des éléments qui rapprochent le plus les jeunes provinciaux des jeunes parisiens.

Cependant, tu noteras un autre trait typique de cette « multiplicité » de la France que nous retrouverons encore souvent : comme le fait remarquer Labro, « La vérité musicale de la France », ce n'est pas Dylan, c'est *Marinella* (l'un des succès les plus sirupeux du vétéran Tino Rossi), c'est Enrico Macias (une jeune chanteur « conformiste »).

310

97

Musique classique et jazz

Fin novembre. Notre invité, Maxim Saury, habite à deux pas de chez Ray. On se réunit donc chez ce dernier.

RAY: J'ai lu quelque part que, ces dernières années, les compositeurs classiques ou romantiques venaient dans l'ordre suivant dans la faveur du public: Beethoven, Wagner, Mozart et Bach, Beethoven étant joué pratiquement deux fois plus que le second, Wagner. Alors pour vous, la musique classique, qui est-ce avant tout?
NICOLE: Pour moi, ça serait plutôt Bach et Beethoven.
CAROLLE: Chopin et Bach. Chopin nettement, avant tous.
JEAN-CLAUDE: Moi, je dirais Monteverdi et Wagner.
RAY: Vraiment, Monteverdi?
JEAN-CLAUDE: Oui et, à ce propos, je pense à ce qu'on avait dit des classiques il y a quelques semaines. Il se passe un tout petit peu pour Beethoven ce qui se passe pour Racine: *à force de* l'avoir entendu alors qu'on avait quinze ans, on finit par mieux aimer des gens comme Monteverdi par exemple, parce qu'on le découver soi-même.

    Du fait que (idée de répétition)

RAY: Tu l'as découvert comment, Monteverdi, par le disque ou par le concert?
JEAN-CLAUDE: Pas par le concert! Je ne crois plus maintenant qu'on découvre des auteurs et des compositeurs par les concerts, mais plutôt par la radio. *La modulation de fréquence,* par exemple, c'est quelque chose d'idéal pour découvrir des compositeurs peu connus.

    FM

RAY: C'est là que tu écoutes la plupart de la musique que tu aimes?
JEAN-CLAUDE: Oui, mais j'ai également beaucoup de disques.
RAY: Tu en as combien?
JEAN-CLAUDE: *Dans les* cent cinquante.

    Environ (*fam.*)

RAY: Joël, la musique classique?
JOËL: Je l'adore. Chopin, Bach en très petites quantités. Bach, je le préfère quand il est interprété dans les nouvelles versions de jazz.
RAY: Le play-bach, alors?
JOËL: Oui, celle des *Swingle Singers* ou celle de Jean-Christian Michel.
RAY: Ah, nous franchissons déjà la frontière entre la musique classique et «l'autre», disons, entre guillemets. As-tu découvert la plupart de ces compositeurs par le disque, par le concert, ou par la radio?

Une musique révélatrice 99

JOËL: Sûrement pas par la radio! Surtout par les disques.
RAY: Tu en as beaucoup?
JOËL: Pas des quantités astronomiques, mais mes parents adorent le classique, alors ça me permet de faire un choix parmi ce qu'ils écoutent.
RAY: C'est bien commode: c'est eux qui achètent, et c'est toi qui écoutes.
JOËL: D'autre part, j'emprunte à des copains...
NICOLE: Moi, je n'ai pas d'*électrophone,* alors j'enregistre des disques qu'on me prête sur mon magnétophone, ou bien j'enregistre des morceaux à la radio.   Phonographe, tourne-disque (masc.)
RAY: Et la qualité est suffisante?
NICOLE: Je n'ai pas les moyens d'être plus difficile!
RAY: Et toi, Carolle?
CAROLLE: Par disques, toujours par disques.
RAY: Certains écoutent la musique, classique ou non, en fond sonore tout en faisant autre chose...
NICOLE: Ah oui!
RAY: C'est ton cas, Nicole?
NICOLE: Ah oui, bien sûr, je travaille en musique.
RAY: Tu peux travailler en musique, même s'il y a des paroles sur la musique?

NICOLE: Non, un fond, un fond sonore seulement.
RAY: Mais, est-ce que tu écoutes cette musique?
NICOLE: Il faut que je la connaisse avant! Un disque nouveau, je suis obligée de l'écouter, je ne peux pas travailler dessus.
RAY: Tu fais comme ça également, Carolle?
CAROLLE: Non, je peux pas travailler avec de la musique. J'écoute la musique, et je ne travaille pas! Je lis, mais je comprends rien!
RAY: Mais tu comprends la musique?
CAROLLE: J'écoute la musique, oui, mais j'arrête de travailler.
RAY: Tu *récuses* l'expression «comprendre la musique»?   Voir page 32
CAROLLE: Je ne vois pas ce que vous voulez dire par «comprendre la musique»...
RAY: Précisément, je te tendais une perche pour savoir si, à

ton avis, la musique devait être comprise ou simplement sentie... ou peut-être qu'on peut trouver un autre verbe.

JEAN-CLAUDE: Sentie... peut-être *ressentie,* je pense que c'est le mieux, oui.

Nuance par rapport à sentir

JOËL: Moi, la seule musique que j'écoute quand je travaille, c'est de la musique assez douce, par exemple Django Reinhardt.

RAY: Nous sommes déjà en dehors du classique!

JOËL: J'adore la musique de jazz comme fond sonore et il m'arrive quelquefois, quand je n'ai plus d'inspiration, de me mettre les derniers *tubes* de *rhythm and blues.* Quand j'ai un creux dans la tête, il faut bien le remplir avec quelque chose!

Disques

RAY: Je remarque que chaque fois que je pose à Joël la question musique classique, il me répond jazz. Alors, c'est donc à lui que je m'adresse d'abord pour poser une question parallèle à celle du début. Comment réagis-tu à trois noms très célèbres du jazz: Duke Ellington, Ella Fitzgerald et Armstrong?

JOËL: Duke Ellington, c'est un peu comme Bach: en petites quantités; par contre, Ella Fitzgerald et Louis Armstrong, j'aime beaucoup quand je suis dans un fauteuil, en train de fumer.

RAY: C'est en somme pour la relaxation?

JOËL: Pas seulement! Par exemple, sans m'en rendre compte, je me mets à *tapoter* du pied... Je m'en aperçois après.

Frapper légèrement

RAY: Vis-à-vis des mêmes hommes de jazz, Nicole? La chanteuse Ella Fitzgerald, Louis Armstrong...

NICOLE: Pour moi, ce sont des classiques, c'est ceux que j'ai enregistrés depuis toujours et que j'écoute tout le temps.

Une musique révélatrice **101**

RAY: Donc, un peu par hasard, un peu parce qu'ils sont les plus célèbres, je suis tombé sur ceux que tu...
NICOLE: Ce sont ceux que j'ai connus le plus tôt, ceux que j'écoute en fond sonore justement.
5 CAROLLE: J'aime bien Louis Armstrong, c'est un peu un classique... mais les autres, je les aime pas beaucoup.
RAY: Tu as eu plus d'occasions d'entendre de la musique classique que du jazz, n'est-ce pas?
CAROLLE: Oui, j'aime mieux la musique classique de toute
10 façon, enfin... dans l'ensemble.
JEAN-CLAUDE: Moi, je répondrai plutôt aux trois noms cités: Coltrane, Archie Shepp et Albert Ayler. Pour moi, le vrai jazz, c'est surtout à partir de Coltrane. Pourquoi? Ah, c'est bien difficile de traduire la musique en mots...
15 On a l'air vraiment tout bête quand on parle de ça!
RAY: On va essayer quand même! Pour ça, je me tourne maintenant vers notre invité de ce soir, qui précisément est un « homme de jazz »; j'emploie exprès cette expression très vaste. Notre invité, c'est Maxim Saury, c'est à dire
20 quelqu'un qui, sur des rythmes de jazz, a fait danser, on pourrait dire... presque deux générations, n'est-ce pas, Maxim?
MAXIM SAURY: C'est pas gentil du tout, ça!
RAY: Pas gentil pour l'âge, peut-être, mais je crois que
25 comme accomplissement, ça compte tout de même. Je vais vous demander d'abord de vous situer de façon plus précise: qu'est-ce que vous êtes exactement?
M. SAURY: Eh bien, j'ai été élevé dans un contexte de musique classique. Ma grand'mère était concertiste; comme elle
30 avait suffisamment d'argent, elle ne donnait pas de concerts, elle jouait pour ses amis. Mon père était chef d'orchestre classique, ensuite chef d'orchestre de variétés, ayant connu l'âge d'or de la musique...
RAY: C'était aux environ de...?
35 M. SAURY: C'était aux environs de 1930–35, c'était le Casino de Paris, Mistinguett, Joséphine Baker, Maurice Chevalier... De cette ambiance musicale, je n'ai rien *tiré*...   Appris, conservé
parce que mon père ne voulait absolument pas que j'étudie la musique! Il avait le nez suffisament creux, si
40 l'on peut dire, pour se rendre compte qu'avec les progrès de l'électronique, il y aurait une crise épouvantable dans la profession musicale.
RAY: Mais à ce moment-là, le jazz existait aussi, bien entendu?
45 M. SAURY: Oui, mais le jazz pour moi n'a débuté que pendant la guerre. Nous étions coupés des États-Unis. C'est alors

en France que le jazz a connu son âge d'or. Il y a eu Django Reinhardt dont Joël a parlé tout à l'heure, ensuite d'autres noms, tels que Stéphane Grappelli qui, lui, était en Angleterre, mais le souvenir de Grappelli restait gravé dans la mémoire de tous les musiciens, comme Alix Combelle, qui habitait cette maison, Hubert Rostaing... Qui pourrais-je citer encore qui n'ait pas *sombré* dans l'oubli, ou l'alcool...

Disparu; en général pour un bateau

Django Reinhardt dominait cette génération par son talent. C'était des gens de grande qualité qui remplissaient la *Salle Pleyel* une fois par mois, et la Salle Pleyel fait deux mille huit cents personnes! Essayez de la remplir actuellement, la Salle Pleyel, avec du jazz — les plus grands noms du jazz — une fois par mois; ce n'est pas possible! C'était possible à l'époque parce qu'il y avait un manque. Nous étions coupés de la mère-patrie du jazz: les États-Unis.

Salle proche des Champs-Élysées

RAY: Et qu'est-ce que vous avez découvert dans Django Reinhardt... En d'autres termes, pour vous, qu'est-ce que c'est que le jazz?

M. SAURY: Eh bien, le jazz pour moi, c'est l'alliance du rythme (on en a parlé tout à l'heure) et de la mélodie, et si on parle de Duke Ellington, de la science de l'arrangement. C'est une musique qui est totalement différente de la musique classique, c'est l'opposé! Le jazz, c'est le *swing*. Si ça ne *swing* pas, ce n'est pas du jazz. Or, la musique classique ne *swing* pas...

RAY: Les Américains comprendront ce mot, bien entendu, mais...

M. SAURY: Balancer!

RAY: Balancer...

M. SAURY: Remuer. Un musicien classique pourra déchiffrer une partition de Duke Ellington avec tout ce qu'il a marqué dessus, sans *swinguer*. Or un musicien de jazz, même s'il ne sait pas lire cette partition, s'il l'apprend par cœur, il la *swinguera*... C'est là, le mystère du jazz!

RAY: En somme, ce n'est pas du tout un hasard si vous avez fait danser les gens?

M. SAURY: Ah, bien sûr que non, parce que je considère que la musique de jazz est une musique de danse. Evidemment, certains esprits chagrins diront: «Ce n'est que de la musique de danse.» Mais la musique, c'est la danse! Je crois qu'on danse avant qu'on sache parler. Le petit bonhomme, dès qu'il tient sur ses jambes, à l'audition de n'importe quel rythme, *esquissera* des pas de danse d'une façon naturelle...

Voir page 371

Le jazz, ça nourrit son homme?

RAY: Une question indiscrète: le jazz, ça nourrit son homme?

M. SAURY: Gagner de l'argent en jouant du jazz?... je crois que c'est encore plus dur que de... comment dirais-je, de faire des tableaux de la Vierge Marie sur les trottoirs en demandant quelques sous pour payer la craie et l'emplacement!

RAY: Vous pensez qu'il y a peu de *jazz men* qui gagnent vraiment bien leur vie?

M. SAURY: En France, on les compte sur les doigts. Le musicien qui impose son goût — si le public est content, tant mieux, s'il n'est pas content, tant pis — eh bien, je vous le dis, il n'y en a pas dix! Tous les autres, qui sont aussi de très bons musiciens de jazz, sont obligés, pour vivre, de jouer de la musique qui ne leur plaît pas. C'est ce que j'appelle de la musique alimentaire... Ils le font très bien, parce qu'ils ont du talent. Je peux me permettre de citer Martial Solal, qui est un pianiste merveilleux, qui a eu un trio sensationnel de réputation internationale, et qui, pour gagner sa vie, faisait les arrangements d'un orchestre français de *rock and roll* qui s'appelait *Les Chats sauvages*. Vous vous rendez compte!

RAY: Tous ces gens-là font de temps en temps, je pense, une *jam session* pour se faire plaisir?

M. SAURY: Les *jam sessions* en France marchent très, très peu, parce que chacun tire la couverture à soi, chacun essaie de faire mieux que le confrère. Ce n'est pas une ambiance qui permettra au talent de chacun de s'extérioriser au mieux.

JEAN-CLAUDE: J'ai une idée qui me vient brusquement à l'esprit, en entendant parler du jazz en France et des conditions dans lesquelles on peut y travailler. Il me semble qu'il y a une grande différence entre le jazz qui se fait aux États-Unis et le jazz qui se fait en France. Est-ce qu'on peut expliquer ça par les conditions qui sont offertes aux *jazz men*?

M. SAURY: D'abord, travailler, j'aime pas ça! Faire de la musique, c'est encore pire! On «joue de la musique», et quand on va jouer quelque part, on dit «je vais jouer», on ne dit pas «je vais travailler».

Aux U.S.A., il y a trop de musiciens de jazz par rapport aux offres de contrats, d'où *chômage*. Mais ces musiciens peuvent se produire, soit par goût, soit par nécessité, dans de bons orchestres commerciaux où ils se sentiront

Le fait de ne pas avoir de travail (masc.)

INSTRUMENTS À VENT

la flûte

la clarinette

le saxophone

le hautbois

la trompette

le cor

INSTRUMENTS À CORDES

Cordes frottées

le violon

le violoncelle

Cordes pincées

à manche   :   la guitare

sans manche :   la harpe

à clavier   :   le clavecin

Cordes frappées

le piano

La musique souvent me prend comme une mer.
                                                Baudelaire

Une musique révélatrice

relativement à l'aise. En France, c'est impossible : on est vedette de jazz ou rien du tout. Pas de milieu. D'autre part, de nombreux musiciens américains sont venus s'établir en France pour des raisons raciales... N'oublions pas que le Français aime beaucoup le trompette noir qui s'époumonne, avec ou sans talent !

La meilleure équivalence de *comfortable*

RAY: Lesquels parmi ceux-là — je veux dire ceux qui ont du talent — habitent actuellement Paris ?
M. SAURY: Il y a toujours Bill Coleman, Albert Nicolas qui a choisi la Suisse et la France comme pays de prédilection... Vous avez Don Byas, un excellent saxo-ténor qui est toujours *en vadrouille* entre Copenhague et Paris. Il y a Johnny Griffin, grand saxo-ténor américain... Tous des musiciens noirs ! Autrement dit, pour les musiciens de jazz américains, la France est actuellement *un havre* de paix. Ils ne gagnent pas des mille et des cents, mais ils peuvent s'extérioriser, ils peuvent s'exprimer. Mais — il y a un mais — c'est que je crois que *le terroir* des États-Unis est favorable à la création. Je pourrais vous citer des noms de gens qui ont un peu coupé les ponts avec la mère-patrie et qui jouent moins bien qu'avant, qui n'ont plus ce côté créateur, qui ne font en fait que se répéter, que se plagier eux-mêmes...

J'ai oublié de dire tout à l'heure, pour le jazz par rapport à la musique classique, que la différence était dans la création inventive de la mélodie d'abord, et dans la sélection rythmique ensuite. C'est une création du moment...

RAY: Mais alors, si on pousse cette idée à l'extrême, est-ce que chaque fois que nous entendons un disque de jazz, ça n'est pas quelque chose d'un peu anormal ?
M. SAURY: Ça a été fixé...
RAY: Une fois pour toutes !

En promenade (*pop.*)

Petit port

Au sens propre, la nature du sol

M. SAURY : Oui, mais c'est vous qui changez... Vous n'écoutez pas le même disque avec la même oreille tous les jours ! Il y a des disques qui ne vous plaisent pas à chaque heure de la journée. Par exemple j'aime beaucoup, quand je me lève, écouter Django Reinhardt ; ça, c'est une musique fraîche, vivante. J'adore la guitare, j'adore Stéphane Grappelli au violon, qui est un des rois du jazz. C'est une musique qui me détend. Ça me lave les oreilles. Moi, personnellement, Django Reinhardt m'évite d'employer des *boules O' Tip*.

JEAN-CLAUDE : Mais est-ce qu'on n'arrive pas quand même à quelque chose de plus absurde quand il s'agit du *free jazz* ? A partir du moment où ça devient fixé dans *la cire*, à ce moment-là, ça devient un peu faux.

M. SAURY : Il me sera difficile de vous suivre dans cette discussion sur le *free jazz,* parce que je ne le connais guère et que, disons, je ne le ressens pas.

RAY : Qu'est-ce que c'est que le *free jazz,* en fait ?

M. SAURY : Je crois que notre ami sera plus capable de le dire que moi !

JEAN-CLAUDE : C'est embarrassant... C'est quelque chose qui, au lieu de prendre le côté mélodie, arrangements sur la mélodie, dont on parlait tout à l'heure, essaierait peut-être de rechercher quelque chose au niveau des sonorités...

RAY : Alors, par opposition à ce *free jazz,* Maxim Saury, comment vous définissez-vous ?

M. SAURY : Je crois que, ce soir, il serait quand même plus décent de ne pas parler de ce que je joue... (*gestes de dénégation des participants*) mais si vous y tenez, j'estime qu'actuellement, sur le plan clarinette, — vous allez hurler ! — je suis le plus fort.

RAY : Techniquement ?

M. SAURY : La technique, ça ne veut rien dire, c'est un moyen d'expression, c'est tout. Non, j'estime être équilibré en moi-même... j'ai réalisé ce que je cherchais, c'est à dire les moyens d'expression à ma portée et un esprit créateur qui correspond à ce que je peux jouer... Vous me suivez ? Je ne suis pas le plus fort par rapport aux autres. Je ne me compare pas, on ne se compare pas ; on ne compare pas Berlioz à Wagner !

RAY : En somme, vous vous comparez seulement à vous-même ?

M. SAURY : Oui. Tout en me rattachant quand même à l'école classique du jazz Nouvelle-Orléans, à la période *swing*

Ou boules Quiès, qu'on met dans les oreilles pour atténuer les bruits. À l'origine, la matière dont étaient faits les disques

Une musique révélatrice 107

RAY: Spécialement à qui, au point de vue clarinette?
M. SAURY: Plusieurs maîtres: Barney Bigard, ancien clarinettiste de Duke Ellington, Sidney Bechet bien sûr, grand maître de l'instrument, et ce fameux Tony Scott, un grand
5 *escogriffe* calabrais-sicilien-américain, tout ce que vous voulez, qui a un tempérament *fou,* et quelle véhémence! On dit vulgairement, dans notre petit groupe, « envoyer la sauce », c'est à dire mettre les tripes, quoi!
RAY: Votre dernier disque, Maxim Saury, c'était...?
10 M. SAURY: Je préférerais qu'on ne parle pas de moi...
RAY: Pourquoi pas? Et d'abord, ça m'arrange pour ma transition! Parce que ce disque s'appelle *Religieusement vôtre.* Si je relie cela au fait qu'il y a peu de temps l'église Saint-Sulpice était pleine pour écouter Duke Ellington pré-
15 cisément, est-ce que ça ne veut pas dire quelque chose? Ces questions religieuses, comment les relie-t-on au jazz?
M. SAURY: Ça serait un petit peu long, mais c'est très, très beau comme histoire. Sidney Bechet, qui est un enfant de la Nouvelle-Orléans né à la fin du siècle dernier, me
20 disait: « Si je n'avais pas eu la possibilité d'écouter la musique religieuse et la musique des opéras italiens et français, le jazz ne serait pas né à la Nouvelle-Orléans.» Donc, influence de la musique religieuse extrêmement importante, surtout ce qu'on appelle le *negro spiritual*
25 qui a été au fond une façon à eux, les noirs, de raconter la Bible. Puisqu'ils ne savaient pas lire, ils ne pouvaient que retenir ce que les pasteurs leur racontaient et, aidés par une excellente mémoire, raconter l'histoire à leur tour, mais revue et corrigée par leur esprit, pas si naïf ni
30 enfantin qu'on le dit — naturel plutôt — et ils en ont fait des pièces merveilleuses de musique folklorique.
JOËL: Quelle est, à votre avis, la place de la voix dans le jazz?
M. SAURY: En fait, la voix, c'est le premier instrument:
35 celui qu'on porte en soi! Louis Armstrong, qui est un trompettiste extraordinaire par son invention, n'aurait pas été mondialement connu s'il n'avait pas chanté... On chante tout le temps, toute la journée, sous la douche, au petit coin, en travaillant, partout! Le musicien de
40 jazz, le vrai, c'est celui qui ne vit que pour ça, celui qui se lève le matin comme Béchet — il avait peut-être abusé des plaisirs de la nature la veille — et avant qu'il ne demande son petit déjeuner, il soufflait dans son instrument! Ces gens, même Ellington, ne s'intéressent qu'à
45 leur musique; ils n'ont pas le temps de penser à autre

Curieusement bâti
Énorme, considérable.
Voir page 364

chose. Béchet, le seul plaisir qu'il avait, c'était le champagne et les matchs de boxe. Ah ça, les matchs de boxe, c'était extraordinaire, ça le détendait... Mais, dès qu'il rentrait chez lui, il repensait à sa musique, qu'il ne savait
5 pas écrire pourtant! Seulement, quand il avait joué une phrase une fois, dix ans après il était capable de vous la rejouer!

RAY: Est-ce que c'est le cas de beaucoup de ces musiciens?

M. SAURY: Les jeunes musiciens maintenant savent tous lire
10 et écrire la musique, mais les anciens de la Nouvelle-Orléans, non. C'était des musiciens instinctifs, ils avaient donc une mémoire extraordinaire, comme un paysan de 1920 n'avait pas besoin de carnet pour noter ses rendez-vous! C'était gravé dans sa mémoire, dans son
15 esprit. Mais ce sont des gens, les musiciens de jazz... des gens tout d'une pièce, tant dans leur façon de se distraire que de jouer.

RAY: On pourrait dire, en somme, que la musique de jazz n'est pas favorable à la culture générale?

20 M. SAURY: Je serais assez d'accord, oui. La culture générale *nuit* à une spécialisation, quelle qu'elle soit...   Fait obstacle à

RAY: Et la drogue? Est-ce qu'il y a une relation automatique, à votre avis, entre la drogue et le *free jazz* dont on parlait tout à l'heure?

25 M. SAURY: Totalement, totalement!

RAY: Et par contre, aucune relation entre la drogue et le jazz tel que vous le concevez?

M. SAURY: Heu... Une drogue légère, marihuana, sûrement .... en a fumé toute sa vie. Il vaudrait mieux
30 quand même que ça reste dans notre cercle!

RAY: Bon, je mettrai des petits points à la place du nom!

M. SAURY: Toute habitude devient une drogue, vous savez, et, comme toutes les drogues, ça crée un lien... presque
35 familial. Un autre lien, c'est le langage. Les musiciens noirs de la grande époque avaient leur argot à eux, un argot merveilleux qui changeait tous les mois! Ce qui fait que, quand il y avait un *square,* un *gars* qui n'était pas de   Un garçon (*fam.*) leur bord et qui essayait de pénétrer dans leur petit
40 cercle, ils changeaient tout et le gars, en un mois, ne pouvait plus comprendre une conversation. A cette époque-là, ils se réunissaient énormément, comme nous ce soir, et ils appréciaient chaque minute de ces réunions.

45 JOËL: Comme nous, bien sûr!

M. SAURY: C'est là qu'il y avait des *jam sessions* qu'on ne retrouve plus guère maintenant, même aux États-Unis.

MARTINE: (*arrivée en retard, enfin installée*) — Précisément, je voudrais vous poser une question plus personnelle... Vous êtes un représentant du jazz première manière, c'est à dire du jazz Nouvelle-Orléans, et pourtant vous n'êtes pas de cette génération, vous n'êtes pas de la génération de Béchet...

M. SAURY: C'est exact. C'est une question très pertinente... C'est mon goût, c'est tout! Bien sûr, je ne pense pas qu'en 1970 je puisse jouer avec la même passion que quelqu'un qui a été merveilleux en 1928-30. Mais ce que j'aime, c'est son esprit, et avec cet esprit qui m'anime, c'est à dire le leur — qu'ils m'ont communiqué grâce au disque — je peux peut-être avec ma forme d'expression, mon talent s'il y en a, arriver à faire quelque chose d'original.

MARTINE: Oui...

RAY: En somme, vous vous séparez de la tendance dominante actuelle?

M. SAURY: La tendance dominante actuelle? Est-ce qu'il y a vraiment une tendance dominante?

JEAN-CLAUDE: Est-ce qu'on peut penser que la *pop music* est quelque chose d'uniquement commercial, ou bien l'une de ces tendances?

M. SAURY: Tout est commercial... A partir du moment où Duke Ellington remplit les salles de spectacle, où Duke Ellington joue à Saint-Sulpice et où on se bat pour avoir une place qui vaut deux mille francs au départ et qu'on la paye dix mille balles parce qu'on a envie de voir Duke Ellington, c'est commercial!

La *pop music,* c'est à dire ce que nous entendons actuellement à la radio, au départ n'était pas une musique commerciale puisque c'était un dérivé des chants noirs: leurs joies, leurs peines, leurs chants de travail. Ce sont les blancs qui ont repris ça, avec des sujets différents, des sujets propres à la jeunesse moderne à laquelle vous appartenez: par exemple le grand mythe, la grande réalité plutôt, de la bombe atomique. Je ne parle pas de la *pop music* d'Elvis Presley, bien sûr!

TOUS: Non!

M. SAURY: Bob Dylan plutôt. Ça n'a peut-être pas grande valeur sur le plan artistique, mais ça aura au moins une influence sociale. Bob Dylan, lui, n'est pas commercial, mais son *imprésario* l'est...

Le manager d'un artiste

pop

Ce soir, la conversation finit là, mais il est évident que le sujet n'est pas épuisé pour autant. Il est revenu sur le tapis au moins deux fois. La première, nous n'avions aucun invité. Le mot pop *a surgi, comme ça, dans la conversation. J'en ai profité pour essayer d'obtenir une définition...*

RAY: En fait, qu'est-ce que c'est, la *pop music?*
MARTINE: Pourquoi pas le *pop?*
RAY: Pourquoi pas? Qu'est-ce que vous dites, en général: le *pop?*
5 JEAN-CLAUDE: Oui, *pop.* On dit plutôt *pop.*
RAY: Tu *englobes* quoi, la-dedans?   Tu mets
JOËL: *Les cornes,* d'abord!   Popcorn
RAY: Oh, oh! Je mets une note en marge ou je laisse les Américains se *débrouiller* avec le jeu de mots?   Voir page 365
10 JOËL: Je reconnais que la plaisanterie n'est *pas fameuse,*   Pas très bonne
mais je suis sûr qu'ils comprendront!
RAY: On revient au *pop?*
JEAN-CLAUDE: Le *pop,* c'est un esprit, c'est presque un mode de vie...
15 JOËL: Le *popular art,* c'est l'art *rabaissé* au niveau de simples   Mis plus bas
objets qu'on trouve dans tous les magasins. C'est l'esthétique à son niveau le plus *vil,* le plus commercial.   Méprisable
C'est ça, le *popular art.* On le voit sur toutes les affiches, ça entre dans les chambres, il y en a...
20 RAY: Eh bien, comme condamnation!
JOËL: ... sur *les étiquettes* des pots de confiture, partout! Les couvercles des pots de confiture, ils sont *pop!*
RAY: Alors, c'est beaucoup plus que la musique?
MARTINE: Oh, oui!
25 JEAN-CLAUDE: On finirait presque par donner comme synonyme à *pop:* modernisme, ou un truc comme ça.
JOËL: Modernisme vulgaire!
RAY: Mais quand même, la musique?
JOËL: La *pop music, ça tient de tout,* ça tient du classique,   Voir page 359
30 des improvisations, des variations...
RAY: Mais est-ce que l'un des éléments du *pop* n'est pas justement qu'il est joué avec des instruments différents, nouveaux, électriques souvent?
JEAN-CLAUDE: Pas forcément! Il y a des groupes qui font
35 usage d'instruments incroyables! On peut employer des

termes techniques pour parler de la musique *pop*... bien sûr, on peut parler techniquement de n'importe quoi! Mais là, je ne crois pas qu'on puisse l'enfermer dans un certain nombre de données précises.

5 JOËL: Ce qu'il y a, c'est que la *pop music* s'est dispersée, ça s'étend partout.

JEAN-CLAUDE: Oui, ça rejoint très facilement le *free jazz*.

RAY: Est-ce que le groupe, l'interprète, est quelque chose de fondamental dans la *pop music*?

10 JOËL: Ça sert pour les grandes références, pour Bob Dylan, pour les *Beatles,* pour les *Rolling Stones,* mais c'est tout.

JEAN-CLAUDE: C'est simplement un point de *repère,* comme la gauche et la droite.   De référence

15 JOËL: Oui, c'est ça!

JEAN-CLAUDE: Bon, il y a un groupe qui est très connu: les *Chicago Transit Authority*... Personne ne sait qui le compose, *et on s'en fout!*   Voir page 363

RAY: C'est le fait qu'ils existent en tant que groupe qui
20 vous intéresse?

JEAN-CLAUDE: Oui, c'est ça.

RAY: Quels sont vos groupes préférés? Martine?

MARTINE: Moi, mon gros problème, c'est que ma jeunesse, je l'ai vécue avec les *Beatles* et puis, depuis quelque
25 temps, il se passe des choses... justement tous ces groupes américains, que pour la plupart j'ignore totalement!

RAY: Tu te sens un peu *en dehors du coup?*   Tu ne te sens plus concernée? (*fam.*)

MARTINE: Non, c'est pas ça, mais je ne sais pas comment ils s'appellent, je ne sais pas ce qu'ils chantent: je serais
30 vraiment incapable d'acheter un disque!

RAY: Les filles qui ont sept ou huit ans de moins que toi, est-ce qu'elles savent les noms de ces groupes?

MARTINE: Ah oui, je pense!

JEAN-CLAUDE: Il y a certains groupes qui sont assez connus
35 quand même...

RAY: Des noms! A part les *Chicago Transit Authority?*

JEAN-CLAUDE: Les *Led Zepplin.*

RAY: Ils sont venus récemment en France?

JEAN-CLAUDE: Oui, les *Chicago*... personne, à part quelques
40 initiés, ne les connaissait avant qu'ils passent à *l'Olympia,*   Célèbre music-hall
il y a sept ou huit mois, et puis d'un seul coup, du jour au lendemain, ils sont devenus des célébrités.

RAY: Et les *Led Zepplin?*

MARTINE: Ils sont venus deux ou trois mois après. Mais la
45 mode d'un groupe passe si vite!

RAY: Et pourtant, les *Beatles?*
JEAN-CLAUDE: Ils n'existent plus, c'est officiel!
RAY: Mais pourquoi ont-ils duré si longtemps?
MARTINE: Je pourrais évoquer un souvenir de jeunesse?
5 RAY: Évoque, évoque!

MARTINE: Pour moi, les *Beatles,* c'est toujours lié à mon premier séjour en Angleterre. C'était en... 63. Je me verrai toujours arriver dans une petite ville du Kent, à Sevenoaks... J'étais chez une correspondante qui avait un frère.
10 Son frère s'appelait Steven, et dans la chambre de ce garçon, il y avait ce qu'on a appelé par la suite des *posters.* Moi, j'appelais ça tout bêtement une affiche... Je n'arrivais pas à voir ce que ça représentait, il y avait des cheveux partout! A bien l'étudier, j'ai fini par
15 découvrir quatre têtes, quatre visages, et puis il y avait écrit *Beatles,* et alors, moi, je prononçais *Béatels...* Comme ils étaient quatre, j'étais convaincue que c'était, je ne sais pas, une équipe de rugby ou quelque chose de ce genre...
20 JEAN-CLAUDE: J'aime ta logique: comme ils étaient quatre...
MARTINE: J'ai pensé encore au tennis en double, et aussi à des boxeurs. Je me suis dit: «Bon, ça doit être des sportifs, des gros champions...» (*Rires*) quoi, je ne savais pas. Et puis, j'entendais toujours parler des *Beatles,*
25 mais ça ne pouvait pas être les mêmes que les *Béatels!* Le jour où j'ai entendu leur disque, et où j'ai fait le rapprochement avec l'affiche qui etait dans la chambre, alors là, j'étais ravie!
RAY: L'illumination?
30 MARTINE: Ah oui, je suis revenue en France complètement *dingue,* absolument enthousiasmée. C'était ma grosse   Folle (*pop.*) crise pour les *Beatles.* Ça ne m'a jamais quittée d'ailleurs!
RAY: Jean-Claude, tu les aimes aussi?

JEAN-CLAUDE: Beaucoup. Il est très dommage qu'ils aient arrêté, je trouve. Leur dernier disque était formidable!

L'Opinion de Philippe Labro

PHILIPPE LABRO: La *pop music,* c'est devenu un langage universel. Vous avez des gosses qui vont à des récitals
5 qu'on donne à l'Olympia, un soir où il y a des groupes américains ou anglais qui viennent à peine de *démarrer*... Comment les ont-ils connus? Ils n'achètent pas de journaux... Il est reconnu que cette catégorie de gens n'achètent pas de journaux quotidiens. Et de toute façon,
10 dans les journaux quotidiens, on ne parle pas de ça, ce qui est une erreur, bien sûr! Ils savent que les artistes arrivent, ils savent qu'ils vont être là, ils les connaissent... C'est extraordinaire! Il y a des courants, comme ça, qui sont de moins en moins souterrains. Il y a eu une
15 époque où tout ça était très *underground,* mais ça n'est plus le cas...

JEAN-CLAUDE: Je crois que ça s'explique par l'importance des firmes américaines qui lancent tous ces disques *pop.* On peut prendre l'exemple de CBS qui a lancé les
20 *Chicago Transit Authority*...

PH. LABRO: Oui, mais ce qui me semble évident, c'est qu'il y a un goût inné, actuellement, chez tout ce qui est jeune — ça va, je ne sais pas moi, jusqu'à trente cinq ans — en France et ailleurs, pour cette musique. Parce qu'elle est
25 nouvelle, parce qu'elle est une combinaison très habile de toutes les autres formes de musique populaire précédentes, le *jazz,* le *blues,* le *rock*... Plus, les emprunts évidents et avoués à la musique classique!

JOËL: Bach...

30 PH. LABRO: Et puis il y a autre chose: la réussite extraordinaire de jeunes gens qui vivent comme ils voulaient vivre, dans une liberté totale, avec un mépris extraordinaire de tout ce qu'on appelait autrefois *l'appareil.* Et ça compte beaucoup aussi comme image. Les *Beatles,*
35 les *Rolling Stones,* ce sont des groupes que l'on n'aime pas seulement pour leur musique, mais parce qu'ils sont une image, disons, de liberté... oui, c'est ça, de liberté.

RAY: Cette *pop music,* vous avez l'impression qu'elle a autant d'importance en province qu'à Paris?

40 PH. LABRO: Ecoutez, un jour, à Bourg-en-Bresse ou je ne sais où, dans un *bistrot* dégueulasse, j'entendais du Bob Dylan, et moi, n'est-ce pas, ça m'a fasciné! Mais ça ne

Voir page 370

La meilleure équivalence de *establishment*

Café (fam.)

veut pas dire, attention, ça ne veut pas dire que ça soit vraiment ce qui se joue et ce qu'on aime profondément en France. Parce que la vérité de la France, c'est l'accordéon; c'est ça la vérité! La vérité, c'est le tango du
5 samedi soir! *La vraie vérité* musicale de la France, ce n'est pas Dylan, c'est *Marinella*, c'est Enrico Macias!   Répétition volontaire et ironique

Controverses

1. La musique doit-elle être « comprise » ou « ressentie »? Sur ce sujet, Carolle n'a pas saisi la perche que je lui avais tendue. Saisis-la et donne ton avis.

2. Les noms des musiciens de jazz cités par nos amis sont-ils également ceux qui te viendraient à l'esprit? Compare leur goût avec le tien.

3. Il faut reconnaître que la définition du *pop* — et du *free jazz* — donnée par les membres du groupe, n'est pas très précise. As-tu les mêmes idées qu'eux sur l'un des deux sujets? Ou sur les deux?

4. « Les *Beatles*, les *Rolling Stones* sont une image de liberté ». Est-ce que cette image de liberté te semble un élément important dans la fascination que ces groupes exercent sur les jeunes?

5. « La technique, ça ne veut rien dire… Il faut mettre les tripes.» Discute cette opinion de Maxim Saury en l'appliquant à la forme artistique que tu préfères (musique, peinture, littérature, etc…).

6. « La culture générale nuit à une spécialisation, quelle qu'elle soit ». Sur ce sujet, mon avis est exactement l'inverse de celui de Maxim Saury. Ton propre avis?

Applications

Expressions idiomatiques (303 et 311)

1. • Il t'arrive parfois, je l'espère du moins, d'avoir le nez creux, peut-être même pendant la classe de français… Explique.
  • Dans cette classe, quel sujet revient le plus souvent sur le tapis?
  • Si tu t'arrêtes au beau milieu d'une phrase, sans savoir comment la finir, en général ton professeur te _____, n'est-ce pas?
  • Il existe parfois dans une classe (pas dans la tienne bien sûr!), un étudiant ou une étudiante qui aime bien tirer la couverture à soi. Peux-tu penser à l'un de ces cas et nous le raconter.
  • Depuis que tu es à l'université, as-tu coupé les ponts avec tes anciens camarades de *high school*?
  • A qui te fait penser la phrase suivante: « Il ne gagne pas des mille et des cents, mais il a l'air heureux »?

2. Un beau jour, tu décides de couper les ponts avec quelque chose, ou avec quelqu'un. Raconte.

Attention, mots difficiles (313)

1. Est-ce que tu es _____ sur la qualité du fond sonore quand tu travailles?
2. Décris brièvement les divers plans d'un tableau en utilisant, entre autres, les mots: homme, bonhomme, prêtre, pasteur, berger
3. • Un brave homme peut parfaitement être le contraire d'un homme brave. Donne un exemple.
   • «Quelle brave femme!» Devine ce qu'elle a fait pour qu'on parle d'elle en ces termes.
   • Peux-tu penser à un métier, autre que celui de musicien, qui en général ne nourrit pas son homme?
   • Une autre façon d'exprimer l'idée: «Ils ont dit oui tous ensemble»?
   • Invente un bref dialogue dont la dernière phrase soit: «Je suis ton homme!»
4. Et pour finir, un exercice de prononciation: l'exercice préféré de quelqu'un qui fut un acteur — et auteur — célèbre, Sacha Guitry.
   Prononce dix fois de suite, sans t'arrêter, *et en faisant la liaison après « je veux »* la phrase suivante:

   Je veux et j'exige.

   Ou du moins, essaie...

Fois-Temps (314)

1. Je
   _____ trois fois par jour.
   _____ trois fois par semaine.
   _____ trois fois par mois.
   _____ trois fois par an.

2. Je te le dis une fois pour toutes:
   ne _____! (4 réponses différentes, S.V.P.)

3. • Deux choses qu'il est possible de faire en même temps:
   — _____ et _____. (4 réponses différentes.)
   • Deux choses qu'il est absolument impossible de faire en même temps:
   — _____ et _____. (4 réponses différentes.)

4. Ce que tu peux dire à ton camarade de chambre à 7 heures du matin:
   «Il est temps de _____!»
   Même phrase: — à 10 h. du matin.
   — à midi.
   — à 3 h. de l'après-midi.
   — à 10 h. du soir.
   — à minuit.

116   *Entre Nous*

5. Complète cette (invraisemblable?) conversation avec ton camarade de chambre:
   — Il est 10 heures. Mon cours de français est à 11 heures. Je crois que _____ d'écouter un disque.
   — Tu peux vraiment écouter un disque et revoir ta leçon _____? Chaque chose en _____ voyons!
   — Tant pis pour la leçon! Si je ne perds pas _____, je peux écouter deux _____ *Let it be,* et manger un sandwich entre _____.
   — Je n'aime pas te voir perdre _____ à écouter les *Beatles!* Moi, j'aurais plutôt envie d'écouter du Bach...
   — Du Bach? Je n'ai _____!

Le passé composé des verbes avec *se* (315)

1. Mets toutes les phrases suivantes au passé composé:

   - Nicole
     - s'aperçoit de son erreur.
     - se sert de son tableau.
     - se moque de Joël.
     - se trompe quelquefois.

   - Jean-Claude et Joël
     - ne se disputent jamais.
     - s'efforcent de ne jamais se disputer.
     - se taisent.
     - s'avancent vers leurs amis.

   - Nicole et Martine
     - se lèvent vers huit heures.
     - se souviennent de leur journée d'hier.
     - ne s'ennuient jamais.
     - s'approchent de Joël.

2. Reprends toutes les phrases de l'exercice précédent en les faisant commencer par: Nicole et Jean-Claude...

   Attention: l'accord se fait ici de la même façon que pour un adjectif (Nicole et Jean-Claude sont grands).

3. Passé *composé,* SVP
   - C'est ce qui se fait de mieux.
   - Nos amis se divisent en deux camps: ceux qui aiment le *free jazz* et ceux qui ne l'aiment pas.
     Quel temps dans la deuxième partie de la phrase?
   - Les chansons qui se vendent le mieux ne sont pas toujours les meilleures.
     Cette phrase t'indique que chanson *est féminin. Comment?*
   - Les règles de l'art ne se définissent pas facilement.
   - Les rasoirs se dévissent rarement tout seuls.
     Pourquoi tout *et non* tous?
     Attention à la place de: *le mieux, facilement, rarement,* au passé composé. (359)

4. Une bonne occasion de vérifier le sens des verbes réfléchis ou réciproques suivants, que nous avons déjà rencontrés. Mets toutes ces phrases au passé composé :

- Carolle et Nicole
  - s'étirent sur leur chaise.
  - se pressent, parce qu'elles sont en retard. (*Attention!*)
  - se dépêchent, parce qu'elles sont en retard.
  - se présentent à l'examen.
  - s'attardent à la bibliothèque.
  - se maquillent longuement.

- Jean-Claude et Joël
  - se précipitent l'un vers l'autre.
  - se traînent vers l'électrophone.
  - se tutoient très vite.
  - s'aplatissent comme une carpette.
  - s'entassent dans le métro.
  - se mettent vite dans le bain.
  - se baladent après dîner.

- Les amoureux se pressent l'un contre l'autre.
- Les sandwichs se ramolissent facilement.
- Les musiciens qui se répètent trop perdent leur sens créateur. (*Attention!*)
- Ils se réunissent pour faire une *jam*.
- Elles se tournent vers moi.

5. Dans les phrases suivantes, la terminaison du participe passé est-elle correcte? Si elle ne l'est pas, modifie-la :
   - Les questions qu'elle s'est POSÉ sont graves.
   - Elles se sont MAQUILLÉ.
   - Elles se sont MAQUILLÉ les yeux.
   - Elles se sont DEMANDÉ ce que Joël voulait dire.
   - Elles se sont OFFERT deux belles entrecôtes.
   - Les entrecôtes qu'ils se sont OFFERT ne sont pas bien grosses.
   - Elle s'est APLATI les cheveux (masc.).
   - Elle s'est MIS de la crème sur la figure.
   - Le crème qu'elle s'est MIS sur la figure a vite disparu.

VI

JACQUES SICLIER. CRITIQUE DE
CINEMA ET DE TELEVISION
*C'est comme ça que j'ai vu les films de
Marlène quand j'étais gosse . . .*

PHILIPP LABRO. JOURNALISTE
ET REALISATEUR
*Cet Hollywood qu'on a beaucoup aimé,
mais que moi je ne peux plus sentir!*

Cinéma et télévision

Présentation

Dès qu'on parle de cinéma, les étudiants français se passionnent, tu le sais déjà par les confidences de Jean-Claude. Ce chapitre est peut-être l'un des plus typiques d'une conversation entre étudiants. Compare sur ce point l'attitude de Jean-Jacques, qui n'est pas étudiant, vers la fin du chapitre suivant.

Le film *Midnight Cowboy* (son titre français est *Macadam Cowboy,* du fait de l'occupation nocturne du cowboy dans la rue, sur le *macadam*) donne l'occasion de prises de positions très nettes, pour et contre, et d'une discussion typique du fond, mais aussi, plus surprenant pour les Américains, de la forme et même de la technique (gros plans, ralentis, etc...). Le film présentant un certain nombre de scènes de la vie à New-York, les réactions des membres du groupe, dont aucun ne connaît New-York, te donneront l'occasion d'apprendre avec quels yeux eux-mêmes voient les États-Unis.

Avec Jacques Siclier, critique de cinéma et de télévision, la soirée continue par une rapide discussion sur la crise d'Hollywood, puis sur l'état actuel du cinéma français.

On pouvait s'attendre à reparler cinéma — et nous n'y avons pas manqué — à l'occasion, quatre mois plus tard, de la visite de Philippe Labro, grand reporter, célèbre par sa « chronique » dans le *Journal du Dimanche,* et réalisateur du film *Tout peut arriver* (1969), dans lequel le héros, journaliste français comme Philippe, ayant comme lui fait ses études dans une université américaine, s'aperçoit à son retour en France que quelque chose a changé: lui-même? ou la France?

Tu auras d'ailleurs l'occasion de lire dans plusieurs autres chapitres *L'opinion de Philippe Labro*.

Au hasard de ce chapitre, tu trouveras les noms de vedettes de cinéma célèbres aux États-Unis (Jean Gabin) ou en France (Fernandel, un acteur comique mort tout récemment, Jean Marais, l'éternel jeune premier, Arletty, devenue célèbre grâce au film classique qu'est *Les Enfants du Paradis,* mais aussi les noms de quelques vedettes de théâtre (Victor Boucher, célèbre vers les années 30, Edwige Feuillère), à propos de la discussion d'une « pièce de boulevard », *Les Vignes du Seigneur,* quelque chose comme une comédie musicale de Broadway... sans la musique.

Enfin, Jacques Siclier étant aussi critique de télévision, la dernière partie du chapitre (*Les Incorruptibles,* oui, *Batman,* non!) t'apportera quelques lumières sur la télévision française dont l'organisation (c'est un monopole d'état) est très loin de celle de la télévision américaine.

Un petit vocabulaire du cinéma

— Sais-tu où ON JOUE *Midnight Cowboy* en ce moment?
— Au Vendôme, je crois.
— C'est UNE SALLE D'EXCLUSIVITÉ. Trop cher pour moi! On ne le joue pas dans UN CINÉMA DE QUARTIER?
— Sûrement pas, il vient juste de SORTIR en France! Laisse-moi vérifier dans la *Semaine de Paris*... C'est bien ça: au Vendôme, il est EN VERSION DOUBLÉE...
— Pas question! Je veux le voir EN VERSION ORIGINALE SOUS-TITRÉE.
— Alors il faut aller au Studio Publicis. Il y a UNE SÉANCE à huit heures. On y va?
— D'accord.

Devant le Studio Publicis
— A quelle heure est LE GRAND FILM, s'il vous plaît?
— A neuf heures moins vingt.
— Qu'est-ce qu'il y a EN PREMIÈRE PARTIE?
— LE DOCUMENTAIRE, LE DESSIN ANIMÉ, LES ACTUALITÉS (fém.) et puis cinq minutes d'ENTRACTE (masc.).

Pendant l'entracte
— Le documentaire était UN NAVET! (un très mauvais film)
— Tu as déjà vu DES COURTS MÉTRAGES intéressants, toi?
— Quelquefois, DES FILMS D'ART surtout...

Au début de Midnight Cowboy
— Tu sais le nom du RÉALISATEUR (metteur en scène)?
— John Schlesinger; c'est un Anglais, mais il A TOURNÉ LE FILM à New York je crois.
— Comment s'appelle l'acteur qui JOUE LE RÔLE du cowboy?
— Jon Voigt. Il est devenu UNE VEDETTE du jour au lendemain grâce à ce film...

Les voisins: — Silence, là-bas!

A la sortie
— Si c'est ça, l'Amérique...
— Tu n'as pas aimé le film?
— J'ai admiré le CHEF OPÉRATEUR (*celui qui dirige les opérations de la caméra*) c'est tout! Il y a eu quelques GROS-PLANS (masc.) (*close-ups*) quelques RALENTIS (masc.) (*mouvements plus lents qu'en réalité*) tout à fait remarquables. Pour le reste...
— Tiens! Moi, c'est ce que j'ai trouvé insupportable, justement, CE PARTI-PRIS D'ESTHÉTISME! Non, moi, ce qui m'a intéressé, c'est les relations entre les deux types et la façon dont...

Une belle discussion en perspective!

A propos de Midnight Cowboy

A la mi-novembre, les cinémas parisiens jouent Macadam Cowboy. *Bonne occasion pour parler de cinéma!*

RAY: Cette semaine, nous avons tous vu le même film, sauf Joël je crois. Un film américain d'ailleurs. Pourquoi celui-là plutôt qu'un autre? La première raison, c'est que probablement un grand nombre de nos amis américains auront vu ce film, qui a fait courir New York il y a un certain temps déjà. Entre parenthèses, j'avais couru avec tout New York! Je l'ai revu, je dois dire, dans une exécrable version doublée. La deuxième raison pour laquelle j'ai suggéré ce film, c'est que c'est un film de réalisateur, c'est à dire un film ayant une certaine personnalité, un film de John Schlesinger qui a fait entre autres... *Billy Liar, Darling,* quoi encore?

JOËL: *Far from the Madding Crowd...*

RAY: Merci! Et enfin ce *Midnight Cowboy,* pour lui donner son titre américain, *Macadam Cowboy* pour lui donner son titre français. La troisième raison, c'est qu'il a *mis en valeur* deux acteurs intéressants. Il nous a montré une deuxième fois Dustin Hoffman que nous avions déjà vu dans ce qui s'appelle en français *Le Lauréat,* et puis un nouvel acteur, Jon Voigt. La quatrième raison et peut-être la plus importante, c'est que ce film pose d'une certaine façon un problème que intéresse chacun de nous, le très vieux problème de la communication... Ah! J'allais oublier d'indiquer, ne serait-ce qu'en quelques mots, le sujet du film. Eh bien, voici une citation que je prends dans un article: « Les aventures d'un cowboy bien *baraqué* dans cette drôle de ville: New York. » Et ailleurs: « Pauvre lion de carnaval, le cowboy du macadam sera, comme dans la fable, sauvé par un rat, un rat auquel Dustin Hoffman — le plus grand acteur américain d'aujourd'hui — donne le visage admirable de l'amitié. » Ceci dit, j'aimerais avoir les impressions de ceux d'entre vous qui ont vu le film... Nicole?

NICOLE: Pour moi, c'est un film très dur mais très beau, parce que justement l'amitié... Le garçon est pur au départ...

RAY: Tu parles du personnage principal, du cowboy?

NICOLE: Oui, c'est très réaliste, très dur.

RAY: Peut-être faut-il souligner tout de suite l'espèce de paradoxe qu'il y a quand tu dis qu'il est pur, si on pense,

Permis de remarquer
—Voir page 292

Bien bâti, fort, épaules larges, etc... (*pop.*)

nous ne l'avons pas encore précisé, au fait qu'il vient du Texas pour une activité qui n'est pas exactement pure, qui est en fait celle de gigolo.

NICOLE: Oui, mais il est très naïf, et c'est dans sa naïveté qu'il est pur, justement.

RAY: En fait, tu as aimé ce film pour sa pureté?

NICOLE: Pour le personnage, pour l'amitié.

RAY: Carolle?

CAROLLE: En partie aussi je l'ai aimé pour ce côté, l'amitié de ce garçon... D'un autre côté, je ne l'ai pas tellement aimé parce que...

RAY: Parce que le sujet ne te concerne pas personnellement?

CAROLLE: Non, pas pour ça. Parce que ça me semble quelque chose de vraiment très, très *particulier* pour nous, cette histoire. Vous nous aviez dit que c'était un reflet de l'Amérique, mais... Alors en fait, j'espère que l'Amérique n'est pas comme ça! Vous aviez bien dit ça, non? — Spécial

RAY: Oui, mais peut-être qu'on devrait préciser de quelle Amérique il s'agit!

CAROLLE: C'est un reflet, mais vraiment très, très restreint, non?

RAY: C'est un certain reflet d'une certaine ville américaine: New York... Je me demande si tu as eu l'impression que ça pouvait également être le reflet de n'importe quelle grande ville, en Amérique ou ailleurs.

CAROLLE: Non, je ne crois pas. Enfin, du moins, je l'espère.

RAY: Par exemple, ça n'est pas du tout l'impression que tu pourrais avoir si c'était transféré à Paris?

CAROLLE: Non! Je ne peux pas imaginer New York comme ça. Ça me semble quelque chose d'incroyable, enfin! Je peux pas dire, j'y suis pas allée, mais ça me semble impossible.

MARTINE: Moi, je ne sais pas si j'aime ou si je n'aime pas, parce que c'est trop récent; mais ça m'a beaucoup *marquée*... — Impressionnée

RAY: Dans quel sens?

MARTINE: Ça bouleverse quand même assez. Il y a des images choquantes, pas choquantes dans le sens moralisateur ou quoi que ce soit, mais qui *heurtent*. Je ne m'attendais pas du tout à ça. C'est très différent des films d'esthète qu'on fait en ce moment. Et puis, finalement, je pense que c'est très *valable*. C'est une des choses qu'il fallait faire, dire, montrer, quoi! C'est tout. — Idée de choc

— Qui a de la valeur
Terme un peu snob

RAY: Est-ce que tu as eu la même réaction que Carolle? Est-ce que, si New York est comme ça, c'est une ville qui te fait peur?

MARTINE: Je n'ai pas l'impression que ça soit un reflet de New York particulièrement. C'est l'histoire de deux hommes, à vrai dire, et ça se produit n'importe où, je suppose. Pour moi, c'est pas spécialement américain.

RAY: Est-ce que ça te semble possible également dans un endroit différent, du genre petite ville ou campagne?

MARTINE: Non, peut-être moins.

RAY: Parce qu'il faut bien le préciser, le problème, c'est celui de la solitude et de la communication ou non, ce qui est une autre face du même sujet, n'est-ce pas? Comment le sens-tu, Jean-Claude?

JEAN-CLAUDE: Différemment.

RAY: Explique!

JEAN-CLAUDE: J'espère ne pas être le seul ici à refuser ce film... à cause de l'esthétisme dont parlait Martine. Au départ, il y a quand même quelque chose de pas mal dans ce film, non seulement sur la solitude, mais aussi sur l'illusion. Le rêve a beaucoup d'importance. Je trouve ça très beau, cette *chemise décorée de palmiers qui expriment le rêve de toute sa vie,* et que son ami lui met sur le corps, à la fin, sur son corps déjà mort... Ça c'est chouette! Mais je trouve vraiment que c'est un film dégueulasse, parce que tous les trucs esthétiques — *la fille qui court dans le pré au ralenti,* les tas d'images qui se succèdent à toute vitesse — ça me *gêne,* ça me semble tout à fait faux, destiné à *éblouir* des gens qui n'ont pas tellement l'habitude d'aller au cinéma et qui disent « Oh, c'est beau, qu'est-ce qu'il y a comme idées! » alors qu'en fait, il n'y a rien là-dedans, sauf deux ou trois *trucs!* Là, je suis volontairement méchant... car il y a par ailleurs des choses qui me plaisent dans ce film, il y a des choses très belles. Par exemple, par moments, il arrive à faire *peser très fort des regards.* J'aime beaucoup le moment où l'un des types retrouve l'autre... où le cowboy rencontre son ami un peu *paumé.* Ils se voient... le cowboy

M'embarrasse. Idée de désapprobation / Comme quand on a le soleil directement dans les yeux / Ici dans le sens de *gimmicks*

Faire sentir la force et le sens des regards Perdu (*pop.*)

a erré longtemps dans la ville et il est très triste à ce moment-là. Il y a deux regards qui se suivent. D'abord, ils sont contents de se retrouver: enfin le cowboy trouve quelqu'un dans la ville qu'il connaît! Et puis après, c'est le regard de haine, d'une haine un peu forcée, un peu de convention, parce que l'un se rappelle avoir été dupé par l'autre. Ce moment de l'échange des regards, je le trouve très beau, mais ça ne me semble pas compenser l'apparence un peu fausse de pas mal d'autres scènes.

RAY: Tu ne crois pas que New York, c'est comme ça?

JEAN-CLAUDE: Ah non, je ne juge pas le film par rapport à la réalité de New York! Je ne connais pas NewYork... Le seul rapport, c'est celui du film avec tout ce que j'ai pu voir avant. Je trouve que c'est des images qu'on voit partout et qui sont destinées à faire un effet qui est inutile. Maintenant, je ne crois pas que ce soit un film seulement par rapport à une ville... Il est certain qu'on pourrait très bien disserter sur le côté... enfin, marginal des deux types. L'un est étranger parce qu'il vient d'ailleurs, du Texas; l'autre est étranger parce qu'il vit dans un endroit qui va être détruit. Ce n'est pas un portrait de la ville, c'est un portrait des exilés de la ville...

RAY: Après cette première série d'impressions, je crois qu'on peut se tourner vers notre invité de ce soir. Notre invité de ce soir, c'est Jacques Siclier, qui a plusieurs cordes à son arc, entre autres, bien entendu, le cinéma. Jacques Siclier est critique de télévision au grand journal du soir *Le Monde*. Il a écrit également un certain nombre de livres importants sur le cinéma. Voyons, Jacques, le premier, c'était...

JACQUES SICLIER: *Le Mythe de la femme dans le cinéma américain.*

RAY: Ensuite, tu as fait quelque chose de semblable pour le cinéma français?

J. SICLIER: Oui, ça s'appelait *La Femme dans le cinéma français.* C'était pour démontrer qu'il n'y avait pas de mythe de la femme dans le cinéma français! Ça aurait besoin d'être remis en question maintenant.

RAY: Ensuite?

J. SICLIER: Ensuite, un petit ouvrage qui s'appelait *Images de la science-fiction,* au moment où la science-fiction est devenue réalité, c'est à dire au moment des spoutnicks, donc au moment où la science fiction a cessé d'être intéressante, parce que la réalité est devenue... J'ai fait ensuite un livre sur la Nouvelle Vague, qui s'appelait

Nouvelle Vague? avec un point d'interrogation, parce que c'était au début, au moment où le mouvement *s'amorçait.*

RAY: Alors, Jacques, j'aimerais te demander tout de suite à toi qui a vu le film, qui as entendu les réactions de nos amis ici: « *Partages-tu* certaines de ces réactions? »

J. SICLIER: Eh bien, je partage les réactions de ceux qui ne sont pas tellement d'accord avec le film... Mais il me semble qu'il faudrait *rappeler* d'abord qu'il y a depuis une dizaine d'années une rivalité entre Hollywood et New York, sur le plan du cinéma. Le cinéma hollywoodien, c'est bien sûr le cinéma de distraction, de spectacle, de superproduction, etc... On avait vu, à New York, *s'esquisser* un courant plus intellectuel, disons un cinéma social, pour schématiser. Un cinéma social qui s'est voulu, petit à petit, contestataire, c'est à dire qui *infirmait* les mythes qu'Hollywood développait. Alors, qu'est-ce qui se passe avec ce film? D'abord, il n'est pas fait par un Américain, il est fait par un Anglais, Schlesinger. Il est fait d'ailleurs dans le cadre d'une grosse production, *Les Artistes Associés,* mais c'est un film sur New York, la ville qui est le contraire d'Hollywood. Et alors, moi je crois que, s'il a choisi ce sujet, c'était au fond pour démystifier l'Amérique d'une certaine manière, parce que finalement, qu'est-ce qu'on nous montre de New York? On nous montre une ville inhumaine. Il y a le plan, dont personne n'a parlé, et qui est très beau d'ailleurs, du type, à un moment donné, *qui est étendu sur le trottoir.* Tout le monde passe autour et personne ne le regarde. Alors là, je crois qu'il y a déjà une intention symbolique très marquée: cette ville, elle est *épouvantable,* mais c'est parce que c'est New York! Je ne suis jamais allé à New York mais enfin, moi, ça me choque, je n'y vois pas une vision vraie de New York. Ça peut pas être aussi... j'allais dire aussi simple. Il y a donc un parti-pris de misérabilisme dans le sujet, c'est à dire de montrer des gens qui sont de vraies *épaves.* Ce type, qu'est-ce que c'est? Le cowboy qui vient à l'Est avec ses illusions. Bon, mais il arrive aussi avec l'idée de se prostituer, ça il faut le dire. Il est bête, il se fait *rouler,* les illusions tombent, le mythe de la grande ville *s'effondre.* D'ailleurs maintenant, on va vers l'Est, en Amérique, quand on est contestataire! Et puis la rencontre avec cet autre type, qui est un Italien... Donc, ils sont tous les deux étrangers dans cette ville qui est la ville des émigrants, le symbole de l'Amérique. Comme par

Voir page 371

Es-tu d'accord avec

Redire une chose que tu sais déjà

Voir page 371

Refusait

Effrayante

Comme des objets abandonnés par tous (fém.)

L'autre le trompe
Disparaît brutalement

hasard, ce type est tuberculeux, boiteux je crois bien...
RAY: Oui, boiteux...

J. SICLIER: ... Italien et *escroc!* Les épaves-types. Il s'établit entre eux *des rapports d'amitié.* Ça, à mon avis, c'est le côté le plus intéressant du film. Ces êtres, au fond *déchus,* on ne sait pas très bien ce qu'il y a entre eux, mais il y a un lien. Alors, effectivement, la communication! Tout ça fait un choc, c'est certain, parce que c'est une vision assez rude et assez noire des choses et qu'au fond on n'en a pas l'habitude dans le cinéma américain. On voit souvent des films violents, mais pas de cette façon-là: ici on découvre brusquement une réalité sociale. Moi d'ailleurs, ce qui m'intéresserait, c'est de savoir ce qu'en pensent les New Yorkais parce qu'ici, pour nous, qu'est-ce que c'est, tout ça? C'est quand même un petit peu du folklore...

> Qui vole en exploitant la bonne foi des gens Qui ont perdu toute dignité. Terme un peu littéraire

RAY: Il *s'y sont précipités,* les New Yorkais!

> Voir page 364

J. SICLIER: Si on abandonne les idées pour parler de l'esthétique, il y a dans ce truc une recherche fort belle... mais absolument inutile. Si on pense à ce qu'ont été les films qu'on appelait *new yorkais,* ceux de Shirley Clarke, en remontant plus loin *Le Petit Fugitif,* Rogosin qui nous montrait le Bowery, etc... C'était la réalité prise sur le vif. Or, tout ça, c'était en même temps du cinéma. Schlesinger, c'est pas n'importe qui, mais c'est une de ces espèces d'esthètes anglais, *teinté d'*intellectualisme... On sait bien comment ça se passe, le cinéma anglais en ce moment! Moi, je trouve pas ça sincère! C'est vraiment au niveau...

> Légèrement coloré d'

RAY: Du pittoresque?

J. SICLIER: Oui, j'oserais dire du pittoresque! Il y a quelque chose d'artificiel là-dedans.

RAY: Nicole, j'ai l'impression que tu n'es pas tout à fait d'accord avec ce que vient de dire Jacques Siclier?

NICOLE: Moi, je trouve que ce film pourrait se passer dans n'importe quelle grande ville, Paris particulièrement. C'est le problème du provincial qui débarque dans la grand ville, avec ses idées fausses, et qui se trouve seul, qui a des contacts avec les premiers venus. En fait, il rencontre des épaves. Je ne vois pas ce qu'il y a de superficiel là-dedans.

MARTINE: Moi non plus! Le fait que vous disiez superficiel, finalement...

J. SICLIER: Non, je dis *artificiel* et je parlais de la forme plutôt que du fond.

RAY: Joël?

JOËL: Je voudrais faire remarquer que les problème traités ici sont des problèmes très actuels. Les gens aiment en général se donner une certaine apparence d'intellec-
5 tualité, en allant voir des films qui traitent de ces problèmes. Ça peut faire bien de dire qu'on l'a vu, ça peut donner une sorte d'autosatisfaction, mais dans le fond, ce film est traité avec un conformisme assez terrible pour le réalisateur. Pourquoi? Parce qu'il doit quand
10 même satisfaire un public nombreux, et ces images choquantes sont conformistes dans le sens où elles reprennent des trucs, si je peux employer le mot truc, qui avaient été employés auparavant avec beaucoup plus de vigueur.

15 RAY: Tu penses à un film particulier?

JOËL: Je pense au film anglais *If*. C'était à peu près la même chose, c'était *truffé de* symboles très faciles à comprendre.

RAY: Trop faciles?

20 JOËL: C'est évident!

JEAN-CLAUDE: Oui, trop faciles, ils signifient plus rien, à partir d'un certain moment.

J. SICLIER: Je serais assez d'accord, effectivement. Je serais d'ailleurs plus sévère pour *If* que pour *Macadam Cow-*
25 *boy*.

JEAN-CLAUDE: Ils ne diffèrent pas vraiment, à mon avis.

J. SICLIER: C'est une manière, alors là carrément, de commercialiser les problèmes, les révoltes des étudiants. Chez Schlesinger, c'est peut-être pas aussi systématique, mais
30 le fait qu'il se rattache au cinéma anglais, moi j'insiste là-dessus. J'ai pas l'impression qu'un Américain, traitant ce sujet, l'aurait traité de la même manière. Ç'aurait peut-être été plus dépouillé, et c'est un très beau sujet. Vraiment là, je suis d'accord avec Martine...

35 RAY: Nicole!

J. SICLIER: Nicole, pardon! A propos de symboles, j'ai vu écrit quelque part que, quand il jette son costume de cowboy à la poubelle, c'est qu'il a dépouillé le vieil homme. Bon, alors, des symboles qui sont si facilement
40 déchiffrables, moi j'avoue que ça me gêne un peu. Maintenant, tout le monde ne voit pas forcément tout ça... Il y a quand même le fait qu'on veut voir traités au cinéma des sujets qui ont des rapports avec la vie moderne. On en a vraiment un peu assez, à moins de
45 tomber dans l'univers des comédies musicales dont on

Rempli de (*fam.*). Une truffe: champignon souterrain très apprécié

sait que c'est du divertissement, de voir des films qui sont hors du temps. On a envie, au fond, d'un cinéma de la réalité, qui soit *en prise* sur les problèmes de l'époque.

Voir page 323

MARTINE: Moi, j'aimerais dire quelque chose. Il me semble
5 que ce que vous refusez, en fait, c'est le film dans sa forme, dans ses images.

J. SICLIER: Oui, je trouve que le sujet n'est pas traité comme il faudrait qu'il soit traité!

MARTINE: Bon, parce que moi, il me semble que de toute
10 façon, quand on a quelque chose à dire, simplement à dire, on l'écrit... On fait un essai, mais on n'en fait pas un film. Donc, tous ces effets cinématographiques que vous n'appréciez pas, il me semble que, au point de vue cinéma, ils sont pratiquement nécessaires, indispensables.

15 RAY: Ou, du moins, Schlesinger les a cru indispensables.

MARTINE: Mais je crois que justement, le cinéma, c'est de l'image, c'est pas simplement une histoire à raconter. Le cinéma, c'est un composé et *de ce qu'on voit et de ce qu'on dit*. Donc, il faut qu'il y ait des effets d'images,

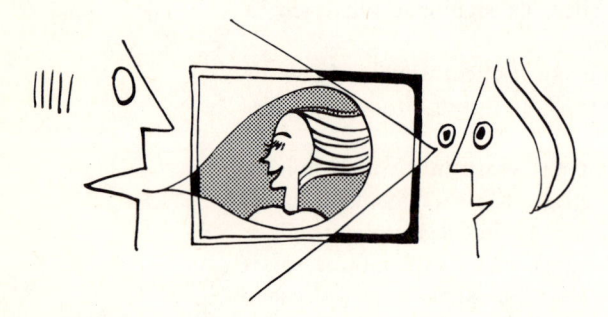

20 qu'il y ait des retours en arrière, du lyrisme, des filles, des envolées de cheveux...

JEAN-CLAUDE: Mais une idée, elle peut-être exprimée avec des tas d'images différentes, et je crois qu'on a tout à fait le droit, par rapport à cela, de trouver que certaines
25 images de ce film sont très mauvaises, simplement parce que, par rapport à un scénario donné ou à une intention du metteur en scène, aucune image n'est nécessaire. En fait, il y a le choix d'une illustration, et on peut juger un choix ou les raisons d'un choix.

30 RAY: En somme, ce choix, tu le condamnes, Jean-Claude. Par contre, pour toi Martine, la forme te semble adéquate au fond, n'est-ce pas?

MARTINE: Oui, dans l'ensemble oui, c'est ça!

Cinéma et télévision

L'Opinion de Philippe Labro

PHILIPPE LABRO: Moi, j'ai beaucoup aimé ce film. Il y a beaucoup de gens qui disent que c'est un film putain. Il y a de ça, mais profondément, ce qui m'a plu d'abord, c'est la vision d'une certaine Amérique, de la ville
5 américaine, le soir, dans sa solitude, dans sa détresse, sa turpitude, sa violence, sa beauté... parce que je trouve ça beau! Et puis ce sont les rapports des deux personnages qui m'ont intéressé, moi. Ce qui est intéressant à noter, c'est que ce n'est pas un Américain qui l'a fait...

10 RAY: Ça, c'est curieux: ce que vous venez de dire constitue une sorte de synthèse de l'ensemble des choses que nous avions dites...

PH. LABRO: Moi, ça m'a ému, ça m'a bougé, ça m'a vraiment bouleversé par moment. C'est évidemment pas la
15 réalité, parce que le cinéma, c'est pas la réalité; le cinéma c'est une interprétation de la vie, c'est pas la vie!

RAY: Est-ce que ce film vous semble représenter réellement certains éléments de New York et de certaines grandes villes américaines?

20 PH. LABRO: Ah, absolument, absolument! Les hommes seuls à New York, ça existe. Ces personnages *à la limite du* clochard à la Charlie Chaplin... Cette espèce d'indifférence un peu brutale qui est montrée au début, la rue avec les gens qui passent devant un type qui est
25 allongé sur le trottoir, bon, c'est un cliché, c'est une banalité, mais ça existe! New York, la nuit, photographiée par le chef opérateur de ce film, c'est comme ça que je le sens, moi aussi.

Ressemblant beaucoup au

Du cinéma américain au cinéma français

RAY: Si on disait maintenant un mot du cinéma américain?
30 JACQUES SICLIER: Comme tous les gens qui sont passés par *Les Cahiers du cinéma,* j'ai grandi dans l'admiration du cinéma américain. Mais je trouve qu'il y a une décadence terrible d'Hollywood actuellement, qui fait qu'on *glisse* à une *surenchère* de tous les effets. Quand on fait un
35 western aujourd'hui — je pense à *La Horde sauvage* de Sam Peckinpah — c'est la boucherie! Plus il y a de sang, plus on dit que c'est beau! Je pense aussi à un film à suspense, je ne sais pas le titre américain, on appelle ça

On va progressivement vers une augmentation régulière. Voir page 349

La Boîte à chats en français. C'est l'histoire d'un type qui, pour se venger d'une femme qui l'a *laissé tomber*, lui enlève le bébé qu'elle a eu avec son second mari et enferme le bébé dans une boîte à chats, drogué, et le promène pendant presque une heure et demie dans le film!

Tous les genres dans lesquels Hollywood s'est illustré, que ce soit les westerns ou les autres, sont en train de tomber à ce niveau. Les comédies musicales... Bon, il y a le truc, là... *Sweet Charity:* je trouve ça dégueulasse! Enfin, dégueulasse, non... c'est bien fait, il y a des chansons, mais enfin c'est vraiment l'agonie de la comédie musicale. Les films s'allongent, sont de plus en plus luxueux, et on a l'impression qu'on s'adresse à des spectateurs dont les sens sont complètement *émoussés*. Hollywood en ce moment, c'est ça!

RAY: Est-ce qu'il te semble qu'en Amérique, en dehors d'Hollywood, il y a tout de même une série de réalisateurs?

J. SICLIER: Il y a des réalisateurs intéressants même à Hollywood, mais c'est les vieux, c'est le père Ford, c'est les survivants... Ils ne tournent plus beaucoup d'ailleurs, tous ceux là. Sinon, évidemment, il y a des gens comme Cassavetes qui, lui, se rattache à l'école new yorkaise, des cinéastes indépendants qui ont cherché à sortir du système. Mais à l'intérieur du système d'Hollywood, qui avait donné des résultats extrêmement brillants, on n'a plus... Enfin, à mon sens. Est-ce que vous découvrez des choses, vous?

JEAN-CLAUDE: C'est fini depuis cinq ans.

J. SICLIER: Voilà, exactement.

RAY: Est-ce que c'est seulement depuis cinq ans? Est-ce que vraiment, avant...?

JEAN-CLAUDE: Oui, c'est net que c'est fini. Justement, comme le disait Jacques Siclier, les seuls films vraiment valables qui restent, par exemple *Eldorado,* qui est vraiment bien *foutu,* sont faits par des *vétérans* qui tournent depuis des dizaines d'années. Parmi les types nouveaux, il y en a peu qui soient intéressants.

RAY: Il est vrai qu'on ne les voit pas tellement, tellement, en France, mais il serait faux de dire qu'il n'y a personne d'intéressant parmi la nouvelle école new yorkaise. A part Cassavetes...

MARTINE: Polanski?

J. SICLIER: Polanski, tiens, oui, on n'en a pas parlé! *Rosemary's Baby,* c'est aussi une vision de l'Amérique par un euro-

---

Voir page 358

Sans force

Voir page 363/Anciens. A *parfois* le sens américain

péen, avec tous les trucs, toute la mythologie personnelle de Polanski, émigré polonais, etc... Polanski, moi, je trouve qu'il avait beaucoup plus de talent quand il était en Pologne...

5 JEAN-CLAUDE: Oui, c'est vrai, c'est dommage qu'on ne connaisse pas tellement *Le Couteau dans l'eau*.

J. SICLIER: Ah, *Le Couteau dans l'eau,* c'est un truc admirable!

RAY: Et vis-à-vis du cinéma français, Jacques, est-ce que
10 tu es aussi sévère?

J. SICLIER: Ça dépend ... Par exemple, j'aime bien le dernier Truffaut, *Domicile conjugal,* qui termine l'histoire d'Antoine Doinel, commencée avec *Les Quatre cents coups,* poursuivie avec un sketch de *L'Amour à vingt ans* et
15 *Baisers volés.* Antoine Doinel (interprété par Jean-Pierre Léaud) c'est, en somme, le « double » de Truffaut et il y a dans tous ces films un ton très personnel, une sensibilité très caractéristique (c'est, en partie, autobiographique). C'est le monde de Truffaut à l'état pur mais,
20 avant *Domicile conjugal,* il a réalisé *L'Enfant sauvage* qui est peut-être son plus beau film. Reste que Truffaut, comme Chabrol, ne s'intéresse pratiquement pas à la réalité du temps présent.

RAY: Alors, Chabrol justement?

25 J. SICLIER: Oui, Chabrol... avec *Que la bête meure* et aussi *Le Boucher, La Rupture.* Mais alors, Truffaut et Chabrol, c'est des gens qui sont montés il y a dix ans et qui sont maintenant... Chabrol fait un peu une carrière comme en a fait Hitchcock, mais enfin ils sont... J'allais dire
30 qu'ils sont déjà d'une autre génération, c'est peut-être un peu *rosse!* Mais on n'a pas aujourd'hui cet *éclatement de talents* — je me demande si c'est pas général d'ailleurs — qu'on a connu vers 1958–59.

RAY: Au moment de la Nouvelle Vague justement.

35 J. SICLIER: Oui, la Nouvelle Vague est arrivée dans tous les pays en même temps. Mais il n'y a pas de nouvelle Nouvelle Vague. Si, un peu, dans le cinéma de l'est, les Hongrois, les Tchèques...

JEAN-CLAUDE: Ce qui se passe, je crois, c'est que quelques
40 personnes, quelques individualités arrivent à s'en sortir. Je pense à...

RAY: A qui?

JEAN-CLAUDE: A Glauber Rocha, qui est brésilien... je pense à Jancso, qui est hongrois. Ils arrivent à faire des choses,
45 mais à partir de certaines données, d'un certain style

Méchant (*fam.*)

134 *Entre Nous*

qui tient à leur pays, parce qu'il y a un cinéma hongrois global, un cinéma brésilien également. Ils arrivent peut-être à faire quelque chose, sinon de neuf, tout au moins de personnel.

J. SICLIER: Pour changer un peu de sujet, et puisqu'on parle de films étrangers, on devrait bien les présenter en version originale sous-titrée! Or c'est le contraire qu'on fait! Il y a des gens qui disent: «On ne peut pas lire les sous-titres, on comprend rien...» Bien sûr, il y a un tout petit effort à faire, mais c'est un apprentissage de rien du tout. Seulement, je trouve ça tellement *ignoble* qu'on [Abject] entende parler les gens avec des voix qui ne sont pas les leurs! J'ai expliqué ça une fois à quelqu'un qui n'y avait jamais réfléchi; j'ai dit: «Ecoutez, avez-vous pensé à *ce que donnerait* un film français doublé? doublé par [Quel serait le résultat d'] des acteurs étrangers? — Ah ben, non...» Eh bien, j'ai vu une fois — oh, c'était pas un bon film, peu importe — un film avec Jean Marais et Roberto Benzi, où Jean Marais était un chef d'orchestre alcoolique que son fils, Roberto, régénérait. Je me trouvais en Allemagne avec des amis qui me disent: «Tiens, on va aller le voir.» C'était doublé en allemand, parce qu'en Allemagne tout est doublé. Jean Marais a une voix très caractéristique, donc là, je pouvais faire la différence... C'était *invraisem-* [Incroyable] *blable,* enfin! Moi, j'étais plié en deux de rire. Imaginez Arletty... sans la voix d'Arletty, qu'est-ce que ça doit pouvoir donner! Alors, dans les films américains, c'est *les* mêmes *bonnes femmes* tout le temps, moi je les [Voir page 314] reconnais. Je dis: «Tiens, voilà Claire Guibert...» Les *types,* c'est pareil. Il y a, comme ça, toute une équipe [Les hommes (*fam.*)] de doubleurs, qui font ça consciencieusement d'ailleurs, mais...

RAY: L'expérience que tu indiques pour un film, figure-toi que je l'ai très souvent aux États-Unis quand je vois un film français. J'ai eu le plaisir, si j'ose dire, d'entendre Fernandel parler anglais... c'était assez curieux; Gabin également... (*Silence*). Et le documentaire qui nous est imposé en général avant le grand film, qu'est-ce que vous en pensez?

NICOLE: Je voulais en parler justement.

RAY: Tu voulais en parler... *en tant que* chose ennuyeuse? [Comme d'une]

NICOLE: Non, en tant que chose intéressante.

RAY: Par exemple, est-ce que tu en as certains en tête?

NICOLE: Non... oui, le documentaire de *Z!*

RAY: ... qui était programmé en même temps que le film *Z?*

NICOLE: Oui.
RAY: Qu'est-ce que c'était déjà? Je l'ai vu mais...
NICOLE: C'était une poésie.
JEAN-CLAUDE: Une poésie de Vigny? T'as trouvé ça beau?
5 NICOLE: Ah oui, j'ai trouvé ça beau.
JEAN-CLAUDE: Oh la, la, moi je trouve ça horrible!
J. SICLIER: Soit il y a un documentaire marrant, soit il faut arriver à l'heure du film, téléphoner avant en disant: à quelle heure le grand film?
10 MARTINE: Justement, d'où vient le fait qu'avant chaque film, il y a un documentaire?
J. SICLIER: Ça tient aux conditions d'exploitation. Avant la guerre, il y a eu une période merveilleuse, que j'ai connue quand j'étais *môme:* c'était le double programme... Vous
15 ne savez pas ce que c'était, vous autres.

Voir page 350

RAY: Les Américains sauront de quoi nous parlons puisqu'eux l'ont presque constamment.
J. SICLIER: Alors à ce moment-là, les séances de cinéma duraient plus de trois heures, puisqu'il y avait quand
20 même les actualités en plus, et un entr'acte. Et on avait deux films, deux grands films! On en avait un avant l'entr'acte et un après, et il arrivait très souvent qu'en plus du film que je tenais à voir, il y ait par exemple, en deuxième partie, un film américain auquel je n'avais pas
25 songé et que je découvrais. C'est comme ça que j'ai vu les *films de Marlène quand j'étais gosse,* ou toutes les comédies américaines avec Clark Gable, Claudette Colbert, Cary Grant et Gary Cooper, que je ne serais pas allé voir *de moi-même.* Ça accompagnait aussi bien

De ma propre initiative

30 *Le Train de 8 h. 47* que *Marius* ou *Fanny* de Pagnol, ou des choses comme ça. C'était vraiment formidable!
RAY: Ça n'existe plus en France à l'heure actuelle?
J. SICLIER: Non, ça a disparu pendant l'occupation allemande, sous le *gouvernement de Vichy* pour des raisons...

Dirigé par le maréchal Pétain, 1940-1944

35 je ne sais pas lesquelles. Toujours est-il qu'à ce moment là, on a remplacé systématiquement le grand film d'avant l'entr'acte par un documentaire. Et ça a été quand même important dans la mesure où ça a donné naissance à ce qu'on a appelé le film d'art. Les films sur la peinture
40 et tout ça, les premiers films de Resnais par exemple.
RAY: Seulement, pour quelques bons courts métrages, combien de navets!
J. SICLIER: Mais ce que je voulais dire, c'est que finalement tous les gens qui s'étaient essayés au court métrage ont
45 réussi à faire de grands films et sont devenus alors des

réalisateurs à part entière. L'école documentaire a pratiquement disparu. Je dois dire que j'essaie d'éviter la première partie, qui a de plus en plus de documentaires touristiques, et les actualités dont *on se fout éperdument*   Voir page 363
5 parce que ça, c'est toujours en retard...
JOËL : Et qu'on les a vues à la télévision !
J. SICLIER : Et à la télévision, on en voit *davantage*. Et puis en plus, le truc publicitaire, la vente des *esquimaux*...   Chocolats glacés
On perd un temps fou !
10 JOËL : Il y a tout de même les dessins animés, heureusement.
J. SICLIER : Ah, il y a *les dessins animés ; ça c'est le grand plaisir,* c'est vrai.

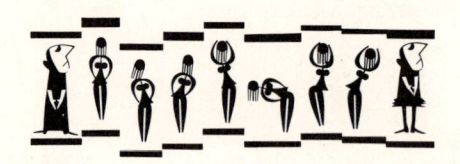

L'Opinion de Philippe Labro

PHILIPPE LABRO : Je crois qu'il y a un grand renouvellement du cinéma américain aujourd'hui, et que c'est à
15 la fois très bon et très blâmable. Il y a, non pas exactement une révolution, mais un grand renouvellement, une grande effervescence dans les sujets, dans les auteurs ; il y a une nouvelle génération qui est en train de prendre les choses en main, qui est en train de changer Holly-
20 wood, les traditions d'Hollywood, les structures d'Hollywood. On y trouve toutes les *gammes* de talents possibles,   Sortes (fem.)
même des écrivains, des gens comme Norman Mailer par exemple. Lui et quelques autres sont en train de bouleverser complètement le cinéma américain et de
25 fiche en l'air tous les clichés de cet Hollywood qu'on a beaucoup aimé, mais que moi je ne peux plus *sentir*   Pour qui j'ai une totale
maintenant. D'autre part, j'aime beaucoup ce qu'on   antipathie (*fam.*)
fait dans le nouveau cinéma américain, mais en même temps, je crains que ça ne se transforme en recettes à
30 cause de l'obsession du succès, de l'obsession commerciale. A une certaine époque, il y a eu ces *scènes à faire,* comme on dit, qui étaient presque inévitables dans un film américain. Eh bien, aujourd'hui, il y a d'autres scènes à faire : les scènes d'érotisme, les scènes de drogue, les scènes de violence. Il n'y a plus de film américain dans lequel on ne trouve pas le vilain *flic* du sud qui tape sur   Agent de police (*pop.*)

les gentils hippies. Ça va devenir un cliché. Moi, je pense que c'est une espèce de maladie... Appelons ça, si vous voulez, la mode!

Encore vivants en 1972, et déjà classiques

Robert Bresson	Le Journal d'un curé de campagne Pickpocket Le Procès de Jeanne d'Arc
Marcel Carné	Le Jour se lève Les Visiteurs du soir Les Enfants du paradis
René Clair	Le Million C'est arrivé demain La Beauté du diable
Henri-Georges Clouzot	Le Salaire de la peur Les Diaboliques La Vérité
Jean Renoir	La Grande Illusion La Règle du jeu Le Caporal épinglé

—————— Les trois grands de la « Nouvelle Vague » de 1958–59 ——————

Claude Chabrol
$\begin{cases} \text{Le beau Serge} \\ \text{Les Cousins} \\ \text{Le Boucher} \\ \text{Que la bête meure} \end{cases}$ récents

Jean-Luc Godard
$\begin{cases} \text{A bout de souffle} \\ \text{Vivre sa vie} \\ \text{La Chinoise} \\ \text{Week-end} \end{cases}$ récents

François Truffaut
$\begin{cases} \text{Les Quatre Cents Coups} \\ \text{Jules et Jim} \\ \text{Baisers volés} \\ \text{L'Enfant sauvage} \\ \text{Domicile conjugal} \end{cases}$ récents

┌─────── Quelques autres films de qualité des années 70–71 ───────┐

Michel Deville	Benjamin / L'Ours et la poupée
Costa Gavras	Z / L'Aveu
Louis Malle	Le Souffle au cœur
Eric Rohmer	Ma nuit chez Maud
Claude Sautet	Les Choses de la vie

Les Incorruptibles, oui, Batman, non !

RAY: Jacques, je n'oublie pas que tu es avant tout, pour l'instant du moins, critique de télévision... Voyons, cette *télé*, vous la regardez? (*Silence.*) Martine?   Télévision (*fam.*)

MARTINE: Très peu, vraiment très, très peu.

5 RAY: Qu'est-ce que tu regardes, quand ça t'arrive?

MARTINE: Ben, je sais pas, d'abord...

JEAN-CLAUDE: Les films! (*Rires*)

MARTINE: Oui, c'est vrai, les films!

RAY: Jean-Claude, les films aussi bien sûr?

10 JEAN-CLAUDE: C'est un moyen de les voir à bon compte.

J. SICLIER: La télévision repasse des films très rares et c'est bien elle, il faut le dire, qui a permis de redécouvrir Sternberg par exemple. C'est grâce aux six films de Sternberg avec Marlène, les films des années 30, dont on
15 n'entendait plus parler que par les histoires du cinéma et dont on avait une idée fausse, qu'on a vu que Sternberg est un des grands, des très grands réalisateurs du XXe siècle.

140 *Entre Nous*

Les huit vedettes de l'écran les plus célèbres pendant les années 70

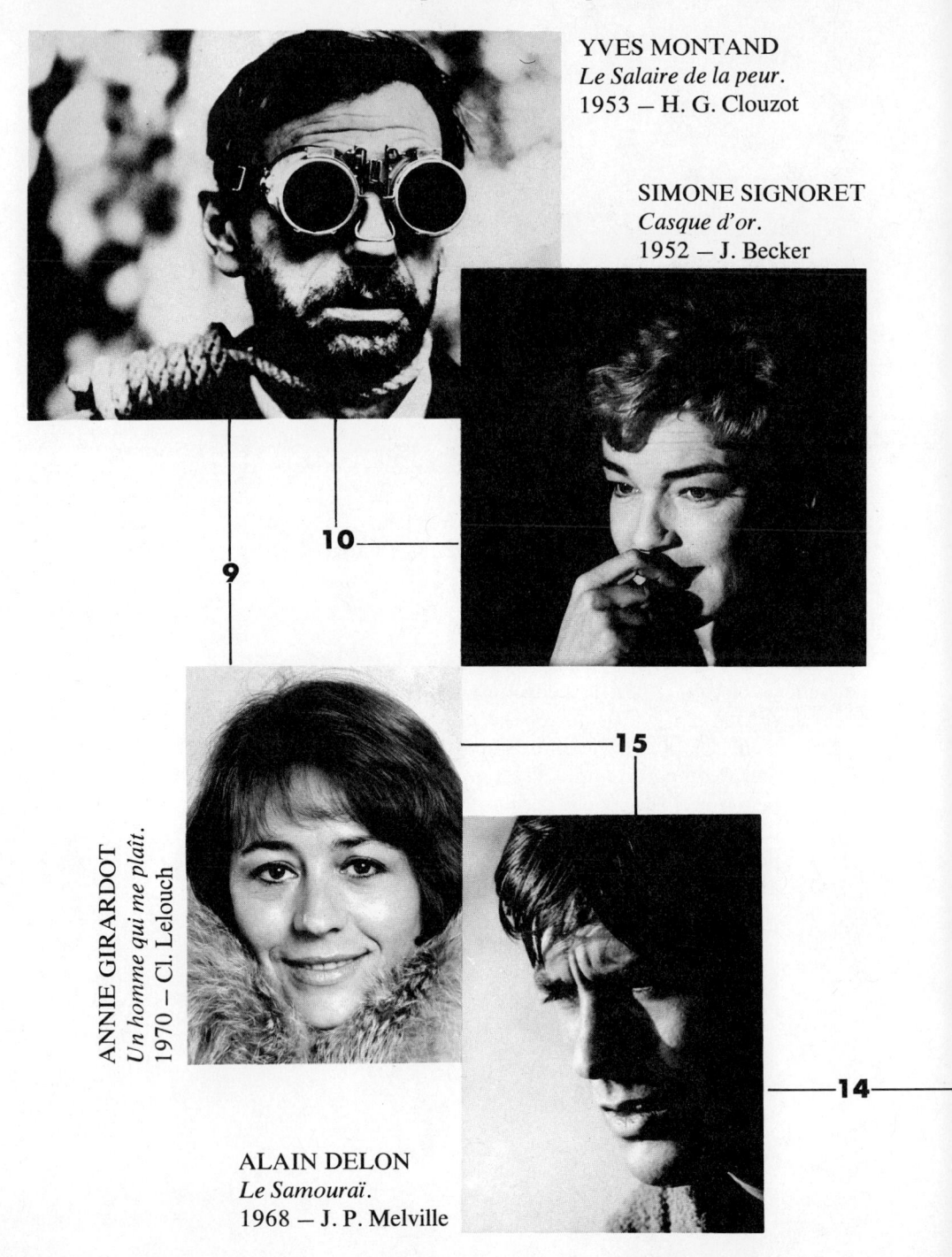

YVES MONTAND
Le Salaire de la peur.
1953 – H. G. Clouzot

SIMONE SIGNORET
Casque d'or.
1952 – J. Becker

ANNIE GIRARDOT
Un homme qui me plaît.
1970 – Cl. Lelouch

ALAIN DELON
Le Samouraï.
1968 – J. P. Melville

BRIGITTE BARDOT
Et Dieu créa la femme.
1956 — R. Vadim

JEANNE MOREAU
Jules et Jim.
1961 — F. Truffaut

9   *Vivre pour vivre.*
    1967 — Cl. Lelouch

10 *L'Aveu.*
    1970 — Costa-Gavras

11 *Viva Maria.*
    1966 — L. Malle

12 *Ascenseur pour l'échafaud.*
    1958 — L. Malle

13 *Classe tous risques.*
    1960 — Cl. Sautet

14 *Borsalino.*
    1970 — J. Deray

15 *Rocco et ses frères.*
    1960 — L. Visconti

LINO VENTURA
L'Armée des ombres.
1969 — J. P. Melville

JEAN-PAUL BELMONDO
A bout de souffle.
1960 — J. L. Godard

142 *Entre Nous*

RAY: Alors la télévision sert au moins à ça!

J. SICLIER: Même sur le plan d'un cinéma plus commercial, on a revu des tas de westerns de Walsh, de Ford, etc... Comme complément de culture cinématographique, la télévision, ça devient très important.

RAY: Carolle, qu'est-ce que tu regardes d'autre à la télévision?

CAROLLE: Peu de choses, très peu de choses.

RAY: Peu de choses... Joël?

JOËL: Les vieux films! Certains *magazines* d'informations, et puis rien de plus. — Émissions spéciales

RAY: Nicole?

NICOLE: Je regarde les actualités, *Cinq colonnes à la une,* et puis les films... — Célèbre magazine d'informations, aujourd'hui disparu

RAY: Et puis les films!

NICOLE: Quelques dessins animés...

MARTINE: Tout ce qui est divertissement à la télévision française, je trouve ça franchement mauvais.

J. SICLIER: Oui, à part *Averty* qui a créé un langage avec l'électronique pour les variétés, d'une façon générale... Mais dans tout ce qui se rapproche de l'actualité, c'est... — Réalisateur de télévision

RAY: Ça te semble plus intéressant?

J. SICLIER: C'est là où les gens s'expriment.

RAY: Est-ce qu'il te semble qu'il existe un *style télévision* par opposition à un style cinéma?

J. SICLIER: Non, pas forcément. Il se trouve que ces gens font des... moi, j'appelle ça des *essais*. Un producteur de cinéma ne leur donnera jamais d'argent pour faire ça! A la télévision, il n'y a pas de problème de rentabilité. Que ça soit bien ou mal accueilli par le public ou la critique, de toute façon, ça passe! Ça ne passe qu'une fois d'ailleurs, mais ça, c'est un autre problème. Il y a tout de même au bas mot un million de personnes qui voient une émission.

RAY: On a combien, à peu près, de postes de télévision en France? Quelque chose comme 10 millions...?

J. SICLIER: Je crois que c'est un peu plus de 10 millions maintenant, oui.

RAY: Mais on n'a pas en France d'éléments, comme aux États-Unis, pour *jauger* exactement le degré d'écoute de telle ou telle émission? — Mesurer

J. SICLIER: Si, il y a des sondages, mais ils sont faits je ne sais comment... On prend cent personnes dans une région, qui représentent un *éventail,* comme on dit, *social* et puis on leur pose des questions, généralement au téléphone, ou bien on fait du porte à porte, et puis ils arrivent comme ça à trouver que l'indice de fréquentation est tant, que l'indice de satisfaction est tant...

RAY : Les conséquences sont beaucoup moins importantes qu'aux États-Unis. Par exemple, là-bas on se base sur ces indices pour conserver ou non une série d'émissions. On ne va pas jusque là quand même ?

J. SICLIER : Non... Cependant, on a dû en supprimer une ou deux... Des séries américaines d'ailleurs !

JOËL : Oui, *Batman,* par exemple.

J. SICLIER : Oui.

RAY : *Batman,* ça a été mal accueilli ?

JOËL : Très, très mal accueilli.

J. SICLIER : Très, très mal, et puis *Les Pierrafeu,* le dessin animé de William Hanna et Jo Barbera, les auteurs de *Tom et Jerry*... Alors ça, tous les gens ont *gueulé* !   Protesté (*pop.*)

RAY : C'était un feuilleton américain ?

J. SICLIER : C'était un feuilleton américain qui se passait à l'âge de pierre, avec des personnages très marrants.

JEAN-CLAUDE : Il y a aussi *Les Shadocks.*

J. SICLIER : Ah oui, *Les Shadocks* ! Alors ça, c'était génial, *Les Shadocks.* Ça a été très mal accueilli. J'ai défendu ça vigoureusement !

RAY : Et *Les Incorruptibles ?*

J. SICLIER : Ça a été le grand succès... Par contre en ce moment, on est littéralement *abreuvé de* feuilletons améri-   Submergé de. cains qui, pris séparément, ont tous des qualités ; mais quand on en voit cinq, six dans la semaine, on se dit : « Mais mon Dieu, les Américains qui ne voient que ça toute la journée doivent être complètement *abrutis !* »   Rendus incapables de Moi, *j'en ai marre : Les Agents très spéciaux, Le Cheval*   plus rien comprendre, *de fer* — et encore *Le Cheval de fer* c'est bien, ça   rien sentir. Voir page tenait du western — mais alors, dans les espions, il y en a   332 Assez (*pop.*) cinquante ! Il y a le détective, comment il s'appelait déjà ? Mannix...

RAY : Ne dis pas de mal de Mannix ; moi je l'aime bien...

J. SICLIER : Tout ça pose le problème du public. Je ne parle pas spécialement de Mannix... C'est extrêmement simple : plus c'est bête, mieux ça marche !

MARTINE : Mais c'est pas seulement un problème de télévision...

J. SICLIER : Bien sûr ! Tenez, une des émissions qui marche le mieux à la télévision française, c'est *Au théâtre ce soir.*

On reprend tout le vieux répertoire des pièces de boulevard, qu'on enregistre en un après-midi au théâtre Marigny en faisant venir un public de *mémères,* de concierges, d'employées de bureau — ce n'est pas que je méprise toutes ces catégories sociales mais c'est vrai, c'est comme ça — ... joué par des comédiens de seconde *zone,* et puis filmé n'importe comment. Et c'est l'émission que toute la France regarde le jeudi et qui a l'un des plus gros indices de satisfaction. Alors, de temps en temps, on fait venir Madame Edwige Feuillère pour jouer *Constance...* Et encore, *Constance,* dans tout ce répertoire, est une bonne pièce...

CAROLLE: Il y en a quand même une où j'avais bien ri...

RAY: Qu'est-ce que c'était?

CAROLLE: C'était *Les Vignes du Seigneur,* mais je ne sais plus du tout de qui c'est.

RAY: Une des bonnes comédies de boulevard, en effet...

J. SICLIER: De de Flers et Caillavet.

RAY: C'est ça.

J. SICLIER: Mais seulement, ça a été créé par Victor Boucher. C'était joué autrement, vous comprenez!

RAY: C'est bien lui qui disait, quand il était complètement *soûl:* « Hubert, quand je pense qu'un *salaud* pourrait venir te dire que je couche avec ta femme... Hubert, je t'aime bien... »?

J. SICLIER: « ... Dis-moi que tu m'aimes ou je me roule sur le tapis! »

RAY: Voilà!

JOËL: Pour revenir aux feuilletons, j'aimerais vous poser une question. Il y a des gens qui ont envoyé des lettres de protestation indignées pour *Batman,* et même pour *Les Envahisseurs,* trouvant que c'était particulièrement immoral. Moi, je me suis posé des questions...

J. SICLIER: Ah, bon?

JOËL: Oui, oui, *Les Envahisseurs,* c'était considéré d'un immoralisme... des scènes de cruauté qu'on ne devait pas montrer à un jeune public ou à des personnes sensibles, et puis *Batman,* c'était pire encore. La preuve, c'est qu'on l'a supprimé dès le début...

J. SICLIER: En fait, *Batman,* c'est le problème du fantastique. Ça ne marche absolument pas.

RAY: Le public français n'est pas sensibilisé au fantastique?

J. SICLIER: Oh non, pas du tout, pas du tout!

Vieilles femmes, en général naïves (fém.) (*pop*.). Voir page 314
De seconde qualité

Être dans les vignes du Seigneur: être ivre

Ivre (*fam.*) / Voir page 332

Cinéma et télévision **145**

Mini-Bibliographie

Philippe Labro. *Les Barricades de mai.* Solar, 1968
            Ce n'est qu'un début. Publications premières, 1968
Les ouvrages de Jacques Siclier sont malheureusement épuisés.

La Télévision française

→ Nom officiel : ORTF (Office de la Radiodiffusion-Télévision Française)
— Forme juridique : établissement public de l'état (monopole).
— Budget principalement alimenté par une taxe sur les postes de télévision (120 francs par an).
— Publicité commerciale introduite à petites doses en 1968.
— 2 chaînes :   Première chaîne   (noir et blanc)
                Deuxième chaîne   (couleur)
— Troisième chaîne en 1972
— Depuis 1969, libéralisation des émissions d'information et concurrence des journaux parlés du soir sur les deux chaînes. Le titre de l'émission d'informations sur chaque chaîne :
    1) *Information première*
    2) *24 heures sur la 2*
— Les 5 émissions les plus suivies en 1970
    (pourcentage du total des téléspectateurs)

Le feuilleton du lundi soir	67 %
Au théâtre ce soir	65 %
La piste aux étoiles (Variétés)	64 %
Sacha Show (Variétés. Sacha Distel)	60 %
Film du dimanche soir	58 %

Un feuilleton français : les aventures de Vidocq (1775–1838), *forçat,* puis Chef de la Sûreté.   Condamné aux travaux forcés

    Vidocq nous délivre des bons feuilletons américains. Tout simplement parce que la problématique et la morale de ceux-ci ne sont pas les nôtres. Sur quoi s'ordonne le feuilleton américain ? Sur la loi. C'est elle qui, menacée par les passions, finit cependant toujours par l'emporter. C'est à partir d'elle que se classent les méchants et les bons. Dans le feuilleton *simpliste,* les deux camps se révèlent dès les   Trop simple premières images; dans le feuilleton plus savant, il y a inversion des rôles, et les supposés méchants au départ se découvriront finalement des hommes justes. Or tout cela est bien peu français.

La loi? Pour nous, c'est une chose qu'il faut tourner. Dans notre psychologie nationale, la loi, c'est l'État, et l'État, c'est le diable. Un diable *bon bougre* à qui il faut quand même arracher de l'argent par tous les moyens possibles.

Bonhomme (*fam.*)

Les bons et les méchants? Que voilà des catégories ennuyeuses! Nous préférons les malins et les imbéciles. Parce que les premiers sont drôles et les seconds aussi.

G. Suffert — L'Express

Controverses

1. Si tu as vu *Midnight Cowboy,* discute l'opinion de nos amis. Avec lequel d'entre eux es-tu d'accord?

2. L'école new yorkaise de cinéma contre l'école hollywoodienne... Es-tu aussi sévère que Jacques Siclier sur le cinéma américain en général?

3. Qu'est-ce que tu préfères: un film doublé ou un film sous-titré? Discute.

4. « Les dessins animés, c'est le grand plaisir.» D'accord?

5. Ton attitude vis-à-vis des symboles dans un film ou dans un livre?

6. Est-ce qu'il te semble possible, comme le pense Nicole, de faire une oeuvre *pure* (film ou livre) sur un sujet *impur* (prostitution par exemple)?

7. New York est-il le reflet de l'Amérique?

8. «D'ailleurs, maintenant, on va vers l'Est, en Amérique, quand on est contestataire!» D'accord avec cette affirmation de Siclier? Discute.

9. A la télévision, nos amis regardent surtout les films. Et toi? Forces et faiblesses de la télévision américaine?

Applications

Expressions idiomatiques (311 et 321)

1. Invente huit phrases contenant les expressions idiomatiques et les mots suivants:
   - à toute vitesse — flic
   - avoir plusieurs cordes à son arc — escroc
   - dépouiller le vieil homme — chômage

Cinéma et télévision **147**

- de rien du tout — une difficulté
- être plié en deux de rire — rosse
- à part entière — épave
- fiche en l'air — ma réputation de bon étudiant
- au bas mot — millions

2. Invente une petite histoire dans laquelle tu utiliseras :
   trois des expressions ci-dessus
   les mots : abruti — émoussé — ignoble.

3. Même chose avec trois des autres expressions, au choix, et trois des mots du chapitre V (Musique) expliqués dans la marge, au choix.

Bien-Trois verbes (322)

1. Invente dix phrases, avec dix verbes différents, sur le modèle suivant. (Attention à la place de *bien !*) — Tu as bien déjeuné ?

2. J'ai bien téléphoné, mais tu n'étais pas là.
   J'ai bien écrit la lettre, mais ———————————————.
   J'ai bien lavé les gosses, mais ———————————————.
   J'ai bien regardé le feuilleton à la télévision, mais ———————————————.
   J'ai bien ouvert le livre, mais ———————————————.

3. Invente une situation qui te permette de mettre en valeur la différence entre :
   C'est bien ça. et C'est bien, ça !

4. Voici des réponses. Pour chacune d'elles, imagine la question correspondante.
   — Merci, ça fait du bien.
   — Pas du tout, elle donne sur la rue.
   — Je veux bien.
   — Non, il l'a très bien prise.
   — Il l'a prise à sept heures.
   — Tu ne sais pas t'y prendre !
   — C'est bien fait !
   — Pas question ! Prends le temps de manger !
   — Pas très bien, je suis un peu fatigué.
   — C'est interdit sans autorisation spéciale, Madame.
   — Je l'ai passé. Bien…, c'est une autre histoire !

P.C. (324)

1. — Es-tu *déjà* allé à Hollywood ?
   — Non, je ne suis *jamais* allé à Hollywood.
   — voir *Macadam Cowboy*
   — rencontrer Dustin Hoffman
   — faire un film
   — voir la télévision française
   — passer un examen de licence
   — se casser une jambe
   — courir le marathon
   — jouer un rôle dans un film

2. Reprends les phrases précédentes en faisant une réponse du type:
   — Non, je ne suis *pas encore* allé à Hollywood.

Imparfait (325)

1. Prends comme point de départ les phrases de l'exercice précédent. Modifie-les ou combine-les, au choix, de façon à bien faire sentir la différence entre le P.C. et l'imparfait.
   Exemple: Je faisais la cuisine quand l'escroc est arrivé.

2. Cinq phrases sur le modèle:
   J'allais me raser quand le téléphone a sonné.
   J'allais…

3. Cinq phrases sur le modèle:
   Si on disait un mot du cinéma américain?
   Si on…
   Utilise les verbes: faire — passer — marcher — prendre — donner.

4. Huit phrases sur le modèle:
   Dans le film, un des acteurs était boiteux.
   _____ était _____.
   Utilise les adjectifs: baraqué — valable — paumé — épouvantable — truffé de — ignoble — invraisemblable — abruti.

Plus-que-parfait (325)

1. — Qu'est-ce que Martine t'avait dit?
   — Elle m'avait dit de venir te voir.
   Sur ce modèle, et en combinant les six verbes suivants, neuf questions et neuf réponses.

   Q. proposer   R. téléphoner
      écrire   venir te voir
      faire promettre   donner la clef

2. — Qu'est-ce que Martine t'avait dit?
   Elle m'avait dit de ne pas venir te voir.
   Mêmes questions qu'à l'exercice précédent, mais les neuf réponses sont négatives.

3. J'ai expliqué mon idée à quelqu'un qui n'y avait jamais pensé. Dix phrases sur ce modèle, en combinant les dix verbes suivants.

   dire   manger
   montrer   faire
   proposer   prendre
   écrire   employer
   faire lire   voir

Imparfait-Plus-que-parfait (326)

1. Commence chacune des phrases par : Tu m'as bien dit que...?
   Tu me dis que tu n'aimes pas le film.
      „   Nicole doit t'en parler.
      „   l'acteur est vraiment boiteux.
      „   cette fille est vraiment bien.
      „   le film est truffé d'invraisemblances.
      „   elle ne pense pas pouvoir venir.
      „   ton bureau donne sur la mer.
      „   Joël est très pris ces jours-ci.

2. Commence par : Tu étais en train de me dire que...
   Tu me dis que tu as rencontré Schlessinger.
      „   tu n'as pas encore vu ce film.
      „   tu lui en a parlé.
      „   tu as réussi à l'examen.
      „   tu as essayé de faire un film.
      „   tu t'es passé de manger.
      „   tu as couru à toute vitesse.
      „   le film t'a beaucoup marqué.

3. Le petit jeu du : « Je n'ai pas compris ; qu'est-ce que tu m'as dit ? »
   - Réponse : « Je t'ai dit que... »
   Autant de réponses que tu veux !

VII

JOEL. ELEVE EN CLASSE TERMINALE
Je suis un adolescent, je le déclare, je suis prêt à le jurer sur la Bible!

JEAN-JACQUES. EMPLOYE DE BANQUE
En tout cas, il n'est absolument pas question que je parte avec mes parents!

Joël

Présentation

Joël, qui est, comme tu le sais, le plus jeune du groupe, raconte ici sa vie, ou du moins sa journée. Tu remarqueras que la conversation, qui débute sur le problème du « quotidien », se termine également sur ce même problème, et sur l'envie de « s'en sortir ». Peut-être le chapitre trouve-t-il son équilibre avec d'un côté les critiques de Joël vis-à-vis de ses camarades de classe et de ses études, de l'autre le récit de ses sorties avec les copains ou de ses rencontres avec les hippies sur la plage de Cannes.

Au passage, tu seras peut-être surpris par les habitudes de paiement au cours des sorties en groupe, et tu apprendras le nom de quelques « bons petits plats », ou « plats cuisinés ».

Bien sûr, il ne faudra pas attacher plus d'importance que n'en attache Joël lui-même aux plaisanteries que fait Jean-Claude à son sujet... qu'il boit trop, ou des choses de ce genre !

Seras-tu surpris d'autre part qu'on l'accuse de faire parfois des phrases qui n'en finissent pas ? Il est vrai que j'en ai coupé quelques-unes qui retombaient vraiment trop mal sur leurs pieds !

A la fin du chapitre, tu découvriras un nouvel aspect de Joël : *interviewer* (le mot est *presque* accepté en français) de son ami Jean-Jacques, qui n'est pas étudiant et travaille dans une banque. Tu noteras certainement la différence d'attitude entre Jean-Jacques et les membres du groupe sur plusieurs points importants.

L'interview est d'ailleurs l'occasion de parler, pour la seule fois dans ce livre
— du service militaire.
    (Un an après l'interview, je viens de rencontrer moi-même Jean-Jacques, qui me dit avoir réussi à se faire réformer...)
— du salaire d'un jeune employé
    (montant, mois double en décembre, retenue pour la Sécurité Sociale, etc...).

Joël

Sorties en groupe

C'est le 12 novembre que Jean-Claude avait raconté sa journée. Le même soir, Joël a pris la suite.

RAY: Joël, à toi! Raconte-nous ta vie... ou du moins ta journée!
JOËL: Ma petite vie bien monotone...
JEAN-CLAUDE: Tiens, toi aussi?
5 JOËL: Le *quotidien* est monotone... Je me lève généralement vers sept heures et demie, alors que je dois aller au lycée à huit heures, et j'ai dix minutes de chemin, ce qui me laisse vingt minutes en tout pour *me débarbouiller*.
CAROLLE: Parce que tu te laves, toi? (*Rires*)
10 JOËL: Je me lave! Il y a des jours où je me lave la figure, il y a des jours où je prends une douche; et puis après je

Voir page 351

Faire ma toilette

prends le petit déjeuner. Auparavant, mon père en général doit *me secouer* plusieurs fois, parce que je dors comme un loir.   Me tirer brusquement

RAY: C'est papa qui fait ça, c'est pas maman?

JOËL: Elle dort encore, elle. Comme il doit aller aussi à son travail, en se levant il en profite pour me réveiller. Souvent, il doit revenir... lorsqu'il me secoue, je dis oui, j'ouvre un œil, et puis je me remets sous les couvertures! Une fois que je me suis débarbouillé, je prends un petit déjeuner instantané, du café ou du chocolat...

RAY: Tu le fais ou il est prêt?

JOËL: Non, je le fais très rapidement. Mon père fait bouillir l'eau, et je prépare ça en mettant de l'eau bouillante, du lait concentré, du chocolat ou du café. Avec ça, je prends en général *des biscottes,* très peu... J'ai horreur de manger le matin. Je préférerais même manger une orange ou boire un verre de lait, tout simplement. Ensuite, je vais au lycée. Souvent, j'y vais en retard, parce que je n'ai pas le temps de tout faire. Je dois courir sur le chemin.   Pain brioché, séché au four (fém.)

RAY: Tu finis de t'habiller en route, non?

JOËL: Non, je ne vais quand même pas jusqu'à cet extrême. Je préfère même arriver en retard, ce qui *me vaut* de me faire remarquer comme un élève indiscipliné, un élève assez distrait, quoi!   A pour résultat de

RAY: Le professeur *rouspète* quand tu arrives en retard?   Dit des paroles déplaisantes (*fam.*)

JOËL: Au début, il ne disait rien, parce qu'il était complaisant, mais maintenant il commence à rouspéter, oui. Et puis, il y en a d'autres qui ne veulent même pas m'accepter en cours! S'ils ne m'acceptant pas en cours, à ce moment-là *j'en prends mon parti:* je vais au café d'en face; je passe une heure là-bas, à discuter avec les copains; il y en a toujours.   Voir page 331

RAY: Qui ont eu le même ennui?
JOËL: Non, pas forcément. Ils viennent au café parce qu'ils n'ont pas cours.
RAY: Est-ce que tu pourrais me donner une idée du programme typique d'une journée au lycée?
JOËL: Le matin, cours de mathématiques pendant deux heures... Pendant deux heures, on s'aperçoit qu'on est faible en mathématiques, que le professeur va trop vite, que les élèves font semblant de comprendre et que ces élèves n'ont rien à voir avec vous. C'est des êtres complètement étrangers, comme dans un wagon de métro; c'est des gens qu'on a mis dans ma classe, comme ça... ou plutôt on m'a mis dans leur classe!
RAY: Ce ne sont pas vraiment des copains?
JOËL: Non, absolument pas, à part un seul et parce que je le connaissais déjà l'année dernière. *L'ambiance* est assez désagréable; ça va au-delà de la monotonie... *J'en arrive à* considérer certains comme le type même de la médiocrité!

L'atmosphère (fém.)
Je vais jusqu'à

RAY: Ils n'essaient pas de réagir?
JOËL: Je ne remarque pas... Je n'essaie pas beaucoup de les comprendre d'ailleurs. Eux non plus...
RAY: Tu m'as l'air bien pessimiste avec tes copains!
JOËL: Ben, ce sont pas vraiment des copains, c'est des élèves que je vois, comme ça. Mes copains, c'est ailleurs, c'est ma vie en dehors du lycée.
RAY: Mais pourtant, quand tu retrouves ceux du café d'en face, comme tu as dit tout à l'heure, ce n'est pas l'occasion d'une certaine communication?
JOËL: Si, parce que ceux-là ont déjà une mentalité beaucoup plus semblable à la mienne. Ils ont des problèmes très similaires et on peut communiquer, mais c'est surtout histoire de parler de tout et de rien.
RAY: De quoi? Des filles?
JOËL: Assez souvent. Aussi de ce qui se passe au lycée, des problèmes qu'il y a avec l'administration, de la cantine qui est mauvaise... On parle aussi quelquefois des manifestations culturelles au lycée.
RAY: A midi, tu manges à la cantine?
JOËL: Moi? Je ne mange pas à la cantine!
RAY: Parce qu'elle est trop mauvaise?
JOËL: C'est ça, elle est trop mauvaise.
CAROLLE: Tu manges chez toi?
JOËL: Oui, à midi, je mange chez moi. J'ai juste le temps de

rentrer. Le repas est prêt. En général, c'est le steak, les frites, un peu de fromage et puis un dessert, un fruit.
CAROLLE: Ta mère te fait pas des petits plats...?
JOËL: Ça, c'est les dimanches... Si, elle aime beaucoup cuisiner. J'aime beaucoup quand elle le fait: ça change!
RAY: Par exemple, quels petits plats? Qu'est-ce qu'elle aime faire?

Dis-moi ce que tu manges, je te dirai ce que tu es.
Brillat-Savarin
Je crois sincèrement que les seules ententes internationales sont des ententes gastronomiques.
Léon Daudet

JOËL: Elle aime bien faire la paëlla. Ou des plats comme la ratatouille niçoise, que je n'aime pas beaucoup.
JEAN-CLAUDE: Il en faut pour tous les goûts!
JOËL: Le cassoulet, qu'on trouve maintenant d'ailleurs en *boîtes de conserve,* mais elle préfère le faire elle-même, parce qu'elle prétend que les boîtes de conserve, c'est souvent *avarié*.   Boîtes métalliques

Moisi
CAROLLE: Ça, c'est typique des femmes françaises: « Les boîtes de conserves sont très mauvaises pour la santé! »
JOËL: Elle fait aussi des pizzas, enfin tout ce qu'on peut faire comme petits plats assez facilement.
RAY: Il y a des choses que les Américains considèrent comme très français, du genre canard à l'orange. C'est beaucoup plus compliqué, ça?
JOËL: Ça, c'est très compliqué. Ça se fait à l'occasion d'une cérémonie, d'une fête... En parlant comme ça, j'ai l'air d'attacher de l'importance à la cuisine... En réalité, j'y attache très peu d'importance, même quand je ne mange pas chez moi. Ça m'arrive les jeudis, les samedis. Je sors du lycée; je pars directement au Quartier Latin. Là-bas, j'achète un hot-dog à la devanture d'un café. C'est à peu près ce qu'il y a de meilleur pour ce prix-là, sinon, c'est des sandwichs au fromage qui sont moisis.

RAY: A ce point-là?
JEAN-CLAUDE: Ils sont pas bons!
JOËL: Pas bons du tout. Il n'y a que le hot-dog: la saucisse, de la moutarde et du pain, et puis une barre de chocolat...
RAY: Tu aimes le chocolat?
JOËL: J'adore le chocolat. Quand je commence à en manger, je pourrais plus m'arrêter! Et après, pendant tout l'après-midi, *je flâne*. Ça m'arrive d'aller au cinéma.
RAY: Ça, c'est le jeudi ou le samedi, les jours où tu n'as pas cours?
JOËL: Les jours où je n'ai pas cours, oui. Il y a des jours où je vais manger chez les copains. C'est les jours où c'est le plus drôle... chez les copains ou chez les copines. Je préfère chez les copines, parce qu'elles savent cuisiner...
RAY: Elles ou leur mère?
JOËL: Elles!
RAY: Vraiment?
JOËL: Leurs parents ne sont pas chez elles... ou chez eux. On sort du lycée, on va au marché. Chacun met sa contribution, ce qu'il veut, quoi! et on achète de quoi manger pour le nombre de personnes à table. C'est en général des plats cuisinés, ça peut-être de la *choucroute,* du cassoulet.

Je me promène sans but précis

Sauerkraut

La Paëlla

Des langoustines-des moules-du poulet (facultatif)-du porc (fac.)-du riz-des tomates-des poivrons-des petits pois (fac.)-des oignons-de l'huile d'olive-du safran-du sel-du poivre.

La Ratatouille niçoise

Des aubergines-des courgettes-des tomates-des poivrons-des oignons-de l'ail-de l'huile d'olive-des herbes de Provence-du sel-du poivre-

Le Cassoulet

Des haricots-du confit d'oie (de l'oie cuite dans sa graisse)-du porc-de la saucisse-des tomates-des oignons-de l'ail-un bouquet garni (du thym, du laurier, etc.) du sel-du poivre-

Le Canard à l'orange

Un canard-des oranges-du beurre-du sucre-du vinaigre-du curaçao-du citron-du sel-du poivre.

RAY: Des plats tout faits?

JOËL: Non, pas tout faits. Pour le cassoulet, oui, mais pour la choucroute, on achète la choucroute à part, le jambon, le saucisson. C'est pas tellement la nourriture, c'est plutôt l'ambiance! On arrive là-bas, on doit *mettre la table*... En général, c'est les filles qui font ça.   Voir page 370

RAY: Les garçons, est-ce qu'ils mettent la main à la pâte ou pas du tout?

JOËL: Absolument pas! On a l'air de petits *pachas*. On est sur des fauteuils, on attend que le repas soit servi.

RAY: C'est surtout ça qui te plaît, non?

JOËL: Oui, c'est un peu ça.

RAY: Tu *fais la vaisselle?*

JOËL: Ah, non, non, la vaisselle, pas du tout alors! Pendant que les filles font la vaisselle, nous, on prend un petit *digestif*.

CAROLLE: Le digestif du papa...

RAY: Et les filles n'y ont pas droit?

JOËL: Oh si, mais en général elles n'aiment pas ça.

RAY: Elles prétendant qu'elles n'aiment pas ça... Il faut bien qu'elle se fasse, cette vaisselle, quoi! Est-ce qu'il t'arrive de faire des sorties en groupe également? Ou des sorties avec un ami ou une amie?

JOËL: Les deux m'arrivent. Plutôt les trois... Les sorties que je préfère, c'est les sorties avec un ami ou une amie. Quand on sort, on va se promener, on flâne dans les vieux quartiers de Paris, en particulier le quartier du Marais. C'est un quartier que j'adore, parce qu'il y a peu de monde dans les rues, les maisons sont vieilles, on respire encore une certaine atmosphère du vieux temps. On peut presque marcher au centre des rues, tellement il y a peu de circulation.

RAY: Dieu sait si c'est rare à Paris, ça!

JOËL: C'est très rare.

CAROLLE: Et il t'arrive de sortir avec une amie... sans flirter?

JOËL: Sans flirter, c'est difficile, il faut dire! Ça m'arrivait quand j'étais plus gosse.
JEAN-CLAUDE: Plus pur! (*Rires*)
JOËL: Voilà! Maintenant, je suis un être faible et je me laisse tenter.   Je me laisse aller à mon désir de flirter
RAY: Tout dépend de la définition du flirt, évidemment...
JOËL: Quand on fait une sortie en groupe, c'est en général pour aller au cinéma ou au théâtre. Alors là-bas, on se fait tout le temps remarquer!
JEAN-CLAUDE: Pourquoi?
JOËL: Si on est dix ou douze, on fait plus de bruit qu'une manifestation de cinq cents personnes. Par exemple, quand on avait été voir un film de Pasolini, *La Porcherie,* on avait été à deux doigts de se faire sortir de la salle, non pas pendant le film, mais pendant les actualités.
RAY: Vous étiez encore plus scandaleux que le film, en somme?
JOËL: Ah, pendant le film, on est resté très silencieux, très absorbés, mais pendant les actualités, on riait de tout... On riait en fait des actualités, parce que généralement c'est vieux; c'est les actualités de la semaine d'avant ou d'il y a quinze jours!
RAY: Quand tu sors en groupe, est-ce que chacun paie, ou est-ce que tu paies pour les filles, ou pour la fille?
JOËL: Quand on sort en groupe, c'est pas une convention explicite, mais chacun paie pour soi. Et quand il y en a un, que ce soit un garçon ou une fille, qui n'a pas d'argent, les autres paient pour lui. C'est une règle qu'on applique tout le temps.
RAY: Carolle, quand tu sors avec un garçon, c'est toi qui paye?
CAROLLE: Non, il est entendu que c'est lui qui paye! En groupe, si je suis une fille seule, les garçons payent toujours.
RAY: Ton expérience, Jean-Claude?
JEAN-CLAUDE: Ah ben, moi, pas du tout! On paye plutôt chacun pour soi, avec qui que ce soit, à deux ou à plusieurs, étant donné, comme dit Joël, que si quelqu'un n'a pas d'argent, *on s'arrange* toujours. Mais il n'y a   Voir page 365
aucune convention par laquelle on doit payer pour une fille!
CAROLLE: Moi, j'ai jamais rencontré de garçons qui me demandent de payer!
RAY: Est-ce que ça implique pour toi automatiquement... certaines faveurs vis-à-vis du garçon?
CAROLLE: Non, pas automatiquement!

RAY: Il me semble que la position de Joël et de Jean-Claude est peut-être la plus habituelle en France, non?
CAROLLE: Peut-être, oui.
RAY: Par contre, la tienne est beaucoup plus près de ce qui se passe aux États-Unis. Est-ce que vous croyez qu'on peut vraiment établir des règles?
JOËL: En général, on connaît une personne, un groupe de personnes et on s'aperçoit que chacun paye pour soi. Alors, si on fréquente ce groupe, on applique les mêmes règles, et ceux qui viennent après pareillement.
RAY: S'il y a des amis qui ont beaucoup plus d'argent que toi, ça pose un problème, Jean-Claude?
JEAN-CLAUDE: Moi, j'en connais pas tellement qui aient vraiment énormément d'argent... J'en connais pas! C'est peut-être significatif, d'ailleurs, mais j'en connais pas. Donc le problème no se pose pas.
JOËL: Pour ma part, j'ai connu des camarades qui avaient beaucoup d'argent. Ils ne cherchaient pas trop à me fréquenter, je ne cherchais pas trop à les fréquenter. Ils se voient entre eux, ils se payent des loisirs assez coûteux, il y en a qui vont *faire du cheval*.   Monter à cheval (*fam.*)

RAY: C'est coûteux à Paris, n'est-ce pas?
JOËL: C'est très coûteux. Il y en a d'autres qui vont faire du tennis, qui vont dans les *boîtes de nuit* très fréquemment.   Night clubs
Toutes mes copines, tous mes copains, nous sommes des *fauchés*! On doit faire souvent appel à des bonnes volontés parmi ceux qui viennent de toucher leur semaine, ou qui ont gagné un peu d'argent en faisant un travail *quelconque*.   Quelqu'un qui n'a pas d'argent (*fam.*)

Voir page 359

RAY: Parce que beaucoup touchent des parents une allocation à la semaine?
JOËL: Pas une allocation, de l'argent de poche. C'est très répandu en France. Tel jour de la semaine, un mercredi ou un samedi, les parents donnent à leurs enfants certaines sommes: «Voilà pour tes sorties, et puis *débrouille-toi*».   Voir page 365
Alors, tout le monde est très riche le samedi, mais quand arrive le jeudi, tout le monde est très pauvre!

RAY: Et les vacances, comment ça se passe pour toi? Les dernières vacances, par exemple?
JOËL: Je les ai passées dans deux endroits à la fois.
JEAN-CLAUDE: Ça doit être difficile! (*Rires*)
5 JOËL: Deux endroits à la suite, je veux dire; d'abord à Cannes et puis après, en Espagne.
RAY: Dans quelles conditions? Tu y es allé en voiture? Tu faisais du stop?
JOËL: Non, j'ai été tout le temps avec mes parents. A Cannes,
10 ils avaient loué un appartement. Là-bas, ils ne me voyaient presque pas de la journée. J'étais là le matin, bien sûr, à midi et le soir. Le reste du temps, j'étais perdu dans la nature.
RAY: La plage?
15 JOËL: La plage très souvent. Sur la plage, je rencontrais des copains, qui étaient quelquefois un peu *snobs*. C'était la minorité parce que, même sur la Côte d'Azur, il y a de plus en plus de jeunes qui sont fauchés. Il y avait aussi des beatniks, des hippies, énormément. C'était les gens les
20 plus sympathiques, incontestablement.

Presque le même mot qu'en anglais

RAY: Quelles qualités leur trouves-tu?
JOËL: Les qualités qu'on ne trouve pas, par exemple, dans les rapports quotidiens qu'on a avec les gens qui sont dans les bureaux, dans les classes: une franchise, une
25 franchise totale, un sens de la communauté assez développé.
JEAN-CLAUDE: Ils n'ont pas de savonnettes!
JOËL: Non, ils sont obligés de prendre des bains de mer!
RAY: Mais, avec eux, tu as l'impression qu'on peut discuter
30 et devenir copains, plutôt mieux qu'avec les gars du lycée?
JOËL: J'ai l'impression que c'est beaucoup plus facile. Il y a des gens qui ont tendance à s'en éloigner, parce qu'ils les voient mal coiffés, mal habillés. Etant donné qu'en
35 vacances, je ne me soigne pas beaucoup non plus, que je me contente des bains de mer...

CAROLLE: Autrement, comment tu te soignes? Tu te mets de l'*after shave?*
JOËL: J'en parlerai après. (*Rires*) Comme en vacances, je vais assez mal habillé, je ne vois pas tellement de différence, et j'aime beaucoup leur mentalité.
RAY: En somme, ils t'adoptent un peu?

JOËL: Très facilement. Seulement, il y avait un fait qui me gênait énormément, c'est qu'ils restaient quatre, cinq jours là-bas, et puis ils repartaient. C'était impossible de faire vraiment connaissance avec eux!
RAY: Et toi, Carolle, les hippies? Tu en as connu?
CAROLLE: Oui, surtout à l'étranger, parce que j'étais un peu dans les mêmes conditions qu'eux, c'est-à-dire que je n'avais pas d'argent... enfin que je travaillais un petit peu pour survivre, quoi!
RAY: A Rome, je pense que tu les rencontrais sur la Piazza d'Espagna.
CAROLLE: D'Espagna, *si!* Mais j'ai été à Rome en capitaliste: j'étais à l'hôtel. Je pense plutôt à l'Espagne, parce que j'y ai vécu longtemps et que je n'avais pas du tout d'argent. Je vivais très près, à Madrid, du point de rencontre des beatniks.
RAY: Quelle était ton impression vis-à-vis d'eux?
CAROLLE: A moi? Très bonne. Moi, j'aime n'importe qui, du moment qu'on me fiche la paix!
RAY: Tu es eu l'occasion d'en connaître quelques-uns? Le fait d'être loin de la France t'aidait peut-être à...
CAROLLE: Oui, beaucoup. On a beaucoup plus de facilité à communiquer avec n'importe qui dans un pays étranger, et aussi on se permet beaucoup de choses qu'on ne se permettrait pas en France, comme de sortir très mal habillée! Vraiment, en France, on ne se permettrait pas... enfin beaucoup moins.
RAY: Jean-Claude, les hippies et toi?

JEAN-CLAUDE: Moi, j'aime. J'aime bien. Peut-être parce que je leur ressemble un peu... un tout petit peu.
RAY: Tu n'habites pas tellement loin de la rue de la Huchette où on peut facilement en rencontrer un certain nombre?
5 JEAN-CLAUDE: Oh, on en rencontre un peu partout. A Amsterdam, il y en a pas mal. En faisant du stop, on en rencontre souvent au bord d'une route. On parle une demi-heure, et puis...
RAY: Quelles qualités leur reconnais-tu?
10 JEAN-CLAUDE: Le fait, peut-être, qu'ils sont marginaux, leur refus des conventions, dans le bon sens du terme. La possibilité d'être autre chose avec eux, d'échapper au quotidien justement!

> Il faut vivre comme on pense, sans quoi l'on finira par penser comme on a vécu.
> Paul Bourget
> Il faut choisir dans la vie entre gagner de l'argent et le dépenser: on n'a pas le temps de faire les deux.
> Edouard Bourdet

Joël sur la sellette

L'atmosphère printanière de cette soirée d'avril nous permettra-t-elle d'arracher à Joël quelques-uns de ses secrets?

RAY: Joël...
15 JOËL: C'est maintenant qu'on va me mettre à toutes les sauces, hein!
RAY: C'est toi le plus jeune du groupe...
JOËL: Alors, si je comprends bien, c'est moi qui vais en prendre le plus!
20 RAY: On va bien voir! Jean-Claude, à toi de jouer!
JEAN-CLAUDE: Moi, je trouve que Joël a beaucoup d'humour, mais qu'il a un défaut très grave, très apparent... On s'en est aperçu au fur et à mesure que les séances se sont déroulées, non pas tant dans leur succession, mais chacune
25 dans leur temps...
RAY: Tu nous fais *languir!* — Attendre impatiamment (*fam.*)
JEAN-CLAUDE: Ah! On ne peut pas dire que quelqu'un a un défaut comme celui-là, sans essayer de le *ménager* quand — Le traiter avec considération
même un tout petit peu! Je crois que ça a paru évident à
30 tout le monde: tu as beaucoup d'humour... mais tu bois trop! (*Rire général*)
NICOLE: Ça, je suis d'accord, tu bois trop!

RAY: Nous sommes tous d'accord: il boit trop! (*Mouvements divers*). Et à part ça?
NICOLE: Je trouve qu'il a beaucoup de problèmes liés à l'adolescence.
JEAN-CLAUDE: Ça demande à être précisé...
RAY: Quelle est sa principale qualité? Il a bien une qualité quand même! (*Silence*)
JOËL: Je vous signale que, pour les autres, on parlait beaucoup plus...
MARTINE: Sérieusement, je pense qu'il a une grande qualité, c'est d'avoir des tas de choses à dire, d'avoir des opinions souvent assez originales. Et ça le mène quelquefois dans des phrases qui n'en finissent plus...
NICOLE: Ça, c'est plutôt un défaut, non?
MARTINE: Mais justement, c'est parce qu'il veut vraiment exprimer ce qu'il ressent, je pense.
JEAN-CLAUDE: Il est sans mesure et ça, c'est très bien! Autre qualité: il aime bien jouer!
RAY: Il joue le jeu, certainement.
MARTINE: Oui.
RAY: Vous n'avez pas l'impression de temps en temps que, sur certains sujets, il n'a pas d'opinions précises et que, justement pour jouer le jeu, il s'en crée une et qu'il a parfois des difficultés à la justifier?
JEAN-CLAUDE: Je ne crois pas.
MARTINE: On essaie souvent de le prendre en traître et d'essayer de lui faire dire le contraire de ce qu'il a dit avant...
RAY: On est méchant, hein!
CAROLLE: Je pense à quelque chose... On peut parler, enfin je crois, d'une certaine opposition à ses parents, ou quelque chose comme ça.

RAY: C'est typique d'un adolescent, non?

CAROLLE: C'est très courant à cet âge-là, pas seulement avec les parents d'ailleurs.

JEAN-CLAUDE: Il a cette *fougue* de la jeunesse qui est si sympathique! (*Rires prolongés*).   Cet enthousiasme — Mot très fort — Ironique ici

RAY: A cet endroit, je mettrai entre parenthèses: rires prolongés...

MARTINE: Moi, je pense que, quand il parle, il veut s'expliquer les choses à lui-même.

NICOLE: Un désir de s'affirmer...

MARTINE: Oui. Il pense certaines choses... Enfin il ne les a peut-être jamais formulées, et puis il se trouve qu'*on aborde* tel sujet. Ce qu'il dit, il le pense vraiment, mais alors il faut que ça soit mis en forme, que ça soit expliqué, clarifié...   On en parle pour la première fois

JEAN-CLAUDE: Je crois qu'on peut dire que c'est un garçon qui a des possibilités étonnantes pour son âge... et qu'il est très regrettable qu'il se livre à l'alcoolisme. (*Joël montre le poing à Jean-Claude*)

RAY: Est-ce qu'on osera jamais montrer ce livre à ses parents? Joël, prends ta revanche!

JOËL: Eh bien, il y a une chose qui est sûrement vraie et je vais la dire tout de suite: c'est que j'ai dix-huit ans, que je suis un adolescent et que j'ai des problèmes d'adolescence!

RAY: Personne ne te les reproche, tu sais!

JOËL: C'est d'ailleurs la seule chose rigoureusement exacte qu'on ait pu dire sur mon compte...

RAY: Contestataire, va!

JOËL: Personne n'a pu me pénétrer, même dans l'*écorce* superficielle...   Enveloppe des plantes, des arbres (fém.)

RAY: Vraiment, tu es mystérieux à ce point-là?

JOËL: Mais je ne suis pas mystérieux! J'affirme en même temps que je *nie,* je dis une chose en même temps que son contraire, j'en arrive à être en perpétuelle contradiction, c'est évident! Personne n'a remarqué!   Le contraire d'affirmer

JEAN-CLAUDE: Tu ne crois pas que ça fait partie des problèmes de l'adolescence?

JOËL: Bien, on va classer tout ce que je suis dans les problèmes de l'adolescence, et puis on en a fini, quoi! Je suis un adolescent, je le déclare, je suis prêt à le jurer sur la Bible!

RAY: Tu veux qu'on précise? On va préciser! Il y a parfois chez toi un élément d'agressivité... qui est d'ailleurs très visible ce soir!

JOËL: Agressif?
RAY: Oui!
JOËL: Il est possible que ça m'arrive...
CAROLLE: On a oublié de dire une chose: c'est qu'il est très sentimental!
RAY: Tu crois, vraiment?
CAROLLE: Oh oui! C'est très net. Il est très sensible aux réactions de ceux qui l'entourent. C'est très important. On pourrait l'atteindre très facilement d'ailleurs.
RAY: Si on lui dit des choses un peu méchantes, ça le touche, hein?
CAROLLE: Certainement, oui, et beaucoup.
JOËL: Tout dépend de l'estime que j'ai pour la personne qui le dit. Il y a quelque chose qui me vient à l'idée, et que personne n'a deviné.
RAY: On n'est vraiment pas psychologues!
JOËL: Vous n'êtes pas des *devins*... Je vous le pardonne.   Personnes qui prétendent deviner l'avenir
RAY: Ah, merci!
JOËL: C'est que j'adore le raffinement, ou alors la grossièreté extrême. Je ne peux pas supporter la médiocrité. Ça me *débecquete*. Par contre, je peux aimer quelque chose de très fin, de très subtil... La truculence, j'adore *la truculence*! Un jour, il est possible que *je m'amène* ici en bermudas dégueulasses, pleins de *boue*... Mais comme il n'y a pas de caméra, ça ne vaudrait pas la peine... C'est pour ça que je ne le fais pas!

Dégoûte (*pop.*)
Réalisme, un peu de gros sièneté, Rabelais
J'arrive (*pop.*)
Mélange de terre et d'eau

RAY: Tu irais par exemple jusqu'à dire des gros mots, comme ça, pour le plaisir?
JOËL: Je ne veux pas dire que je le fais; je veux dire...
RAY: Que tu as envie de la faire?
JOËL: Non, que ça me plaît, tout simplement!
RAY: Tu serais d'accord sur le mot *extrémiste*?
JOËL: Peut-être, mais je ne sais pas de quel *bord*!   Côté

Jean-Jacques n'est pas étudiant

Au tour de Joël de conduire une interview: celle de Jean-Jacques, employé de banque. Vers la fin mai, à l'heure du déjeuner, il s'arme du magnétophone de Ray. Voici le résultat.

JOËL: Bon, alors je vais te demander de te présenter. Quel âge as-tu?
JEAN-JACQUES: J'ai dix-huit ans... presque dix-neuf.
JOËL: Et tu travailles à la banque depuis longtemps?

JEAN-JACQUES: Eh bien, depuis six mois, six mois ces jours-ci.
JOËL: Pour quelles raisons as-tu commencé à travailler ici?
JEAN-JACQUES: J'ai arrêté mes études et je suis entré dans une banque.
JOËL: Est-ce que tu penses y rester longtemps?
JEAN-JACQUES: Jusqu'à mon service militaire. Après, je ne pense pas y rester.
JOËL: Je travaille au *fichier central* avec toi... Peux-tu me dire en quoi consiste exactement ton travail?
JEAN-JACQUES: Mon travail consiste surtout à faire des *virements* bancaires... C'est un travail de bureau, et un peu un *travail d'atelier*. Il y a des manipulations de *plaques* métalliques pour imprimer les *avis* des opérations qu'on envoie aux clients.

Transferts d'argent
Travail
Feuilles (fém.)

JOËL: Est-ce que ce travail, disons, te passionne ou bien, au contraire, tu le trouves ennuyeux?
JEAN-JACQUES: Il y a des choses qui me passionnent énormément dans mon travail, alors que d'autres ont plutôt tendance à m'ennuyer.
JOËL: Lesquelles, par exemple? Le travail routinier?
JEAN-JACQUES: Non, le travail que je n'aime pas particulièrement, c'est par exemple la manipulation des plaques, qui est assez fatigante.
JOËL: Entre parenthèses, c'est ce que je fais aussi!
JEAN-JACQUES: Précisément! C'est le travail qu'on laisse souvent à des étudiants qui viennent nous aider pendant les vacances... Les employés proprement dits font le travail le moins pénible, le travail qu'ils considèrent comme intéressant justement, *la frappe à la machine*...

L'utilisation de la machine à écrire

JOËL: Des machines assez perfectionnées...
JEAN-JACQUES: Oui, des machines Olivetti qui tapent les opérations, et qui coûtent quelque chose comme deux millions. Il y a un travail qui m'intéresse plus, c'est *l'agrafage*. C'est moins ennuyeux que de sortir les plaques, de les nettoyer, de les ranger ensuite.

Stapling

JOËL: Et est-ce que ce travail est bien payé, relativement à d'autres travaux, par exemple à un employé dans une usine?
JEAN-JACQUES: Par rapport à la demande d'énergie nécessaire pour faire ce travail, c'est relativement bien payé.
JOËL: Est-ce que ça ne serait pas indiscret de te demander ton salaire?
JEAN-JACQUES: Personnellement, je travaille depuis six mois à la banque et je gagne soixante-quinze mille francs à

peu près, en *décomptant* tous les *frais* de Sécurité Sociale et autres.   Après soustraction de ce que je paye pour la SS

JOËL: Et tu es payé quatorze mois et demi par an?

JEAN-JACQUES: Oui, les payes *s'effectuent* ainsi. Oui, nous   Se font
5 avons des primes qu'on appelle *primes de bilan,* tous les   Sommes en supplément
trois mois: au mois de mars, de juin et de septembre,   au salaire
primes qui s'élèvent à la moitié d'un mois de salaire. Plus un mois complet au quinze décembre et une paye normale au trente et un décembre.

10 JOËL: Ça tombe bien pour les fêtes de Noël, quoi!

JEAN-JACQUES: Et pour les impôts!

JOËL: Est-ce que la direction accorde facilement des augmentations de salaire?

JEAN-JACQUES: Eh bien, j'ai fait une période d'essai de trois
15 mois, et puis j'ai été augmenté, relativement peu. Mes camarades étaient très contents de leur prime. Personnellement, je n'ai pas été aussi satisfait...

JOËL: Pour passer du coq à l'âne, qu'est-ce que tu penses du service militaire?

20 JEAN-JACQUES: Eh bien, j'ai eu l'occasion de changer d'idée à ce sujet. Jusqu'à présent, ça me paraissait quelque chose de vraiment inutile. Ça m'ennuyait beaucoup de partir pendant un an.

JOËL: Tu n'en vois pas l'utilité?

25 JEAN-JACQUES: J'ai eu l'occasion de changer d'avis, comme je te l'ai dit. Le service militaire, pour moi, ça va être une sorte de délivrance... Je vais laisser tomber la banque... reviendrai *majeur*... Ça va me permettre de   J'aurai plus de 21 ans
résoudre, j'espère, pas mal de problèmes.

30 JOËL: Et après, tu *comptes* continuer tes études?   Voir page 369

JEAN-JACQUES: Dans mon cas, oui. Mais il ne faut pas croire que c'est l'ambition de toutes les personnes qui se trouvent dans la banque...

JOËL: Ce qui est intéressant, justement, c'est que tu n'es
35 pas le modèle stéréotypé, mais que c'est bien toi, Jean-Jacques, qui... Autre chose: je voudrais te demander quel est ton emploi du temps, par exemple aujourd'hui?

JEAN-JACQUES: Eh bien, je me suis levé très tôt ce matin:
40 j'habite en banlieue...

JOËL: Où ça exactement?

JEAN-JACQUES: J'habite à côté d'Enghien. En venant par le train à Paris, je mets peut-être vingt minutes pour aller de chez moi à la gare, et vingt à vingt-cinq minutes de
45 train; j'ai un quart d'heure de marche de la gare à la

banque. Venir à pied est plus intéressant pour moi que venir par le métro.

JOËL: C'est quand même long, non? Tu aurais préféré trouver un travail sur place?

5 JEAN-JACQUES: Eh bien, non! Quand j'ai décidé de travailler, je n'ai pas eu le temps de réfléchir au fait que venir travailler à Paris, c'est gênant au point de vue des horaires: le temps à passer dans le train, sur la route, dans le métro, mais venir à Paris ne me dérange pas...

10 JOËL: Alors, une fois arrivé à la banque? Il est huit heures et quart...

JEAN-JACQUES: Les horaires de la banque sont se huit heures et quart à douze heures trente, pour le service dans lequel je me trouve actuellement.

15 JOËL: Et les autres *services*?   Voir page 330

JEAN-JACQUES: Il y a trois services... Je parle de services de restaurant! Il y a du personnel de la banque qui a la possibilité de manger à onze heures trente... Enfin, quand je dis la possibilité... c'est une obligation! Il y a
20 un service de cantine de onze heures trente à douze heures trente. Il y en a un autre — celui qui m'intéresse — de douze heures trente à treize heures trente... Et puis un autre à treize heures trente. J'estime que ma journée est bien partagée de cette manière: quatre heures de
25 travail le matin, quatre heures l'après-midi, et puis ça me permet de rentrer assez tôt chez moi.

JOËL: Alors, après ton travail, est-ce que tu rentres directement chez toi ou est-ce que tu flânes un peu?

JEAN-JACQUES: Je flâne un peu. Je vais voir des cama-
30 rades...

JOËL: Il t'arrive d'aller au cinéma?

JEAN-JACQUES: Oui, ça m'arrive! Particulièrement depuis que je travaille.

JOËL: Est-ce que tu prends le cinéma comme une simple
35 distraction?

JEAN-JACQUES: Absolument!

JOËL: Mais est-ce que tu vas voir de préférence des films d'exclusivité, ou alors des films un peu plus vieux? Est-ce que ça t'arrive d'aller à la Cinémathèque?

40 JEAN-JACQUES: Absolument pas. D'ailleurs, ma dernière expérience m'a beaucoup déçu. C'est un film en exclusivité qui a tenu l'affiche pendant trois mois. Ça s'appelle *Bob et Carolle et Ted et Alice*.

JOËL: C'est un film dont les Américains *n'auront pas*   Auront certainement
45 *manqué d'*entendre parler.

JEAN-JACQUES: Personnellement, je n'en avais pas entendu parler. J'y suis allé tout à fait par hasard, entraîné par des camarades. Je suis parti au bout d'un quart d'heure, et j'ai attendu mes camarades à la sortie du cinéma!

5 JOËL: A part le cinéma, est-ce que tu as d'autres loisirs? La lecture par exemple?

JEAN-JACQUES: Périodiquement, oui, je lis beaucoup. Il m'arrive de lire un ou deux livres dans la nuit, et puis je suis un mois, un mois et demi, sans lire une ligne d'un
10 bouquin. Mais j'ai d'autres distractions, telles que jouer de la guitare.

JOËL: Tu aimes la musique?

JEAN-JACQUES: J'aime beaucoup la musique! Il est certain que je débute et que je suis maladroit. Ça me force
15 justement à m'accrocher, à persister sur quelque chose qui me paraissait irréalisable au début.

JOËL: La musique, c'est simplement un *hobby,* ou c'est plus que ça?

JEAN-JACQUES: Eh bien, posséder une guitare m'a sûrement
20 *entraîné*. J'avais envie de jouer de la guitare, peut-être pour *épater* un peu mes camarades. J'ai acheté une guitare et je m'efforce d'en jouer, mais ce n'est pas vraiment une vocation. J'aurais acheté un tambour ou une trompette, je pense que je...

25 JOËL: Et en tant qu'auditeur?

JEAN-JACQUES: J'aime beaucoup ce qu'on appelle la *pop music*.

JOËL: Par exemple?

JEAN-JACQUES: La musique qui utilise des instruments tout
30 à fait modernes...

JOËL: L'orgue électrique, la guitare électrique...

JEAN-JACQUES: Exactement!

JOËL: Est-ce que tu peux donner des noms de chanteurs qui te passionnent?

35 JEAN-JACQUES: J'aime beaucoup les *Beatles*. J'aime beaucoup Bob Dylan, parce que le *folk song* m'attire...

JOËL: Et en plus, ça peut se jouer à la guitare! En été — ça doit être en été — tu as un mois de vacances, n'est-ce pas?

JEAN-JACQUES: Oui, j'ai un mois de vacances.

40 JOËL: Comment l'emploies-tu?

JEAN-JACQUES? En tout cas, il n'est absolument pas question que je parte avec mes parents! Il est certain que j'aimerais beaucoup partir seul, voyager, mais à cause des rapports que j'ai avec mes parents, il est certain que ça va me poser
45 d'énormes difficultés.

Tiré vers. Voir page 274
Les remplir de surprise admirative (*fam.*).
C'est *épatant*: excellent extraordinaire (*fam.*)

172   *Entre Nous*

JOËL: La mer, la montagne? Ou alors une région ou un pays en particulier que tu aimerais visiter?
JEAN-JACQUES: Eh bien, l'été dernier, je suis descendu sur la Côte d'Azur, j'ai traversé la France par le Périgord
5   pour descendre sur Royan, Bordeaux...
JOËL: Ça fait un sacré détour pour descendre sur la Côte d'Azur!
JEAN-JACQUES: Oui, bien sûr!

JOËL: Tu aimes beaucoup voyager?
10 JEAN-JACQUES: Je n'appelle pas ça voyager! J'appelle voyager... partir au Canada, dans des pays... la Russie, le Japon, ça, c'est voyager!
JOËL: Qu'est-ce que tu préfères: l'avion, le train ou l'auto-stop?
15 JEAN-JACQUES: Personnellement, je n'ai jamais essayé l'avion. Mon père travaillant à la *SNCF,* je bénéficie de tarifs extrêmement bas et même d'un certain nombre de voyages gratuits. Pourtant, l'été dernier, j'ai fait plusieurs milliers de kilomètres en auto-stop. Ça m'a
20 permis d'avoir beaucoup de conversations intéressantes avec les personnes qui me prenaient. Il y a quand même un climat d'entente, sinon de familiarité, un climat provoquant la sympathie. Alors que dans un train...

La Société Nationale des Chemins de Fer Français

> Je réponds ordinairement à ceux qui me demandent raison de mes voyages, que je sais bien ce que je fuis, mais non pas ce que je cherche.
> Montaigne

Controverses

1. D'après les renseignements donnés dans ce chapitre, compare les habitudes françaises et américaines en ce qui concerne les sorties, la façon de payer, etc...
2. Le problème de «l'argent de poche». Compare la façon dont ça se passe pour toi au lycée avec la coutume française telle que la décrit Joël.

3. Un sujet bateau: ton attitude vis-à-vis des hippies.

4. « A l'étranger, on se permet beaucoup de choses, qu'on ne se permettrait pas en France.» Si tu es déjà allé à l'étranger, as-tu eu la même impression? Que penses-tu de cette attitude?

5. D'après ce que dit Joël, mais aussi *d'après la façon dont il le dit,* essaie de faire son portrait. Est-ce que tu retrouves en lui un peu de ta propre personnalité ou non?

6. Jean-Jacques n'est pas étudiant. Peux-tu discerner chez lui certains traits de caractère tout à fait différents de ceux des membres du groupe?

Applications

Expressions idiomatiques (329 et 365)

1. • Le fait de passer quelquefois du coq à l'âne peut-il être une bonne méthode dans une classe de français?
   • Si tu dors comme une marmotte et que tu as une classe dans dix minutes, ton camarade de chambre devrait bien te _____ pour te réveiller, n'est-ce pas?
   • La dernière fois que j'ai été à deux doigts de dire un gros mot, c'était le jour où......

2. Complète:
   — _____.
   — Débrouille-toi!

   — _____.
   — Maintenant, prends ta revanche!
   — Aujourd'hui, je n'ai pas envie de mettre la main à la pâte parce que ......

3. Invente une petite histoire, dialoguée ou non, avec comme personnages les gars de ton équipe de football ou de baseball. Utilise les expressions:
   jouer le jeu   prendre en traître
   c'est pas du jeu!   prendre sa revanche

4. Tu es dans une boîte de nuit avec des copains. A un moment donné, vous êtes à deux doigts de vous faire sortir. Raconte.
   Attention! La sortie n'est pas volontaire...

Service-Parti-Partie (330 et 331)

Une partie de tennis.
Steve n'est pas un très bon joueur de tennis, mais il sait tirer _____ des fautes de ses adversaires.

174 *Entre Nous*

Il aime jouer en double, mais il s'arrange toujours pour faire _____ de l'équipe qui est la plus forte. Cependant, il n'aime pas l'arbitre (*umpire*), qu'il accuse d'être de _____.

Il me demande s'il est vrai que Jacques Chaban-Delmas est champion de tennis. C'est vrai. Il est aussi premier ministre. Il est _____ de l'UDR. — Union pour la Défense de la République (il fait _____ de l'UDR.) qui est, comme tu le sais peut-être le _____ gaulliste. De nombreux _____ ministériels sont rattachés au cabinet du premier ministre. Celui-ci, qui est aussi maire de Bordeaux, a très envie de _____ service à ses administrés (les habitants de sa ville), mais un premier ministre doit être avant tout au _____ de l'état, n'est-ce pas?

Certains disent que l'art de réussir en politique, c'est l'art de _____ le meilleur parti possible de la situation présente; d'autres encore que c'est l'art d'être _____ du _____ au pouvoir, quel qu'il soit...

Mais assez parlé politique! On est en train de jouer au tennis, non? A toi de faire _____!

S'occuper de Faux-amis (331 et 332)

1. • La mère de Joël le _____ quand il est malade, mais c'est son père qui _____ de le _____ pour le réveiller.
   • Si j'en crois les exemples grammaticaux de la page 406, Joël a au moins trois qualités: c'est un garçon _____, _____ et _____.

2. Imagine les phrases qui ont amené les répliques suivantes:
   — _____.
   — T'occupe pas de ça!

   — _____.
   — Je suis à toi tout de suite!

   — _____.
   — Je suis très sensible à votre gentillesse.

   — _____.
   — Vous êtes vraiment très compréhensif.

3. • Est-il important d'avoir une tenue soignée? Tout le temps? Dans certains cas particuliers?
   • Des trois qualités reconnues à Joël dans l'exercice 1., laquelle te semble la plus importante? Discute.

Insultes (332)

1. Trois autres façons de dire exactement la même chose que:
   Les chauffeurs de taxi français insultent volontiers les autres automobilistes.
   (volontiers = assez souvent; *attention à la place de ce mot*).

2. Donne les façons les plus courantes d'utiliser les adjectifs suivants.
   Donne-les dans un ordre de force croissante (le moins fort le premier).
   — imbécile ⎫
   — idiot   ⎬ 3 formes
   — abruti   ⎪
   — goujat ⎭

   — crétin ⎫ 4 formes
   — voyou ⎭

   — con } 5 formes

3. *First I was cursed by the driver, then injured by his car.*

   Attention ! — quel temps pour *I was cursed*?
   — il est *impossible* d'utiliser *dire* à la forme passive.
   — il est *possible* de ne pas répéter l'auxiliaire dans la deuxième partie de la phrase.

Que (333)

1. • Quand Joël aura son verre de cognac à la main et _____ sera prêt à boire, je lui donnerai une pichenette sur la main pour l'empêcher de boire.
   • Si Joël arrive en retard en classe et _____ le professeur rouspète trop fort, qu'est-ce que tu crois qu'il fera?
   • Comme Joël dormait comme un loir et _____ son père avait oublié de le réveiller, il a manqué la classe ce matin. (Remarque le sens différent des deux *comme*)

2. Commence les phrases suivantes avec l'une des expressions: *C'est. Il y a, Voilà*, et fais les changements nécessaires (*que, qui...*)
   • Je vois Joël là-bas.
   • Je ne l'ai pas vu depuis trois jours.
   • Je l'ai vu le premier.
   • Je me débarbouille d'abord, d'accord?
   • D'accord, mais tu mets la table! Après *c'est,* (*je* devient *moi.*)
   • D'accord si Martine fait la vaisselle!
   • Tu nous fais languir depuis dix minutes.

3. Utilise chacune des expressions suivantes dans deux phrases, différentes chaque fois, d'après les modèles:
   — Joël aime bien Nicole, parce qu'elle ne se moque jamais de lui.
   — Parce que Nicole ne se moque jamais de lui, Joël l'aime bien.

   depuis que   étant donné que
   alors que   étant entendu que
   tandis que   au fur et à mesure que
   du moment que

(334)

1. • C'est un quartier _____ j'adore.
   • C'est une règle _____ on applique tout le temps.
   • Il veut exprimer _____ il ressent.

176 *Entre Nous*

- On va classer tout _____ je suis dans les problèmes de l'adolescence.
- C'est à peu près _____ il y a de meilleur.
- J'arrive en retard, _____ me vaut de me faire remarquer.
- J'ai dix minutes de chemin, _____ me laisse vingt minutes pour déjeuner.
- J'écoute beaucoup _____ on appelle la pop music.
- On essaie de lui faire dire le contraire de _____ il a dit avant.
- Profite de _____ il joue avec les mégots.

Il pense vraiment ce qu'il dit.
Ce qu'il dit, il *le* pense vraiment.

Sur ce modèle, transforme les phrases suivantes. N'oublie pas *le!*
- Il aime beaucoup ce qui vient de France.
- Il croit tout ce que son père lui dit.
- Joël a compris ce que je lui ai expliqué.
- Tu as compris ce que le mot *fauché* veut dire?

2. Complète:
- _____ tu es bête!
- _____ tu es de mauvaise humeur ce matin!
- _____ ce chapitre est difficile!

(335)

1. Mets à la forme courte (si c'est possible):
   - Qu'est-ce qui est arrivé à Joël ce matin?
   - Qui est-ce qui est arrivé ce matin?
   - Qui est-ce que Joël a aperçu au café d'en face?
   - Qu'est-ce que Joël a fait en se levant?
   - A qui est-ce que Jean-Jacques envoie des avis de virement?
   - De qui est-ce que tu parles?
   - Contre qui est-ce que vous allez jouer au tennis?

2. Mets à la forme longue:
   - Qui a mis la table?
   - Qui Joël a-t-il battu au tennis?
   - Que veux-tu que je fasse?
   - A qui Joël veut-il parler?
   - Avec qui Joël est-il sorti?
   - Pour qui as-tu fait ça?
   - De qui Jean-Claude dit-il qu'il boit trop?

3. - *What are you afraid of?* (avoir peur de).
     Quatre équivalences S.V.P.

     Forme courte { — tu
                  { — vous

Joël **177**

$$\text{Forme longue} \begin{cases} -\text{ tu} \\ -\text{ vous} \end{cases}$$

- *What is that chair made of?* (être fait en)
            Forme courte
            Forme longue

- *I need a chair.*   —*Why?*   — *What for?*

4. • Voilà de quoi écrire: un _____ et du _____.
   • Cette leçon est trop difficile: il y a _____ désespérer!
   • Mais non, il n'y a _____ t'énerver comme ça!

5. Remplace les questions suivantes par leur équivalent en français familier.
   • En fait, qu'est-ce que tu veux savoir?
   • Alors, ce soir, qu'est-ce qu'on mange?
   • Qu'est-ce qu'il y a d'intéressant dans le journal?

(336)

1. • Vous étiez encore plus scandaleux _____ le film.
   • On fait plus _____ bruit _____ une manifestation de cinq cents personnes.
   • Ils ont plus _____ argent _____ moi.
   • Le plus jeune _____ groupe, c'est Joël.
   • Le plus jeune _____ deux, c'est Joël.
   • Joël est l'étudiant _____ sympatique _____ je connaisse.
   • Ça coûte moins _____ un dollar.
   • Ça coûte au moins _____ un dollar (*Attention!*)
   • Ça coûte plus _____ deux dollars.
   • Tout ça n'est pas _____ compliqué que ça en a l'air.
   • Si tu ne dépensais pas _____ d'argent, il t'en resterait encore!

2. Maintenant, tu connais assez bien quatre membres du groupe. Sur le modèle suivant, compare les qualités et les défauts de chacun. Fais six phrases en utilisant six adjectifs différents.

   • C'est _____ qui est $\begin{cases} \text{le plus} \\ \text{le moins} \end{cases}$ _____ du groupe.

VIII

**FRANÇOIS DE CLOSETS.
JOURNALISTE
SCIENTIFIQUE**
*Le programme Apollo est né
de l'imprévoyance des
Américains face à l'ère
spaciale...*

En danger
de progrès

Présentation

Autant l'avouer tout de suite, c'est probablement le chapitre le plus difficile, mais le plus profond du livre, car il étudie un problème considérable pour l'avenir de la France comme pour celui des États-Unis: où nous mène le progrès scientifique?

Nos amis en discutent avec François de Closets, le célèbre chroniquer scientifique de la télévision française, qui venait d'écrire un livre traitant de ce sujet.

Entre autres idées:
- l'automobile: progrès technique, mais on ne peut plus circuler!
- la médecine: «il faut redonner sa place à la mort dans la société.»
- la place de l'ordinateur (*computer*) dans l'enseignement.

Notre société française des années 70 est une société «bloquée»: ce thème est similaire à celui que le premier ministre, Jacques Chaban-Delmas, a développé tout récemment, mais le moins qu'on puisse dire est que les deux hommes en tirent des conséquences différentes...

Le contraire serait étonnant car François de Closets se place au-delà des systèmes politiques, et renvoie dos à dos le système capitaliste et le système communiste, tous deux coupables de ne pas avoir prévu suffisamment les conséquences du progrès technique.

Et j'espère que la dernière partie donnera lieu à une controverse dans ta classe: François de Closets, spécialiste des études spatiales, affirme: «Le programme Apollo est né de l'imprévoyance des Américains face à l'ère spatiale...»

La religion du capitaine

Nicole et Martine ont avoué à Ray qu'elles aimaient beaucoup voir François de Closets à la télévision. Ce 8 avril, c'est donc dans leur appartement, pas très loin de la gare Montparnasse, qu'a lieu la soirée.

RAY: François de Closets, toute la France vous connaît parce qu'on vous voit souvent à la télévision...
FRANÇOIS DE CLOSETS: Je n'aime pas du tout qu'on associe mon nom et ma carrière à la télévision. La télévision,
5 c'est ce que le journaliste appelle un support. Mais j'utilise aussi la presse écrite: *Science et Avenir* et je suis dans l'édition, puisque j'ai *commis* un certain nombre   Écrit (ironique) d'ouvrages. Si vous voulez, je suis un journaliste scientifique qui *se trouve* avoir la télévision comme principal   *Happens*
10 support actuel.
RAY: Qu'est-ce qu'un journaliste scientifique?
FRANÇOIS DE CLOSETS: C'est un monsieur qui doit arriver, dès qu'on lui parle de neutron, d'acide nucléique, de mémoire d'ordinateur... à avoir immédiatement, clac!

le fichier dans la tête : un certain nombre d'idées qui lui permettent de restituer les informations qu'il reçoit.

RAY : Des idées qui ne sont pas uniquement techniques ?

F. DE C. : Qui peuvent être aussi politiques, qui peuvent être économiques, mais qui doivent être, à la base, techniques et scientifiques... Il y a un processus continu qui part de la découverte fondamentale et puis qui arrive à l'application la plus banale. On découvre par exemple tel nouveau phénomène dans tel nouveau matériau : c'est de la science. Et puis on voit naître l'invention : il y a un monsieur qui se sert de ce phénomène pour obtenir un petit *bidule* qui fait miaou...   Machin, truc (*pop.*)

RAY : C'est joli, ça !

F. DE C : Mais il faut qu'ensuite on puisse le produire à la chaîne, à bon marché, etc... Tout ça, le journaliste scientifique le suit et puis, là, il commence tout doucement à *chevaucher avec* le journalisme économique parce que, peu à peu, les problèmes de commercialisation, d'industrialisation prennent le pas sur les problèmes proprement scientifiques et techniques. Je prends un exemple : dans quinze ans, nous ne nous intéresserons plus à la construction d'une centrale nucléaire classique, mais en revanche, il y a d'autres types de centrales nucléaires qu'on prépare, qu'on appelle les sur-générateurs... Eux, on les suivra, jusqu'au jour où, en l'an 1990, on les construira en série, comme des petits pains. Alors on passera ça aux confrères économiques, vous comprenez ?   Leurs activités commencent à se superposer

RAY : En somme, on commence par l'information scientifique pure, on continue par l'information économique, et puis un certain jour, on écrit *En danger de progrès*...

F. DE C. : Oui, il me semble qu'on arrive tout naturellement au problème... En quoi il consiste ? Eh bien, si je regarde ce qui se passe, moi, journaliste scientifique, je constate une chose : c'est qu'en suivant le processus découverte-invention-innovation, je passe ma vie à publier des victoires. C'est formidable ! On a découvert le lazer !

On a découvert telle hormone! Mais, de temps à autre je lis les journaux...
JOËL: Et vous vous posez des questions?
F. DE C.: Je lis les journaux et là, je m'aperçois que c'est crise sur crise, catastrophe sur catastrophe! Alors, si j'ai écrit *En danger de progrès,* c'est justement pour m'attaquer, si vous voulez, à cette contradiction...
RAY: En somme, c'est une réflexion sur cette *solution de continuité* entre les deux extrêmes? — Coupure, différence fondamentale
F. DE C.: Oui, sur le divorce du monde moderne entre le possible et le vécu... Je ne sais si vous ressentez comme moi ce *déchirement* dans le monde moderne... — Division grave
JOËL: J'ai lu votre livre un peu rapidement et je ne suis pas sûr d'avoir bien tout compris. Est-ce que vous voyez un moyen de résoudre la contradiction, ou alors est-ce que ça reste en suspens?
F. DE C.: Non, je pense qu'il y a un moyen de la résoudre. Je pense avoir fait un livre qui est inquiet, mais qui n'est tout de même pas pessimiste.
JOËL: Ce n'est pas un livre *paniqué*? — Qui marque une peur violente (*fam.*)
F. DE C.: Oui, c'est ça. C'est un livre qui n'est pas paniqué. Fondamentalement, d'ailleurs, ce n'est pas du tout un livre idéaliste. Je ne crois pas qu'on en sortira parce qu'on va découvrir une idéologie nouvelle miraculeuse, une nouvelle religion, une nouvelle sagesse, qui va transformer l'homme. Ça, zéro! Je crois en revanche que, les crises s'accumulant, la structure des problèmes va apparaître, que l'homme n'a jamais rien appris que par l'expérience malheureuse...
RAY: Vous croyez qu'il y a une chance qu'il comprenne véritablement à la longue? Alors qu'il n'a pas compris depuis si longtemps?
F. DE C.: Il est de fait que les poissons se font prendre depuis des milliers d'années à *l'hameçon,* et ne se sont toujours pas communiqué le truc...

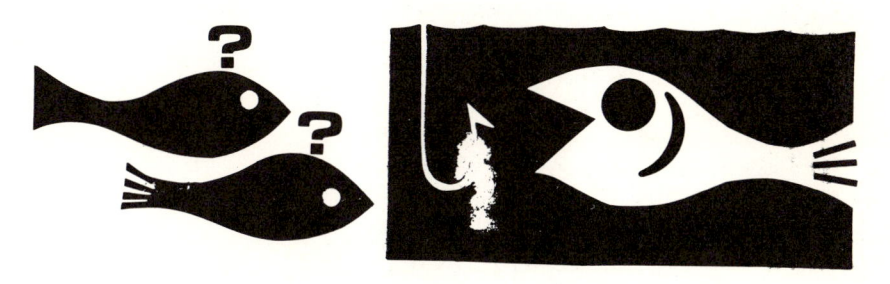

RAY : C'est vrai, ça !

F. DE C. : Mais l'encéphale des poissons, je ne crois pas qu'il soit très développé ! L'homme...

JOËL : Est un peu plus intelligent ?

F. DE C. : Oui, l'homme a quelques milliards de neurones à sa disposition... L'homme a seize *milliards* de neurones. Donc, tout compte fait, je pense que peu à peu, il va comprendre. Comprendre quoi ? Comprendre que le progrès technique en soi n'est ni un bien ni un mal, qu'il se situe au niveau des moyens, que par conséquent, il n'est pas finalisé, et que nous avons fait une première erreur criminelle qui a été de finaliser la technique. Je prends un exemple. Si l'on dit aux gens : « Quel est l'objectif de l'industrie automobile ? » ils vous répondent : « De faire des automobiles... » et ça, c'est déjà le vice de raisonnement fondamental ! L'objectif, c'est la circulation, et l'automobile est un moyen de circuler. Avoir une voiture qui ne coûte que cent francs anciens, qui roule à 300 à l'heure, qui est parfaitement silencieuse, qui vous offre l'air parfumé, l'essuie-glace à l'avant, à l'arrière, sur las côtés, ça n'a en soi aucun intérêt ! L'objectif, c'est de circuler, de se déplacer. Elle est merveilleuse, l'automobile moderne... mais en attendant, on ne peut plus circuler ! C'est comme pour les pétroliers géants...

> 16.000.000.000

RAY : Joël voudrait parler. Pas d'accord, Joël ?

JOËL : Justement, les pétroliers géants, ça profite à qui ? Ça profite aux *actionnaires* ou, éventuellement, aux propriétaires d'une société, mais les *dégâts* que le pétrolier géant peut causer, il peut les causer, par exemple par un *naufrage,* à toute une population qui n'a rien à voir avec le pétrolier...

> Propriétaires d'actions (parts) dans une société (masc.) / Dommages (masc.)

F. DE C. : Vous venez d'accrocher un paragraphe à mon raisonnement ! Il est évident qu'il ne faut pas laisser à l'initiative particulière et anarchique l'introduction des

progrès, sans que la société ait préalablement réfléchi à ce que pourraient être les conséquences, et qu'elle ait déterminé un certain nombre de mesures propres à éviter que ces conséquences ne soient dommageables.
Je crois que ce n'est pas utopique. Pourquoi? D'abord, parce que je crois que ces conséquences indirectes sont liées à la technique et non pas à l'idéologie... Prenez un pétrolier d'un pays capitaliste... ou d'un pays communiste: c'est une grosse *citerne* sur la mer, pleine de pétrole, et le jour où elle va *s'échouer,* que le pétrolier batte n'importe quel *pavillon,* quel que soit l'âge ou la religion du capitaine, ça va *saloper* toute la mer. Ça vous impose un genre de mesures qui, en elles-mêmes, ne sont pas des options idéologiques. Quand on vous propose une solution aux problèmes du monde qui suppose que tout le monde soit communiste, que tout le monde soit capitaliste, que tout le monde soit catholique ou que tout le monde soit troskyste, vous pouvez être sûr au départ que cette solution n'a rien à voir avec la réalité! Mais toutes les mesures à prendre, et c'est mon dernier point, doivent être prises à titre prévisionnel...

Un réservoir métallique / Elle devient une épave / Soit de n'importe quelle nationalité / Salir, abîmer (*pop.*)

RAY: Vous voulez préciser un petit peu le terme?
F. DE C.: C'est à dire les prendre avant, *en prévision*...
CAROLLE: Au point où on en est maintenant, est-ce qu'on peut *ratrapper* le retard qu'on a déjà pris?

Compenser

F. DE C.: Ça n'est pas facile. Un exemple: quand on a découvert la chimie de synthèse, personne n'a pensé que c'était dangereux. On a fait ça à tire-larigot et aujourd'hui on a pollué toute la nature! On commence à vouloir réagir, mais on ne s'en sort plus, parce qu'il y a une situation de fait. Alors on veut prendre *un décret* pour interdire les détergents qui ne sont pas biodégradants... ceux que les bactéries ne peuvent pas *bouffer,* donc qui s'accumulent. Seulement, les industriels lèvent les bras au ciel: «Vous vous rendez compte, moi je viens de construire une unité! Ce n'est pas possible!» Résultat: le décret traîne depuis des mois et des mois...

Voir page 32

Manger (*pop.*) surtout appliqué à un être humain

NICOLE: Dans votre livre, vous avez posé aussi le problème de la médecine. On pourrait en parler un peu?
JOËL: Ah! L'étudiante en médecine se réveille...
NICOLE: Un étudiant en médecine n'a jamais l'occasion d'étudier le point de vue humain de la médecine.
RAY: C'est une critique?
NICOLE: Oui, c'est une critique. Parce qu'il va y avoir des problèmes, et nous, on ne sera pas préparés!

F. DE C.: Alors, essayons de poser le problème du progrès en médecine. Qu'est-ce que le progrès médical va apporter au médecin dans l'avenir? Il va lui apporter l'ambiguité. Le médecin, traditionnellement, on lui faisait croire que son rôle était simplement de maintenir la vie de son patient et de lutter contre la mort. C'est l'idée qu'on lui avait *flanquée* dans la tête et il pouvait croire que ça répondait à la situation. Le progrès médical a fait qu'on arrive de plus en plus à entretenir la vie. Par exemple, on peut faire vivre aujourd'hui des enfants qui n'ont pas de bras. On peut faire vivre des êtres des années dans un coma dont on ne sait plus s'il correspond à une vie ou à une mort. Mais le médecin continue à croire que son rôle est de lutter contre la mort...

Mise (fam.)

NICOLE: Par tous les moyens...

F. DE C.: C'est ça! Or, qu'est-ce que ça veut dire? Au départ, on découvre un nouveau moyen d'action, et en général ce nouveau moyen d'action est très cher. Comme le premier *lingot* d'aluminium qui coûtait plus cher que l'or... Et puis, à force de travail on arrive, très longtemps après parfois, à ce qui est le vrai triomphe, le seul vrai triomphe de la médecine, qui est le vaccin. Parce que le vaccin est bon marché, et que le vaccin est préventif. Prenons au contraire l'exemple de ce qu'on pourrait considérer comme l'opposé du vaccin: *le poumon artificiel,* qui permet d'entretenir la vie. Mais à un prix tel que, si on veut faire bénéficier de ce progrès tous les malades qui en ont besoin, eh bien on s'aperçoit, de façon mathématique, que le budget de la médecine atteint le budget de l'état! C'est une loi.

Morceau solidifié après fusion

Artificial lung

JOËL: A ce point?

F. DE C.: Mais oui, il faut y consacrer tout le budget de l'état, que cet état soit capitaliste ou communiste! Et comme on a appris aux médecins, dans le serment d'Hipocrate, qu'il fallait coûte que coûte lutter contre la mort, on va finir par avoir une population de plus en plus soignée... et des gens qui se porteront de plus en plus mal, parce qu'on n'aura pas le temps de faire de la prévention! Il y aura de plus en plus de malades,

> Le but de la science est de prévoir et non, comme on l'a dit souvent, de comprendre.
>
> Lecomte du Noüy

puisqu'on ne les détectera pas avant. Voilà ce qui se passera, si on ne veut pas comprendre quelles sont les

En danger de progrès **187**

conséquences inévitables du progrès médical: redonner sa place à la mort dans la société...

CAROLLE: Est-ce que, à ce degré, tout ça ne devient pas un problème moral?

F. DE C.: Je ne crois pas, car il n'y aura jamais une règle morale qui vous donnera le droit de prendre la vie des uns et pas des autres! Problème amoral par nature, et il faut le savoir. Et voilà le pourquoi de la crise de la Sécurité Sociale! Rassurez-vous, c'est pareil dans tous les pays et dans toutes les sociétés!

CAROLLE: Mais sur quels critères choisir? Par exemple le malade du coeur auquel on avait fait un coeur artificiel, mais qui probablement allait quand même mourir bientôt... sur quel critère voulez-vous choisir entre lui et un bien portant?

F. DE C.: Ecoutez, Monsieur Onasis lui-même ne peut pas payer les soins qui le guériraient d'un cancer... Il peut, certes, payer la mise en œuvre de ces soins, il ne peut certainement pas payer les recherches qui ont permis ces soins. Nous sommes bien d'accord? C'est donc, dans tous les cas, la société qui doit décider de mettre en œuvre certains soins pour un malade. Deuxième point: il faut tarifer la vie... C'est atroce à dire, mais c'est comme ça! Il faut savoir que telle thérapeuthique, qui permet de restaurer telle ou telle qualité de vie, n'est pas *rentable* par rapport à telle autre.

RAY: Mais est-ce que vous jugez que la solution de continuité entre ces deux choses, l'expérience et le stade opérationnel, est définitif? Il me semble qu'elle est provisoire, en ce sens que la première mène à la seconde et que, sans la première, on n'arrive jamais à la seconde.

F. DE C.: C'est évident! Je dis qu'il faut faire la première, mais savoir qu'on la fait en tant qu'expérimentation. Il y a une différence colossale entre dire à tous les

D'un point de vue strictement mathématique, il faudrait l'abandonner

urémiques: « Nous vous soignons », et dire: « Nous continuons l'expérimentation technique sur quelques cas pour arriver à une technique qui nous permettra plus tard de soigner tous les urémiques » (*Silence*).

Malades dont l'élimination d'urine se fait mal

Une société bloquée

RAY: On abandonne la médecine pour parler un peu de l'influence du progrès sur la société en général?
CAROLLE: J'ai vu récemment à la télévision Monsieur Chaban-Delmas qui a parlé de la fragilité de notre société...
F. DE C.: En effet, aujourd'hui un rien peut bloquer le tout.
CAROLLE: Oui, c'est ça, une poussière peut faire sauter le pays... quelque chose de ce genre. Ça m'effraie un peu. Jusqu'à quel point est-ce qu'on peut aller?
F. DE C.: C'est très juste. Alors, à quoi attribuez-vous ce fait que, de plus en plus, il y ait des catégories sociales très limitées qui puissent bloquer la société?
JOËL: A l'évolution de l'homme, de sa mentalité...
MARTINE: A l'interdépendance...
F. DE C.: Est-ce que les conducteurs de *diligences* pouvaient bloquer la France, il y a deux siècles?
MARTINE: Les camionneurs sont beaucoup plus puissants.
F. DE C.: Oui, mais il y a autre chose. C'est que la société ancienne reposait sur la fragmentation, la non-spécialisation, et la très faible importance des services collectifs. C'est à dire que si les boulangers se mettaient en grève à Arcy-sur-Aube, c'était une grève des boulangers d'Arcy-sur-Aube, et c'est tout.
MARTINE: Les gens pouvaient acheter leur pain ailleurs...
F. DE C.: Exact! Et d'autre part, les ménagères faisaient leur pain. Si les enseignants se mettaient en grève, comme il n'y avait que trois pour cent de la population qui étaient enseignés, on s'en fichait! Si les transports se mettaient en grève, comme de toute façon on ne transportait que très peu de choses, ça avait peu d'importance. Qu'apporte le progrès technique, encore une fois, par rapport à ça? Il apporte l'intégration de la société par la spécialisation... Si un groupe d'individus, chargés de remplir une de ces fonctions, cessent de la remplir, la société *crève*. De même que vous ne pouvez pas vivre si votre *foie* décide de ne plus fonctionner. Vous ne pouvez pas vivre dans une société si les transporteurs se mettent en grève, si l'enseignement se met

Meurt (en général pour un animal) / Liver

En danger de progrès **189**

en grève... Et attention, ce n'est pas parce que nous sommes une société capitaliste, c'est parce que nous sommes une société technique, une société moderne, et toutes les sociétés modernes en sont au même point!

5 MARTINE: Excusez-moi, mais je voudrais dire que dans cette société, que l'ouvrier meure d'ennui ou qu'il meure d'*épuisement,* comme il y a deux cents ans, c'est bien pareil!

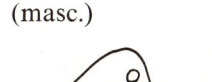

Extrême fatigue (masc.)

F. DE C.: Attention, le progrès n'apporte pas la monotonie!
10 C'est le *début* du progrès qui l'apporte... Qu'est-ce que l'automation apporte? Elle apporte l'automatisation des processus répétitifs, que ce soit de production ou de gestion. L'ouvrier qui visse toujours le même *boulon,* le comptable qui fait toujours les mêmes additions, dans
15 cinq ans, dans dix ans ou dans quinze ans, tout cela doit disparaître. De plus en plus, le progrès condamne ce genre de travail.

JOËL: Mais est-ce qu'on ne mourra pas d'ennui en faisant des *ordinateurs*?

20 F. DE C.: Moi, je vous réponds non. A mon avis, il n'y a rien de plus noble pour l'homme que de concevoir des structures, d'analyser les problèmes et de concevoir le modèle de solution applicable aux différents cas. Je crois que si l'homme s'ennuie à faire ça, alors, c'est *fichu,*

Voir page 363

25 c'est que l'homme n'est pas digne d'être l'homme. Je veux bien que le comptable s'ennuie à refaire toujours les mêmes opérations, mais si son fils s'ennuie à concevoir un programme qui va permettre de comprendre profondément le problème de la comptabilité, c'est l'homme
30 qui est en cause!

JOËL: Ça, c'est le chercheur...

F. DE C.: Il y en aura de plus en plus...

JOËL: Mais il y aura aussi celui qui fera fonctionner la machine...

35 F. DE C.: Oui, mais ça aussi sera intéressant! Supposons que nous ayons un problème de réservation de places

d'avion... Il y a *une bonne femme* qui se présente... On a prévu le cas des chiens et des chats. Or, cette dame se présente avec un... boa. Qu'est-ce qu'elle doit payer comme place d'avion? La machine dit: «Moi, je ne sais plus!» Et c'est à ce moment-là qu'intervient la personne, vous comprenez? Même chose pour le professeur, qui aujourd'hui *rabâche* son cours. Demain, ce sera l'ordinateur qui rabâchera le cours, mais en même temps, quand un élève ne *pigera* pas, ça s'enregistrera dans la mémoire de l'ordinateur. Il s'apercevra que tel élève, depuis qu'il est sur les intégrales, fait des erreurs et n'avance plus... L'ordinateur sort la fiche et quand le professeur arrive: «Tiens, tel élève... Qu'est-ce qui ne va pas avec les intégrales?» C'est quand même plus intéressant pour le professeur de faire ça que de servir sa soupe à tout le monde, avec l'élève *pas doué* qui est toujours à se demander: «Qu'est-ce qu' il a voulu dire?» et l'élève doué qui dit: «Mais qu'est-ce qu'il rabâche? Il m'embête!» Je crois vraiment que le progrès technique augmente l'intérêt du travail plutôt que de le diminuer.

MARTINE: Mais alors, dans ce cas là, ce n'est pas un danger de progrès?

F. DE C.: C'est un des faux dangers du progrès! Je suis peut-être optimiste, mais je vois les choses comme ça. Et je crois qu'il y a assez de vrais dangers pour qu'on n'en rajoute pas!

Voir page 314

Répète toujours le même cours (fam.)
Comprendra (fam.)

Qui n'a aucune disposition pour les études

De la terre à la lune

RAY: Il est déjà plus de onze heures... Si on parlait un peu de la lune?

JOËL: La lune... Moi, je trouve ça extraordinaire: les astronautes *débarquent* sur la lune, plantent le drapeau américain puisqu'ils sont Américains... C'est tout juste s'ils ne plantent pas le drapeau mondial pour dire: «Nous sommes venus, nous, de l'humanité, poser le pied sur la lune!» Mais le jour où l'on découvrira qu'il y a de l'uranium sur la lune, c'est là que les vrais problèmes commenceront: le droit spatial, l'armée lunaire, etc... A ce moment, on dira: «Si on était resté sur cette bonne vieille terre...»

NICOLE: Si c'est simplement pour la gloire...

F. DE C.: C'est un *pari* sur l'avenir...

NICOLE: Si ça peut apporter des conditions de vie meilleures, d'accord. Mais si c'est simplement pour la gloire et pour dire: «Nous avons été là-haut,» eh bien, c'est dégoûtant!

Descendent à terre (!) d'un véhicule quelconque

Une confiance, plus instinctive que logique, en l'avenir

CAROLLE: Sur ce sujet, on est déjà un peu blasé...

F. DE C.: Je vais vous donner ma position, et je crois qu'elle va vous choquer: le programme Apollo est né de l'imprévoyance des Américains face à l'ère spatiale...

Ce programme, si on se place dans la logique de l'astronautique, est une hérésie, une monstruosité. Il n'y avait aucune raison de commencer la conquête spatiale sur de telles bases. Mais historiquement, étant donné la situation dans laquelle était Kennedy, il devait agir ainsi. Il le devait parce que le système capitaliste américain n'avait pas permis de prévoir l'astronautique, exactement comme le système soviétique n'avait pas permis de prévoir l'informatique. Alors, qu'a-t-on fait? On a mis au point des techniques atrocement coûteuses et, au lieu de se dire: « Avant de lancer les grandes opérations, on va développer nos techniques jusqu'à ce qu'elles soient bon marché », on a voulu tout de suite se servir de ces techniques extrêmement coûteuses. Parce que l'Amérique avait tout de suite besoin d'une victoire politique. Le résultat, c'est qu'on a fait un miracle technologique, qu'on a construit un matériel hautement spécialisé qui ne peut faire qu'une chose: permettre à quelques hommes de se poser sur la lune et de revenir. Point final. La charge utile d'Apollo, au point de vue scientifique, est de cent kilos. On a dépensé vingt-cinq milliards de dollars pour avoir la possibilité d'emporter cent kilos de matériel scientifique sur la lune! Vous voyez la monstruosité de la chose? Aujourd'hui, après avoir fait Apollo, les Américains viennent pratiquement de décider d'abandonner la *fusée*... On sait maintenant que l'avenir de l'espace, ce n'est pas la fusée, c'est ce qu'on appelle *la navette spatiale,* c'est à dire l'engin qui décolle à la verticale, *tient de* l'avion, qui atterrit à l'horizontale et qui redécolle.

Le 6 janvier 1972, Nixon décide la construction de cette naette spatiale Part, pour un avion / Voir page 359

RAY: On sait ça depuis quand?

F. DE C.: On le sait depuis toujours! Simplement, les Américains ne voulaient pas prendre le temps, ne le pouvaient pas à cause des contraintes politiques; ils n'ont pas eu le temps de se servir de la fusée à titre expérimental, de développer leur technique pour mettre au point les navettes. Il faut vous dire qu'avec une fusée, le coût de lancement au kilo dans l'orbite terrestre doit être de cinq ou dix mille dollars, et qu'avec la navette il va tomber à cinquante dollars. Ce qu'il y a d'invraisemblable, c'est qu'on n'ait pas attendu d'avoir la navette à cinquante dollars le kilo pour se lancer à l'assaut de la lune... Le résultat, c'est que toute la *quincaillerie* Apollo, cette merveille de la technologie va être *mise à la casse*. C'est fini; on ferme les usines, et on développe un matériel entièrement nouveau, qui va coûter très cher, et qui va permettre enfin de s'installer dans l'espace! Tout l'ensemble métallique (ironque) (*fam.*) / Détruite

RAY: On mettra combien d'années, à votre avis?

F. DE C.: La navette doit être prête pour 1978 et alors, à ce moment là, vous aurez une station spatiale permanente, vous aurez trois vols par semaine, vous pourrez prendre vos places dans la navette... (*Silence*). Dernière question que j'aimerais aborder: je crois que c'est une utopie de penser que la lune puisse jamais avoir le moindre semblant d'intérêt pratique... Il faut comprendre, premièrement, que la lune n'aura pas le moindre intérêt militaire, car s'il s'agit d'observer la terre, s'il s'agit de lancer des missiles, c'est bien la pire *blague* que d'aller se mettre à trois cent mille kilomètres! En particulier, aujourd'hui, toute la technique des missiles consiste à ce que le missile apparaisse au dernier moment, avant que vous ayez pu lancer l'alerte... Tandis que là, vous le ferez apparaître deux jours et demi à l'avance, c'est à dire que vous aurez largement le temps de l'intercepter! Deuxième idée: on va aller sur la lune exploiter des mines: ça aussi, c'est une aberration! Dans l'espace, il n'y a aucune richesse matérielle... Voir page 351

JOËL: C'est pas sûr, ça...

F. DE C.: Je soutiens que dans l'espace, il n'y a pas un gramme de richesse matérielle, quelle qu'elle soit, qui vaille la peine d'être rapportée.

MARTINE: Il me semble qu'avant d'y aller, on a regardé...

F. DE C.: Les seuls corps qui puissent exister sur la lune sont les corps simples qui existent sur la terre; il ne peut pas y avoir un corps à trente protons et demi : il y a le corps à trente protons, et le corps à trente et un protons, et on les connaît parfaitement.

JOËL : Qui nous dit que dans les conditions lunaires, on n'arrive pas...

F. DE C. : Les lois de la physique le disent parfaitement !

JOËL : Mais ce sont les lois de la physique terrestre !

F. DE C. : Comment ! On n'a jamais vu dans l'univers se manifester des lois qui ne se manifestent pas sur la terre, jamais ! Quand on regarde le spectre d'une étoile, on n'y voit jamais apparaître des éléments inconnus sur la terre. Bien sûr, il y a le problème des métaux précieux... Si sur la lune on trouvait une mine de platine...

JOËL : Ça coûterait encore plus cher.

F. DE C. : Bien sûr ! Nous avons sur terre *un minerai* universel qui s'appelle l'eau de mer. Ça coûterait moins cher d'aller chercher l'or, le platine et tout ce que vous voudrez, dans l'eau de mer que de le rapporter de la lune ! Il faut comprendre que, de l'espace, on ne rapportera aucune richesse sauf des informations, et que cette richesse là — la richesse intellectuelle et immatérielle — est plus précieuse aujourd'hui que les biens matériels. Quand on rapporte des roches lunaires sur terre, ce qui nous intéresse, c'est le message qui est inscrit dans ces roches. C'est un message à déchiffrer, c'est un support d'informations. Ce qu'il y a dedans, *on s'en fiche royalement !*

JOËL : Mais si on trouvait une forme de vie différente ? Ne serait-ce que des végétaux ?

F. DE C. : C'est typiquement ce que j'appelle une information. Ça nous intéressera en tant qu'information.

JOËL : On pourra peut-être aussi en tirer des avantages.

F. DE C. : C'est évident. On en tirera des avantages pratiques immenses. Mais ce que je veux dire, c'est que tout ce qu'on rapportera de l'espace, ce sera sur des *ondes* et non pas sous forme de cargos remplis de matière. Quant à

Substance minérale, telle qu'on l'extrait de la mine

Voir page 363

penser que l'humanité va coloniser d'autres terres, je crois que c'est une aberration! Imaginez qu'un jour la terre soit à ce point surpeuplée qu'il *faille* le faire... Imaginez qu'il y ait sur la terre dix milliards d'individus.   Subj. de falloir

5 Vous connaissez les lois de la progression démographique: c'est le doublement; c'est à dire que si vous avez vingt milliards d'individus sur terre, dans les vingt années suivantes vous en aurez vingt autres milliards. Si vous vouliez utiliser le monde extra-terrestre comme *exutoire*,   Moyen de se débarrasser de quelque chose

10 il faudrait faire partir un milliard d'individus chaque année, à peu près... Concluez!

MARTINE: Il est déjà trop tard!

F. DE C.: L'espace, c'est comme l'Antarctique, c'est un continent de la science. Dans l'Antarctique, on n'essaie
15 pas de faire des bases militaires, on n'essaie pas d'exploiter le charbon qui est à trois kilomètres sous la glace.

JOËL: Ce sera la même chose, vous croyez, pour la lune?

F. DE C.: Exactement! Dans l'espace, on ira chercher des choses abstraites, intellectuelles. Moi, je trouve ça encore
20 plus intéressant. Pas vous?

Mini-Bibliographie

François de Closets. *En danger de progrès*. Le Seuil, 1970.

Controverses

1. « Nous avons fait une première erreur criminelle qui a été de finaliser la technique. »

2. Nos sociétés modernes sont plus facilement *bloquées* que les anciennes. Comment? Pourquoi?

3. « Il faut redonner sa place à la mort dans la société. »

4. « Le progrès n'apporte pas la monotonie; c'est le *début* du progrès qui l'apporte. »

5. L'ordinateur peut-il vraiment être employé dans une salle de classe?

6. « Le programme Apollo est né de l'imprévoyance des Américains face à l'ère spatiale. » (ou: Voyages lunaires et politique).

7. « Je soutiens que dans l'espace il n'y a pas un gramme de richesse matérielle, quelle qu'elle soit, qui vaille la peine d'être rapportée... »

En danger de progrès **195**

Applications

Expressions idiomatiques (339)

1. • Tout compte fait, ce chapitre te semble-t-il plus ou moins difficile que les autres? Pourquoi?
   • Donne trois exemples de matériel qu'on peut produire à la chaîne.
   • Une phrase avec les deux expressions: cinéma d'exclusivité — comme des petits pains.
   • Joël a levé les bras au ciel quand je lui ai dit que...
   • Pour préparer son bac de maths élem., Joël a dû faire des maths à _____.
   • Coûte que coûte, j'ai décidé de _____.
   • D'après François de Closets, la navette planétaire va prendre le pas sur la fusée. Vers quelle date?
   • A la longue... (découvrir)

2. • Raconte une petite histoire en utilisant trois des expressions ci-dessus, ainsi que les trois expressions ou mots suivantes:
   Solution de continuité / hameçon / naufrage

Faux amis — Homonymes (340)

Drôle de procédé!

1. J'ai l'intention de faire un _____ à l'auteur d'un livre qui a expliqué le subjonctif par les mêmes _____ que moi. J'avais mis _____ une nouvelle façon d'aborder ce problème, pour laquelle j'étais sur _____ de demander un brevet (*copyright*). Mon avocat m'a cependant fait remarquer un _____ dans mon raisonnement: le subjonctif ne fait pas partie des choses pour lesquelles on peut obtenir un brevet... Et puis, la _____ des tribunaux français est si compliquée! D'autre part, du _____ légal, je ne suis pas sûr que ma position soit très claire: en effet, parmi les bénéfices que je ferai _____ sur ce livre, comment séparer ce qui correspond au subjonctif de ce qui appartient aux autres temps? Enfin, et c'est mon dernier _____: suis-je tout à fait sûr d'être le premier à avoir eu cette idée géniale? Je crois qu'il vaut mieux oublier l'affaire, un point _____. Évidemment, il y aurait un moyen plus rapide: donner à mon adversaire un bon coup de _____ dans la figure... Mais je suis un homme civilisé et je n'aime guère ce genre de _____.

2. Invente une petite histoire en utilisant les mots suivants:
   procès / dégâts / naufrage / actionnaire / cargo / cargaison

3. Même chose avec: boxe / point / poing

4. Même chose avec: bonne femme / bouffer / crever / flanquer

Des noms... Pas comme en anglais! (341)

1. Complète d'après le modèle suivant :

   > Je suis nerveux. C'est ta faute.
   > Tu me *rends* nerveux.

   On doit retrouver dans la seconde phrase *tous les éléments* de la première.

   Il est idiot. C'est la faute de sa femme.
   - C'est sa _____ .

   Tu es génial ce soir. C'est à cause du vin que tu as bu?
   - C'est le _____ qui te _____ ?

   Il est célèbre grâce à son film avec les *Beatles*.
   - C'est son _____(P.C.)_____ célèbre.

   Il est heureux grâce à son je m'en foutisme.
   - C'est _____(P.C.)_____ .

2. - _____ le pourquoi de son attitude.
   - Un rien peut _____ .
   - C'est pas le tout de grandir, encore faut-il _____ .

Le subjonctif (342)

1. Subjonctif ou infinitif?
   Supprime *que* quand il est incorrect.

   - Je n'aime pas { qu'on (manger mon pain).
                    que je (manger du pain dur).
                    que tu (salir la mer).

   - Il n'est pas normal { qu'on (pouvoir dire ça) (deux solutions — deux nuances).
                          qu'il (ne pas savoir nager).
                          que Joël (boire tant que ça).

2. Complète. Subjonctif présent ou subjonctif passé?

   - Il faut que vous (partir) dans cinq minutes.
   - Je permets qu'il (rester) ici.
   - Il n'est pas sûr que Carolle (arriver) à l'heure.
   - Il n'est pas sûr qu'elle (être) déjà arrivée.
   - Je ne pense que vous (avoir) raison.
   - Je ne pense pas que vous (avoir) raison hier soir.
   - Il est possible que Nicole (avoir) manqué le train.
   - Il se peut que les deux filles (être) trop loin pour m'entendre.
   - Il se peut que les deux filles (ne pas m'avoir entendu).
   - C'est dommage que vous (arriver) si tard.
   - C'est dommage que vous (n'avoir pas pu) assister à la conversation.

(344)

1. Réponds.
   - A quelle heure faut-il que je vienne?
   - Est-il vraiment nécessaire qu'elles sachent chanter? Non...
   - Qu'est-ce que tu veux que je fasse? (mettre la table) (forme polie)
   - Pourquoi fermes-tu la porte à clef? Je veux empêcher qu'ils...

2. Complète. Indicatif (présent ou futur?) ou subjonctif?
   - Il est vrai que / Il n'est pas vrai que (la chose être facile).
   - Nous sommes sûrs qu'il / Nous ne sommes pas sûrs qu'il (accepter de venir).
   - Il est improbable qu'on / Il est évident qu'on (pouvoir fabriquer ce matériel à la chaîne).
   - Il n'est pas impossible que je / Il se peut que je (aller avec vous).
   - Il me semble que Nicole / Il semble que Nicole (avoir tort).
   - Je doute qu'ils / Je me doute qu'ils (réussir).
   - Je pense que Joël / Je suis sûr que Joël / J'espère que Joël (ne pas échouer à son bac).

3. Tous ces verbes peuvent être suivis soit du subjonctif, soit de l'indicatif. Termine *chaque phrase des deux façons,* en essayant de bien sentir la nuance:
   - Il n'est pas vrai qu'elle me _____ (mentir) _____.
   - Il n'est pas vrai qu'elle m' _____ (mentir) _____.
   - Il («it») n'est pas sûr que vous _____.
   - Il («he») n'est pas sûr que vous _____.
   - Martine ne pense pas que nous _____.
   - Tu ne crois pas que Joël _____.
   - Jean-Claude n'est pas certain que sa mère _____.

4. Quelle est la forme négative la plus courante pour les phrases suivantes:
   Il faut que je me dépêche.
   Il faut que tu connaisses le sens du mot surboum.
   Il faut qu'ils soient capables d'aller dans la lune.

(346)

1.
   - Il n'est pas encore temps que nous _____.
   - Il est urgent que tu _____.
   - C'est dommage qu'ils ne _____.
   - C'est dommage qu'ils n'aient _____ (subj. passé) _____.

198   *Entre Nous*

- C'est dommage qu'ils ne soient _____ (subj. passé) _____.
- C'est dommage que tu ne te sois pas _____.
- Je suis heureux qu'elles _____.
- Je regrette vivement que vous _____.

2. Reprends les phrases de l'exercice précédent et complète les avec les mêmes verbes, mais en remplaçant chaque fois *que* par *de*.

3. J'essaie de trouver un spécialiste qui $\begin{cases} \text{pouvoir} \\ \text{savoir} \\ \text{accepter de} \end{cases}$ m'expliquer le programme Apollo.

- Avec chacun des trois verbes, il est possible de faire deux phrases de sens légèrement différent. Fais-le. Explique les différences de sens.

**BENOITE ET FLORA GROULT.
ROMANCIÈRES**
*Tu as une meilleure amie que moi?
Non, et toi? Moi non plus!*

IX

L'amour et la vie

Présentation

Est-il vraiment possible de parler de l'amour, à huit personnes, pendant toute une soirée, sans dire trop de bêtises? J'espère que ce chapitre est la preuve que oui.

Nos invitées sont Benoite et Flora Groult. Elles sont sœurs et elles s'adorent: elles ont donc leur mot à dire sur l'amour fraternel (c'est ainsi qu'on appelle également l'amour entre sœurs).

De plus, elles ont cinq filles à elles deux: elles ont donc une certaine expérience des relations mères-filles.

Elles sont aussi romancières et leurs romans (dont l'un est autobiographique) ont pour sujet principal l'Amour, donc...

Après un échange de vues sur l'amour fraternel, puis l'amitié, la discussion révèle vite une quasi-unanimité du groupe sur les sujets brûlants: éducation sexuelle, expériences sexuelles, importance de la virginité, mariage, etc...

Sur tous ces sujets, libéralisme extrême, mais derrière lequel se cachent certains sentiments, qu'il faut appeler moraux, même s'ils semblent assez différents du «sens moral» traditionnel.

Cependant, voici la contre-épreuve et l'opinion tout à fait différente de Jean-Jacques sur le mariage, qui permet peut-être de répondre également à une autre question: l'opinion d'un étudiant français sur ces sujets brûlants est-elle plus proche de celle d'un étudiant américain, ou de celle d'un jeune ouvrier français? Encore un beau sujet de controverse!

Enfin, le point de vue de l'Église catholique nous est apporté par un prêtre, le Père Bossard, sur un point précis: l'Église et la sexualité, au cours d'une intéressante soirée passée avec le groupe. Il a malheureusement été nécessaire (le livre aurait été trop gros), de sacrifier le reste de la discussion avec le Père Bossard.

Nous nous préférons à toutes les autres femmes

Ce premier mercredi de l'année, le petit studio de Ray est bien rempli: en plus du groupe, deux invités, qui sont d'ailleurs deux invitées.

RAY: Parler d'amour à deux, c'est courant; à huit, c'est moins facile! C'est pourtant ce que nous allons essayer de faire ce soir. Contrairement à l'habitude, il me semble qu'il serait bon de présenter tout de suite nos invitées.
5 Nos invitées, ce soir, ce sont deux sœurs, qui sont aussi deux romancières: Benoite et Florence Groult.
FLORA: Flora!
RAY: Ha, Flora, pardon!
FLORA: On m'appelle toujours Florence et ça m'ennuie
10 horriblement.
RAY: On va essayer de vous appeler Flora...
FLORA: Merci bien!

RAY: C'est plus joli, Flora?

FLORA: C'est mon nom, c'est tout!

RAY: Donc, Flora et Benoite ont écrit en commun un certain nombre de livres dans lesquels *elles font part de* leurs expériences et je crois que la plupart des choses qu'elles écrivent se sont à peu près passées comme ça, n'est-ce pas? Ou est-ce que c'est très romancé?   Font connaître

FLORA: Dans le *Journal à quatre mains,* il s'agit en effet d'une double autobiographie, mais nos autres livres sont des romans.

RAY: C'est précisément le *Journal à quatre mains* que je viens de lire, et il se trouve que vous donnez un certain nombre d'éléments qui nous permettront peut-être de *faire démarrer* cette discussion. Le fait que vous soyiez sœurs et que vous vous adoriez-vous l'écrivez! — nous amème d'abord à évoquer la question des rapports entre frères et sœurs. Martine, tu m'as dit tout à l'heure que tu adorais aussi ta sœur?   Voir page 370

MARTINE: C'est vrai. Elle est plus âgée que moi, mariée, trois petits garçons... ça a toujours été ma grande sœur. Je me souviens, quand j'étais toute petite, c'était un peu l'image de ce que, moi, j'aurais aimé être. J'ai toujours eu une admiration sans limite pour ma sœur. Maintenant, c'est plus du tout la même chose, évidemment...

RAY: Jusqu'à quel âge, en fait, as-tu vraiment admiré ta sœur?

MARTINE: Oh, je sais pas, jusqu'à l'âge de dix, douze ans...

RAY: Tu peux l'analyser un peu, cette admiration?

FLORA: Est-ce que je peux poser une question? Quelle était la différence avec le sentiment que vous éprouviez pour votre mère, par exemple?

MARTINE: Oh, c'est pas du tout la même chose, parce qu'évidemment ma sœur n'avait pas à s'occuper de mon éducation ni de...

FLORA: Mais vous admiriez votre mère aussi?

MARTINE: Oui, oui, bien sûr, mais je le ressentais moins pour elle que pour ma sœur.

RAY: C'était une copine, ta sœur?

MARTINE: Ah non, c'est autre chose! Non, non, pas du tout, parce qu'on a une grande différence d'âge...

FLORA: Combien d'années?

MARTINE: Dix ans.

BENOITE: C'est presque une mère. Il doit y avoir quand même un sentiment *filial*...   Du fils ou de la fille vis-à-vis du père ou de la mère

MARTINE: Non!

RAY: Qui a des sœurs ici, à part Martine?

CAROLLE: Moi, j'ai des sœurs.
RAY: Combien?
CAROLLE: J'en ai deux. Une plus grande, *plus vieille,* et une autre qui est plus jeune. Vis-à-vis de celle qui est plus vieille, on n'a pas tellement de rapports parce qu'elle est mariée et qu'elle n'a plus du tout les mêmes problèmes que moi...

Plus âgée (*fam.*)

RAY: Mais auparavant?
CAROLLE: Oh, auparavant on n'a pas eu tellement de relations ensemble. Par contre, avec mon frère et mon autre sœur — mon frère est un peu plus vieux que moi et ma sœur un peu plus jeune — on a eu pendant un moment beaucoup, beaucoup de relations et on en a encore beaucoup...
RAY: Qu'est-ce que vous faites? Vous sortez ensemble? Vous étudiez ensemble?
CAROLLE: Non, mais quand on est ensemble, il y a quelque chose qu'on peut obtenir seulement — enfin que moi je peux obtenir seulement... une liberté, une espèce de bonheur — que je peux obtenir seulement avec mon frère et ma sœur. C'est beaucoup d'intimité, de... enfin, de bonheur d'être ensemble.
FLORA: Il y a surtout un langage commun. La *fraternité,* c'est un langage d'abord.

Le mot s'emploie même entre sœurs

CAROLLE: Oui. Il y a un peu plus d'admiration vis-à-vis de mon frère parce qu'il est plus vieux et parce que...
RAY: Parce qu'il a réussi?
CAROLLE: Oui, parce qu'il a réussi dans la vie.
RAY: Qu'est-ce qu'il fait?
CAROLLE: Il est *mécanicien navigant* et...

Dans un avion

RAY: Prestige de la navigation, des voyages?
CAROLLE: Non, non, pas du tout. Je le considère comme très intelligent; c'est très intéressant de discuter avec lui. C'est très différent avec ma petite sœur, parce qu'elle est plus jeune, évidemment... Je ne sais pas expliquer la chose qui existe uniquement entre frères et sœurs, qui dépasse tout... Enfin, je ferais n'importe quoi...
RAY: Tu ne parles pas des mêmes choses avec les garçons avec qui tu sors qu'avec ton frère ou ta sœur?
CAROLLE: Si, ça peut nous arriver, mais ça n'a pas du tout la même liberté. Je peux dire n'importe quoi à mon frère, n'importe quoi à ma petite sœur, mais absolument tout.
RAY: Jean-Claude, tu es des frères et sœurs?
JEAN-CLAUDE: J'ai un frère, mais un frère beaucoup plus âgé. Il a vingt et un ans de plus que moi, vingt et un!
RAY: Ah, c'est très différent alors.

JEAN-CLAUDE: Je l'ai bien connu lorsque j'étais jeune. Ça n'a pas duré longtemps, pour deux raisons: d'abord parce qu'il est parti en province à huit cents kilomètres d'ici — j'avais quatorze ans — et puis ensuite parce que finalement, très vite, j'ai voulu devenir autre chose que ce que, lui, était devenu, alors...

RAY: Est-ce que c'est un intellectuel?

JEAN-CLAUDE: Non, bien sûr. Etant donné ce que je venais de dire avant, bien sûr que non!

RAY: Et depuis, les rapports avec lui sont...?

JEAN-CLAUDE: Oh, quelqu'un qu'on voit... je ne sais pas, une fois par an. C'est pas pareil malgré tout, même s'il reste toujours une certaine affection ou quelque chose comme ça.

MARTINE: Là, je me permets de reprendre la parole: ma sœur habite le Maroc, donc je la vois très rarement et ça change absolument rien entre nous, absolument rien!

RAY: Est-ce que vous vous écrivez?

MARTINE: Oui.

JEAN-CLAUDE: Non, mais de toute façon, là; je parlais au niveau du langage...

RAY: Nicole?

NICOLE: J'ai deux grands frères, un de vingt-cinq ans et un de vingt-sept.

RAY: Alors que toi tu as...

NICOLE: Vingt et un ans. Et on a beaucoup d'affection. Enfin on a passé notre enfance ensemble, on a fait du *patin à roulettes* ensemble, les quatre cents coups ensemble et...

RAY: Admiration aussi?

NICOLE: Non, non...

RAY: Camaraderie? Plus?

NICOLE: Affection.

JOËL: Moi, j'ai une sœur plus jeune, trois ans de moins que moi...

RAY: Quand tu auras fini de bourrer ta pipe, tu nous parleras de tes relations avec elle...
JOËL: Eh bien, complicité souvent.
RAY: Pour faire des petites blagues ou...?
JOËL: Non, pas seulement pour ça, complicité d'opinions vis-à-vis des parents, du reste de la famille... Maintenant beaucoup moins parce que je *tends* de plus en plus à m'éloigner du cercle familial.
RAY: Si tu essaies de te mettre à sa place — c'est difficile! — qu'est-ce que tu crois que c'est, le grand frère, pour elle?
JOËL: Je ne crois pas exagérer en disant qu'elle a sûrement un peu d'admiration pour moi.
RAY: Tu peux deviner pourquoi?
JOËL: Evidemment... La réciproque n'est pas vraie parce que je l'ai toujours considérée comme une *gamine*...
RAY: Flora, Benoite... Qu'est-ce que vous pensez de tout ça?
FLORA: Moi, je trouve qu'il y a une chose qui ne change pas, c'est l'amour fraternel. Le mot de complicité est très juste; c'est quelque chose qui reste malgré les années, malgré la distance, quelque chose de très simple qui ne ressemble pas à l'amitié, qui ne ressemble pas à l'amour, qui peut traverser un tas *d'orages*... C'est un sentiment très particulier.
BENOITE: C'est un sentiment très large parce qu'il associe l'affection avec un peu de haine.
FLORA: Oui, on partage quelque chose d'essentiel, et puis il y a aussi la cruauté, l'agressivité; tout est admis dans la fraternité; c'est le seul sentiment humain qui soit aussi large, je trouve. En amour, il y a toujours cette bataille, ce combat, ce choc...
RAY: Quand vous dites «Tout est admis», est-ce que vous voulez dire qu'on ne juge pas entre frères et sœurs?
BENOITE: Ah si, on juge, mais on ne condamne pas, je crois. Je crois même qu'on juge avec pas mal de cruauté, cruauté que les autres justement ne vous offrent pas si généreusement. S'il y a un sentiment qui est brutal et *tranchant,* c'est bien la fraternité. Nous ne nous *passons rien*... mais nous nous pardonnons tout.
RAY: J'ai remarqué en effet dans le *Journal à quatre mains* un certain nombre de bagarres!
FLORA: Oui, mais alors, sympathiques; c'est normal.
BENOITE: Mais plus on va, plus on sait que c'est précieux.
FLORA: C'est un recours qui dure.
BENOITE: S'il existe... Peut-être qu'il y a des fraternités où ce sentiment justement n'est pas né! Mais quand il est né, il ne fait que se *ramifier* et s'embellir, je trouve.

J'ai tendance à

Voir page 350

Difficultés passagères (masc.)

Coupant
Nous faisons remarquer toutes ses fautes à l'autre (*fam.*)

RAY: Est-ce que vous ne croyez pas que chez beaucoup de sœurs, autres que vous, qui sont mariées maintenant, le lien est parfaitement *distendu*?   Le contraire de tendu

FLORA: Elles le croient! Et puis il y a des occasions où l'on s'aperçoit que c'est aussi vivant; il suffit d'une allusion, d'une période où l'on est seule, où l'on pense à sa jeunesse. Je crois que ça reste très, très longtemps.

BENOITE: Et puis personne d'autre ne parle ce langage-là, je crois. Cette extraordinaire possibilité de réinventer un monde, comme ça. Quand tu dis un mot... tout ce qui suit, la richesse du passé commun, du *bagage* affectif...   Ce qu'on a accumulé

FLORA: Et puis c'est quelqu'un qu'on n'ennuie pas avec son enfance, déjà!

RAY: Parce qu'en général, c'est ses amis, sa femme ou son mari qu'on ennuie, n'est-ce pas, avec son enfance?

BENOITE: Qu'on *empoisonne*! Et plus on va dans la vie, plus on a tendance à parler de son enfance, c'est bien connu.   À qui on rend la vie impossible (*fam.*)

RAY: La plupart de ceux qui sont ici sont très jeunes, mais avez-vous déjà cette tentation là — Jean-Claude par exemple — de parler de ton enfance?

JEAN-CLAUDE: Non, non, pas du tout! Absolument pas.

FLORA: Elle est trop près.

JEAN-CLAUDE: Trop près, oui, trop près, et trop rejetée...

FLORA: Elle reviendra peut-être, vous savez, elle *se réinstallera*.   Voir page 364

JEAN-CLAUDE: Sûrement, sûrement. Ça se réinstalle peut-être déjà sans que je m'en rende compte.

RAY: Elle est aussi très près pour Martine, mais elle n'est peut-être pas rejetée?

MARTINE: Oh non, pas du tout! J'en garde beaucoup de plaisir.

RAY: Mais tu l'évoques souvent?

MARTINE: Non, non.

RAY: Tu ne cherches pas à l'évoquer? Quand tu seras mariée, tu crois que tu passeras une partie de ton temps à parler de...?

MARTINE: Je ne peux pas prévoir.

RAY: Alors, partant de cet amour fraternel, est-ce qu'on redescend ou bien est-ce qu'on passe à autre chose, à votre avis, si on parle d'amitié?

FLORA: Eh bien justement, l'amitié et l'amour fraternel sont très comparables.

RAY: En quoi?

FLORA: Moi, je crois que l'amour fraternel, c'est l'amitié la plus valable qui soit.

RAY: Il faudrait d'abord préciser si l'on parle d'amitié entre personnes du même sexe ou non? Disons à priori, entre personnes du même sexe. Parce que l'autre pose évidemment un problème différent...

FLORA: Nous ne connaissons que la fraternité du même sexe; je suis limitée dans mon expérience!

BENOITE: Tu as une meilleure amie que moi?

FLORA: Non, et toi?

BENOITE: Moi non plus!

RAY: C'est tout à fait charmant! Vous avez eu tout de même de temps en temps des amies?

FLORA: Mais ça n'a jamais aboli la profondeur et la qualité de notre amitié. C'est à dire que nous nous intéressons plus l'une à l'autre qu'à nos autres amies, je crois.

RAY: Vous avez écrit quelque part: «Nous nous préférons à toutes les autres femmes».

FLORA: Oui, et ça reste vrai.

RAY: Carolle, tes amis, à quelle hauteur tu les mets?

CAROLLE: De toute façon, beaucoup moins haut que les frères et sœurs...

RAY: Ça compte relativement peu, pour toi, l'amitié?

CAROLLE: Très peu, enfin... non, mais nettement moins que les frères et sœurs.

RAY: Tu n'as pas de vraies amies féminines? ou peu?

CAROLLE: A Paris, j'en ai une, c'est tout. Une que j'aime beaucoup, mais c'est nettement en dessous de la qualité de ce qu'il y a avec mes frères et sœurs.

RAY: Est-ce qu'il y a de la complicité dans cette amitié-là?

CAROLLE: Oui, mais ça me paraît moins naturel qu'un amour fraternel.

RAY: Moins naturel, c'est évident. Quelqu'un avait dit — je crois que c'est Voltaire: «On choisit ses amis, on subit

208 *Entre Nous*

ses parents » ou quelque chose comme ça. Tu as de bonnes amies, Nicole?
NICOLE: Quand j'étais plus jeune, oui, j'avais toujours une amie.
RAY: A qui tu racontais tes petites histoires?

NICOLE: Oui. Maintenant non.
RAY: Plus besoin?
NICOLE: Non, pas de la même façon.
RAY: Martine et toi, vous habitez dans le même appartement, ce qui vous permet un mélange de camaraderie, amitié, confidences, n'est-ce pas?
NICOLE: Compagnonnage! On garde une certaine indépendance...
RAY: Que vous préférez?
NICOLE: Qui est nécessaire, oui.
RAY: Joël?
JOËL: Beaucoup de camarades et peu d'amis...
RAY: C'est un choix ou c'est un fait?
JOËL: Ça s'est imposé comme ça. Je peux dire que vraiment dans ma vie — qui n'est pas encore bien longue — j'en ai compté deux, et j'appelle un ami quelqu'un avec qui on n'a pas tellement besoin de discourir pour être compris.
RAY: C'est presque une paraphrase de La Fontaine, ça! C'est une bonne définition.

> Qu'un ami véritable est une douce chose!
> Il cherche vos besoins au fond de votre cœur,
> Il vous épargne la pudeur
> De les lui découvrir vous-même.
> *Les Deux Amis* — La Fontaine.

Il y aura toujours de la solitude pour ceux qui en sont dignes.
Barbey d'Aurevilly

JOËL: Pour être compris, un simple *sous-entendu* suffit. D'amie, -e, j'en ai eu, j'en ai encore, une; c'est une amie simplement, parce qu'elle est fiancée, et alors...

Ce qu'on fait comprendre sans le dire

L'amour et la vie

RAY: C'est ce «encore» qui m'intrigue...
JOËL: Maintenant elle est fiancée, mais je lui ai toujours fait pas mal de confidences.
RAY: C'était réciproque?
JOËL: Oui.
RAY: Et vous vous compreniez?
JOËL: Très, très facilement. Pas besoin de faire un dessin!
RAY: Et toi, Jean-Claude, l'amitié, ça compte beaucoup?
JEAN-CLAUDE: Je me rends compte d'une chose en vous écoutant parler: j'ai jamais eu tellement besoin de faire des confidences à quelqu'un, jamais, vraiment.
RAY: C'est peut-être une force, ça!
FLORA: Le général vous intéresse plus que le particulier?
JEAN-CLAUDE: Peut-être quelque chose comme ça, oui. C'est possible...
FLORA: Ce n'est pas de moi! C'est du Gide, quand il décrit son oncle, Charles Gide.
JEAN-CLAUDE: Je n'avais jamais fait le rapport avec Gide! Non, mais je ne sais pas bien l'analyser. Finalement, lorsque j'étais adolescent je n'ai pas eu d'amis. Pas vraiment. J'ai vu pas mal de gens, parlé avec pas mal de personnes. J'ai toujours été attiré par les gens que je détestais, d'ailleurs!
RAY: Ah oui?
JEAN-CLAUDE: Oui. Alors évidemment, ça ne pouvait pas durer très longtemps... Bien sûr, j'ai quand même besoin de parler, mais pas sous la forme de confidences... sous des formes différentes.
RAY: Sous forme de discussions?
JEAN-CLAUDE: Oh non, pas du tout. J'ai besoin de complicité... mais une complicité à vide; le clin d'œil pour le clin d'œil! C'est simplement ça, tu vois, le fait de se comprendre sans mots, simplement, comme ça.
MARTINE: Vous parlez beaucoup — et Jean-Claude l'a fait remarquer — de confidences, mais une amie n'est pas nécessairement une confidente; ça n'a rien à voir! De même qu'on n'échange pas toutes ses confidences avec sa sœur.
FLORA: C'est vrai. Il y a des grandes périodes d'un silence mutuel; on ne dit pas l'essentiel... L'échange reste valable même dans le silence.
RAY: Alors, s'il n'y a pas besoin de confidences, qu'est-ce qu'il reste dans l'amitié?
BENOITE: L'échange.
FLORA: Une amie, c'est quelqu'un qui est là...

MARTINE: Oui, c'est ça.
BENOITE: La confiance, je crois.
FLORA: Oui, l'existence.
JOËL: Quelqu'un qui est tout le temps présent.
5 RAY: Quelqu'un à qui on peut *se fier*? Mais si c'était tout, ça pourrait s'appliquer à votre mère, ou à votre père...   En qui on peut avoir confiance
MARTINE: Quelqu'un qui comprend...
RAY: Ah!
JOËL: Pour moi, il y a toujours avec ma mère un peu plus
10 de complicité qu'avec mon père; je pense que c'est normal.
RAY: C'est le cas de la plupart des garçons, tu crois?
JOËL: Oui, je pense. En tout cas, pour la plupart de mes camarades, ça a été comme ça.
RAY: Et pour les filles?
15 MARTINE: Je crois que le père est plus indulgent avec la fille; moi, c'est mon impression, dans l'ensemble.
RAY: Et pour Nicole?
NICOLE: Mon père est très indulgent, ma mère cherche une complice...

L'Amour avec un grand A

Amour....

20 RAY: Alors, si maintenant on passe à l'amour avec un grand A, vous avez l'impression qu'on fait un grand *saut*? Ou qu'il n'y a pas de solution de continuité?
JEAN-CLAUDE: J'ai l'impression qu'on passe à un plan tout à fait différent.
25 FLORA: Tous les sentiments passionnels ont des points communs, mais c'est complètement différent, l'amitié, la fraternité et l'amour. C'est décidément des mondes différents!
RAY: Entre lesquels l'amitié peut établir un pont? Je veux
30 dire l'amitié entre garçons et filles?
BENOITE: Moi, je crois que l'amitié entre sexes différents était impossible il y a vingt cinq ans... enfin de notre temps, parce que c'était encore la guerre des sexes. On

était élevé de manière très séparée, on avait des rôles très différents; on ne pouvait pas en sortir. Il me semble qu'aujourd'hui, on a dominé un peu tous ces *préjugés* et qu'il y a vraiment une camaraderie possible entre garçons et filles, d'abord parce que les filles ne sont plus des proies... Elles font les mêmes études. On est beaucoup plus proches, aujourd'hui.

Ces partis-pris

FLORA: Il y a le *tutoiement*.

Le fait de dire *tu*

BENOITE: C'est sûr! Le tutoiement, c'est un lien qui n'existait pas. On disait «vous» aux garçons pendant un temps fou et puis on était élevées dans l'idée qu'il fallait gagner la bataille, qu'il fallait se marier, conquérir un homme!

RAY: Et c'était paralysant, vous l'avez écrit.

FLORA: C'était paralysant!

BENOITE: Ah! ça paralysait, oui. Il fallait être très sûre de soi déjà pour échapper à une éducation comme ça. On ne partait pas aux sports d'hiver avec des garçons, on n'apprenait pas à les fréquenter, à savoir ce qu'ils pensaient. Enfin, on était jetée dans un bal, avec la mère qui regardait... C'était atroce. C'était une espèce de vente aux enchères de la jeune fille!

RAY: Expression terrible: vente aux enchères! Enfin, ce n'est plus comme ça maintenant. Nicole, est-ce que tu en tires les mêmes conclusions? Que l'amitié entre filles et garçons semble possible maintenant?

NICOLE: Oui, je pense que c'est possible.

FLORA: Je pense que pour les femmes de notre âge, c'est facile d'avoir des amitiés avec des hommes.

BENOITE: Maintenant oui, parce qu'on a rejeté, dominé tout ce qui était notre éducation.

RAY: Tout en étant mariée?

FLORA: Oui, ah oui!

RAY: Et sans qu'il y ait d'éléments... douteux malgré la différence d'approche que tout le monde a noté entre l'homme et la femme vis-à-vis de l'amour? Et là, je vais vous citer: «Alors que pour l'homme la vie se déroule sans heurts psychologiques, sans solution de continuité, une femme meurt plusieurs fois au cours de sa vie, comme jeune fille quand elle perd sa virginité, puis elle meurt comme mère le jour de la ménopause, et comme femme quand elle fait l'amour pour la dernière fois ». Alors que pour l'homme, il n'y a en somme qu'une seule naissance et qu'une seule mort. Martine, comment réagis-tu à cette description de la femme?

MARTINE: Je la trouve dramatique...

RAY: Tu crains qu'elle ne soit vraie?

MARTINE: Certainement, oui. Enfin, je ne sais pas, c'est peut-être un peu pousser les choses...

FLORA: On a oublié une mort: c'est qu'on meurt comme petite fille, le jour où l'on devient une femme!

BENOITE: Mais je trouve que le sentiment de naissance est aussi important...

RAY: Naissance à quoi? A l'amour?

FLORA: A la maturité, quand on n'est plus une petite fille, à l'amour ensuite, à la maternité, qui est aussi tout de même un sentiment très exaltant, très entier et très rare.

RAY: Vous dites quelque part dans votre livre que, pour une femme, l'amour est souvent besoin de sécurité...

FLORA: On n'a jamais dit ça!

RAY: Excusez-moi, je me suis trompé: j'ai pris ça dans un autre livre! Vous, vous êtes contre cette idée?

BENOITE: Bien sûr, parce que je trouve que la chose la plus importante, c'est de vivre avec un homme: vivre avec un enfant, ce n'est qu'une période de la vie. On le quittera, son enfant, on en aura plusieurs... Ce qu'il y a de plus important, c'est la vie avec son contemporain, ça fait partie du voyage. Je trouve que l'amour est plus important que l'amour maternel, et non le contraire.

Dieu créa l'homme et, ne le trouvant pas assez seul, il lui donna une compagne pour lui faire mieux sentir sa solitude.

Paul Valéry

On s'étudie trois semaines, on s'aime trois mois, on se dispute trois ans, on se tolère trente ans et les enfants recommencent.

Taine

Et j'avoue que la raison reste confondue en présence même de l'amour, de l'étrange obsession qui fait que cette même chair dont nous nous soucions si peu quand elle compose notre propre corps, nous inquiétant seulement de la laver, de la nourrir, et, s'il se peut, de l'empêcher de souffrir, puisse nous inspirer une telle passion de caresses simplement parce qu'elle est animée par une individualité différente de la nôtre, et parce qu'elle représente certains linéaments de beauté, sur lesquels, d'ailleurs, les meilleurs juges ne s'accordent pas.

Marguerite Yourcenar

Charité et amour, c'est la même chose!

Le Père Bossard
Prêtre Catholique

---- L'opinion du Père Bossard ----

PÈRE BOSSARD: Charité et amour, c'est la même chose! J'emploie le mot amour parce que le mot charité a été dévalorisé, parce qu'on prend charité dans le sens de donner deux sous à un pauvre! En langage théologique, c'est charité, en langage humain, c'est amour. Écoutez... je suis prêtre mais, à neuf ans, j'ai aimé avec une intensité d'enfant une petite voisine. Hein, c'est amusant comme histoire? Et dès neuf ans, dix ans, je savais que je ne devais pas aimer cette petite jeune fille, que je me devais tout entier à Dieu. Alors j'ai lutté jusqu'à vingt ans, j'étais tendu, écartelé... Il y avait cet appel que j'entendais très fort en moi. J'avais cette certitude intérieure que le Christ me voulait tout à lui et que, par conséquent, cette petite — elle est mariée maintenant — ce n'était pas pour moi!

PÈRE BOSSARD: La vraie doctrine chrétienne sur la sexualité, c'est qu'elle honore énormément l'acte sexuel, c'est qu'elle estime que c'est un des actes les plus graves qui soient sur la terre. Et elle lui donne une dimension non seulement physique, mais psychologique, morale et spirituelle. Par conséquent, elle ne veut pas *galvauder cet acte*. Une fille qui se donne à un homme, pour l'Église c'est quelque chose de sacré et ça ne doit pas se faire n'importe quand et n'importe comment. Il y a toujours quand même un enfant possible! Pendant longtemps, j'avoue, l'Église a trop insisté sur l'aspect fécondité de l'acte sexuel... Moi, j'estime tout à fait légitime qu'on restreigne les naissances pour respecter l'équilibre d'un foyer, la santé d'une mère. Les maris qui font des gosses à leur femme tous les ans, ce sont des criminels. On n'est pas pour la *lapinerie!*

Le multiplier, donc en réduire l'importance (*fam.*)

RAY: Alors, est-ce qu'il y a des procédés admis par l'Église, autres que la pilule?

PÈRE BOSSARD: Bon, tout est là, tout est là! L'Église pense qu'il y a des moyens beaucoup plus humains que la pilule, qui est un moyen mécanique, un moyen chimique. L'acte sexuel accompli dans les périodes de non fécondité dans une intention simplement d'amour, elle pense que c'est légitime. Elle est réaliste!

Sur ce sujet, les évêques ont nuancé l'encyclique du pape qui avait été très mal accueillie partout... Cette encyclique, dont je respecte l'inspiration profonde, a un paragraphe qui me paraît excessif, voyez-vous, à moi prêtre qui ai un grand respect du pape. Mais cette encyclique n'engageait pas l'infaillibilité pontificale, attention! Oui, le numéro quatorze de l'encyclique était difficile à admettre. Alors l'assemblée des évêques français à Lourdes a nuancé cet article-là. Il y a des cas de conflits de devoirs, où d'un côté il y a le devoir de fécondité, où de l'autre il y a le respect de la vie de la femme, le devoir de l'équilibre féminin ou de l'équilibre d'un foyer. Dans ce cas, où des valeurs sont apparemment en conflit, certaines d'entre elles deviennent secondaires et permettent provisoirement,

> dans certains cas, d'employer des contraceptifs méca-
> niques, qu'ils soient du côté féminin ou du côté masculin
> — diaphragme *et compagnie* — ou bien même la pilule,
> voyez-vous!

Etc... (*fam.*)

5 RAY: Mais est-ce que le mot de sécurité vous semble fondamental pour la femme, ou pas?

FLORA: Ça ne l'est plus.

BENOITE: Ah non, alors!

RAY: Et pour toi, Nicole, la sécurité, est-ce que c'est im-
10 portant? Est-ce que tu cherches chez un homme — chez
ton futur mari, disons — la sécurité ou non?

NICOLE: Oui. J'en cherche une, mais... je ne cherche pas de
mari!

RAY: Ah! Qu'est-ce qui t'intéresse alors, vis à vis des garçons?

15 NICOLE: Bien sûr, j'aime sortir avec des garçons, mais
surtout ne pas m'y attacher...

FLORA: Maintenant on n'a plus envie d'être arrivée; je crois
qu'on a envie de continuer à chercher beaucoup plus que
dans les autres générations. Avant, la femme devait être
20 *casée*...

Mariée (*fam.*)

BENOITE: Regardez, il n'y a pas très longtemps, il n'y avait
pas de mode pour la jeunesse, il n'y avait pas de disques
pour la jeunesse; il fallait tout de suite être une femme...

FLORA: On appartenait à la génération de sa mère, on
25 s'habillait comme sa mère, tandis que maintenant, c'est
la jeunesse qui mène le bal; elle se sent très bien dans sa
peau.

RAY: Carolle, tu m'as dit un jour que tu étais actuellement
très attachée à un garçon?

30 CAROLLE: Oui, je vis avec lui.

RAY: Le mariage, tu n'y penses pas?

CAROLLE: Non, je n'y pense pas. Pour l'instant, on vit
ensemble, ça apporte une certaine liberté, liberté qu'on
n'a plus en vivant chez ses parents et qu'on n'a pas non
35 plus en étant mariée. C'est une situation qui n'a rien à
voir avec le mariage... Il n'y a pas du tout cette notion
de sécurité dont on parlait.

RAY: Alors en somme, tu serais d'accord avec la formule:
plaisir d'amour se suffit à lui-même; le mariage, c'est
40 l'institution sociale.

CAROLLE: Oui, à peu près.

RAY: Elle ne te concerne pas pour l'instant, l'institution
sociale, et c'est tout!

CAROLLE: Oui, c'est une formalité qui est inutile pour
45 l'instant...

FLORA: Au fond, on apprend à vivre avec un homme, comme ça! Alors qu'avant, on était précipitée dans le mariage sans avoir rien appris. Tout s'apprend, sauf le mariage! C'est dommage.

CAROLLE: Oui.

RAY: Et les autres filles, comment vous réagiriez en présence d'une situation comme celle-là? Martine, par exemple, ça te gênerait?

MARTINE: Non... mais disons que ça me serait difficile, parce que je ne crois pas que mes parents l'accepteraient... Enfin, je n'en sais rien.

RAY: Mais disons que, moralement, ça ne te poserait aucun problème?

MARTINE: Non.

RAY: Nicole?

NICOLE: Moi non plus. Etant donné que je vis à Paris, mes parents me font confiance.

RAY: Et tu n'aurais pas l'impression, si tu faisais cela, de trahir en quoi que ce soit la confiance de tes parents?

NICOLE: Absolument pas!

RAY: Je me tourne de nouveau vers Benoite et Flora. Je crois que vous avez de grands enfants toutes les deux, n'est-ce pas?

BENOITE: Cinq filles en tout.

RAY: Benoite, combien?

BENOITE: Trois.

RAY: Quel âge ont-elles?

BENOITE: Vingt-trois, vingt et un et seize.

RAY: Et Flora?

FLORA: Vingt et un et quatorze.

RAY: Alors dites-nous un petit peu comment ça se passe, les relations avec vos propres filles?

FLORA: Parfaitement! Je ne sais pas si c'est dans la mesure où je leur permets tout, mais un jour, par exemple, j'ai été très flattée, elle est arrivée et elle m'a dit: «*Je te préviens,* ça y est...»   Je dois te dire

BENOITE: Moi, je trouve qu'une mère, c'est fait pour ça, finalement... C'est très important, l'amour, ça fait partie du personnage, c'est pas une activité nocturne, cachée, et c'est le moment où l'on peut justement être utile, où une mère a quelque chose à apporter...

RAY: Une question indiscrète aux membres du groupe: est-ce que vous avez jamais eu avec vos parents ces fameuses conversations sur «les choses de la vie»?

JOËL: Très peu... Vraiment très peu.

RAY: Et tu penses que, en fait, tu n'en as pas eu besoin, ou si?

JOËL: Maintenant, je n'en ai plus besoin! (*Rires*)

RAY: Mais as-tu regretté que tes parents n'aient pas eu l'occasion de te parler un peu sérieusement de ce sujet?

JOËL: Oui, quand même. Ça a, disons, énormément refroidi mes rapports avec mes parents.

RAY: Parce que c'était une chose que tu attendais un peu, que tu espérais un jour ou l'autre?

JOËL: Oui. J'aurais bien aimé que mes parents m'informent, avant que les copains s'en chargent, comme ça se passe toujours.

RAY: Et pour les filles?

CAROLLE: Un jour, on m'en a parlé, mais je dois dire que je n'ai rien compris... absolument rien.

RAY: On t'en a parlé au mauvais moment?

CAROLLE: Je ne sais pas.

RAY: Trop jeune?

CAROLLE: Peut-être, je n'ai rien compris du tout.

FLORA: C'est toi, Benoite, qui m'as tout dit, et moi non plus, je n'ai rien compris pendant longtemps. (*A Carolle*) Et vous avez dit à vos parents: je ne comprends rien, expliquez-moi mieux? Ou bien... vous n'avez pas voulu insister?

CAROLLE: Non, à ce moment-là, j'ai cru comprendre, et je me suis fait une idée qui était complètement fausse!

RAY: Tu avais quel âge?

CAROLLE: Je devais avoir, je ne sais pas, moi, entre douze et quatorze ans.

FLORA: (*A Benoite*) Tu me l'avais appris bien avant! Ce qui est *raté*, il me semble, c'est quand des parents se disent: ah, il va falloir qu'on lui parle tout de même... Allez, ce soir, on commence: «Tu sais, mon petit garçon...» Ça, c'est raté!

RAY: Nicole?

NICOLE: Pas de problème: mes parents ne m'en ont jamais parlé.

FLORA: Mais c'est extraordinaire!

MARTINE: Moi non plus, pas du tout. D'ailleurs, je le disais tout à l'heure j'ai vraiment très peu de rapports avec mes parents sur ce plan-là.

FLORA: Et votre sœur aînée, c'est elle...?

MARTINE: Oh, non plus! Non, ma sœur, c'est très différent. J'avais treize ans quand elle a eu son premier bébé. Et je

Voir page 289

me rappelle, à la maison, on ne disait jamais que ma sœur était enceinte, on disait que ma sœur attendait un bébé...

Mariage

RAY: Je m'adresse aux garçons maintenant. Vous connaissez la vieille formule: il y a, disait-on, les femmes «pour s'amuser» et puis les femmes qu'on épouse. Est-ce que ça vous semble encore vrai actuellement?

JOËL: Moi je trouve cette question scandaleuse! Disons que je ne l'aurais pas admise si elle avait été posée dans un autre contexte que celui-là... Il y a des femmes, un point c'est tout.

JEAN-CLAUDE: (*A Ray*) Ta formule aboutit à dire que la femme qu'on épouse, c'est celle avec laquelle on ne s'amuse pas. C'est pas drôle!

FLORA: Ça a été comme ça pendant des siècles! Il y avait les courtisanes, qui savaient jouer de la musique, dire de la poésie et faire l'amour — ça s'apprend comme un art — et puis, il y avait les femmes à la maison, qui étaient sinistres, qui assuraient *la descendance,* et la cuisine!

BENOITE: Maintenant, les femmes ont le droit et le devoir d'être complètes...

Le fait d'avoir des enfants

RAY: Jean-Claude, tu refuses donc totalement la formule?

JEAN-CLAUDE: Il n'y a pas à l'accepter ou à la refuser; il y a un fait à constater: c'est une distinction qui, dans notre génération, n'existe pas!

RAY: Pourquoi, à ton avis, n'existe-t-elle plus? Parce qu'il est certain qu'elle a existé; on la retrouve partout dans la littérature...

JEAN-CLAUDE: C'est le mariage lui-même qui change. Se marier avec quelqu'un, ça n'a plus du tout la même signification. D'abord, pour moi, le mariage, c'est pas une chose très précise. Le fait de vouloir vivre avec quelqu'un, ça, ça peut avoir un sens. Alors, faire une distinction entre d'une part les femmes qu'on épouse et puis les autres, ça ne veut plus rien dire.

RAY: En somme, je constate que votre attitude est beaucoup plus morale en définitive que celle de certaines générations anciennes...

FLORA: Plus humaine.

RAY: En fait, quand on parlait de femmes avec lesquelles on s'amuse, on pensait en partie aux prostituées. Mais il semble que, maintenant, cette catégorie de femmes soit beaucoup moins importante pour les jeunes...

JEAN-CLAUDE: Bien entendu! Evidemment! Je ne vois pas pourquoi on ferait comme ça, alors qu'il est beaucoup plus simple de faire une première expérience avec quelqu'un qu'on connaît.

JOËL: Je suis tout à fait d'accord. Il y a même quelque chose qui le prouve dans ce quartier-ci...

RAY: Il faut préciser... Aujourd'hui, notre réunion a lieu à Pigalle...

JOËL: Oui, Pigalle. Non pas qu'elles disparaissent... mais j'ai remarqué que le genre de personnes qui les abordent, ce sont des hommes assez *mal fichus*...

JEAN-CLAUDE: Beaucoup de petits vieux...

BENOITE: Si la liberté de mœurs actuelles fait diminuer la prostitution, je trouve que, rien que par ça, elle est justifiée!

RAY: Question annexe à laquelle je devine que vous allez répondre d'une façon positive: la virginité n'a plus beaucoup d'importance pour les femmes quand elles arrivent au mariage, n'est-ce pas? Ou si?

CAROLLE: Absolument pas!

JOËL: Pour moi, savoir que ma femme a eu des relations sexuelles, ça me fera savoir qu'elle a un peu plus d'expérience, c'est tout!

JEAN-CLAUDE: Ça dépend aussi de l'âge du mariage. Si on se marie à trente ans avec une femme à qui il faut encore tout apprendre!

FLORA: Comme si les femmes n'avaient plus de valeur si elles avaient déjà servi! Je trouve ça très réconfortant à entendre. Je trouve ça merveilleux.

RAY: Nicole, Martine, importance de la virginité?

NICOLE ET MARTINE: Aucune! (*Silence*)

RAY: Est-ce que vous connaissez beaucoup de couples heureux?

Voir page 363

FLORA: Sur quarante ou cinquante ans, c'est très difficile de trouver un couple qui reste heureux; ce n'est presque pas possible.

BENOITE: On vit très vieux aujourd'hui, ça me semble très difficile...

FLORA: La vie est trop longue pour commencer à dix-huit ans et espérer être dans la même intimité, avec le même homme, cinquante ans après. On change de personnalité entre temps...

RAY: Donc, pour vous, il faut se marier tard?

NICOLE: Après vingt-cinq ans.

RAY: Pour la fille, mais pour le garçon?

NICOLE: Vers le même âge.

RAY: Dans les vingt-cinq ans?

NICOLE: Dans les vingt-cinq ans, oui, parce que je pense aux enfants.

RAY: A quel âge, Jean-Claude?

JEAN-CLAUDE: Je ne sais pas, vingt-huit, trente ans, quelque chose comme ça.

JOËL: Pour moi, pas d'opinion parce que, justement, je connais un jeune couple... Le mari, c'est mon cousin. Avant de se marier, il pensait à l'amour, au bonheur... et puis une fois marié, il s'est trouvé avec les embarras de la vie quotidienne. Il arrive du travail... Eh bien, de quoi ils discutent? Les prix ont monté... Je vais être augmenté... De quoi ils parlent encore? de l'acquisition d'un nouveau réfrigérateur, du programme de télé...

RAY: Est-ce qu'ils parlent de ça seulement parce qu'ils sont mariés ou parce qu'ils n'ont pas beaucoup de...?

FLORA: Qu'auraient-ils dit s'ils n'étaient pas mariés? Le même cousin, quand il rentre le soir, il n'aurait pas parlé de Kant ou de Nietzsche!

RAY: Tu ne crois pas qu'ils manquent tout simplement d'imagination?

FLORA: Ça n'empêche pas d'être heureux, ça!

JOËL: Quand on arrive de son travail à sept heures, qu'on ne pense qu'à la télévision, je me demande quand est-ce qu'on peut avoir de l'imagination.

FLORA: Alors ça, c'est le procès de la vie, pas du mariage!

RAY: Je vois tout de même avec plaisir qu'aucun d'entre vous, sauf peut-être Joël, n'est un adversaire du mariage en soi. Je dis «avec plaisir» parce que votre unanimité pour un certain libéralisme sexuel commençait à m'inquiéter. Je voudrais éviter toute censure, même toute autocensure

si possible, mais qu'est-ce que vous croyez que je vais pouvoir répondre à l'éditeur américain de ce livre, s'il me dit : « Toutes ces opinions risquent de choquer le puritanisme américain... C'est peut-être parce que vous avez
5 choisi telle ou telle personne que vous avez abouti à cette conclusion... Dans des conditions différentes, les réponses auraient peut-être été différentes... » Voyons, si j'avais eu quelques autres de tes copains à ta place, Joël, est-ce que tu crois qu'ils auraient parlé différemment ?
10 JOËL: Ils auraient parlé à peu près comme moi !
FLORA: Mais vous êtes tous étudiants, ici, vous appartenez déjà à une sélection...
CAROLLE: Je trouve que les étudiants, c'est une espèce de classe sociale. C'est une classe beaucoup plus libre, qui
15 est toujours en avance par rapport aux autres classes, du fait des études, de beaucoup de choses... Je pense que tous les étudiants pourraient dire la même chose que nous. Des jeunes travailleurs du même âge, je ne sais pas, c'est différent.
20 RAY: Ils n'auraient pas la même liberté ?
CAROLLE: Non, je ne crois pas.
RAY: Alors tu penses que c'est une communauté que l'on va retrouver au-delà des nations ? Tu penses que les étudiants américains, en gros, seront d'accord avec vous,
25 alors que certaines jeunes travailleurs américains seraient plutôt d'accord avec les jeunes travailleurs français qui ne sont pas là ce soir ?
CAROLLE: Oui, je crois.
RAY: Ce serait intéressant à vérifier !

Mini-Bibliographie

Benoite et Flora Groult. *Journal à quatre mains,* Rééd. Livre de Poche, 1970.

─── L'opinion de Jean-Jacques ───

30 JOËL: Qu'est-ce que tu penses du mariage ?
JEAN-JACQUES: Eh bien, personnellement, je suis pour le mariage. Peut-être par sentimentalité... Je n'ai jamais compris une personne qui me disait qu'elle était contre le mariage, que c'était une chose qui allait se perdre. Je
35 ne le pense pas, je suis convaincu du contraire, et c'est

ce qui fait que j'éprouve le besoin de me marier; j'ai envie de me marier...

JOËL: Alors, tu ne partages pas l'avis des Suédois qui considèrent le mariage comme une valeur *périmée*? — Qui n'a plus aucun intérêt

⁵ JEAN-JACQUES: Ah, je ne suis absolument pas d'accord avec eux sur ce sujet!

JOËL: Tu estimes que tu ne peux aimer... que tu ne peux vivre avec une fille que dans le cas où tu es marié avec elle?

¹⁰ JEAN-JACQUES: Pas ça non plus. Mais je crois que le mariage est une preuve supplémentaire de sincérité vis-à-vis de l'autre.

JOËL: Je vais peut-être t'étonner mais, au cours d'une réunion de notre groupe, l'unanimité des cinq participants s'est ¹⁵ faite pour considérer que le mariage était une...

JEAN-JACQUES: Un contrat?

JOËL: Une nécessité administrative... pour bénéficier des *allocations,* pour légaliser une situation, et que ce serait une formalité dont on *se passerait* bien si on le pouvait. ²⁰ Est-ce que ça te choque? — L'argent versé par le gouvernement aux parents de plusieurs enfants / Qu'on éviterait

JEAN-JACQUES: Pas vraiment, mais je te le dis sincèrement, moi je suis pour le mariage... pour mon mariage!

Controverses

1. « Une liberté, une espèce de bonheur que je peux obtenir seulement avec mon frère et ma sœur. » Dans l'amour fraternel, il y a « complicité », « cruauté ».
2. « On choisit ses amis, on subit ses parents. » « Une amie, c'est quelqu'un qui est là. » « J'appelle un ami, quelqu'un avec qui on n'a pas besoin de discourir énormément pour être compris. »
3. L'amitié entre garçons et filles est-elle possible?
4. « Maintenant, c'est la jeunesse qui mène le bal; elle se sent très bien dans sa peau. »
5. Est-ce que vous avez jamais eu avec vos parents ces fameuses conversations sur les *choses de la vie*?
   — Jamais!
   — Mais c'est extraordinaire!
6. « Tout s'apprend, sauf le mariage! C'est dommage. »
   — Il y a les femmes *pour s'amuser* et les femmes qu'on épouse...
   — Moi, je trouve cette question scandaleuse!
7. « Si la liberté de mœurs actuelles fait diminuer la prostitution, je trouve que, rien que pour ça, elle est justifiée. »
8. Importance de la virginité?
   — Aucune!

Applications

Expressions idiomatiques (283, 289 et 349)

1. Qu'est-ce qu'on peut acheter dans une véritable vente aux enchères?

   - Dirais-tu qu'aux États-Unis la jeunesse mène le bal?
     Donne au moins deux arguments pour justifier ta position.

   - D'après la célèbre théorie de Darwin (« L'homme descend du singe »), y a-t-il, ou non, solution de continuité entre les deux espèces?

   - Si on a travaillé trop longtemps en grande surchauffe, il arrive parfois que l'esprit tourne ＿＿＿＿＿＿.

   - Une mère très sévère: « Pas question de laisser ma fille sortir seule! Elle serait bien capable d'aller faire ＿＿＿! Et puis comme ça je serai sûre de ne pas entendre l'horrible phrase: « Maman, je suis ＿＿＿!» Après son mariage, elle fera ce qu'elle voudra, mais pas avant! »

2. Raconte une petite histoire en utilisant les expressions et mots suivants:
faire les quatre cents coups
mener le bal / tirer au sort / maladresse / carrément / truffé de / snob

Synonymes-Nuances-Faux amis (350)

1. Quand j'étais (*3 solutions possibles*), j'avais un copain que j'aimais bien et à qui je faisais toutes mes ———, mais avec qui je me ——— de temps en temps. Passant des paroles aux actes, on me tardait pas à se ———. J'avais promis à ma mère que ça n'arriverait plus (car je revenais avec mes habits tout déchirés), mais je crois qu'elle n'avait guère ———. Aussi, le jour où elle est arrivée en pleine ———, je me suis dit: «(*2 solutions possibles*)!»

2. ————————————————————————————————.
   Sans blague!
   Je ne peux pas bourrer ma pipe parce que j'ai oublié ma ———————.

3. Deux dialogues en utilisant les expressions suivantes:
   a. *une discussion avec ta mère:*
      sous-entendu   blague
      empoisonner   un temps fou
      discussion
   b. *dans le bureau du rédacteur en chef:*
      gamin   faire les quatre cents coups
      patin à roulettes vente aux enchères
      mal fichu

Singulier — Pluriel (351)

1. Une seule forme est correcte. Laquelle? Pourquoi?

   Joël et Jean-Claude ont eu mal { à leur estomac. / à leurs estomacs. / à l'estomac. / aux estomacs.

2. Les mots *cheveux* et *poils* te permettent de faire plusieurs jeux de mots faciles à propos de la revue musicale *Hair*. Amuse-toi...

Le subjonctif (252)

Dans les exercices suivants, complète les phrases en faisant très attention à la fois à la grammaire et au sens.

1. *Temps*
   J'irai voir Nicole ——————————————————— arrivera.
   J'irai voir Nicole ——————————————————— arrive.

L'amour et la vie **225**

    Je vais écouter du Bach ——————————————— Nicole arrive.
    Qu'est-ce que tu as fait ——————————————— Nicole est arrivée?
    Je me reposerai ——————————————— tu mangeras.

2. *But*

    Je t'ai appelé ——————————————— démarrer la voiture.
    Je voudrais que tu m'aides à ——————————————— la voiture.

3. *Manière*

    J'ai déjà assez d'ennuis comme ça sans que tu ——— venir ——— encore m'empoisonner!

    Vu que
    Etant donné que } Joël ——— le plus jeune du groupe, il ———.
    Attendu que

    Il la connaît depuis trop peu de temps pour qu'elle ——— (pouvoir) ——— prétendre qu'il est le père de son bébé.

    Pourquoi je vous parle? Parce que vous m' ——— (adresser) ——— la parole le premier.

4. *Opposition*

    Elle a décidé de sortir bien que / quoique } sa mère le lui ——— (défendre) (*passé*) ———.

5. *Condition*

    Je veux bien que vous ——— (venir) ———, à condition / pourvu que } vous ——— (apporter) ——— quelque chose à boire.

    En admettant que / A supposer que } Joël n' ——— pas ——— (pouvoir) (*passé*) ——— venir, il aurait au moins pu téléphoner!

    Nicole va arriver d'une minute à l'autre, à moins qu'elle ——— (oublier) (*passé*) ——— le rendez-vous.

6. Complète avec des verbes différents chaque fois:

    Avant que tu ———————, je ———————.
    Pendant que tu ———————, je ———————.
    Tant que tu ———————, je ———————.
    Pour que tu ———————, je ———————.
    Pourvu que tu ———————, je ———————.
    De peur que tu ———————, je ———————.
    Bien que tu ———————, je ———————.
    A supposer que tu ———————, je ———————.
    Quoique tu ———————, je ———————.
    A moins que tu ———————, je ———————.

X

**CAROLLE.
ÉTUDIANTE EN
LETTRES**
*Je vais vous surprendre:
je suis très exhubérante!*

Carolle

Présentation

Peut-être parce que Carolle est la plus discrète, le récit de sa journée est un peu plus court que celui des autres membres du groupe. Avec elle, on parle de travail à mi-temps, de maquillage, de restaurant chinois, de films *sexy* et de varape (c'est un sport; tu sauras bientôt lequel!).

Et seras-tu étonné si, dans le jeu qui suit: « Qui est Carolle? » on la compare à une violette?

Le groupe essaie ensuite de te donner quelques tuyaux sur le tutoiement (dire *tu* à quelqu'un): tu verras alors pourquoi il est impossible à une grammaire de te donner des règles précises.

Un détail: si tu fais preuve de subtilité, une réplique de Martine te permettra de deviner l'âge de Ray...

Enfin, après avoir lu le reste du chapitre, tu sauras tout sur les séances occultes qui ont lieu chez Martine le vendredi soir, « le jour où les cartes disent la vérité »...

Carolle en liberté

Le 12 novembre, entre le récit de la journée de Jean-Claude et de celle de Joël: la journée de Carolle. Quelques mois plus tard, c'est Carolle qui est sur la sellette.

RAY: Carolle, avec toi, est-ce que nous allons parler de cinéma et de savonnettes?
CAROLLE: De savonnettes, oui... je me lave tous les jours! Je prends un bain tous les jours.
5 JEAN-CLAUDE: Avec quelle savonnette?
CAROLLE: Alors ça, je sais pas du tout. C'est pas moi qui les achète!
RAY: Tu préfères les *bains* ou les *douches*?

CAROLLE: J'aime les deux, mais en été je préfère la douche et puis en hiver le bain... parce que c'est plus chaud.

JEAN-CLAUDE: Tu aimes rester dans ton bain?

CAROLLE: Oh, je reste pas une demi-heure, non, mais enfin... Bon, alors, ma journée... C'est mon père qui a le réveil, alors c'est lui qui vient me réveiller.

RAY: Qu'est-ce qu'il fait? Il pousse un grand cri ou bien il frappe à la porte?

CAROLLE: Il frappe, oui. Ça dépend. Il pousse des grands cris aussi.

RAY: Il a une bonne voix?

CAROLLE: Pas mal, oui. Assez fausse, mais pas mal.

RAY: Ça se passe vers quelle heure, ça?

CAROLLE: Vers sept heures. *Je fonce* dans la salle de bains; je fais couler mon bain. En attendant, je me remonte les cheveux, parce que, sinon, ils seraient mouillés, puis je me mets dans mon bain... Après, je sors. (*Rires*) Et puis je vais m'habiller, me maquiller.

Je vais très vite (fam.)

JEAN-CLAUDE: Tout ça avant de manger?

CAROLLE: Tout ça avant de manger, oui. Pendant ce temps-là, mon père prépare le petit déjeuner.

RAY: Bien commode!

CAROLLE: Oui, très, très bien, ça.

RAY: Dis-moi, ça prend du temps, le maquillage?

CAROLLE: Non, non, ça va très vite. J'y *passe* pas beaucoup de temps. Je passe quatre fois plus de temps à chercher ce que je vais mettre qu'à me maquiller.

Voir page 323

RAY: Alors, fais-nous une petite confidence. Comment tu fais? Qu'est-ce que tu mets comme maquillage?

CAROLLE: Ça dépend des jours, ça. Il y a des jours où j'en mets pas beaucoup, des jours où j'ai envie d'en mettre beaucoup, alors je mets des gros traits...

RAY: Mais quoi? et où? Les jeunes filles américaines ne savent pas très bien les mots français pour ça.

CAROLLE: Ça fait rien, c'est des mots anglais! Je mets un trait d'*eye liner*. Et puis, autrement, je mets de l'*eye shadow*... C'est de l'ombre. C'est tout. Ensuite, je vais déjeuner. Je prends un thé au citron que mon père m'a préparé...

RAY: Pas de café?

CAROLLE: Non, non, pas de café.

RAY: C'est toujours un thé au citron?

CAROLLE: Toujours un thé au citron, oui. Avec une grosse *tartine* de pain *rassis,* parce qu'il est d'hier, vu que

Le contraire de frais

personne ne se lève assez tôt pour aller en chercher le matin...
RAY: Ni des croissants?
CAROLLE: Ni des croissants.
RAY: Pas de marmelade?
CAROLLE: Quelquefois, si... ça dépend. J'aime bien celle de *mirabelle* ou de fraises, particulièrement.

Petites prunes jaunes

RAY: Mais pas de *bacon*?
CAROLLE: Ah, non, non, jamais, non.
JEAN-CLAUDE: Et de la viande?
CAROLLE: De la viande non plus. Si j'étais toute seule, sûrement. Mais comme je suis obligée de me régler sur les habitudes familiales, je suis obligée de prendre mon thé, mon citron et ma tartine. (*Silence*)
RAY: Alors, le petit déjeuner est avalé?
CAROLLE: Oui.
RAY: Et nous supposons que c'est un jour...
CAROLLE: Que c'est un jour à peu près normal. Alors là, je commence à travailler, et puis après, je fais *des courses, j'étudie.*

Deux occupations très différentes...

RAY: A la maison?
CAROLLE: J'étudie à la maison.
RAY: Ça veut dire quoi, étudier à la maison? Comment tu fais?
CAROLLE: Eh bien, je prends un bouquin, quelques feuilles de papier. J'étudie ce que j'ai envie... Du latin, après... de l'espagnol par exemple. Je mélange un peu, en somme.
RAY: C'est ce que tu faisais surtout, à la fin de tes études secondaires, ou bien ce que tu fais maintenant que tu commences l'espagnol en faculté?
CAROLLE: Non, non, de toute façon, j'ai passé le baccalauréat seule. Je n'ai pas été dans un lycée en classe terminale... parce que j'ai été *renvoyée* avant.

On ne m'a pas permis de rester au lycée

RAY: Tu étais mauvaise élève?
CAROLLE: Oui, assez.
JEAN-CLAUDE: Pourquoi est-ce qu'on te mettait de mauvaises notes? Tu travaillais pas?
CAROLLE: Non, pas du tout, mais pas du tout! Et puis après, je me suis rendu compte que c'était très *embêtant* de ne pas avoir son baccalauréat. Alors, je l'ai passé et puis je l'ai eu. Ça fait au moins trois ans que j'ai abandonné les études vraiment scolaires, que je travaille seule.

Ennuyeux (*fam.*)

RAY: Donc, tu fais ce que tu as envie de faire...
CAROLLE: Oui, quand j'en ai envie.

RAY: Tout de même, dans le cadre du programme qu'on t'impose?

CAROLLE: Oui, évidemment. Mais enfin, ça peut me permettre de lire quelque chose qui ne me sert pas tellement dans mes études, de faire autre chose que le programme vraiment établi.

RAY: Alors, supposons que tu aies travaillé toute la matinée. Tu restes chez toi pour déjeuner, à midi?

CAROLLE: Non, non, je m'en vais. Je mange un sandwich en général. C'est ce qui coûte le moins cher, très, très rapidement, dans la rue ou...

JOËL: Tu restes dans le quartier?

CAROLLE: Non, souvent je vais manger du côté où je travaille, c'est-à-dire à l'Hôtel de Ville.

RAY: Actuellement, quel genre de travail tu as?

CAROLLE: Un travail de... d'employée de bureau, pour ne pas dire de secrétaire. C'est un grand mot pour ce que je fais!

RAY: Et c'est uniquement l'après-midi que ça se passe?

CAROLLE: Oui, moi, je ne le fais que l'après-midi... Je commence par lire les journaux. Je feuillette *Paris Jour, Le Figaro, France Soir*... parce que c'est les autres qui les achètent! Faut pas que je travaille trop vite quand même! Je vais pas *me mettre au travail* comme ça, à l'heure pile! Voir page 370
Exactement à l'heure (*fam.*)

RAY: C'est pas très sérieux, tout ça!

CAROLLE: Non, pas du tout, c'est pas du tout sérieux.

JEAN-CLAUDE: C'est quel bureau?

CAROLLE: Ça t'intéresse? (*Rires*)

JEAN-CLAUDE: Oui, non, non... pas du tout pour travailler, mais...

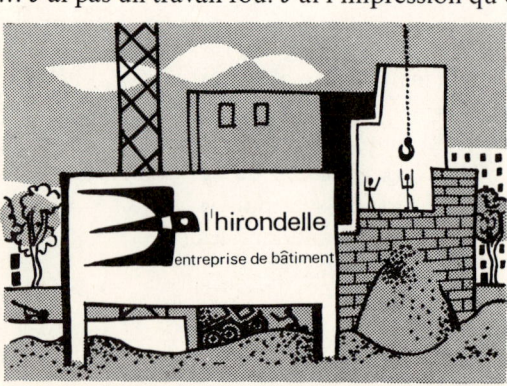

CAROLLE: C'est *L'Hirondelle*. C'est une entreprise de bâtiment... J'ai pas un travail fou. J'ai l'impression qu'on m'a gardée plus pour me faire plaisir que parce qu'on avait besoin de moi.

RAY: Il vaut mieux que les gens de L'*Hirondelle* ne tombent pas sur ce livre! Mais jusqu'à quelle heure tu travailles, l'après-midi?

CAROLLE: Je travaille jusqu'à six heures *un quart* et ensuite, je rentre à la maison.

Forme habituelle: et quart

RAY: Par le métro?

CAROLLE: Par le métro, oui.

RAY: Six heures et quart, c'est l'heure de pointe, non?

CAROLLE: Oui, sur ma ligne, il y a pas mal de monde, mais enfin, comme je vous l'ai déjà dit, j'aime le métro parce qu'il y fait chaud.

RAY: Tu arrives à lire dans le métro, aux heures de pointe?

CAROLLE: Ah oui, très bien! J'ai chaud, je suis bien. On ne peut pas tomber parce qu'il y a beaucoup de monde; c'est très bien.

RAY: Et le soir, c'est le dîner à la maison?

CAROLLE: Le soir, généralement je dîne à la maison, mais pas toujours.

JEAN-CLAUDE: Où est-ce que tu aimes dîner?

CAROLLE: J'aime bien aller au restaurant chinois. J'aime ça, les petits trucs chinois... J'aime pas du tout le restaurant vietnamien. Je trouve ça dégoûtant.

JEAN-CLAUDE: J'ai jamais pu faire la différence, moi. Je dois être beaucoup plus grossier!

CAROLLE: Peut-être que je suis tombée sur un bon restaurant chinois et un mauvais restaurant vietnamien... J'aime bien tous les petits restaurants du Quartier Latin ou des petites rues voisines, où on mange des pizzas... des trucs comme ça.

RAY: On arrive à *s'en tirer,* actuellement, à peu près pour combien?

Voir page 365

CAROLLE: Pas en faisant un repas complet, mais en mangeant... une pizza ou une spécialité quelconque: douze francs, *par là.*

À peu près (*fam.*)

RAY: Tout compris?

CAROLLE: Tout compris, oui, mais moi je ne bois pas de vin.

JOËL: Tu attaches de l'importance aux repas ou non?

CAROLLE: Relativement... J'en attachais pas du tout avant, quand je mangeais chez moi et que c'était mes parents qui payaient la nourriture. Mais maintenant que, justement, j'ai pas les moyens de me les payer, oui... J'ai souvent envie de petits plats, de petits trucs bien cuisinés, à midi surtout, parce que je mange un sandwich et que j'ai encore faim après.

RAY: Et tu sais faire la cuisine toi-même?

5 CAROLLE: Ah oui, je sais faire quelques petits trucs. La paëlla, que j'ai apprise en Espagne bien sûr, et puis... pas grand chose! En dehors de la cuisine de tous les jours comme le bifteck, évidemment...

RAY: Tu sais faire les frites?

10 CAROLLE: Oui, mais j'aime pas beaucoup ça, et puis ça sent mauvais, en plus. (*Silence*)

RAY: Et alors, le soir?

CAROLLE: Le soir, je vais au cinéma assez souvent, parce que le quartier *s'y prête* ici. Il y a beaucoup de cinémas.
15 Evidemment, il y a beaucoup de films *sexy,* mais il y a aussi un cinéma d'art et d'essai, à côté.

Voir page 358

JEAN-CLAUDE: Les films *sexy,* tu vas les voir? (*Rires*)

CAROLLE: Non, j'ai jamais été voir les films *sexy!*

JOËL: Tant pis pour toi!

20 RAY: A quelle heure tu te couches en général?

CAROLLE: Je me couche assez tôt, parce que je suis obligée de me lever tôt, de me régler aux habitudes familiales, quoi! Mais quand je vivais seule, je me couchais à n'importe quelle heure.

25 RAY: Tu veux dire que tu n'habitais pas dans ta famille?

CAROLLE: Oui, j'ai vécu quelque temps en Espagne, et alors je me couchais aussi bien à six heures de l'après-midi qu'à cinq heures du matin.

RAY: Est-ce que tes parents ont quand même un contrôle sur
30 tes heures de retour à la maison?

CAROLLE: Non, ils sont habitués à me voir rentrer à une certaine heure, mais enfin, ils n'exercent pas du tout de contrôle. Je peux faire ce que je veux.

RAY: Ils s'inquiètent, quand même, si tu rentres trop
35 tard?

CAROLLE: Oui, ils s'inquiètent.

JEAN-CLAUDE: Qu'est-ce que tu fais de tes dimanches?

CAROLLE: Mes dimanches? Alors là, c'est un cas particulier: les dimanches, je vais voir ma mère — parce que mes
40 parents sont divorcés — je vais voir ma mère en banlieue. Autrement, je fais du sport.

RAY: Ah, bon, qu'est-ce que tu fais comme sport?

CAROLLE: En ce moment, j'ai recommencé à faire de *la varape*. C'est difficile à expliquer... il faut *grimper* sur
45 des rochers.

JOËL: Une sorte d'alpinisme?
CAROLLE: Oui, enfin de l'alpinisme... à Fontainebleau! C'est pas des grosses, grosses montagnes mais c'est très, très amusant.
JOËL: C'est assez acrobatique!
CAROLLE: C'est acrobatique. J'aime beaucoup ça.
RAY: Ça fatigue beaucoup, non?
CAROLLE: Oui.
RAY: Tu reviens crevée?
CAROLLE: Oui, complètement épuisée. On a les jambes qui tremblent, les mains qui tremblent; on ne peut rien y faire, c'est nerveux.
RAY: Tu avais mentionné, il y a quelque temps, le fait que tu habitais... avec ton ami espagnol.
CAROLLE: Ce que je vous raconte là, c'était avant d'habiter avec lui... Il est venu en France, parce que je lui avais dit qu'il y avait beaucoup de travail... Mais ça fait trois mois qu'il est là, et il n'en a pas trouvé!
RAY: Aïe! Tu te sens un peu responsable, non?
CAROLLE: Oui, relativement. Etant étranger, c'est très difficile. Il faut des tas de cartes, des tas de trucs. Enfin, je dis ça pour les Américains: s'ils veulent travailler en France, qu'ils réfléchissent deux fois avant de venir!

Carolle, Qui est?

MARTINE: Au début, je croyais Carolle plutôt indifférente, et puis maintenant...
RAY: En fait, tu crois que c'était seulement de la discrétion?
MARTINE: Oui, oui.
RAY: De la réserve?
MARTINE: Oui, je crois aussi. Il ne faut pas que je la regarde, sinon... Donc, je pense qu'elle est assez réservée, qu'elle est douée de beaucoup d'intuition...
RAY: Est-ce que tu considères l'intuition comme une qualité typiquement féminine?
MARTINE: Non, pas typiquement féminine...
RAY: On peut remarquer cependant que, sur certains sujets, elle a eu des positions qui étaient presque en flèche... sur

236 *Entre Nous*

le sujet de l'amour par exemple. C'est compatible avec
la réserve?

MARTINE: Oui, mais... elle est assez *déroutante*. Elle est très   Déconcertante
différente de ce qu'elle semble être.

RAY: Tu crois qu'elle se montre totalement elle-même dans
ce groupe?

MARTINE: Non, elle a souvent l'air un peu... lointain, pas
très intéressé. Elle n'a pas l'air de se prendre au jeu!
Nous, on parle quelquefois pour le plaisir de parler.
Quand on n'a rien à dire, on parle quand même! Mais
Carolle, pas du tout!

RAY: Une espèce de distanciation, pour parler comme
Brecht?

MARTINE: Oui, peut-être, oui.

NICOLE: Je peux dire quelque chose? Avant de rencontrer
Carolle, son nom m'avait fait penser à... Carolle, ça m'a
fait penser d'abord à *scarolle*... une salade!

RAY: Si tu permets une parenthèse, on va avouer quelque
chose ici. Son vrai prénom, c'est pas Carolle, c'est
Martine... mais comme nous avions deux Martine, nous
avons décidé de l'appeler Carolle, parce que c'est son
second prénom. Et maintenant nous avons pris l'habitude
de l'appeler Carolle!

NICOLE: Moi, je ne le savais pas en venant ici, et je me
demandais aussi quelle fleur ça allait être... Alors, j'avais
pensé à une violette.

RAY: Ah!

NICOLE: Moi, j'aime bien les violettes!

RAY: C'est un aveu qui va lui faire plaisir.

NICOLE: C'est une violette, parce qu'elle est toujours un peu
à l'abri. Il faut la provoquer pour lui faire dire quelque
chose. Elle est très, très féminine. Je l'ai vue beaucoup
mieux un soir, le soir où vous aviez crevé en nous ramenant
chez nous...

RAY: Ah, oui! Et alors?

NICOLE: On était allées ensemble chercher un garage et on
s'était beaucoup amusées. A ce moment-là, elle avait
cessé d'être simplement un membre du groupe. Il y avait
eu une sorte *d'entente*... C'est important de s'amuser!
Il y a tellement de gens avec qui on s'ennuie. C'est
vrai!

JOËL: Ce que j'ai remarqué, c'est que chez les éléments
féminins, il y a beaucoup plus de facilité pour exprimer
des sentiments...

JEAN-CLAUDE: Oui, mais il est certain que les femmes ne
sont pas scientifiques!

JOËL: C'est prouvé!

MARTINE: C'est pas vrai!

JOËL: Mais enfin, à propos de Carolle, je suis d'accord avec
Nicole et Martine sur...

RAY: Sur la violette?

JOËL: Sur la violette, sur la réserve. Tu dois être aussi en peu
timide?

RAY: Attention, elle ne doit pas répondre... Pas pour l'instant du moins!

JOËL: M'adresser à elle, ça a l'air un peu plus naturel,
sinon parler d'une *tierce* personne alors qu'elle est là...
D'ailleurs, regardez-la maintenant... Elle a l'air très absorbé quand elle réfléchit; elle pèse ses mots.

RAY: Elle met sa main d'une certaine façon...

JEAN-CLAUDE: Elle ressemble au *Penseur* de Rodin. (*Carolle
s'empresse de changer de position.*)

RAY: N'enlève pas ta main!

JEAN-CLAUDE: Moi, je voudrais modifier l'image de Nicole,
pour transformer la frêle violette en orchidée... parce que,
quand même, la violette, on passe dans un chemin, on
l'écrase!

NICOLE: C'est pas vrai!

JEAN-CLAUDE: Ah si! Je connais des gens qui écrasent les
violettes!

NICOLE: Oui, mais il y a beaucoup de gens qui les cherchent!
Et puis, il me semble que l'orchidée, elle *se pare*...
L'orchidée, c'est riche de couleurs, tandis que la violette
est toute simple et toute mystérieuse. (*Silence*)

Elle se cache (masc.)

Harmonie (fém.)

Troisième (mot rare en dehors de cette expression)

Elle fait tout pour paraître belle

RAY: Carolle, à toi! Violette ou orchidée?
CAROLLE: La réalité, c'est qu'il me faut énormément de temps pour m'accoutumer à quelqu'un, et encore plus à un groupe. Il y a des gens, comme par exemple Martine, ou toi Nicole, qui vont très vite pour *lier* connaissance, pour appartenir au groupe...   Faire
RAY: Tu ne te sens pas encore tout à fait membre du groupe?
CAROLLE: Il me faut des années quelquefois. A cause, d'une part — vous avez raison — de ma retenue, en partie voulue, en partie pas voulue. Alors, souvent on me considère comme assez *insignifiante*... On ne fait pas tellement attention à la violette, quoi!   Quelconque
RAY: Fais-nous une petite confidence: comment es-tu quand tu es avec ton ami?
CAROLLE: Je vais vous surprendre: je suis très exubérante!
RAY: Et pourtant tu ne parles pas fort! Même maintenant, tu ne parles pas fort. C'est compatible?
CAROLLE: Chez moi, je parle fort! Je parle fort, je crie!
JOËL: C'est pas possible! Moi, je te vois plutôt comme une poupée de cire de la fin du siècle dernier.
CAROLLE: Ça alors!

Tu

Au cours de la première réunion du groupe, le 30 octobre, on avait parlé de beaucoup de choses, entre autres du tutoiement... et de l'avenir.

RAY: Comment tutoyez-vous? Quand tutoyez-vous? Qui tutoyez-vous?
MARTINE: Eh bien, ça dépend de l'environnement... Si je suis au milieu de gens d'une certaine tenue, d'une certaine réserve, je les *vouvoie* automatiquement...   On dit aussi *voussoyer*
RAY: Est-ce que la question d'âge compte beaucoup?
MARTINE: Oui, quand même, oui bien sûr, oui! Evidemment, je ne tutoierai pas un monsieur de quarante ans, même si... (*Rires*) même s'il m'est tout à fait sympathique...
RAY: Ça te gênerait?
MARTINE: Oui.
RAY: Est-ce que l'un de vous pourrait donner une espèce de règle? Si un étudiant américain demande: «Quand faut-il ou ne faut-il pas tutoyer?»... qu'est-ce que tu dirais, Joël?

JOËL : En général, une personne que l'on respecte ou que l'on est censé respecter, on la vouvoie. Par le mot *censé,* j'entends qu'il y a une certaine politesse, certaines conventions, qui font que vous devez vouvoyer.

Supposed

5 RAY : Est-ce qu'il est plus facile pour vous de tutoyer quelqu'un du même sexe, ou non ? Carolle ?

CAROLLE : Non, aucune différence.

JEAN-CLAUDE : J'ai une petite communication à faire.

RAY : Vas-y, Jean-Claude, communique !

10 JEAN-CLAUDE : Pour moi, tutoyer quelqu'un, c'est l'inclure dans son groupe. Moi, ça ne me gêne pas tellement — pas du tout même — de te tutoyer, toi, bien qu'étant plus âgé que moi, parce qu'en ce moment on est dans un groupe, dans un même ensemble. Dans le travail, c'est
15 différent... Actuellement, là où je travaille, il y a un chef de service qui a mon âge, qui est très *sympa*... mais je le vouvoie parce que je sais que ça serait choquant si je lui disais tu. Ça serait une sorte de barrière franchie en quelque sorte. Pour moi, le vouvoiement est social.

Voir page 296

20 JOËL : Il m'est arrivé l'année dernière d'entrer en contact avec *l'aumônier* du lycée, qui donne des cours de *catéchisme*. Il est très compréhensif... On a discuté et, avec quelques copains, on s'est aperçu qu'on était d'accord sur de nombreux points; on s'est mis à le tutoyer alors qu'au
25 début on l'avait vouvoyé. Il ne s'en est absolument pas senti gêné. Ceux qui étaient gênés, c'était ceux qui venaient à ses cours de catéchisme et qui le vouvoyaient. Nous, on l'appelait *Père,* parce que c'est comme ça... mais on le tutoyait.

30 RAY : C'était une espèce d'accord intellectuel ?

JOËL : Une certaine inclusion dans notre groupe; on l'avait identifié à nous, si vous voulez.

MARTINE : Je voudrais dire quand même que le fait de vouvoyer quelqu'un n'est pas automatiquement une marque de respect. Je peux respecter tout autant une personne que je tutoie.

RAY: Explique!

MARTINE: Non, je ne peux pas expliquer, justement!

5 RAY: Je crois que c'est Prévert qui disait: «Je dis tu à tous ceux que j'aime; je dis tu à tous ceux qui s'aiment.» Vous seriez d'accord?

NICOLE: Absolument!

RAY: Au fond, c'est une espèce de sympathie envers quel-
10 qu'un, qui fait passer par dessus les marques habituelles de politesse...

JOËL: Une affinité avec quelqu'un. Une affinité qui peut être de l'*estime* ou alors, comme le dit Prévert, de l'amour. Bonne opinion (fém.)

MARTINE: Il y a aussi le fait que, parmi les jeunes surtout, on
15 peut tutoyer quelqu'un même si on ne le connaît pas; ça arrive très fréquemment. Il y a une certaine *vogue* du Popularité
tutoiement... Mais il faut dire que ça n'est pas vrai dans tous les milieux. Par exemple, j'ai travaillé pendant un mois, l'été dernier, dans l'entreprise où travaille mon
20 père; j'étais au service de traduction. Il y avait dans ce service quatre filles qui avaient entre vingt et vingt-cinq ans et qui toutes se vouvoyaient; et moi, ça m'a énormément choquée: des filles qui travaillent ensemble à longueur d'année, qui sont jeunes, qui ne s'appelaient même
25 pas par leurs prénoms, qui se disaient des Mademoiselle long comme le bras. Vraiment, ça me choquait énormément.

NICOLE: Moi, je crois que toute la subtilité entre le tu et le vous, c'est une question de sentiment.

30 RAY: C'est bien la raison pour laquelle il est si difficile aux grammaires françaises de l'expliquer!

Avenir et mystère

JEAN-CLAUDE: Moi, j'aimerais pas connaître mon avenir, mais alors là, absolument pas!

RAY: Pourquoi? Tu as peur?

35 JEAN-CLAUDE: C'est pas drôle! Aller quelque part où l'on sait qu'automatiquement on *aboutira*, c'est... je ne sais Voir page 365
pas, je trouve ça très moche.

JOËL: Je me rangerais à la position de Jean-Claude. A partir du moment où je saurais quel est mon avenir, j'essaierais de l'éviter s'il est mauvais, mais en voulant l'éviter, je ne ferais que m'y précipiter plus sûrement. Ou alors, s'il est bon, y *tendre,* mais alors, si je n'y arrivais pas, j'en ferais un complexe pendant toute ma vie!   Essayer de l'obtenir

5 RAY: Alors tu préfères ne pas le savoir! Qu'en pensent les jeunes filles?

CAROLLE: Eh bien, je pense comme eux parce que je ne pense pas qu'il y ait d'avenir... enfin, c'est nous qui le faisons!

10 MARTINE: Finalement, j'aimerais pas le savoir non plus, parce que... Non, j'aimerais pas qu'on me le dise, par crainte, crainte qu'on me prédise quelque chose qui ne *s'avèrerait* pas très agréable.   Se révèlerait

RAY: Parce que ça te semble incompatible avec ta liberté?

15 MARTINE: Non, c'est pas ça. Je veux dire que je l'*appréhende* énormément, c'est vrai... et donc, s'il est bien, tant mieux, je le découvrirai à ce moment-là; sinon, j'aime mieux ne pas le savoir maintenant!   J'en ai peur

NICOLE: Je suis de l'avis de Carolle. *Je ne tiens* pas à savoir   Voir page 358
20 ce qu'il sera, parce que je tiens à une certaine liberté.

RAY: Alors, en somme, aucun d'entre vous n'est client des voyantes, des devins, ou des gens de ce genre? C'est une industrie très répandue en France, mais ça n'est pas vous qui la faites marcher! Et cependant, malgré toutes ces
25 dénégations, j'ai cru entendre parler de certaines soirées chez Martine, le vendredi soir...

MARTINE: Oui, certains vendredis, on fait des soirées... comment est-ce qu'on peut les appeler?

RAY: Des soirées occultes?

30 MARTINE: Si on veut... On s'installe face à face, et Nicole me tire les cartes sur un tapis vert. Il y a une *tête de mort... enrubannée,* parce que ça fait moins dramatique.

RAY: C'est important que ce soit le vendredi?

MARTINE ET NICOLE: Ah oui, très, très important!
RAY: Pourquoi?
NICOLE: Parce que le vendredi soir, les cartes disent la vérité!
RAY: Ah bon!
⁵ MARTINE: Alors, il y a une tête de mort sur la table, une grosse boule de voyante, éclairage à la *bougie*. On coupe les cartes de la main gauche, et puis voilà! On apprend comme ça ce qui va nous arriver dans un proche avenir.
NICOLE: Quand je tire les cartes, il faut bien créer une
¹⁰ ambiance!
RAY: En fait, c'est un jeu?
MARTINE: Oui, et puis de toute façon, il s'agit pas de savoir l'avenir parce que, dans le fond, on l'interprète! Bon, admettons que les cartes disent telle chose... On part sur
¹⁵ ce qu'on sait de nous-mêmes, évidemment, et puis on interprète, et toujours dans un sens très positif!
RAY: Ah bon!
NICOLE: On *s'attend* pas du tout à ce que des choses très tristes ou très malheureuses nous arrivent. Ou alors, on
²⁰ les transforme dans un sens optimiste!   *To expect*
RAY: Joël, le mystère, ça t'intéresse de la même façon?
JOËL: Le mystère m'intéresse en tant que jeu. Par exemple, je me suis intéressé à l'alchimie, tout simplement parce qu'il y a beaucoup de mystère, d'inconnu, qui plane là-
²⁵ dessus.
RAY: Tu crois qu'on peut vraiment *transmuer* les métaux   *Transformer*
en or?
JOËL: C'est faisable maintenant avec la physique nucléaire! Disons qu'on peut changer les qualités d'un métal et le
³⁰ transformer en un autre, en changeant individuellement chaque molécule... chaque atome plutôt. Mais c'est avant tout le mystère pour le mystère qui m'intéresse. Je me souviens, très petit, j'adorais les caves, tout ce qui était souterrain...
³⁵ RAY: Est-ce que quelqu'un, ici, croit aux *soucoupes volantes*?
CAROLLE: Croire vraiment... peut-être pas. Mais je crois que c'est possible qu'il y ait d'autres habitants sur d'autres planètes, peut-être même des hommes, des hommes très, très anciens. Il n'y a pas de preuves, je dirais, mais des
⁴⁰ choses troublantes dans certains cas.
JOËL: Il y a un tas de gens qui croient voir des soucoupes volantes et on fait généralement des campagnes de presse à ce sujet quand on n'a rien à dire, pendant les mois de vacances... C'est comme en Angleterre avec le monstre

du Loch-Ness... D'autre part, s'il existe d'autres individus qui nous sont semblables, plus évolués que nous, qu'est-ce qu'ils viendraient faire sur motre *foutue planète*?   Voir page 363

CAROLLE: Nous voir, bien sûr! La même chose que ce qu'on essaie de faire, nous, sur la leur.

RAY: Ils sont bien loin, non? Est-ce qu'ils viendraient simplement pour faire *un petit tour*?   Une petite promenade (*fam.*)

CAROLLE: Oui, bien sûr!

MARTINE: Ils nous posent bien des problèmes. Pourquoi est-ce qu'on ne leur en poserait pas?

RAY: Est-ce qu'il y a encore d'autres formes de mystère qui vous intéressent?

MARTINE: En fait, *le coup des cartes* qu'on se tire le vendredi soir, c'est un peu une blague, mais je suis fortement impressionnée par les histoires de médium, de spiritisme...   Le fait de se tirer les cartes (*fam.*)

JOËL: De télépathie...

MARTINE: J'aimerais beaucoup pratiquer ce genre de choses, mais d'abord, j'en ai pas l'occasion et, d'autre part, ça m'impressionnerait trop. Je crois que j'aurais très peur. Donc, finalement je dois croire à quelque chose...

RAY: Joël, ces histoires de médium, tu y crois?

JOËL: Ça m'étonne, et j'essaie d'expliquer ça par la télépathie; j'essaie de poser une base rationnelle...

NICOLE: Moi, quand j'essaie de tirer les cartes, c'est un mystère et c'est en contradiction avec l'esprit scientifique que je voudrais avoir. C'est comme pour faire tourner *les guéridons*... Là aussi, ce que j'aimerais avoir, c'est une réalité scientifique! Je cherche à pénétrer le mystère.   Petites tables (masc.)

RAY: Mais est-ce que ça serait encore intéressant si on l'expliquait?

NICOLE: Pourquoi pas? Moi, je cherche, finalement, à entrer dans le jeu pour connaître...

JOËL: Tout peut s'expliquer, je pense, d'une manière rationnelle. Mais pour l'instant, on n'en possède pas les éléments.

RAY: En somme, vous êtes plutôt optimistes tous les deux sur la possibilité de faire reculer le mystère?

NICOLE: Oui. L'hypnose, c'était un mystère, avant, et maintenant on s'en sert comme moyen thérapeutique; c'est une réalité scientifique.

RAY: Alors tu ne souhaites pas garder le mystère?

NICOLE: Non, non, absolument pas!

RAY: Martine, tu souhaites garder le mystère?

MARTINE: Oui! Bien sûr!

Controverses

1. « Je me maquille seulement les yeux. » (Carolle)
   - Pour les filles :   Est-ce que tu te maquilles ? Quoi ? Quand ? Pourquoi ?
   - Pour les garçons : Aimes-tu les filles qui se maquillent ? Quoi ? Quand ? Pourquoi ?
2. L'intuition est-elle une qualité typiquement féminine ?
3. « Les femmes ont plus de facilité pour exprimer des sentiments... Les femmes ne sont pas scientifiques... » Discute.
4. Il faut beaucoup de temps à Carolle pour se sentir vraiment membre d'un groupe. Et à toi ?
5. Si tu es déjà allé en France, compare ton expérience du tutoiement à ce qu'en disent nos amis.
6. Aimerais-tu connaître ton avenir ?
7. Souhaites-tu que la science permette d'expliquer tous les mystères ou préfères-tu, comme Martine, garder le mystère ?
8. Ta position dans la controverse sur les soucoupes volantes ?

Applications

Expressions idiomatiques (357)

1. - Il est partisan du mariage des prêtres, de l'entrée des femmes dans le sacerdoce et de la diminution des pouvoirs du pape. Le moins qu'on puisse dire, c'est que ce prêtre catholique a _____.
   - Si j'avais _____ de me payer une voiture, je n'aurais pas besoin de prendre le métro, ce que je déteste, spécialement aux _____.
   - Son ami lui a dit : « Tu es belle comme Vénus ! » Depuis, elle s'est _____ et se fait appeler Vénus. Pour lui faire plaisir, il l'appelle Vénus à _____.
   - Cet homme est très vaniteux. Ses collègues le savent bien et lui disent à _____ : « Monsieur le Président Directeur Général », long _____.

2. Invente deux courts dialogues en utilisant les expressions et mots suivants :

   - toute la sainte journée
     se maquiller
     à l'heure de pointe
     commode
   - prendre des positions en flèche
     pile
     se prendre au jeu
     varape

Ne pas confondre-Trois verbes (357)

1. Dans les phrases suivantes, remplace les mots indiqués par des mots ou expressions ayant à peu près le même sens, présentés dans les pages précédentes. Fais les modifications nécessaires.

   - Peux-tu me *donner* ce livre *pour quelques jours*?
   - Est-ce que je peux te *demander* ce livre?
   - Cette maison est vraiment bon marché: quatre-vingts francs par mois, *avec l'eau, le gaz, l'électricité.*
   - Tu as l'air *très fatigué.*
   - Il faut que je fasse réparer ma roue de secours (la cinquième roue de la voiture); le pneu est *abîmé.*
   - *J'ai presque fini d'écrire ce livre!*
   - Jean! *Le hasard fait bien les choses!* J'allais justement te téléphoner.

2. Réponds aux questions suivantes en utilisant des mots ou expressions utilisés dans les pages précédentes. Fais deux réponses différentes par question.

   - Pourquoi ne viens-tu pas avec moi?
   - Qu'est-ce qui t'arrive? Tu as l'air tout bouleversé.
   - As-tu assez d'argent?
   - Tu viens de tomber sur quelqu'un que je connais? Vraiment?

Équivalences (359)

1. Réponds de deux façons à chacune des questions suivantes, la première en utilisant *être censé;* la deuxième *devoir:*

   - Et maintenant, qu'est-ce que je suis censé faire?
   - D'accord, j'ai mal réagi, mais en fait, qu'est-ce que j'étais censé faire?

2. Prends une phrase quelconque à la page 241 et mets-là, suivant le cas, au passé composé ou à l'imparfait.

3. Utilise autant d'expressions nouvelles que tu veux dans une histoire commençant de la façon suivante (Choisis l'un des débuts possibles):

   a. Toute la sainte journée, elle me disait: «Tu es laid!»———————.
   b. La première fois que j'ai vu un film *sexy,* ———————.
   c. «Je voudrais qu'il crève!» s'écria-t-elle ———————.

L'adverbe (359)

ensemble	quelquefois	certainement
plutôt	soudain	gaîment
volontiers	enfin	énormément
davantage	encore	précisément

presque	ailleurs	gentiment
tout à fait	dessus	lentement
aussitôt	dessous	bêtement
ensuite	aussi	

1. Dans les phrases suivantes, ajoute l'un des adverbes ci-dessus en faisant attention a. au sens, b. à la place de l'adverbe :

   - Je fonce dans la salle de bains.
   - Je prendrai un thé au citron.
   - Tu crois qu'on peut transmuer les métaux ? (attention : 2 verbes).
   - Je vais au cinéma.
   - Il y a des gens avec qui je m'ennuie (2 verbes).
   - Je sais faire la cuisine.
   - Je dis *tu* à ceux que j'aime.

2. Reprends les mêmes phrases et mets le premier verbe au passé composé (Attention au temps du deuxième), puis, pour chaque phrase, fais successivement les deux choses suivantes :

   a. ajoute un adverbe de la liste ci-dessus (ensemble, etc...)
   b. Ajoute un adverbe de la liste de la page 360 (bien, etc...)

   Attention à la place de l'adverbe !

EDGAR MORIN. SOCIOLOGUE
C'est un endroit très érotisé...

Une France multiple

XI

Présentation

S'il y avait dans ce livre un chapitre destiné à te donner une idée de la « civilisation française des années 70 », ce serait celui-ci. Mais il le fait de façon inattendue, avec l'aide du sociologue Edgar Morin. Plutôt que d'essayer de traiter systématiquement des caractères principaux de la France et des Français, nous avons lancé là un certain nombre d'idées riches et fécondes.

Tu y verras l'influence qu'E. Morin attribue à *l'inconscient collectif* dans la création de certains mythes, comme celui de la *traite des blanches* et du *juif bouc émissaire*, curieusement joints dans l'affaire des *rumeurs d'Orléans*. On y discutera encore des relations ambigües entre l'Église et l'État en France, de la polarisation politique entre les partis de gauche (chronologiquement les radicaux-socialistes, les socialistes, les communistes) et les partis de droite.

Tu y retrouveras aussi l'influence d'événements aussi différents, mais aussi fondamentaux, que la Révolution de 1789, la guerre de 1939-45 et les événements de mai 68.

Avec l'exemple de la Bretagne, tu prendras conscience de la façon nouvelle dont se pose le problème du régionalisme et de la décentralisation en France, problème dont on peut s'attendre qu'il dominera la vie politique française pendant les dix années à venir.

Enfin, grâce à la discussion avec E. Morin et à « L'opinion de Philippe Labro », tu comprendras mieux le titre de ce chapitre : « Une France multiple », où s'affrontent dans un combat incertain les forces de la tradition et celles du changement, deux des ingrédients principaux de ce qu'on a appelé — après tout, est-ce si faux ? — le miracle français.

Les Rumeurs d'Orléans

Pour aborder ce sujet sérieux, nous avions attendu presque la fin de l'année scolaire. Le lieu s'imposait: chez le sociologue Jean-Claude.

RAY: Edgar Morin, vous êtes sociologue. Qu'est-ce que c'est qu'un sociologue?
E. MORIN: Hégel, quand on lui demandait: « Qu'est-ce que c'est qu'un philosophe? » disait: « C'est un monsieur
5 qui gagne sa vie en faisant de la philosophie.»
RAY: Vous diriez la même chose?
E. MORIN: Oui, mais ça peut cacher bien des ambiguités.
RAY: Alors, quelle est votre ambiguité?
E. MORIN: Eh bien, mon ambiguité à moi, c'est que je suis
10 un peu anti-sociologue... Ce qui m'intéresse, c'est, disons, l'étude des phénomènes humains, qu'ils soient psychologiques, sociologiques, physiologiques, historiques. La sociologie comme discipline, ça m'embête, parce que je ne crois pas aux disciplines; je crois ou bien
15 à la théorie, ou bien aux phénomènes. C'est pour ça

250 *Entre Nous*

que moi, j'étudie des phénomènes : la crise de mai, la rumeur d'Orléans, la modernisation en Bretagne, des choses comme ça, vous voyez...

RAY: On va y revenir, mais j'aimerais d'abord demander
5 à notre étudiant en sociologie : ton ambiguïté à toi, qu'est-ce que c'est ?

JEAN-CLAUDE: Mon ambiguïté, c'est que justement on m'impose la sociologie comme une discipline !

RAY: Et toi, Joël, la sociologie, ça t'intéresse ?

10 JOËL: La sociologie en tant que discipline ne *m'emballe* pas énormément. Je trouve déjà que la physique manque de rigueur, alors...   Enthousiasme (*fam.*)

RAY: C'est le paradoxe habituel de Joël, ça, hein ?

JOËL: Est-ce que par exemple le taux de croissance de la
15 production des petits pois influencera les manifestations de Nanterre ? Bien sûr, j'exagère un peu...

RAY: Je crois, oui ! Edgar Morin, votre réaction ?

E. MORIN: Eh bien, ça, c'est le genre de sociologie qui ne m'intéresse pas...

20 RAY: Bon, c'est clair !

E. MORIN: Pour ma part, je ne conçois des études sociologiques que dans la mesure où leur dimension sociologique est en même temps historisée. J'ai besoin de les situer par rapport à, disons, une évolution. C'est une dimension
25 de la recherche qui m'est absolument indispensable.

RAY: Pourriez-vous nous indiquer une de vos recherches-types qui vous ont permis de montrer une évolution ?

E. MORIN: Pas de recherche-type, non !

RAY: Je retire le mot *type*...

30 E. MORIN: Eh bien, par exemple, j'ai fait une étude sur des rumeurs à Orléans, et il m'a intéressé de savoir s'il y avait des antécédants...

RAY: Tout le monde ici sait de quel genre de rumeurs il s'agit ?

35 JOËL: C'est l'histoire des commerçants...

MARTINE: Oui, je crois que ça s'est passé en 69... J'en ai entendu parler il y a quelques mois.

RAY: Mais c'était des rumeurs de quel genre ?

MARTINE: Je crois que c'est une histoire de femmes qui
40 disparaissaient quand elles allaient dans certains magasins, qui étaient des magasins tenus par des juifs. En réalité, il n'y a eu aucune disparition mais cette histoire s'est propagée, amplifiée, et toute la ville en a parlé. Je crois que l'affaire s'est *étouffée* d'elle-même...   S'est atténuée, puis a disparu, comme par
45 RAY: Est-ce que les faits, tels que Martine vient des les   manque d'air
rapporter, sont à peu près exacts ?

Une France multiple 251

E. MORIN : A peu près, à peu près... Mais l'affaire ne s'est pas étouffée d'elle-même, la chose a créé un début de panique... Alors la presse *s'en est emparée,* et la rumeur a été brisée par un *tir de barrage.* En tant que telle, elle a disparu, mais elle a laissé toute une série de mythes résiduels.

RAY : Vous avez donc essayé de comprendre l'évolution de l'affaire, n'est-ce pas ?

E. MORIN : Oui, d'abord de comprendre ce qui s'était passé. J'ai essayé de faire un premier scénario : celui des événements, voir où était la source, comment ça a pu se propager... et un deuxième scénario : trouver le mythe, puisqu'il s'agissait du *jumelage* de deux mythes qui ne s'étaient pas encore trouvé associés jusqu'à présent... Le premier, c'est un thème de traite des blanches. C'est un thème très ancien qui est propre à frapper les rêveries et les imaginations de jeunes filles et de jeunes femmes modernes. Il est apparu, ensuite, un élément absolument inattendu logiquement, qui était le juif...

RAY : C'est par hasard, à votre avis, que le juif arrivait là-dedans ?

E. MORIN : Ah non, justement ! Mais ce qui a joué, c'est une sorte de logique de l'inconscient. La thèse courante était de penser que c'était une provocation politique d'extrême droite antisémite. En fait, il fallait chercher beaucoup plus dans quelque chose que l'on peut appeler, disons, l'inconscient collectif. C'est à dire que, pour que l'histoire se concrétise, il fallait quelqu'un qui assume le rôle du coupable... Eh bien, il y avait le coupable de deux mille ans de tradition chrétienne occidentale, qui était le juif.

A sauté sur l'affaire
Voir page 32

Union intime, comme des jumeaux

> Je constate que l'humanité ne saurait se passer de boucs émissaires. Je crois qu'ils ont été de tous les temps une institution indispensable.
> Arthur Koestler

RAY : Comment avez-vous mené votre étude, pour arriver à cette conclusion ?

E. MORIN : Eh bien, on est allé à Orléans, un mois après la rumeur, avec une équipe de cinq ou six et, d'après les premiers documents qu'on avait étudiés à Paris, il semblait probable qu'il fallait chercher l'origine dans le milieu juvénile. On est arrivé à l'idée que c'était parti de multiples collèges, religieux ou *laïcs,* de bureaux, de secrétaires, etc... et qu'après, ça a passé chez les mères de famille, chez les parents, et puis que ça s'est répandu

Voir page 34

dans la ville. Alors, on a essayé de vérifier cette hypothèse et on a demandé à des adultes: « À quel moment avez-vous appris la chose? » D'après les témoignages, nous avons reconstitué le mythe. On a aussi retrouvé un antécédant du mythe de la traite des blanches dans *Noir et Blanc*...

RAY: Dans *Noir et Blanc*?

E. MORIN: C'est un magazine qui s'appelle *Noir et Blanc*. Ils avaient raconté cette histoire comme se passant à Grenoble, à une date indéterminéee. Eux-mêmes avaient *piqué* ça dans un livre d'un journaliste anglais qui s'appelait *L'Esclavage sexuel,* et qui venait d'être traduit chez *Stock*. Bref, si vous voulez, il y avait là l'histoire, le scénario de la traite des blanches qui existait déjà, mais sans juifs! Et l'intéressant, c'est de savoir pourquoi et comment... Pris, volé (*pop.*)
L'éditeur français Stock

JOËL: Mais pourquoi, depuis vingt siècles, les juifs... et pas les Bretons? vous dites vous-même que, depuis vingt siècles, le juif est pris comme bouc émissaire... Pourquoi, depuis vingt siècles, est-il pris comme bouc émissaire?

E. MORIN: En général, dans les groupes sociaux, le groupe minoritaire, culturellement ou ethniquement, a tendance à être le bouc émissaire du groupe majoritaire. Je veux dire que le statut de minoritaire donne une prédisposition à ce rôle. Quant aux juifs, à partir du moment où vous avez eu la thèse d'un peuple portant collectivement la responsabilité de l'assassinat de Dieu, il y avait les germes de l'antisémitisme. C'est une des conséquences de la naissance et de la diffusion du christianisme. Mais ce qu'il y a d'intéressant, ce n'est pas tellement pourquoi, c'est comment il y a eu un transfert, disons, de l'ancien antisémitisme qui pendant plusieurs siècles était religieux, à un nouvel antisémitisme qui a cessé d'être religieux et qui est devenu ethnicoraciste... qui a commencé au XIXe siècle et qui s'est *épanoui* avec Hitler. A fleuri, s'est élargi

> « Ce n'est pas possible », m'écrivez-vous; cela n'est pas français.
> Napoléon Ier

> En amour, être Français, c'est la moitié du chemin.
> Paul Morand

> Si les Français perdent une bataille, une épigramme les console.
> Goldoni

> La France a... trente-six millions de sujets, sans compter les sujets de mécontentement.
>
> Henri Rochefort — 1868

> Personne n'est plus convaincu que moi que la France est multiple. Elle l'a toujours été et le sera toujours. Il y a en France beaucoup de familles spirituelles. Cela a toujours été ainsi. C'est là notre génie.
>
> Général de Gaulle

> Il y a et il y aura toujours en France, sinon sous la pressante menace d'un danger commun, divisions et partis; c'est à dire dialogue. Grâce à quoi le bel équilibre de notre culture; équilibre dans la diversité.
>
> André Gide

> Il faut des siècles pour changer le rythme de la vie dans un village français.
>
> Georges Bernanos

> C'est embêtant, dit Dieu. Quand il n'y aura plus ces Français, il y a des choses que je fais, il n'y aura plus personne pour les comprendre.
>
> Charles Péguy

Il n'y a pas de fumée sans feu

JEAN-CLAUDE : Pour revenir à Orléans... Une fois que la rumeur a été arrêtée de la façon que vous avez dite, qu'est-ce qui en est resté exactement ?

E. MORIN : Il est resté l'idée qu'il n'y a pas de fumée sans feu... Le mythe n'a été démoli que par un antimythe, qui est lui-même de type mythologique. C'est à dire que ceux qui ont combattu le mythe ont dit : c'est un *complot* fasciste... Ils ont donné une explication politique consciente... Ils ont posé le syllogisme : les fascistes ou les nazis qui ont occupé Orléans pendant la deuxième guerre mondiale étaient antisémites, donc si vous êtes antisémites, vous êtes fascistes... Chacun a reconstitué un mythe pour expliquer un phénomène assez incom-

Une conspiration

préhensible. Dans certains milieux juifs, on a cru que c'était l'influence de la propagande arabe. On a dénoncé ici les étudiants gauchistes, là les étudiants gaullistes... Certains y ont vu l'influence d'une chaîne commerciale
5 allemande qui s'était installée dans la région. Ceux-ci ont pensé: les Allemands sont antisémites, donc...
RAY: Est-ce que le genre d'explication que vous proposez est valable même au vingtième siècle, ou *surtout* au vingtième siècle?
10 E.MORIN: Moi, j'ai interprété ce phénomène comme un phénomène du Moyen-Age moderne. C'est à dire que les gens sont dans un univers social dont ils ne comprennent absolument pas comment il fonctionne... Il y a un grand *vide provoqué par le déclin des anciennes valeurs*
15 Alors il y a une tendance à ce que toute une série de formules mythiques, de fantasmes, remplissent le vide.
JOËL: Dans ce genre d'affaire, est-ce qu'il y a un lien, à votre avis, entre la jeunesse et la création de nouveaux mythes, ou pas?
20 E. MORIN: Dans ce cas, oui. Ça se passe chez des jeunes filles de seize, dix-sept, dix-huit ans, au moment d'entrer dans l'univers de la sexualité. Déjà, on est en plein dans les fantasmes et dans les rêves. Il y a une volonté très forte de s'émanciper, mais l'émancipation prend souvent
25 des formes extérieures: la *mini-jupe*... Ce qui est très frappant, c'est que les commerçants incriminés sont justement ceux qui vendent *des toilettes* pour jeunes filles. C'est des endroits ou l'on introduit *le salon d'essayage,* qui auparavant était le luxe de la haute couture.

Des robes, etc... (fém.)

30 C'est un endroit très érotisé... on se déshabille, on se regarde... Alors ce que je crois, c'est qu'il est très possible

que dans cette situation-là, ces magasins favorisent le fantasme d'une émancipation érotique. Ce qui est important, c'est qu'il y a aussi un élément de drogue: on *pique* les jeunes filles avec quelque chose dont on ne dit pas le nom. On fait l'expérience de la drogue et on fait l'expérience de la sexualité, mais dans le fantasme de la prostitution involontaire. A un moment donné, ce fantasme, on veut le vivre intensément parce qu'il est délicieux... Quand même, c'est une aventure! Il faut voir ce qu'est une vie de province... monotone, et qui est ressentie comme monotone par les jeunes, d'autant plus qu'ils sont très près de Paris... et en même temps trop loin de Paris! Alors ils disent: on s'ennuie... Mes *enquêteurs,* dès qu'ils sont allés dans les bistrots, c'était le même refrain: on s'ennuie, on s'ennuie, on s'ennuie!

Ceux qui ont fait l'enquête, la recherche

Donc, en bref, je dis qu'il y a un mythe d'émancipation inachevé des jeunes filles et des adolescentes.

MARTINE: Vous ne croyez pas que tout ça pourrait arriver aussi à Paris?

E. MORIN: Mais ça a eu lieu à Paris aussi. On en a parlé pour... comment il s'appelle déjà? le *Hit Parade,* rue Caumartin, et d'autres boutiques. Ça refleurit tous les ans dans pas mal de lycées de jeunes filles. On en parle beaucoup dans les milieux de vendeuses, de secrétaires, etc... Ce qui est curieux à Paris, c'est que la rumeur est pratiquement endémique, mais elle ne *s'enfle* jamais... elle se dilue, elle *se noie...*

Grossit

RAY : L'élément d'ennui existe moins, à Paris ?
MARTINE : C'est le même !
E. MORIN : Il est quand même plus intense en province. Mais, à Paris comme en province, il s'est créé aujourd'hui un univers culturel juvénile qui est très séparé des adultes et qui, en même temps, a pris de l'importance dans la société. C'est assez important de penser qu'une rumeur, un mythe comme celui d'Orléans, parti des jeunes filles, ait pu se répandre chez des adultes... Mais bien entendu, il s'est répandu chez les adultes à la suite d'un véritable renversement de signification... Quand les petites filles *affolées* ont dit à leur mère ou à leur professeur : « Voilà ce qui se passe », les mères et les éducatrices ont vu l'occasion de retrouver l'autorité perdue. Elles ont dit : « Mais oui, je te l'avais toujours dit, n'est-ce pas, on commence par la mini-jupe et on finit dans les bordels de Tanger ! » La classe adulte avait perdu la bataille historique du yé-yé en 1960, et là, elle prenait sa revanche...

Bouleversées

RAY : Pour revenir un instant à l'élément juif de l'affaire, est-ce que vous diriez que le Français est antisémite ?
E. MORIN : Pas exactement. A l'endroit où l'affaire s'est passée, il n'y avait pas d'antisémitisme virulent. Notamment parce que l'antisémitisme a été très profondément inhibé, du fait que les gens qui étaient antisémites ont souvent été des *collaborateurs* et ont subi le discrédit du nazisme. Une autre partie s'est dé-antisémitisée en voyant les atrocités commises dans les camps de concentration... De 1945 à 1960 environ, l'antisémitisme a été refoulé, inhibé dans les consciences. La guerre était trop fraîche et il a fallu un certain temps pour qu'on retourne à l'ancien statut. Pour l'instant, c'est une réapparition des germes permanents de l'antisémitisme, ce n'est pas encore de l'antisémitisme.

Présence de la Révolution

RAY : Vous permettez qu'on élargisse un peu le sujet ? Dans vos livres, vous parlez souvent de la Révolution Française...
E. MORIN : En effet, je crois qu'en France, il y a un métabolisme national qui ne peut se comprendre qu'à partir de la Révolution. Marx disait que la France était le pays

classique de la politique, parce que les oppositions étaient très *tranchées*. C'est très juste. C'est spécialement vrai depuis la Révolution : il s'est créé un parti bleu et un parti blanc, qui ont polarisé la vie politique. Aujourd'hui, le parti bleu est devenu le parti rouge... Entre temps, la France a connu des alternances de révolutions, de contre-révolutions, de coups d'état. C'est un pays *instable,* c'est vrai, mais malgré cette instabilité, on retrouve toujours la polarisation. Les régions qui étaient bleues — républicaines — sont devenues radicales-socialistes, puis socialistes, puis communistes. Et les régions blanches ont entretenu des partis de droite, qui ont pu être à certains moments bonapartistes, ou monarchistes... En Amérique, le métabolisme est tout à fait différent.

Clairement séparées

RAY: Notre Révolution à nous, elle s'est faite en partie contre l'Église. Est-ce que c'est une explication à la déchristianisation relative de la France du vingtième siècle ?

E. MORIN: Ce qui est certain, c'est que la Révolution a échoué dans certaines de ses tentatives, par exemple celle de faire un calendrier nouveau, de remplacer le calendrier chrétien par le calendrier révolutionnaire. Mais d'autre part, il s'est créé une tradition républicaine qui a laissé quelque chose de très profond, qui a duré pratiquement jusqu'à 39-40 : c'est *l'anti-cléricalisme*. Dans le fond, ce qui s'est passé, c'est que pendant un siècle et demi, une bonne partie de la France a été anti-cléricale et finalement, au début du vingtième siècle, la France a accompli la séparation de l'Église et de l'État. Cependant, celle-ci a été faite, non contre l'Église institution surnaturelle, mais contre l'Église institution civile et politique. Par exemple, dans une commune de Bretagne que j'ai étudiée, et qui est très rouge...

───── Mai 68 ─────

RAY: Il s'agit de savoir ce qui unit le plus : faire partie de la même classe sociale, ou de la même classe d'âge...

JOËL: En France, la plupart des jeunes réagissent contre l'orthodoxie des adultes, que cette orthodoxie soit conservatrice ou communiste. Et j'en donne

> pour exemple qu'une grande partie des fils d'ouvriers se jettent dans la violence, une violence apolitique. Ils sont qualifiés en général de blousons noirs ou d'anarchistes...
>
> E. MORIN: Vous avez raison! Il y a tout un mouvement de contestation qui n'est pas seulement parti des fils de bourgeois, mais des fils des milieux populaires, qui justement ont voulu refuser les fatalités du travail à l'usine. Comme aux U.S.A., vous avez eu les bandes asociales de jeunes du milieu populaire, vivant d'une manière violente, commettant des agressions... Puis vous avez eu la *rebellion sans cause* des fils de bourgeois et des classes moyennes aisées. Et ces deux révoltes ont conflué, finalement, dans la *contestation* de ces dernières années. Les révoltes des jeunes, ouvriers et bourgeois, se sont pour un temps rencontrées en France, en mai 68.

RAY: Comment s'appelle-t-elle, votre commune?
E. MORIN: Plodemet. C'est une commune qui a eu un maire radical dès la Troisième République. Eh bien là, les anticléricaux ne vont pas à la messe, mais ils se font
5 baptiser et enterrer religieusement. Même chose pour le mariage religieux... Le premier mariage civil s'est effectué il y a cinq ou six ans: c'était un jeune instituteur... Et le premier à être enterré non religieusement, ça a été le docteur Sartre, qui l'avait exigé avant sa
10 mort, vers 38 ou 39... L'Église reste très forte, même si nous sommes un pays anticlérical.
JOËL: Est-ce que l'Église n'est pas liée parfois à des mouvements de libération politique? Je pense à la Bretagne...
E. MORIN: Ce problème du nationalisme breton n'est pas
15 directement lié à l'Église, mais je crois que c'est un truc intéressant car, jusqu'à la guerre, la France était un pays assez remarquable dans le sens où l'on avait l'impression qu'elle avait une unité absolument réelle dans une diversité non moins réelle. Par exemple, en ce qui con-
20 cerne cette commune de Plodemet, il y avait une sorte de double appartenance. Au pays bigouden d'abord. C'était l'appartenance ethnique; on y était très attaché, on parlait breton en famille et entre copains... C'était la langue de l'intimité, de la plaisanterie. Mais aussi

on était attaché à la France, parce que le fait d'être français, c'était être très attaché à l'état jacobin qui avait émancipé un peuple de paysans pauvres et vivant *sous la coupe* des grands propriétaires. Ça avait corres- pondu à l'accession de la classe paysanne à la petite propriété. C'était l'instruction qui était venue, et dans ce pays, l'instruction, c'était la possibilité pour beaucoup de devenir instituteurs, douaniers, gendarmes... Il y avait une harmonie entre le fait d'être bigouden et le fait d'être français.   Sous l'autorité, parfois très dure, de...

Mais dans les années récentes, il s'est passé un phéno- mène nouveau, très fort surtout en Bretagne... En fait il y a eu la rencontre de deux phénomènes. Tout d'abord un phénomène économique: le développement écono- mique récent favorise certaines régions, qui deviennent des pôles de développement industriel. Par rapport à elles, certaines régions deviennent sous-développées; les gens sont obligés d'y *vivoter,* ou bien d'émigrer, de partir, d'aller vers les grandes villes, vers Paris. Mais il y a l'autre phénomène: aujourd'hui, les communica- tions sont tellement amplifiées avec la radio, la télévision, la voiture, qu'on a l'impression que la langue bretonne elle-même va disparaître. Les vieux usages, le vieux folklore disparaissent à une vitesse folle et les gens ont l'impression brusquement qu'ils perdent leur identité. Ils ressentent une sorte de vide. Alors il y a un mouve- ment pour retrouver l'identité, et ce mouvement est très fort surtout chez ceux qui sont partis travailler dans les grandes villes, en particulier à Paris. Ils sont contents quand ils reviennent chez eux, ils veulent retrouver la nourriture, l'enfance... et à ce moment, on leur dit: « Mais c'est fini! La boulangerie ne fabrique plus de pain de *seigle!* » Alors, eux, ils en redemandent,   Mal vivre

Rye

et le boulanger se remet à fabriquer des choses qu'il avait cessé de faire... Et aussi dans les fermes, où les vieux parents se servaient de leurs vieux meubles comme de *clapiers* ou de *poulaillers,* on leur dit: « Mais c'est

formidable, c'est magnifique! Ça a une valeur folle! »
RAY: Alors on enlève les lapins et on remet les meubles dans la salle à manger!
E. MORIN: Et les jeunes veulent apprendre le breton! ils veulent former des *bagads,* des petits orchestres folkloriques, et c'est justement chez les éléments qui ressentent le plus le *déracinement,* c'est à dire chez les étudiants de Rennes, que se forme le noyau du nouveau mouvement nationaliste. C'est l'un des aspects de ce que j'appelle le néo-archaïsme. Dans ce mouvement, bien entendu, les anciennes traditions renaissent de façon artificielle... Il y a la résurrection de tout un artisanat, mais qui ne correspond plus du tout à son ancienne fonction... C'est une fonction de luxe, cette fois. Ce qui est frappant, dans le fond, c'est qu'un pays comme la France suscite des antidotes à l'univers technocratique dans lequel elle pénètre!

Le fait d'être séparé de son pays d'origine

L'opinion de Philippe Labro

PHILIPPE LABRO: Il y a plusieurs France, c'est ça le problème! J'ai fait il y a deux ou trois ans, je ne sais plus, un reportage pour la télévision sur une ville qui s'appelle Briare, qui était considérée comme la ville française type...
RAY: Ça se situe où, Briare?
PH. LABRO: C'est une des villes qui se trouvent le plus au cœur de la France, c'est à dire que c'est à mi-chemin, à peu près, entre Paris, Lyon et Dijon. Et il y a la Loire, le relief typique français,

doux, un peu *valonné,* le climat tempéré et modéré... C'est la France, quoi! Eh bien, même là, on sentait les courants nouveaux. Évidemment, il y avait toujours les vieilles structures, la haute bourgeoisie, le patron de l'industrie locale, *les notables*... Mais on sentait quand même le monde moderne qui frappait à la porte. Il y avait *l'auto-route* qui allait passer à côté et donc mettre en faillite trois ou quatre restaurateurs... Il y avait le déplacement des travailleurs... En France, pendant des siècles, on travaillait là où on vivait. Et puis, maintenant, ça n'est plus vrai. Il y avait des gens qui venaient travailler à Briare et qui habitaient à cinquante kilomètres de là, et puis il y avait des gens de Briare qui allaient travailler dans des usines récemment installées. La fameuse décentralisation...

CAROLLE: Moi, je pense à un petit village où j'allais en vacances, mais vraiment petit... Il doit avoir une trentaine d'habitants...

RAY: Une trentaine!

CAROLLE: Oui, ça s'appelle Broussy-le-Petit. C'est dans la Seine-et-Marne, à une centaine de kilomètres de Paris. Ce qui m'a beaucoup frappée, c'est que les filles justement s'habillaient *pareil qu'à* Paris, exactement!

PH. LABRO: C'est vrai ce que dit Carolle... On en revient à ce qu'on disait sur la *pop music:* qu'il y avait la diffusion de l'Amérique sur l'Europe, mais aussi la diffusion de Paris sur le reste de la France. C'est la même chose pour la diffusion

Les gens les plus influents, électoralement surtout

Fam.

des modes vestimentaire, cinématographique, de langage, et finalement tout — vices et vertus — beaucoup plus rapidement. Il y avait une époque où la fille de province n'était pas la parisienne, ça se sentait, c'était énorme comme *fossé*... C'est fini, ça!

Mini-Bibliographie

Edgar Morin
- *Commune en France: la métamorphose de Plodemet*. Fayard, 1967
- *Mai 1968: la brèche*. Fayard, 1968
- *La Rumeur d'Orléans*. Le Seuil, 1969
- *Introduction à une politique de l'homme*. Le Seuil, 1969
- *Le vif du sujet*. Le Seuil, 1969
- *Journal de Californie*. Le Seuil, 1970

Controverses

1. « Depuis vingt siècles, le juif est pris comme bouc émissaire. »
2. Le thème de la traite des blanches. Mythes et réalités de la prostitution.
3. « Il n'y a pas de fumée sans feu. » Cette maxime (bourgeoise?) est-elle vraie? Est-elle pernicieuse?
4. « Partout c'est le même refrain: on s'ennuie! » Et dans les petites villes des États-Unis?
5. « La classe adulte avait perdu la bataille du yé-yé en 1960, et là, elle prend sa revanche. »
    Est-ce que 1960 marque vraiment un tournant dans les relations jeunes — adultes? Les adultes ont-ils vraiment une revanche à prendre contre les jeunes? Ou est-ce l'inverse?

Applications

Expressions idiomatiques (363)

1. —On dit que des jeunes filles disparaissent dans les magasins juifs d'Orléans... Mais c'est complètement idiot!
   —Peut-être, mais il doit bien y avoir quelque chose quand même: il _____!
   — Tu sais bien que, depuis vingt siècles, le juif est _____!
   — Mais ces filles ont disparu! Je suis sûr qu'un de ces jours, on va les retrouver dans un bordel de Tanger...
   — Je ne crois guère à tes histoire de _____!

2. Dans les scandales importants, il est courant qu'une personne serve de bouc émissaire. Un exemple te vient-il à l'esprit?

Fichu-Foutu (363)

1. Complète avec un des mots de la famille de *fiche*.
   - Cette fille est vraiment _____.
   - Evidemment, ça n'est pas ta voiture; alors tu _____.
   - Aujourd'hui, je me sens _____.
   - Ma voiture est _____. Je n'ai plus qu'à la mettre à la casse.
   - A Paris, la police a _____ de toutes les protituées.
   - On peut dire qu'un ordinateur est un _____ perfectionné.

2. Même chose avec un des mots de la famille de *foutu,* chaque fois que c'est possible.

3. Même chose en n'utilisant que la langue courante et en faisant chaque fois le modifications nécessaires.

Re (364)

1. Voici une liste de verbes usuels:

agir	monter
chauffer	prendre
dresser	produire
faire	trouver
jeter	venir
lever	vivre
mettre	voir

Choisis-en huit, transforme-les en les faisant précéder de re (ré pour *agir* et *chauffer*), et fais huit phrases commençant toutes par: «Jean-Claude». Si c'est nécessaire, vérifie le sens exact de ces nouveaux verbes dans ton dictionnaire.

2. Mets ces huit phrases au passé.

3. Parmi les verbes de la liste ci-dessus, choisis-en quatre et fais une seule phrase, aussi longue qu'il est nécessaire, en utilisant également l'expression *bouc émissaire*.

4. Prends de nouveau quatre verbes de la liste et utilise-les dans un court dialogue qui pourrait prendre place dans un *western*.

Fou (364)

En voiture

1. —Ralentis! Tu conduis à _____!
   —J'ai peur d'être en retard en d'entendre Martine me dire: «Il y a _____
   _____ que je t'attends.»
   —J'ai l'impression que tu es _____ ... Alors, qu'est-ce
   —que tu réponds quand elle te dit ça?
     « _____ ce que tu es jolie!»
   —Et ça marche?
   —Pas toujours, mais je m' _____!
   —Je ne te crois pas: tu l'aimes trop pour penser vraiment ça!

2. Reprends ce texte sans utiliser le mot *fou*, et en faisant les modifications nécessaires.

Rapidité-Manque d'espace (364)

Le métro de Paris à six heures du soir.

Raconte en utilisant des expressions marquant l'idée de rapidité et de manque d'espace.

Débrouillard (365)

1. _ _____
   —Débrouille-toi!
   —_____
   —Je ne n'en sortirai jamais!
   —_____
   —Non, ça n'aboutit jamais à rien.
   —_____
   —C'est un domaine où il n'y a guère de débouchés.

2. Une occasion où, devant une difficulté assez sérieuse, tu t'es montré débrouillard.
   Raconte.

XII

**ABBY. ÉTUDIANTE À
SMITH COLLEGE**
*D'abord il ne faut pas dire: "Oh c'est
beaucoup mieux aux Etats-Unis . . ."*

**STEVE: ÉTUDIANT À
YALE UNIVERSITY**
*Au Père Lachaise, c'est là qu'on trouve
le plus de morts célèbres à l'hectare.*

Abby et Steve

Présentation

   Puisque ce livre essaie de faire mieux connaître les étudiants français aux étudiants américains, il était logique que j'essaie de mettre physiquement en présence quelques représentants des uns et des autres. C'était le but principal de la soirée passée par le groupe le 18 février avec Abby, étudiante à Smith, et Steve, étudiant à Yale.
   Plutôt que d'exprimer des idées profondes, ces derniers essaient, souvent sur le mode humoristique, de te donner quelques conseils, à toi, étudiant américain qui viendra en France après avoir lu ce livre. Ce qu'il ne faut pas faire, où il ne faut pas habiter...
   Je crois pouvoir prédire que les «conseils touristiques» donnés par nos amis ne plairont pas tous au «touriste américain moyen»... Tu décideras toi-même de ta propre attitude.
   Et enfin, pour terminer ce livre, il était honnête de demander au groupe de faire son autocritique: devant un micro, peut-on vraiment être sincère? une conversation *normale* est-elle possible? Les réponses de nos amis éclaireront peut-être quelques-uns des secrets de ce livre. Pas tous, j'espère, car il faut garder un peu de mystère...
   Et quelle plus jolie façon y avait-il que de conclure sur une citation — non sollicitée — de Jean-Claude, une citation... d'*Alice au pays des merveilles*?

Traditions

RAY: Abby, tu es en France depuis combien de temps?
ABBY: Je suis arrivée en septembre.
RAY: C'est-à-dire... un peu moins de six mois. Et toi, Steve, à peu près la même chose?
5 STEVE: La même chose; je suis venu une semaine plus tard. Je suis des cours de littérature française à Vincennes. Ça me change un peu de Yale...
ABBY: Et moi, je fais partie du programme de Smith. J'ai commencé par Aix-en-Provence, et maintenant je suis
10 à Paris.
RAY: On dit que la France est un pays de traditions. Est-ce que ça t'a frapée?
ABBY: Oh oui! Par exemple, à Aix-en-Provence, tout s'arrêtait entre midi et deux heures...

JEAN-CLAUDE: A Paris, l'arrêt n'est pas si marqué…
ABBY: Mais ça existe quand même.
STEVE: Sauf les grands magasins qui restent ouverts. Je crois que c'est assez récent d'ailleurs. Ce qui me frappe, moi, c'est qu'on sent encore l'influence de la guerre, ici. J'habite chez une dame d'une soixantaine d'années, je crois, et il est bien évident qu'elle est marquée par la guerre.
RAY: Elle t'en parle?
STEVE: Oui. Je me souviens, une fois, je n'avais pas très faim et j'avais laissé un peu de pain sur la table à la fin du repas. Elle m'a dit: « Vous savez, pendant la guerre, on en avait très peu! » Et depuis ce jour-là, je n'en laisse plus… C'est triste, mais c'est vrai. Je lui ai parlé une fois du sucre artificiel qu'on avait aux États-Unis… Elle m'a dit qu'ici, en France, on s'en sert assez rarement, parce que ça rappelle la guerre…
JOËL: C'est comme les *topinambours,* on n'en voit plus guère.
STEVE: C'est quoi, ça?
JOËL: C'est des espèces de *betteraves…*
ABBY: Ah, bon!
JOËL: … qui ont très peu de goût, mais qui remplissent l'estomac. Pendant la dernière guerre, on en voyait partout, parce qu'il n'y avait rien d'autre…

Faites… Ne faites pas…

RAY: Comment une fille française voit-elle le garçon américain-type, Martine?
MARTINE: Grand, blond…
CAROLLE: *Déhanché!* Dans les films américains, on les voit comme ça…
Très *décontractés* surtout.
JEAN-CLAUDE: Oui, un peu trop *sport,* quoi!
MARTINE: Ce sont des gens très directs, très francs.
STEVE: C'est étrange, moi, cette qualité, je la trouverais plutôt chez les Françaises…
RAY: Vraiment?
STEVE: Oui, franches, directes. Je ne crois pas que la plupart des Américaines soient franches. Moi je crois que si je suis avec une Française et que je ne suis pas son genre…
RAY: Alors?

Relaxed
Constamment décontractés — Ici le mot a valeur d'adjectif (*fam.*)

STEVE: Elle le dit !

JOËL: Moi, j'ai trouvé dès le début Abby et Steve très sympas, très ouverts, contrairement à beaucoup de Français, qui sont plutôt *renfermés sur eux-mêmes*.

5 MARTINE: Il y a quand même le fait que quelqu'un qui vit à l'étranger n'a pas toujours son *comportement* habituel.

ABBY: C'est vrai. Je crois que, quand on est à l'étranger, il faut faire un effort pour s'habituer... Si on veut vraiment apprendre la langue, il faut s'extérioriser. Moi, par
10 exemple, je crois que je suis beaucoup plus ouverte ici qu'aux USA.

RAY: Vous avez l'impression tous les deux que vos amis américains qui sont à Paris ne s'ouvrent pas assez justement ?

15 STEVE: Il y en a qui ne parlent jamais français !

ABBY: Ils n'essaient absolument pas. Ils restent dans *les cercles américains*.

Sa façon d'agir

RAY: Ecoutez, puisque ce livre est destiné à être lu par des Américains comme vous, quels conseils justement
20 donneriez-vous à des amis américains qui viendraient

en France? Qu'est-ce que vous leur diriez de faire et de ne pas faire, après votre expérience de six mois?

ABBY: D'abord, il ne faut pas dire: «Oh, c'est beaucoup mieux aux États-Unis, la vie y est meilleure...»

5 STEVE: Souvent, on se dit: «Tiens, c'est pas comme ça là-bas!» Mais il faut *se retenir*, de temps en temps, de faire des comparaisons. Je crois qu'ils ne faut pas cesser de faire un effort pour...

ABBY: Parler la langue.

10 STEVE: Oui, en partie ça, mais aussi, comme l'a dit Joël, c'est un fait que les Français sont plus renfermés sur eux-mêmes que les Américains... Alors c'est un peu difficile au début. Il ne faut pas se décourager.

MARTINE: Une question toute bête: en France, vous vous 15 sentez bien accueillis ou pas?

STEVE: Moi, je suis bien content.

ABBY: Oui, moi aussi!

RAY: Mais ce n'est peut-être pas l'impression de tous vos amis?

20 ABBY: En effet!

RAY: Franchement, tu crois que c'est un peu leur faute, ou c'est la faute des Français?

STEVE: C'est leur faute!

RAY: Vraiment?

25 ABBY: Ils ne font pas tellement d'efforts pour montrer qu'ils s'intéressent aux Français, aux coutumes...

JEAN-CLAUDE: Qu'est-ce que vous pensez du quartier que vous habitez, à Paris?

ABBY: Je suis dans le septième, et c'est très bien.

30 RAY: C'est près de quoi? Explique un peu.

ABBY: C'est tout près de la rue du Bac.

RAY: Sur la rive gauche donc. Et toi, Steve?

STEVE: J'habite presque le même quartier, dans le sixième.

Faire un effort pour ne pas...

ABBY: C'est tout près du boulevard Montparnasse.
STEVE: Le boulevard Montparnasse où était Hemingway, il y a cinquante ans.
RAY: Alors, pour les étudiants américains qui voudraient habiter Paris...
STEVE: Ne pas habiter le seizième! Etre le plus près possible du Quartier Latin...
ABBY: Si tu marches, si tu te balades en blue-jean dans le seizième, tout le monde te regarde comme si tu étais fou!

Visitez... Ne visitez pas...

RAY: Et maintenant, quelques conseils touristiques, S V P... D'abord, quels monuments éviter?
STEVE: La Tour Eiffel!
ABBY: Oh non, ça, j'ai beaucoup aimé!
STEVE: Tu aimes les tas de photographes qui t'embêtent pour que tu les laisses prendre ta photo? Moi, j'ai fait un rêve, il y a deux jours, quand la Seine était en train de monter. J'ai rêvé qu'il y avait une inondation si forte que la Tour Eiffel était inondée... J'étais ravi, enchanté!
JEAN-CLAUDE: En tant que *phare*, à la rigueur...
JOËL: Oui, il y a un tas de monuments, comme ça, qu'on devrait enlever, par exemple le Grand Palais, qui est drôlement moche.
JEAN-CLAUDE: Oui, oui, oui!
JOËL: L'Arc de Triomphe!
JEAN-CLAUDE: L'Arc de Triomphe, c'est très laid, vraiment très, très laid.
STEVE: J'aime beaucoup l'Arc de Triomphe vu de côté...
JEAN-CLAUDE: De côté, il est bien quand on vient de l'avenue de Wagram, mais quand on l'a en face...
JOËL: L'Arc de Triomphe du Carrousel, c'est bien plus *mignon!*
ABBY: Oui, oui, oui!
RAY: Et le Sacré-Cœur, qu'est-ce qu'on en fait?
JEAN-CLAUDE: On devrait l'enlever aussi!

Charmant, gracieux

JOËL: Le raser, y faire *une pelouse*. Un terrain couvert d'une herbe courte et épaisse

RAY: Mais les touristes américains n'auront plus rien à visiter!
JEAN-CLAUDE: Ils auront Notre-Dame! Notre-Dame, on la
5 garde, parce que c'est beau.
JOËL: Qu'est-ce qu'on peut garder encore?
STEVE: Les Champs-Elysées, il faut garder.
JEAN-CLAUDE: Oui, oui!
JOËL: Ah, descendre Napoléon de la colonne Vendôme,
10 absolument!
JEAN-CLAUDE: D'accord.
STEVE: C'est là qu'il est?
JEAN-CLAUDE: Oui, tout en haut.
RAY: Et puis inviter les Américains à visiter le Marais au
15 lieu d'aller visiter la Tour Eiffel, hein?
JEAN-CLAUDE: Oui, oui, oui!
JOËL: C'est un quartier que les touristes commencent heureusement à fréquenter, mais...
STEVE: Je ne connais pas.
20 JEAN-CLAUDE: Cours-y vite!
STEVE: J'ai été il y a quelques jours au cimetière du Père Lachaise avec mon Guide Bleu...
RAY: Tu le préfères au Guide Michelin?
STEVE: Oui, parce qu'il est plus complet... Au Père Lachaise,
25 c'est là qu'on trouve le plus de morts célèbres à l'hectare... En plus, c'est pas très loin des Buttes-Chaumont...
JOËL: Tu y es allé?
STEVE: Oui, c'est une espèce de jardin enchanté... Il y a des cygnes, des montagnes...

RAY: Vraiment, des montagnes?
STEVE: Des petites montagnes, quoi!
RAY: Quel autre conseil...?
JOEL: Surtout ne pas s'arrêter à Pigalle! Il n'y a même plus la *pègre,* alors! — L'ensemble des voleurs, escrocs, bandits
RAY: A ce moment-là, où est-ce que vous conseilleriez aux Américains d'aller pour vraiment s'amuser?
JEAN-CLAUDE: Dans les petits cabarets de la rive gauche, les cafés-théâtres, les discothèques du Quartier Latin.
RAY: J'ai oublié de vous demander: est-ce qu'on garde la statue de la Liberté?
STEVE: Où est-ce qu'elle est?
JEAN-CLAUDE: Sur le pont de Grenelle, à l'ouest de Paris.
RAY: C'est la même que celle de New York...
STEVE: De la même *taille*? — Dimension
RAY: Non, beaucoup plus petite!
JEAN-CLAUDE: On fait un échange?
STEVE: C'est Eiffel qui a fait celle-là?
JEAN-CLAUDE: Ah, non! Si c'était lui, on pourrait vous en faire cadeau!

Autocritique

Chez Jean-Claude. La dernière réunion du groupe.

MARTINE: Avec le magnétophone, on essaie de formuler une phrase, de la composer à peu près correctement... et ça manque forcément de spontanéité! Pas du fait que c'est enregistré, mais simplement parce qu'on essaie de s'imposer une espèce d'ordre pour essayer d'être compréhensible.
JOËL: C'était aussi mon cas, surtout dans les dernières séances. Je réfléchissais, je tournais les mots dans ma tête. Il y avait beaucoup de heu... heu... Les heu..., ça marquait de la réflexion! C'est difficile de penser et de parler en même temps!
CAROLLE: Moi, je n'ai pas tellement de facilité à parler, à expliquer... Je ne sais pas si je suis la seule, mais ça ne vient pas très facilement...
NICOLE: On n'a pas toujours le temps de réfléchir et de donner exactement l'opinion qu'on a sur telle ou telle chose...
MARTINE: En fait, dans une discussion *normale,* on peut très bien partir d'une idée et aboutir à une autre... C'est possible!
RAY: À une idée opposée?
MARTINE: Pas opposée, non, mais disons qu'on la modifie.

Ça se fait par la conversation, justement, par les idées qu'on reçoit des autres et celles qu'on se met à ce moment-là à avoir soi-même, mais il faut que ce soit une conversation à bâtons rompus, pas quelque chose qui ait un commencement et une fin.

JEAN-CLAUDE: Moi, je crois que j'ai été vraiment spontané le jour où j'ai raconté, dans l'une des premières séances...

> Il y a des gens qui parlent un moment avant que d'avoir pensé.
>
> La Bruyère

> Le plus difficile au monde est de dire en y pensant ce que tout le monde dit sans y penser.
>
> Alain

RAY: Ce que tu avais fait dans ta journée?
JEAN-CLAUDE: Oui... Je pense que c'est valable pour tout le monde: on avait un quart d'heure devant nous, on pouvait parler, organiser un peu tout ça... Il faut remarquer quand même qu'au fur et à mesure des séances, on a posé de moins en moins de questions au type qui venait. Dans les dernières, c'était très net...
MARTINE: Pour moi, il y a un fait... Il m'arrive de penser quelque chose et puis de me dire que si jamais j'essaie de vouloir l'exprimer ou l'expliquer, ça va *m'entraîner* dans des... Enfin, ça va durer très, très longtemps... Ça ne va pas être clair, ça n'a pas sa place là... Alors, je le garde pour moi, pour une autre discussion, des réflexions entre amis ou quelque chose comme ça. Je me tais, et j'écoute les autres.

> Avoir pour conséquence. Autre sens: *s'entraîner* pour le football

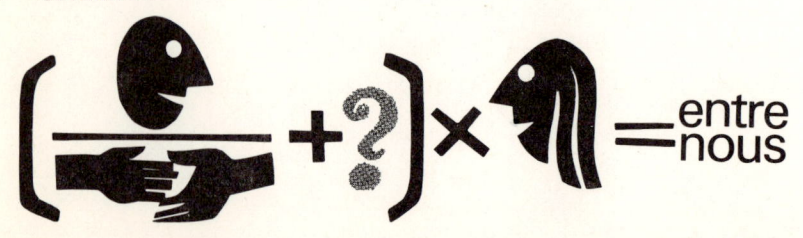

JOËL: Finalement, c'est tellement le hasard! Il a fallu que vous veniez en France, que vous ayez l'intention de faire un bouquin, que vous nous contactiez, qu'on accepte, etc...
RAY: C'est vrai, c'est une somme de hasards...
JOËL: Multipliés les uns par les autres! Sinon, Jean-Claude, je ne l'aurais peut-être jamais rencontré, pas plus que Carolle...

RAY: Tu te rends compte!
JOËL: Et maintenant que le bouquin est fini, qu'est-ce qu'on va pouvoir faire le mercredi soir?
JEAN-CLAUDE: Moi, j'aime bien jouer au poker et j'ai un grand appartement...
MARTINE: Il faudra trouver quelque chose!
JEAN-CLAUDE: On pourrait *jouer au croquet* avec des *flamants* roses pour *maillet* et des *hérissons* comme boules de bois...
RAY: C'est joli, ça!
MARTINE: Qu'est-ce que c'est?
JEAN-CLAUDE: C'est *Alice au pays des merveilles.*

Controverses

1. Discute la conception du «garçon américain-type», telle que l'exposent nos amis. Pourrais-tu faire un portrait de la «fille américaine-type»?

2. Les membres du groupe refusent de se considérer comme des étudiants-types. Cependant, pourrais-tu indiquer un certain nombre de traits de caractère qui t'ont surpris chez eux, et qu'on pourrait considérer comme typiquement français?

3. Es-tu choqué par les «conseils touristiques» donnés par nos amis? Si tu es allé en France, es-tu d'accord avec eux? Même si ce n'est pas le cas, tu as certainement eu l'occasion de voir de nombreuses photos des principaux monuments de Paris et tu as certainement une opinion sur le sujet...

4. Martine explique la façon dont les idées se modifient les unes les autres dans une conversation à bâtons rompus. Est-ce que ce même processus joue dans ton cas? Explique.

Applications

Expressions idiomatiques (369)

1. —Martine n'est pas ton genre! Pourquoi?
   —Parce qu'elle _____.

   —Tu viens avec moi au cinéma?
   —Non, je n'aime pas le cinéma.
   —Au théâtre alors?
   —Bon, au théâtre, _____.

   —De quoi avez-vous parlé?
   —De tout et de rien. On a eu une _____.

2. • Nicole? Elle est { *courant* _____ / *fam.* _____ / *pop.* _____ } mignonne!

   • Ce vin coûte { *courant* _____ / *fam.* _____ / *pop.* _____ } cher.

   • Carolle me plaît { beaucoup! / *fam.* _____ ! / *pop.* _____ ! }

   • Je suis très honoré de votre présence.
   Impossible de remplacer *très* par *drôlement* ou *vachement*. Pourquoi?

3. Décris deux situations dans lesquelles tu pourrais dire à quelqu'un:
   • Ta femme est vachement jolie!
   • Votre femme est extrêmement jolie!

Prix-Jeu (369)

1. *Cher.*
   Une belle maison, c'est _____.
   Cette maison est _____.
   Je voudrais quelque chose de pas _____.
   Cette maison coûte _____.
   Une belle maison, ça _____.
   Il ne pense qu'à ses _____ bouquins.

2. Reprends les trois premières phrases et utilise *bon marché* à la place de *cher,* en conservant *exactement* le même sens à la phrase. Pourquoi ne peut-on pas utiliser *bon marché* dans les trois autres phrases?

3. *Coût / Cou / Coup / Coûte / Compte.*
   - J'ai décidé de réussir _____ à l'examen.
   - Tu n'as qu'un bras cassé après cet horrible accident? Eh bien, tu t'en es tiré _____.
   - Oui, c'est vraiment un _____ de chance.
   - Le _____ des allumettes, ça, je m'en souviendrai!
     (Imagine l'une des situations possibles, en relation avec les allumettes).
   - Sur leur tête mobile, un _____ blanc, délicat
   - Se plie et de la neige effacerait l'éclat. (A. Chénier)
   - Faire d'une pierre deux _____.
     (Proverbe français. Dans le proverbe anglais correspondant, il y a des oiseaux...)
   - Le _____ de la main d'œuvre a encore augmenté.

4. Invente deux situations où un ami puisse te dire: « *Bien joué!* »
   - au football
   - dans un autre cas où tu t'es bien tiré d'une situation difficile.

Mettre-Commencer (370)

1. Si tu te _____ tout critiquer, ce n'est pas la peine de continuer!
   - La voiture ne veut pas _____.
   - C'est parce que tu ne sais pas la _____.
   - Ne restez pas assis comme des petits pachas! Venez _____.
   - Le repas prêt, la table est mise; alors _____ à table!
   - Il me semble qu'un certain anticléricalisme _____ aux États-Unis depuis quelque temps.
   - A force de mettre le socialisme à _____, on ne sait plus ce que le mot signifie.

2. - _____.
     Mais tu vas mettre en faillite tous les petits commerçants de la région!
   - _____.
     Mais ils viennent à peine de démarrer!
   - _____.
     Si tu avais commencé par esquisser les personnages du tableau, ça ne serait pas arrivé!
   - _____.
     Alors, ça ne vaut pas la peine que je me mette au travail maintenant!

3. Tu décides de monter une affaire (*business*).
   Raconte en utilisant quelques expressions étudiées dans ce chapitre.

Présentations grammaticales

I

- Expressions idiomatiques   283
- Faux amis   283
- Un genre-Une espèce   284
- Peu… Beaucoup   284
- Comment utiliser la négation   285
- Comment poser une question   285

Jean-Claude

Expressions idiomatiques

1. Ce soir, réunion EN PETIT COMITÉ, parce que plusieurs membres du groupe n'ont pas pu venir.

2. On TIRE AU SORT pour décider si on va parler de Joël ou de Jean-Claude.
   Il n'y a aucune bonne raison de commencer par l'un plutôt que par l'autre. C'est le sort (le hasard) qui décidera.

3. Je suis obligé de M'APLATIR COMME UNE CARPETTE. (*fam.*)
   Mon propriétaire va peut-être m'expulser, parce que je ne l'ai pas payé. Je dois donc me faire aussi humble, aussi plat que le tapis (carpette) qui recouvre le plancher.

4. Il va falloir qu'il ENLÈVE TOUTE CETTE POMMADE. (*fam.*)
   Les autres membres du groupe ont fait beaucoup de compliments à Jean-Claude. Ils l'ont flatté exagérément, pense ironiquement Joël; ils lui ONT PASSÉ DE LA POMMADE — quelque chose de gras et parfumé pour mettre sur la peau — . Maintenant, il faut qu'il l'enlève!

5. QU'EST-CE QUE J'EN AI À FAIRE DE VOS toilettes! (*fam.*)
   Les toilettes? C'est pas mon affaire! Ça ne m'intéresse pas! *Remarque l'usage spécial de qu'est-ce que dans cette phrase exclamative, et non pas interrogative.*

6. Nous allons METTRE Jean-Claude SUR LA SELLETTE.
   Si Jean-Claude était à cheval, il serait assis sur la selle. Ici, il est assis, au sens figuré bien sûr, sur quelque chose d'encore plus petit et de moins confortable : la chaise des accusés.

7. C'est PLEIN A CRAQUER de petits bureaucrates.
   Il y a tellement d'employés de bureau! On a l'impression que la salle de restaurant, trop pleine, va se rompre, se briser.

Faux amis

1. Tu as ⎫
   Lorsque j'ai ⎬ L'OCCASION DE ⎰ parler avec ces gens-là?
   J'ai très peu ⎭   ⎱ faire un diner correct...
                                      le faire.

2. Une FIGURE avec des tas de rides.

3. Jean-Claude est MALIN.   Il a beaucoup de MALICE.   (*C'est une qualité.*)
   Il n'est pas MÉCHANT.   Il n'a pas de MÉCHANCETÉ.   Il ne parle pas MÉCHAMMENT.
   (*Ce serait un défaut, le contraire d'une qualité.*)

Un genre - Une espèce[1]

1. Quel GENRE   de   { réveil as-tu?
                         rasoir as-tu?
                         problèmes as-tu?

2. Une ESPÈCE (*fam.*)   d' { habit bleuté.
                         de { machin carré

   Des ESPÈCES (*fam.*) de { grosses lampes.
   ESPÈCE (*fam.*)   d' { imbécile![2]

Peu... Beaucoup

1. Elle mange
   Je me coupe assez } PEU.
   Je me lave très

   J'ai
   J'ai assez } PEU D'argent.
   J'ai très

2. C'est   } PAS MAL.   *Assez bien*
   Elle est } (*fam.*)   *Assez jolie*

   Je demande } PAS MAL DE   { livres.
   Ça fait   } (*fam.*)   { monde.
                             { personnes.
                             { gens.
                             { peuple.
   Ces expressions ne sont pas négatives!

3. Comment la langue familière élargit le sens d'une expression: UN TAS

   des (un) tas de verres   Ils ne sont *pas vraiment* en tas.
   des (un) tas de petites choses }
   des (un) tas de petites rivières } Elles ne sont *sûrement pas* en tas.
   des (un) tas de rides
   des (un) tas de gens   Ils mourraient s'ils étaient en tas!
   des (un) tas de raisons   Un tas au sens figuré.

---

[1] Une catégorie, une sorte. Ces mos sont un peu moins employés.
[2] Voir page 332

Comment utiliser la négation

La langue familière oublie très souvent le petit mot (ne) dans la négation. Quelquefois il existe, mais on l'entend à peine. Il ne faut jamais l'accentuer dans la prononciation. Mais pas, jamais, rien, *ne sont jamais oubliés.*

1. Je (ne) sais ⎫ ⎧ moi!
   Je (n') aime ⎪ ⎪ rester au lit.
   Tu (ne) te laves ⎪ ⎪ ?
   Si on (ne) va ⎬ PAS ⎨ au cinéma…
   Il (ne) faut ⎪ ⎪ croire que…
   (Il) (ne) Faut ⎪ ⎪ s'en priver!
   Ça (ne) va ⎭ ⎩ ?

2. Elle (n') est ⎫ JAMAIS ⎧ contente.
   C' (e n') est ⎭ ⎩ très drôle!

3. On (ne) dit RIEN.

4. Je (ne) leur ressemble *pas du tout.*
   Ce (n') est *pas* drôle *du tout.*

Comment poser une question

Voici les trois principales formes de questions rencontrées dans ce chapitre:

1. Tu fais de la gymnastique?
   Tu n'oublies jamais?
   Tu as quel âge?
   Il y a quelque chose que tu aimes beaucoup?
   Ça t'arrive, de pleurer à des films?
   avec la variante:
   Il y a *Le Figaro,* non?
   Il faut le remonter tous les soirs, non?

2. Est-ce que les relations avec tes parents sont faciles?
   Est-ce qu'il y a un disque typique du matin?
   Quand est-ce que tu travailles?

3. Quel âge as-tu?
   Dans quelle bibliothèque vas-tu travailler?

II

- Expressions idiomatiques 289
- Faux amis 289
- En fait! 290
- Trois façons d'exprimer le passé 290
- Pour finir… 291
- Des choses 291
- Insister/Souligner 292
- Faire-un verbe à tout faire… 292

L'enseignement supérieur en question

Expressions idiomatiques

1. Est-ce que la démocratie, telle qu'elle est pratiquée en Amérique, est LE FIN DU FIN en termes de système social?
   Est-ce le meilleur système possible? La solution idéale?

2. Une faculté des lettres toute neuve, et très jolie PAR DESSUS LE MARCHÉ.
   Elle est neuve et, *de plus,* jolie!
   Extraordinaire, n'est-ce pas?

3. Ils travaillent EN GRANDE SURCHAUFFE.
   Ils travaillent tellement que leur cerveau est probablement très, très chaud.
   Rien à voir avec l'été!

4. Ça se traduit par une sorte de JE M'EN FOUTISME, si je peux employer cette expression... (*pop.*)
   Scrupule de Joël qui se rend brusquement compte, en employant l'expression, de son caractère populaire. Voir aussi la page 363.

Faux amis

1. As-tu ASSISTÉ { au récital Chopin? / à la conférence sur Proust?

   mais

   Joël / Jean-Claude } VA { encore au lycée. / à la Sorbonne.

   Je / J' } { VAIS / ASSISTE } au cours de français.

2. Nicole { ÉTUDIE pour son examen. / FAIR SES ÉTUDES de médecine.

   Il { PASSERA la licence / SE PRÉSENTERA à la licence } à la session de juin.

   S'il { EST REÇU, / RÉUSSIT, } tant mieux!

   S'il { N'EST PAS REÇU, ÉCHOUE (subit un échec), EST COLLÉ (*fam.*), RATE SON EXAMEN (*fam.*) } il pourra { LE REPASSER. / SE REPRÉSENTER.

3. C'EST UNE QUESTION
   Il suffit d'avoir... { d'argent, c'est tout! / d'habitude. / de capacité.

IL EST QUESTION { d'assouplir ce doctorat.
On parle d'... { d'une réforme de l'agrégation.

De quoi EST-IL QUESTION?
De quoi s'agit-il?

En 1968, les étudiants ONT { MIS / REMIS } EN QUESTION { l'existence même de / l'université (to question)

En fait!

EN FAIT	= en réalité (*actually*)
EN EFFET	= effectivement (*indeed*)
AU FAIT	= à propos (*by the way*)
ACTUELLEMENT	= pour l'instant (*presently*)

1. EN FAIT, { je suis dans une école privée (et pas dans une école publique.)
   je me lave rarement (si je dois dire toute la vérité.)
   j'attache pas tellement d'importance aux repas (contrairement à ce que tu pourrais penser.)

   EN RÉALITÉ, c'est cent cinquante francs (et pas quatre vingt quinze comme vous l'avez dit.)

2. EN EFFET, c'est quelque chose de très important. (Tu as raison! Je suis de ton avis!)
   EFFECTIVEMENT, il y a certains professeurs qui classent les élèves. (Comme tu viens de le dire.)

3. AU FAIT, / A PROPOS, } j'ai oublié de te dire que j'ai recu une lettre de Nicole.

4. ACTUELLEMENT, { l'agrégation me semble mal à sa place.
   les deux premières années se font à Censier.

   POUR L'INSTANT, je ne vois pas de solution.
   MAINTENANT a un sens plus immédiat, plus concret en général.
   La place la plus habituelle pour toutes ces expressions: *au début de la phrase*. Une place différente peut cependant permettre d'intéressants effets de style.

Trois façons d'exprimer le passé

AVANT { huit heures.
d'aller à l'école.
qu'il (ne) vienne.

Les professeurs ont enseigné de la même manière qu' { AVANT. / AUPARAVANT.

Les facultés l'avaient déjà un peu AUPARAVANT.
A la fin d'une phrase, auparavant est plus correct. Cependant le français familier utilise de plus en plus avant, même dans ce cas-là.
C'était AUTREFOIS la faculté de théologie. *Il y a longtemps.*

Pour finir...

A LA FIN
FINALEMENT } il a accepté. *C'est le sens temporel et concret.*
ENFIN

FINALEMENT
AU TOTAL
EN FIN DE COMPTE } l'état d'esprit de ce concours me semble un peu malsain.
TOUT COMPTE FAIT   les universités sont quelque chose de très triste.
AU FOND
Mon impression finale est que...

Oui, mais ENFIN, il faut faire un effort de justice!
Cependant
Tu crois qu'il acceptera? ENFIN... je suis pas sûr.
Marque une hésitation. Tu remarqueras que Carolle emploie souvent le mot dans ce sens.

Choses

J'ai { DES CHOSES / PLUSIEURS CHOSES / CERTAINES CHOSES } à vous dire. *Some things.*

J'ai QUELQUE CHOSE à vous dire. *Something.*

J'ai quelques choses à vous dire.
N'est jamais employé, pour éviter la confusion.

Les universités sont
Il y a   } QUELQUE CHOSE { DE très triste. / qui n'est pas mal. / aux étudiants américains.
Ce nom rappelle

Je voudrais voir AUTRE CHOSE { DE beau. / qui soit plus grand.

Il n'y a PAS GRAND CHOSE { à voir. / D'intéressant. / D'intéressant à voir.
L'expression s'emploie presque toujours à la forme négative.

Chacune de ces expressions forme un ensemble qui est *masculin* et *singulier*.

Insister / Souligner

Je voudrais { INSISTER SUR / SOULIGNER / METTRE EN VALEUR / METTRE L'ACCENT SUR } la construction de cette phrase. / le fait qu'il était déjà parti.

To stress. To put the emphasis on.

Faire-un verbe à tout faire...

1. *Il est très utilisé par les étudiants pour parler de leurs études.*

Tous nos amis FONT { des études. / leurs études en France.

Nicole / Carolle / Joël / Jean-Claude / Pierre Albouy } FAIT { médecine (de la médecine). / lettres (des lettres). / math. élem. / une licence de socio. / des cours à la Sorbonne.

Joël voudrait FAIRE l'Ecole des Mines.

2. *On l'emploie souvent familièrement:*

quand un verbe plus précis ne vient pas à l'esprit.
quand un autre verbe serait trop long ou difficile à construire.

- Ils FONT (enseignent) une sociologie plus ou moins marxiste.
- Edgar Faure A FAIT (préparé, fait voter) une loi d'orientation.
- J'AI FAIT trois ans de français (j'ai passé trois ans à apprendre le français).
- Je FAIS une direction d'équipe (je dirige une équipe).
- On A FAIT la province (habité, travaillé en province).
- Qu'est-ce que FONT tes parents? (Mon père est médecin. Ma mère ne travaille pas.)
- Des bouquins qui FONT (coûtent, reviennent à) cinquante francs.
- Pierre Albouy A FAIT (écrit) une thèse sur Victor Hugo.
- Qu'est-ce que tu FAIS? (suivant le contexte):
  Je suis en train de finir mon devoir.
  Ce soir? Je vais au cinéma.
  Je fais médecine.

3. *Il permet de former de nombreuses expressions idiomatiques. En voici trois.*

Pour ne / Il faut / Jean-Claude aime } FAIRE { de peine à personne... / un effort de justice. / du stop.

Dans le sens de *avoir en commun, avoir des relations avec,* il est souvent remplacé par *voir.*

Joël pense que les élèves de sa classe n'ont PAS GRAND CHOSE A VOIR avec lui.
Cette solution n'a RIEN À VOIR avec la réalité.

III

- Expressions idiomatiques 295
- Quelques bons tuyaux 295
- DE et ses métamorphoses 297

Quelle littérature ?

Expressions idiomatiques

1. Qu'est-ce que c'est que ce PETIT BLANC-BEC? (*fam.*)
    Cet oiseau si jeune que son bec est encore blanc: ce jeune homme sans expérience.

2. Le professeur A SAUTÉ PAR DESSUS le Moyen-Âge À PIEDS JOINTS. (*fam.*)
    On A SAUTÉ le dix-neuvième siècle. (*fam.*)
    On a étudié le dix-huitième, le vingtième, mais pas le dix-neuvième. Ceci est l'expression habituelle. Si tu ajoutes: À PIEDS JOINTS, l'expression devient plus pittoresque. PAR DESSUS n'est pas obligatoire.
    Si la littérature réussit à FAIRE SAUTER certaines barrières...
    À les supprimer, peut-être par explosion.

3. C'est un EXEMPLE BATEAU. (*fam.*)
    Un exemple donné tant de fois qu'il en est devenu banal.

4. Si je ne dis pas ces choses, ÇA TOURNE À L'AIGRE.
    La vie devient très désagréable, comme le vin qui devient du vinaigre.

5. COMME DISAIT JE NE SAIS PLUS QUI,... (*fam.*)
    Cette expression est un moyen commode
    - de montrer qu'on est cultivé sans être pédant.
    - de citer une phrase dont on ignore vraiment l'auteur.
    - de donner de l'importance à ce qu'on va dire en prétendant que quelqu'un, probablement quelqu'un de célèbre, l'a dit avant vous.

Quelques bons tuyaux

Renseignements confidentiels, tout spécialement utiles (*fam.*)

1. AUTREMENT DIT / EN D'AUTRES TERMES
    L'expression *En d'autres mots* est très maladroite.

2. ALLER / S'EN ALLER / ALLONS / ALLONS-Y
    — Comment, tu T'EN VAS déjà! Tu pars.
    — Oui, je dois ALLER chercher le journal.
    — Alors, ALLONS-Y ensemble. *C'est le sens le plus concret.*
    ALLONS-Y! Commençons!
    ALLONS-Y pour le vingtième siècle! D'accord pour...

Tu peux Y ALLER. Tu peux commencer.
Let's go! ALLONS-Y
ALLONS, ALLONS, taisez-vous!
Well, well...
C'est à peu près le seul cas où allons est employé seul.

3. AU FOND / AU FOND DE / À FOND
  AU FOND, c'est encore de la littérature. Voir page 231.
  AU FOND DE la mer, il y a des volcans. Dans la partie la plus basse.
  À l'époque où le T.N.P. marchait À FOND. Très, très bien, admirablement.
  Pour un quatrième sens de fond, relis la page 313.

4. SYMPATHIQUE / SYMPA (fam.) / sympathetic
  Offrir le dernier Goncourt, c'est plus SYMPATHIQUE que d'offrir une boîte de marrons glacés. Nicer.
  Ce garçon est très SYMPA
  He is sympathetic to that idea. Cette idée lui plaît. Il est d'accord avec cette idée.

5. PROPOS / purpose
  À PROPOS, quel âge a Nicole?
  À QUEL PROPOS veux-tu savoir cela? A quelle occasion? Dans quel but? Un peu littéraire.
  My purpose is... Mon but, c'est de...

6. MARCHER
  Mon rasoir MARCHE à la main. Fonctionne.
  Les groupes de travail ONT MARCHÉ. Ont fonctionné de façon satisfaisante.
  Les études MARCHENT bien? Progressent régulièrement?
  Les Mouches, c'est une pièce qui a bien MARCHÉ. Qui a eu du succès.
  J'ai vu Les Mouches et je n'ai pas MARCHÉ. (fam.) Je n'ai pas été ému. Ça ne m'a pas plu.
  Transformer mon P en HP? Tu crois que le professeur va MARCHER? (fam.) Accepter.
  Tu me fais MARCHER! (fam.) You are pulling my leg.

7. CONCERNER / S'AGIR DE
  Les Mouches CONCERNENT LE crime d'Oreste.
  DANS Les Mouches, IL S'AGIT DU crime d'Oreste.

8. LE DIABLE ET LE BON DIEU
  C'est une autre pièce de Sartre. On peut hésiter entre deux formes:
  Je pense À ⎱ Le Diable et le Bon Dieu
  Je parle DE ⎰

Je pense AU *Diable et* AU *Bon Dieu*
Je parle DU *Diable et* DU *Bon Dieu*
La première est plus correcte. Emploie cette forme quand tu écris. La seconde est plus habituelle dans la langue familière. Il y a cependant un risque d'ambiguité.

DE partitif

DANS LA PHRASE POSITIVE

Je voudrais { DU vin. / DE L' eau. / DE LA bière. / DES frites. }

Mêmes formes dans les cas abstraits.
Quand il y a }
Quelqu'un y a pris } DU { jazz, ça va! / plaisir? / Sartre? }
Tu as lu }

Un peu de Sartre, une partie de l'œuvre de Sartre?
C'est encore } DE LA { littérature.
Jean-Claude fait } { sociologie.

Joël fait } DES { maths.
J'ai écrit } { trucs.

La langue courante exige *de* quand un adjectif précède le nom au pluriel :
J'ai écrit *de* petits textes.
La langue familière ne fait pas cette distinction : J'ai écrit *des* petits textes.

DANS LA PHRASE NÉGATIVE

Il faut employer *de* quand la négation est absolue (= aucun, aucune quantité de)

Je ne veux { PAS DE { vin. / bière. / frites. } / PAS D' eau. }

Je n'ai } PAS DE { conseils à donner.
Ma mère n'exerce } { profession.

Mais si la négation implique une idée affirmative, on revient à la règle habituelle :
Je ne veux pas DU vin rouge; je veux du vin blanc!
Ce n'est pas DE LA littérature, c'est du cinéma.
Ce n'est pas DE LA bonne littérature.

C'est de la littérature, mais pas de la bonne.

DE préposition

De peut correspondre à plusieurs prépositions anglaises, entre autres: *of, by, with, from, out of, about.*

of
- Les contemporains ⎫ DE ⎧ Baudelaire. ⎫ pas d'article
- Les étudiants ⎭ ⎩ 2270. ⎭
- Une pièce D' avant-garde
- La situation DE L'auteur. ⎫ masc.
- Un auteur DU dix-neuvième siècle. ⎭
- Sur le coin DE LA figure. *fém.*
- L'autorisation ⎫ DES ⎧ parents. ⎫ plur.
- Un ⎭ ⎩ cafés du Quartier Latin. ⎭

by
- Quelques livres ⎫ ⎧ Bory.
- *Le Sang noir* ⎪ DE ⎨ Guilloux.
- Qu'est-ce que tu as lu ⎬ ⎪ Sartre?
- Une très jolie phrase ⎭ ⎩ Breton.

with
- Une maison DE six étages.
- Je le regarde D'un œil neuf.
- Je la lance D'une pichenette.

from / out of
- Ce livre vient ⎫ ⎧ Paris.
- Si on a vu un film ⎬ DE ⎨ six à huit…
- Ils sont à une heure ⎭ ⎩ chez moi.
- DE chaque siècle de littérature, qu'est-ce qui surnage?
- Une littérature qui, DE forces révolutionnaires, fait des forces de diversion.

about Qu'est-ce que tu penses DE Nicole?

DE après un nom

Votre façon DE dire cela ne me plaît pas.
Il y a plusieurs façons D'être révolutionnaire.

DE après un adjectif

- Un premier livre est plein ⎫ ⎧ maladresses.
- C'est plus proche ⎬ DE ⎨ nous.
- Ils étaient capables ⎭ ⎩ voir ça.

DE après un verbe

De nombreux verbes exigent la préposition *de*. Ici l'usage est roi. Seul moyen d'être certain : vérifier dans le dictionnaire. Voici quelques-uns de ces verbes.

En général suivi d'un autre verbe

Ça vous permet		multiplier les salles de bain.
Ils essaient		nous expliquer.
Je m'étais juré		ne pas embêter les élèves.
Il leur demandait		monter une vache.
On l'empêche		dormir.
Il m'arrive	DE	sauter un repas.
Les gens n'ont plus envie		descendre dans la rue.
Les choses que j'ai à cœur		dire.
Tu as l'occasion		parler ?
J'ai eu la chance		ne pas l'étudier au lycée.
On est en train		crever de ce paradoxe.

En général suivi d'un nom ou d'un pronom

J'ai besoin		vous.
Ça dépend	DE	Joël.
Parlons		cinéma.
Il s'agit	D'	un film français.
Avez-vous entendu parler	DU	*Cimetière marin* ?

DE préposition vide

Il arrive que *de* ne serve à rien... Mais l'usage, et parfois l'oreille, l'exigent. Remarque que tous les exemples sont avec le verbe être :

ÊTRE, *seul*

Le problème c'est	DE	savoir si...
Un troisième truc, c'était		faire constamment des rapports...

ÊTRE, *à la forme impersonnelle, suivi d'un adjectif*

Il est banal		dire que...
C'était très drôle	DE	voir leur bonne volonté.
C'est idiot		ne pas m'être fait rembourser.
Il n'est plus possible	D'	agir.
Il n'est pas défendu		aborder les auteurs maudits.

ÊTRE, *suivi d'un substantif*

C'est une banalité	DE	dire que...

DE remplace ÊTRE, sous-entendu

C'est une aubaine d'avoir un trou ⎱ DE ⎰ libre entre quatre et six.
Quand il y a deux heures   ⎰   ⎱ libres...

Qui est libre, qui sont libres.

DE sert à former *DE NOMBREUSES* expressions.

En voici quelques-unes :

ou :
D'UN CÔTÉ .... DE L'AUTRE...
ou :
D'UNE PART .... D'AUTRE PART...
ou :
D'UNE PART .... DE L'AUTRE...

Je n'aime pas ce film. D'AILLEURS (*besides*) je n'y comprends rien !
DE TOUTE FAÇON (*anyway*) ça n'a aucune importance.
D'APRÈS certaines réactions... *After, according to*

Son attitude VIS À VIS ⎱ DE moi   ⎰ est curieuse.
                       ⎰ DU français ⎱

IV

- Expressions idiomatiques 303
- Faux amis 304
- Quelques bons tuyaux pour rendre une phrase plus vivante 304
- Cette fameuse différence entre *C'est* et *Il est* 305
- Ça 306

Nicole et Martine

Expressions idiomatiques

1. J'ai dû prendre le métro avec mes colis. TU ME VOIS D'ICI! (*fam.*)

   Tu peux imaginer le tableau extraordinaire que c'était!

2. a. Et puis, UN BEAU JOUR, Nicole a tout mélangé. (*fam.*)
   b. Au BEAU MILIEU DU couloir... (*fam.*)
   Aucune idée de beauté dans ces deux phrases:
   a. Un certain jour, alors qu'on ne s'y attendait pas du tout...
   b. En plein milieu du couloir; vraiment au milieu.

3. a. Ça m'a tout de suite MIS DANS LE BAIN. (*fam.*)
   b. Le projet EST TOMBÉ À L'EAU. (*fam.*)
   Et cependant, personne n'a été mouillé:
   a. Ce que Martine a vu au beau milieu du couloir lui a donné d'avance une idée précise de l'atmosphère de la maison ce matin-là.
   b. Le projet de petit déjeuner a été abandonné.

4. J'ai FAIT LE SINGE (FAIT DES SINGERIES).
   Encore un sens de FAIRE: imiter.

5. Comme ça, À BRÛLE-POURPOINT: « Tu aimes les chats! »
   C'est ce que Jean-Claude a affirmé à Martine, comme ça, brusquement, sans préparation.

6. Nicole, aller À L'AVEUGLETTE? Jamais!

Faux amis

PERSONNAGE / CARACTÈRE

- Nicole, c'est un PERSONNAGE très étudié.
- Maintenant tu connais un peu son CARACTÈRE.
- DES PERSONNAGES littéraires: Rodrigue, Don Juan. Un PERSONNAGE historique: Richelieu. Étudie LE CARACTÈRE de Rodrigue: parle de son audace, de son sens de l'honneur, etc... (*de l'ensemble des signes qui le* CARACTÉRISENT).
- Nicole présente un certain nombre de TRAITS DE CARACTÈRE bien précis, entre autres la gentillesse: elle A BON CARACTÈRE. Aucun des membres du groupe, d'ailleurs, n'A MAUVAIS CARACTÈRE! Au fond, Nicole a une forte PERSONNALITÉ: elle a DU CARACTÈRE.

HUMOUR / HUMEUR

- Martine, qui a le sens de L'HUMOUR, était d'excellente HUMEUR ce jour-là.
- Un célèbre trait de caractère des Anglais: L'HUMOUR (masc.).
- Martine, puisqu'elle a bon caractère, EST presque toujours DE BONNE HUMEUR (fém.). Ce jour-là, elle ÉTAIT même D'EXCELLENTE HUMEUR. Cependant, ce qu'elle a vu au beau milieu du couloir l'a vite MISE DE MAUVAISE HUMEUR, DE TRÈS MAUVAISE HUMEUR même, DE MAUVAIS POIL. (*C'est la même chose.*) En plaisantant, Nicole dit que Martine ÉTAIT D'EXCELLENTE MAUVAISE HUMEUR!

Quelques bons tuyaux pour rendre une phrase plus vivante

Une chose a lieu par hasard
- IL SE TROUVE QUE j'étais de très mauvaise humeur.
- Comment as-tu fait pour rencontrer Nicole? Oh, ÇA S'EST TROUVÉ comme ça! (*Le hasard... je préfère ne pas donner de détails.*)
- SI ÇA SE TROUVE, elle est déjà partie! (*fam.*) (*C'est bien possible!*)

Une chose a lieu de temps en temps
- IL M'ARRIVE très souvent DE manquer un repas. Vraiment? Oui, ÇA M'ARRIVE très souvent.
- IL T'ARRIVE DE pleurer à des films?
  Oui, ÇA M'ARRIVE quelque fois.
  Comprends-tu la différence d'emploi entre IL et ÇA dans ces deux exemples? Cependant, la langue familière oublie souvent de faire la différence. Exemple: ÇA T'ARRIVE souvent de pleurer à des films?

Je veux exprimer discrètement une opinion
- J'AI L'IMPRESSION QU'il ne viendra plus; il est trop tard.
  IL FAUT DIRE
  IL FAUT AVOUER } QUE l'examen était vraiment difficile!
  JE DOIS DIRE

Je veux affirmer fortement une opinion
- IL EST ÉVIDENT QUE l'Université française est différente de l'américaine.

Cette fameuse différence entre *C'est* et *Il est*

1. Parlons de Nicole.

   ELLE EST
   - française, bien sûr.
   - charmante, dit Joël.
   - étudiante.
   - là ce soir.

   ELLE veut ÊTRE   anesthésiste.

   ELLE remplace clairement NICOLE.
   Le verbe est suivi en général :
   — d'un adjectif
   — d'un nom exprimant la profession
   — d'un adverbe.

2. Simple rappel : IL impersonnel

   IL est nécessaire de...
   IL est évident que...

3. En réponse aux questions — Qu'est-ce que c'est ?
   — Qui est-ce ?
   — Comment est-ce ?

   C'EST
   - MON proviseur.
   - UNE grosse maladresse.
   - L'École de médecine.
   - DE LA piquette à 10° 5.
   - MOI !
   - GENEVIÈVE.
   - BON.

   Après C'EST, l'adjectif est TOUJOURS au MASCULIN SINGULIER

   CE SONT
   - Mes camarades
   - Des feuilletons
   - Les amis de Joël
   - Eux
   - Geneviève et Nicole

   Jamais d'adjectif directement après CE SONT : ce sont bons.
   Cependant, dans tous ces cas, la langue familière préfère utiliser C'EST :   C'EST mes camarades, etc...

4. Pour mettre en valeur un mot ou une expression
   Quatre façons de s'exprimer : quatre nuances.
   - Geneviève est la troisième fille.
   - Geneviève, c'est la troisième fille.
   - C'est Geneviève, la troisième fille.
   - La troisième fille, c'est Geneviève.

- Ce n'est pas ennuyeux, la médecine!
- La Tour Eiffel? c'est rigide, c'est ennuyeux.
- Ce qui me fait peur, c'est de révéler trop de choses sur moi.
- Pimprenelle, c'est très joli.

5. Pour remplacer un sujet inexprimé, ou exprimé peu clairement auparavant
- Et après, c'est aussi drole? (La chose que tu vas nous raconter maintenant...)
- Il faut dire que c'était assez génial. (L'idée de réciter un compliment.)
- c'est très instructif pour moi. (Tout ce que vous avez dit.)
- c'était pas la place du téléphone! (La chambre de Geneviève.)
- *L'Aurore,* c'est des trucs bêtes, c'est l'ancien combattant boxé dans la rue...
  Le journal *l'Aurore* n'est ni un truc ni un ancien combattant. Il imprime des trucs bêtes, des histoires d'ancien combattant qu'on a boxé dans la rue. c'est ne représente rien de précis, sinon le mépris que Jean-Claude porte à ce journal...

Ça

ceci n'est employé que très rarement en français familier; cela l'est à peine plus.

ça est roi
« *Je suis roi.* ça *suffit!* » (V. Hugo).

1. ça sujet ou objet d'un verbe

    ça m'a tout de suite mise dans le bain.
    ça veut dire quoi?
    Et ça rimait?
    ça ne pourrait pas s'imprimer.
    ça n'arrive jamais avec tes amies?
    J'ai dit ça, moi?
    Comment est-ce qu'il a pris ça?
    C'est pas tout à fait ça.

2. Pour renforcer un mot ou une expression

    Les taches de rousseur, ça faisait petite fille.
    J'ai fait le singe sur la place, ça, je m'en souviens bien!
    Planter du gazon sur le balcon, ça, c'est un gros problème.
    ça, c'est des caractéristiques extérieures.
    Sous-entendu: tout ce que tu viens de dire.

3. Expressions idiomatiques

    c'est ça, arrive de bonne heure!
    en plus de ça, il faisait froid.
    a part ça, tu es attiré par le mystère.
    Elle la tient comme ça. comment ça? Comme ça, je te dis!
    Très difficile, tout ça!
    alors ça, je ne sais pas.
    alors ça! *Surprise ou indignation.*

4. ÇA DÉPEND

        A quelle heure viendras-tu? — ÇA DÉPEND!
        ÇA DÉPEND DE quoi?
        ÇA DÉPEND DU film de ce soir.
        Mais ÇA DÉPEND DE toi, quand même!

V

- Expressions idiomatiques 311
- Attention, mots difficiles 313
- Fois / temps 314
- P.C. des verbes avec SE 315

Une musique révélatrice

Expressions idiomatiques

1. Je te TENDAIS UNE PERCHE pour savoir si, à ton avis, la musique devait être comprise ou simplement sentie.

   Carolle n'a pas vraiment SAISI LA PERCHE QUE JE LUI TENDAIS : elle ne semble pas avoir d'opinion précise à ce sujet. C'est Jean-Claude qui a répondu à sa place.

2. Le père de Maxime Saury AVAIT LE NEZ CREUX : il avait assez de clairvoyance pour deviner la crise qui menaçait la profession musicale. (*fam.*)
   « Il avait le nez SUFFISAMENT creux, SI L'ON PEUT DIRE, pour se rendre compte que... »

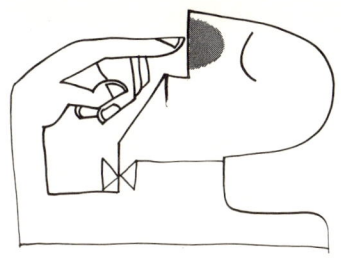

   Pourquoi Maxime Saury a-t-il ajouté l'expression « si l'on peut dire » ? Parce que d'ordinaire on dit simplement : « Il avait le nez creux. » Ayant modifié l'expression idiomatique habituelle, il s'est senti gêné et s'est presque excusé avant de finir sa phrase.
   C'est un bon truc que tu peux utiliser dans la conversation, quand tu n'es pas tout à fait sûr de l'emploi d'une expression...

3. Au cours d'une *jam session,* chacun TIRE LA COUVERTURE à soi. (*fam.*)
   Chacun essaie de briller au détriment des autres.

4. Ils ne GAGNENT PAS DES MILLE ET DES CENTS, mais... (*fam.*)
   Ils ne gagnent pas énormément d'argent, mais... S'emploie surtout à la forme négative.

5. Ces musiciens ONT un peu COUPÉ LES PONTS AVEC la mère-patrie.
   Ils ont abandonné les États-Unis ; ils n'y sont pas revenus depuis très longtemps.

6. Le musicien Tony Scott a un tempérament et une véhémence extraordinaires. Chaque fois qu'il joue, IL ENVOIE LA SAUCE, IL MET LES TRIPES ! (*pop.*)

La première expression fait partie du jargon des musiciens; la seconde est plus courante: jouer avec son ventre, son cœur, tout son être, plus qu'avec sa tête.

LES TRIPES À LA MODE DE CAEN: un plat qui a rendu célèbre la ville de Caen en Normandie. Les tripes sont faites avec de l'estomac de bœuf.

7. On chante toute la journée, AU PETIT COIN, en travaillant, partout! (*fam.*)

L'expression est familière, mais pas du tout vulgaire. Si tu veux utiliser *le petit coin,* demande plutôt:

- Où sont les toilettes, s'il vous plait?
- Où sont les W.C.? (prononce: vé -cé)
- Où sont les cabinets?

Ces trois expressions sont les plus employées. Aucune n'est vulgaire. C'est la première qui est la plus élégante.

« Où est la salle de bains? » s'emploie uniquement à la maison, jamais dans un lieu public.

8. La *pop music* EST REVENUE SUR LE TAPIS... (*fam.*)

Nous avons eu une nouvelle conversation sur ce sujet... Il y a peu de différence entre UN TAPIS et UNE CARPETTE. Te rappelles-tu quelle expression idiomatique Jean-Claude avait employée avec ce dernier mot?

Attention, mots difficiles!

— DIFFICILE —

Cette leçon est DIFFICILE.
le contraire de facile
Nicole n'est pas DIFFICILE (*exigeante*) sur
la qualité technique de la musique qu'elle écoute.

— DEMANDER / VOULOIR / EXIGER —

Je DEMANDE une explication.
calmement
Je VEUX une explication.
fermement
J'EXIGE une explication.
je suis en colère

— FOND / PLAN —

Musique
Pendant que je travaille, j'aime avoir
de la musique EN FOND SONORE.
C'est de la musique de FOND.
Pour trois autres sens de fond, relis la page 296
Peinture
AU PREMIER PLAN, la Vierge,
AU SECOND PLAN, un arbre,
À L'ARRIÈRE PLAN, des montagnes.

— BALLADE / BALADE —

J'aime beaucoup les BALLADES médiévales.

J'aime bien faire { UNE PETITE BALADE (*fam.*) / UN PETIT TOUR (*fam.*) / UNE PETITE PROMENADE } après dîner.

UN PRÊTRE catholique   UN PASTEUR protestant   UN BERGER

— HOMME / BONHOMME / BONNE FEMME —

1. JE SUIS VOTRE HOMME (Je suis prêt à faire ce que vous voulez).
   Parlons D'HOMME À HOMME (en toute franchise).
   Ils se sont levés COMME UN SEUL HOMME (tous ensemble).

   ΓO 201

   La musique, ça nourrit SON HOMME? (ceux qui en jouent).

2. C'est UN VIEUX BONHOMME. (*fam.*)
   Je n'ai pas confiance EN CE BONHOMME (un peu méprisant).
   J'habite chez UNE VIEILLE BONNE FEMME.
   Moi, épouser CETTE BONNE FEMME? Jamais!
   Alors, MEMÈRE[1], comment ça va?
   J'ai fait UN BONHOMME DE NEIGE.

3. C'est UN BRAVE HOMME! (*a good man,* un bon homme)
   C'est UN HOMME BRAVE. (*a brave man*)
   C'est UN HOMME BON. (insiste fortement sur l'idée de bonté)

Fois / Temps

J'achète des disques DEUX FOIS PAR MOIS
Je te le dis UNE FOIS POUR TOUTES: je n'aime pas le pop!
QUELQUEFOIS, j'aime faire une *jam session*.
        Remarque bien l'orthographe de quelquefois.
IL ÉTAIT UNE FOIS...
        C'est le début habituel des contes de fées.
Est-ce qu'on peut aimer { À LA FOIS / EN MÊME TEMPS } le jazz et la musique classique?

IL EST TEMPS D' / JE N'AI PAS LE TEMPS D' } aller au concert.
JE N'AI PAS DE TEMPS à perdre!
JE PASSE MON TEMPS à écouter du jazz.
        J'écoute très souvent du jazz
TU PERDS TON TEMPS.
TU ME FAIS PERDRE MON TEMPS.
Chaque chose EN SON TEMPS!

[1] Voir page 144

J'espère arriver À TEMPS
            assez tôt
ENTRE TEMPS, repose-toi!
   in the meantime
LA PLUPART DU TEMPS, j'écoute du Mozart.

Le passé composé des verbes avec SE

Ce sont les verbes que les grammaires appellent habituellement les verbes pronominaux.

Ceci est une occasion:

- de te faire revoir et utiliser ces verbes, très importants dans la langue familière aussi bien que dans la langue courante, et qui sont pour bien des étudiants l'occasion de faire des fautes.
- De te rappeler qu'ils remplacent parfois la forme passive anglaise.
- De te rappeler *la* distinction entre un complément d'objet direct et un complément d'objet indirect. Ça peut servir en d'autres occasions.
- De te faire revoir, d'une façon simplifiée, l'accord des participes passés, important dans la langue écrite, mais aussi dans la langue parlée. C'est dans cette dernière perspective que nous abordons le problème.

Distinguons trois cas.

1. Dans un verbe comme *se souvenir*, *se* n'a aucune fonction logique. Il fait partie du verbe, c'est tout.

    L'accord du participe passé se fait avec le sujet:

            ILS SE SONT SOUVENUS DE MOI.

    Attention: Toujours le verbe ÊTRE pour former le participe passé des verbes pronominaux!
    Voici la liste des principaux verbes de cette catégorie:

s'absenter	s'ennuyer
s'affaiblir	s'étonner
s'apercevoir de	s'évanouir
s'approcher de	se lever
s'arrêter	se moquer de
s'attendre à	se plaindre de
s'avancer	se sauver
se disputer avec	se servir de
se douter de	se souvenir de
s'efforcer de	se taire
s'en aller	se tromper
s'endormir	

2. CE DISQUE S'APPELLE «*Let it be!*» (plus courant que: «Ce disque est appelé...»)

Le français n'aime guère la forme passive. Chaque fois qu'il peut, il la remplace par un verbe avec SE.
- la musique de jazz qui SE FAIT à la Nouvelle-Orléans...
- les disques qui SE VENDENT le mieux...

Comme dans le premier cas: l'accord du participe passé SE FAIT avec le sujet.
- la musique de jazz qui S'EST FAITE à la Nouvelle-Orléans...
- les disques qui SE SONT le mieux VENDUS...

Attention: • à la place de *le mieux*.
• *le mieux* reste au singulier; c'est un adverbe, donc invariable.

La forme passive est quelquefois remplacée par ON
- les disques qu'ON A le mieux VENDUS.

Une difficulté particulière:

On s'est arrêté?
ou
On s'est arrêtés?

Le mot ON est volontairement imprécis. Cependant, la personne qui parle donne chaque fois, même inconsciemment, une certaine connotation à ce mot.
- une seule personne, ou plusieurs personnes considérées comme un tout:

On s'est arrêté.

- plusieurs personnes, considérées séparément:

On s'est arrêtés.

3. Il existe encore deux autres formes de verbes avec SE, et les règles d'accord du participe passé sont les mêmes pour ces deux formes.

les verbes réfléchis:

l'action revient sur le sujet.

les verbes réciproques:

deux ou plusieurs sujets agissent l'un sur l'autre. Ces verbes ne s'emploient donc qu'au pluriel.

Dans les deux cas, l'action peut revenir directement ou indirectement.

Directement
- Elle SE coupe.
  Elle coupe qui? Elle-même.
- Elles SE battent.
  Elles battent qui? { L'une bat l'autre et vice versa.
  { Les unes battent les autres, et vice versa.

Dans ce cas, SE s'appelle l'OBJET DIRECT.

Indirectement
- Elle SE fait plaisir.
  Elle fait plaisir À qui? À elle-même.

- Ils s'écrivent.

  Ils écrivent À qui? { L'un écrit à l'autre, et vice versa.
  Les uns écrivent aux autres, et vice versa.

Dans ce cas, SE s'appelle l'OBJET INDIRECT.
Maintenant que tu sais reconnaître un objet direct d'un objet indirect, tu n'auras aucune difficulté à appliquer la règle suivante:

—L'accord du participe passé se fait avec l'objet direct si cet objet direct est placé avant le verbe.

- Elle s'est COUPÉE.

L'objet direct est S', féminin, placé AVANT le verbe.
- Elles SE sont BATTUES.

L'objet direct est SE, féminin pluriel, placé AVANT le verbe.
- LES CHEVEUX QU'elle s'est COUPÉS.

L'objet direct est QU', représentant LES CHEVEUX, masculin pluriel, placé AVANT le verbe.

Dans tous les autres cas: pas d'accord du participe passé.

- Elle s'est COUPÉ les cheveux.

Il y a bien un objet direct (les cheveux), mais il est placé APRÈS le verbe.
- Ils SE sont ÉCRIT.

Il n'y a pas d'objet direct: SE est un objet indirect.

VI

- Expressions idiomatiques — 321
- Pour bien employer l'adverbe *Bien* — 322
- Trois verbes — 322
- P.C. — Imparfait — Plus-que-parfait — 324

Cinéma et télévision

Expressions idiomatiques

1. Dans cette scène, les images se succèdent À TOUTE VITESSE. (*fam.*)
   Très vite, sans arrêt, à une vitesse folle.

2. Jacques Siclier A PLUSIEURS CORDES À SON ARC. (*fam.*)
   Il est critique de cinéma, critique de télévision, et écrivain : trois cordes à son arc !

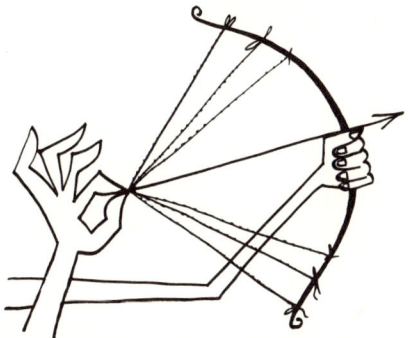

3. Quand l'acteur jette son costume de cowboy, le symbole est évident :
   IL A DÉPOUILLÉ LE VIEIL HOMME.
   Il a décidé de changer totalement de personnalité.

4. S'habituer aux sous-titres dans un film, c'est un apprentissage DE RIEN DU TOUT. (*fam.*)
   Une habitude très facile à prendre, demandant un minimum d'efforts.

5. J'étais PLIÉ EN DEUX DE RIRE. (*fam.*)

6. L'ambition d'un auteur de court-métrage : devenir un réalisateur À PART ENTIÈRE.
   Quelqu'un qui a vraiment droit au titre de réalisateur ; il l'aura dès qu'il aura tourné un *grand film*.

7. Les nouveaux réalisateurs sont en train de FICHE (OU FICHER) EN L'AIR tous les vieux clichés. (*fam.*)
   Ils ne les utilisent plus ; ils veulent les faire disparaître complètement. Voir aussi la page 363

8. Il y a AU BAS MOT un million de personnes qui regardent une émission (un programme) de télévision.
   Au minimum.

Pour bien employer l'adverbe *Bien*

1. *Avec un verbe*
   Il a BIEN parlé.
   Tout s'est BIEN passé?

   — VERBE ÊTRE —

   Tu es BIEN? (*ta position est confortable?*)
   Il est BIEN. (*physiquement, moralement, suivant le contexte*)
   Il est BIEN AVEC sa concierge. (*en bons termes*)

   — VERBE FAIRE —

   Je suis fatigué. Je m'assieds. ÇA FAIT DU BIEN!
   Elle dit ça parce que ÇA FAIT BIEN. (*pour impressionner les autres*)
   La maman — Viens ici, tu vas tomber!
   Le petit garçon — Non! (*Il tombe*)
   La maman — C'EST BIEN FAIT! (*Tant pis pour toi!*)

   — VERBE VOULOIR —

   Je VEUX BIEN. (*J'accepte*)
   Pour affirmer très fort:
   Tu as BIEN raison! (*tout à fait raison*)
   Vous avez BIEN dit ça? (*vraiment dit ça?*)
   On sait BIEN comment ça se passe!
   C'est BIEN ça.
   Avec une nuance restrictive:
   J'ai BIEN téléphoné! MAIS tu n'étais pas là.
   (*Oui, c'est un fait, j'ai téléphoné, mais...*)

2. *Avec un adjectif*
   Je suis BIEN content. (*très content*)

3. *Avec un nom*
   BIEN DES critiques n'ont rien compris au film. *Beaucoup de critiques.*
   Je te souhaite BIEN DU plaisir. *Beaucoup de plaisir*

Trois verbes

— DONNER —

Je VOUS DONNE MA PAROLE d'honneur DE garder le secret. (*Je vous promets sur l'honneur de...*)

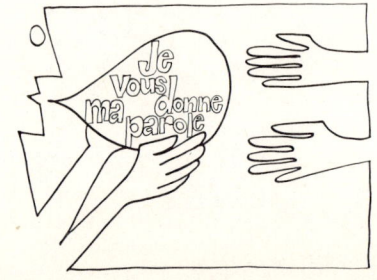

La situation pourrait DONNER LIEU à des commentaires désagréables. (*être l'occasion de*)

Mon bureau DONNE SUR la mer. (*De mon bureau, on voit la mer*)

Je ne sais plus OÙ DONNER DE LA TÊTE. (*fam.*) (*J'ai trop de travail; je ne sais pas par où commencer*)

À UN MOMENT DONNÉ... (*À un certain moment...*)

La grève à la télévision? Je me demande ce que ça va DONNER. (*fam.*) (*quel en sera le résultat*)

— PRENDRE —

J'ai PRIS une grande DÉCISION.

Tu vas PRENDRE FROID.

Je suis très PRIS ces jours-ci. (*très occupé*)

QU'EST-CE QUI TE PREND? (*fam.*) (*Pourquoi fais-tu cela si soudainement?*)

Il a très MAL PRIS ma remarque. (*Il en a manifesté de l'irritation*)

Il ne SAIT pas S'Y PRENDRE AVEC les femmes! (*Agir de façon à obtenir ce qu'il veut d'elles*)

Dans ce film, il y a un PARTI PRIS DE misérabilisme (*Une volonté de mettre en valeur cet aspect*).

Mon ami EST DE PARTI PRIS. (*Il a une opinion faite d'avance, impossible à modifier*)

C'est une image PRISE SUR LE VIF. (*directement dans la réalité*).

Une PRISE DE COURANT.

Un cinéma EN PRISE SUR le réel.

— PASSER —

LAISSEZ-MOI PASSER!

A la télévision, chaque émission ne PASSE qu'une fois. (*n'est montrée qu'une fois*)

Qu'une émission soit bien accueillie ou non par le public, ÇA PASSE! (*elle est présentée, acceptée, et vite oubliée*)

Le temps PASSE vite. (*s'écoule*)

A quoi PASSES-tu ton temps? (*Je PASSE beaucoup de temps à... to spend*)

Quand PASSES-tu ton examen?

Qu'est-ce qui SE PASSE? (*Qu'est-ce qui arrive?*)

Je suis en retard; tant pis! Je ME PASSERAI DE manger. (*Je ne mangerai pas*)
Qu'il fasse d'elle sa maîtresse, PASSE, mais sa femme, non! (*fam.*)
Nous ne nous PASSONS rien. (*fam.*) Chacun fait remarquer à l'autre les erreurs qu'il a faites.

Passé composé — Imparfait — Plus-que-parfait

Première remarque: Ne fais pas de confusion entre la forme active et la forme passive:

- Le film EST FAIT par un Anglais (présent — passif).
- Le type qui EST ÉTENDU sur le trottoir (présent — passif).
- Des trucs qui ONT ÉTÉ EMPLOYÉS auparavant (passé composé — passif).
- Si le film ÉTAIT TRANSFÉRÉ à Paris... (imparfait — passif).

Dans ce chapitre, nous n'étudions que la forme active.

Deuxième remarque: Je peux considérer une action passée de deux façons:
  1. le fait qu'elle existe.
  2. le fait qu'elle dure plus ou moins longtemps.

Dans le premier cas, j'emploierai en général le passé composé (J'ai attendu mon ami), dans le deuxième cas l'imparfait (J'attendais mon ami).

Mais le fait qu'une action dure longtemps n'est pas un critère suffisant pour utiliser l'imparfait: je peux m'intéresser simplement au fait que cette action, même longue, existe (J'ai attendu mon ami.).

Garde cette remarque en tête en lisant la suite.

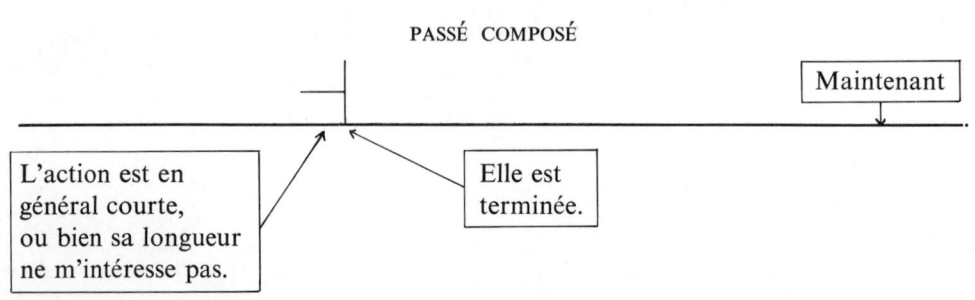

PASSÉ COMPOSÉ

| Maintenant |

L'action est en général courte, ou bien sa longueur ne m'intéresse pas.

Elle est terminée.

Dans tous les exemples suivants, observe bien quels mots sont placés *entre les deux parties du verbe*.

- Je ne SUIS jamais ALLÉ à New York.
- Ils s'y SONT PRÉCIPITÉS, les New Yorkais!
- Cette semaine, nous AVONS tous VU le même film.
- Un film qui A FAIT courir New York.

Dans les exemples suivants, il est certain que l'action dure, parfois assez longtemps, mais *ce qui nous intéresse, c'est seulement que cette action existe.*

- Ce film A MIS en valeur deux acteurs.
- Je n'AI pas tellement AIMÉ ce film.

- As-tu eu l'impression que...?
- Ça m'a beaucoup marqué.
- Tu as trouvé ça beau?
- Ce qui m'a plu d'abord, c'est...
- J'ai grandi dans l'admiration du cinéma américain.

IMPARFAIT

Maintenant

L'action dure longtemps.
Elle est en général *continue*.
Parfois, c'est un *état* continu.
Parfois, c'est une action qui
se répète souvent:.....

On ne sait rien du début
ni de la fin de l'action.
Elle n'est peut-être pas finie.

- Je ne m'attendais pas du tout à ça.
- C'était la réalité, et en même temps, c'était du cinéma.
- Les séances duraient plus de trois heures.
- Je voulais justement en parler.

Un cas particulier:
- Si on disait un mot du cinéma américain? *How about...*

Le P.C. et l'imparfait sont souvent employés dans la même phrase.
Dans les exemples suivants, essaie de bien sentir les rapports entre les deux actions:
- Au moment où la Nouvelle Vague s'amorçait, j'ai écrit un livre.
- J'ai eu le plaisir de voir Fernandel parler américain; c'était assez curieux.
- Pendant que Jean-Claude était au cinéma, je suis allé voir Nicole.
- Je commençais à comprendre le film quand la lumière s'est allumée.

PLUS-QUE-PARFAIT

P.C.   Maintenant

On ne sait rien du
début de l'action
(comme à l'imparfait).

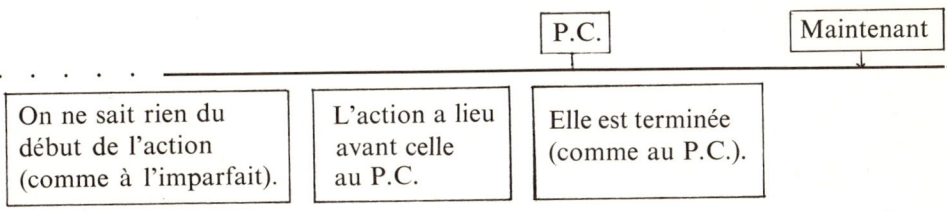

L'action a lieu
avant celle
au P.C.

Elle est terminée
(comme au P.C.).

Dans la même phrase, il y a donc en général deux verbes, l'un au P.C. et l'autre au plus-que-parfait:
- Le film nous a montré Dustin Hoffman, que nous avions déjà vu dans « Le Lauréat ».
- J'ai expliqué ça une fois à quelqu'un qui n'y avait jamais réfléchi.
- Tous les gens qui s'étaient essayés au court métrage ont réussi à faire de grands films et sont devenus des réalisateurs à part entière.

Un cas particulier: parfois le plus-que-parfait est employé seul. Dans ce cas, une autre action est en général sous-entendue... On ne l'exprime pas; mais on la garde en tête. On a alors l'impression d'un passé lointain.

- Vous nous AVIEZ DIT que...
  avant de voir le film.
- J'AVAIS COURU avec tout New York.
  avant de venir en France.
- Le système d'Hollywood AVAIT DONNÉ des résultats brillants.
  il y a bien des années déjà.

L'imparfait et le plus-que-parfait s'emploient enfin dans des phrases telles que:

1. Je SAIS QU'il TRAVAILLE jusqu'à six heures.

2. Hier, je SAVAIS QU'il TRAVAILLAIT jusqu'à six heures.

3. Hier, j'AI APPRIS QU'il AVAIT TRAVAILLÉ jusqu'à six heures dimanche dernier.

Dans les deux premiers cas, les deux actions (savoir — travailler) ont lieu en même temps:

1. toutes les deux aujourd'hui.

2. toutes les deux hier.

Dans le troisième cas, les deux actions ont lieu à des moments différents:

- apprendre: hier.
- travailler: dimanche dernier.

Règle: Si le verbe AVANT QUE est au passé (n'importe quel temps du passé) le verbe APRÈS QUE est, suivant le cas, à l'*imparfait* ou au *plus-que-parfait*. C'est ce qu'on appelle la règle de la *concordance des temps*.

VII

- Expressions idiomatiques — 329
- Il y A SERVICE et SERVICE — 330
- Il y A PARTI et PARTIE — 331
- S'occuper de / se soigner — 331
- Faux amis — 332
- Un petit dictionnaire des insultes — 332
- QUE et ses métamorphoses — 333

Joël

Expressions idiomatiques

1. Joël dort { COMME UN LOIR. (*fam.*)
   COMME UNE MARMOTTE. (*fam.*)
   COMME UNE SOUCHE. (*fam.*)

   La troisième expression correspond exactement à l'expression américaine.

2. Est-ce que les garçons METTENT LA MAIN À LA PÂTE? (*fam.*)
   La pâte, c'est le pain avant qu'il ne soit cuit (eau + farine). Donc, est-ce qu'ils participent au travail, à la préparation de la table pour le repas?

   Compare cette expression avec l'expression numéro 10.

3. On A ÉTÉ À DEUX DOIGTS DE se faire sortir (expulser) du cinéma. (*fam.*)
   Tout près de...

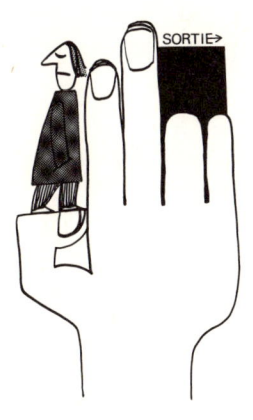

4. IL JOUE LE JEU.
   He is fair.
   C'EST PAS DU JEU! (*fam.*)
   Plus courant mais moins «correct» que: C'EST PAS DE JEU! *It's not fair!*

5. On essaie souvent de PRENDRE Joël EN TRAÎTRE.
   On ne joue pas le jeu. On se sert avec lui de procédés déloyaux.

6. PRENDS TA REVANCHE!
    Dans un jeu, de football par exemple: tu as perdu la première partie; essaie de gagner la seconde! Au sens général: venge-toi!

7. Les employés PROPREMENT DITS.
    Ceux qu'on peut vraiment appeler des *employés,* par opposition aux étudiants qui viennent les aider pendant les vacances. Attention: DITS s'accorde avec le sujet.
    Le contraire de AU SENS PROPRE, c'est: AU SENS FIGURÉ.   (figuratif)

8. PASSER DU COQ A L'ANE.

    Passer d'une chose à une autre très différente.

9. Le film A TENU L'AFFICHE pendant trois mois.
    Il a duré trois mois; on l'a joué pendant trois mois.

10. Joël — C'est maintenant qu'on va ME METTRE A TOUTES LES SAUCES, hein? (*fam.*)
    Qu'on va discuter ouvertement de la psychologie de Joël. Idée qu'il craint un peu cela...

Il y a *Service* et *Service*

Une banque a de nombreux SERVICES. Jean-Jacques travaille au SERVICE des virements.

Un agent de police n'a pas le droit de fumer pendant son SERVICE.

A la cantine, il y a trois SERVICES DE DÉJEUNER:
à 11^{h}30, à 12^{h}30 et à 13^{h}30.

Voici un SERVICE À DÉJEUNER.

IL FAIT SON SERVICE MILITAIRE.

On dit aussi simplement: IL FAIT SON SERVICE.

LE SERVICE D'ORDRE (*les agents de police*) n'a pas pu contenir la manifestation (*fam.: la manif.*)

Il aime RENDRE SERVICE (*sens général*).

Voulez-vous me RENDRE UN SERVICE?
to do me a favor. UN n'est pas obligatoire.

Au tennis, le premier qui lance la balle FAIT LE SERVICE à l'autre.

A VOTRE SERVICE!

Il y a *Parti, Partie* et « *Party* »

Le général (tu sais lequel!) n'aimait guère les PARTIS POLITIQUES. (masc.)

Entre l'avis de Joël et celui de Nicole, il faut PRENDRE PARTI.

IL EST DE PARTI PRIS : il a déjà PRIS PARTI avant de discuter de l'affaire.

Il sait TIRER PARTI DE tout, même de ses défauts. *Profiter de*

Joël était un peu PARTI. *Un peu ivre (fam.)*
J'en PRENDS MON PARTI. *Je m'y résigne.*

Je suis parti à la fin de LA première PARTIE de la discussion.

J'ai assisté à UNE PARTIE DE FOOTBALL (*game*). Pendant La première MI-TEMPS, le jeu était un peu terne. LA DEUXIEME MI-TEMPS a été plus animée. Au total, une belle PARTIE !

J'ai trouvé un travail À MI-TEMPS. *Quelques heures par jour.*

IL FAIT PARTIE DE ⎱ L'UDR. *Le* PARTI *gaulliste.*
IL EST MEMBRE DE ⎰

— *A party* —

Un thé dansant ⎱ chic
Un cocktail ⎰

Une soirée ⎱ un peu bourgeois
Une soirée dansante ⎰

Une surprise-partie ⎱
Une surboum (*fam.*) ⎱ jeune
Une boum (*pop.*) ⎰

S'occuper de / Se soigner

Carolle ne S'OCCUPE pas DE politique. (*ne s'intéresse pas à la politique*)

Je vais M'OCCUPER DE toi dans un instant.
Je SUIS À TOI tout de suite.
C'est la même chose. Remarque l'emploi du présent je suis, *avec l'idée de futur très proche.*

Je suis très OCCUPÉ ce matin.
La ligne téléphonique est OCCUPÉE.

(Ne) T'OCCUPE pas DE ça!
OCCUPE-TOI DE tes affaires!
OCCUPE-TOI DE tes oignons (prononce : *ognons*)! (*pop.*)

Pendant les vacances, Joël ne SE SOIGNE pas.

    a. quand il est malade, il ne fait rien pour guérir.

    b. il ne s'occupe pas de son apparence extérieure (*cheveux, habits,* etc...)

Mais il SOIGNE sa petite sœur quand elle est malade.

Et en général, il SOIGNE sa tenue (*sa façon de s'habiller*) : c'est un garçon SOIGNÉ (*c'est un résultat*).

Il apporte du SOIN à ce qu'il fait ; il est SOIGNEUX (*c'est une qualité*).

Faux amis

— SENSIBLE / SENTIMENTAL / COMPRÉHENSIF —

Joël est un garçon SENSIBLE (*sensitive*) ; il est facilement ému.

Il est SENSIBLE A l'opinion que ses amis ont de lui. Il a donc beaucoup de SENSIBILITÉ (fém.).

Il a mal à l'oreille droite ; il ne faut pas la toucher, car elle est très SENSIBLE !

A sensible decision. Une décision SAGE, RAISONNABLE.

Joël est SENTIMENTAL aussi ; il est SENSIBLE AUX sentiments tendres, à l'amour.

Il est très COMPRÉHENSIF ; il cherche à comprendre l'attitude de ses amis, même quand il ne l'approuve pas complètement.

A comprehensive study. Une étude COMPLÈTE, une étude d'ENSEMBLE.

Un petit dictionnaire des insultes

INSULTER / INJURIER quelqu'un = dire des { INSULTES / INJURES / GROS MOTS (*fam.*) } à quelqu'un

An injury = une blessure
To injure somebody = blesser quelqu'un

Une injure (une insulte, un gros mot) peutêtre une attitude, un procédé, mais c'est en général une parole.

Des gros mots a un sens un peu plus large : des injures, mais aussi n'importe quelle expression *grossière*.

Bien sûr, le petit vocabulaire suivant est fait pour te permettre de comprendre les insultes françaises, en aucun cas pour t'en servir...

Il est entendu que tous les adjectifs ci-dessous ont un caractère *familier*. Cependant, certains peuvent être utilisés dans la conversation *courante :*

Ce garçon est un imbécile, un idiot, un voyou, un goujat.

Les critères des insultes (*fam., pop.*) sont bien sûr en partie subjectifs. Le tableau ci-dessous n'est donc donné qu'à titre indicatif.

Les 8 adjectifs les plus courants,
du moins fort au plus fort.

Idée de bêtise	*Idée de méchanceté et de saleté*
1. imbécile	
2. idiot	
3. abruti (*fam.*)	6. voyou
4. crétin (*fam.*)	7. goujat
5. con (*pop.*)	8. salaud (*pop.*)

Les 5 principales façons de les employer

1. Le mot peut-être utilisé tout seul :

   Imbécile !

2. Pour rendre l'insulte plus forte :

   ESPÈCE DE + le mot.
   Espèce d'imbécile !

3. Pour rendre l'injure encore un peu plus forte :

   SALE + le mot.
   Sale crétin !
   Le plus courant : avec les nos 4 – 5 – 6.

4. Même force que le no 3 :

   SACRÉ + le mot.
   Sacré salaud !
   Le plus courant : avec les nos 5 et 8.

— Le mot *sacré,* suivi du nom d'une personne, est nettement plus gentil :

   Sacré Joël !
   Sacré Joël, va !

Tu dis des choses curieuses, mais je t'aime bien quand même.
— Autre sens de *sacré :*

   Ça fait un SACRÉ détour pour descendre sur la Côte d'Azur !
   Très grand, extraordinaire. Idée d'admiration ou d'indignation.

5. Pour atténuer légèrement l'insulte, en s'adressant *indirectement* à la personne :

   QUEL + le mot.
   Quel abruti !
   Courant avec les 8 adjectifs.

QUE CONJONCTION

On s'aperçoit QU'on *est* faible en maths.
On attend QUE le repas *soit* servi.

QUE introduit la deuxième partie de la phrase. Certains verbes (s'apercevoir) exigent l'indicatif après QUE. D'autres (attendre) exigent le subjonctif. Nous étudierons ces derniers au chapitre suivant.
QUAND il fait beau et QUE je suis de bonne humeur,...
S'il fait beau et QUE je suis de bonne humeur,...
COMME il faisait beau et QUE j'étais de bonne humeur,...
QUE évite de répéter les conjonctions QUAND, SI, COMME.
On peut les répéter, mais il est plus courant de les remplacer par QUE.
C'EST lui QUE je vois = Je le vois
IL Y A dix ans QUE je ne t'ai pas vu ⎫
VOILÀ dix ans QUE je ne t'ai pas vu ⎬ Je ne t'ai pas vu depuis dix ans
Ces tournures (*ces façons de parler*) sont très employées dans la conversation.
Carolle est venue PENDANT QUE tu n'étais pas là.

Son père secoue Joël POUR QU'il se réveille.

Certaines expressions formées avec QUE exigent le subjonctif (pour que). Nous les étudierons au chapitre suivant. D'autres (pendant que) exigent l'*indicatif.* Voici les plus intéressantes:

- Il a du mal à me réveiller PARCE QUE je dors comme un loir.
- Tu as grandi DEPUIS QUE je ne t'ai pas vu.
- Joël n'aime pas la ratatouille, { ALORS QUE / TANDIS QUE } Jean-Claude l'aime beaucoup.
- J'aime n'importe qui, DU MOMENT QU'on me fiche la paix!
- ÉTANT DONNÉ QUE
  ÉTANT ENTENDU QUE } je ne me lave pas beaucoup,...
- AU FUR ET À MESURE QUE les séances se sont déroulées, j'ai constaté que... (*idée de progression, d'une séance à l'autre*).

Que pronom relatif

a. C'est des gens QU'on a mis dans ma classe.

b. La ratatouille, QUE je n'aime pas beaucoup, est...

a. On a mis qui? *qu',* représentant *des gens.*

b. Je n'aime pas quoi? *que,* représentant *la ratatouille.*

QU'
QUE } est l'*objet direct* du verbe.

des gens
la ratatouille } est l'*antécédant* de *que.*

QUE peut donc représenter soit une personne, soit une chose.

Rappel:
- C'est des gens QUI sont venus me voir.
- La ratatouille, QUI est un plat provençal,...

QUI, représentant une personne ou une chose, est le sujet du verbe.

CE QUE

a. Je ne comprends pas CE QUE tu dis.

b. Il pense vraiment CE QU'il dit.

  CE QU'il dit, il le pense vraiment

c. La ratatouille, c'est CE QU'il y a de meilleur.

Quand l'antécédant de *que* est vague ou inexprimé (ou qu'on emploie la forme renforcée c.) on remplace *que* par CE QUE.

  CE QUE est l'objet direct du verbe *dire.*

Rappel: Je ne comprends pas CE QUI est arrivé.

  CE QUI, représentant quelque chose de vague, est le sujet du verbe.

  Un emploi de CE QUE particulier à la langue familière:

CE QUE ça peut être mauvais!

Dans ce cas, CE QUE exclamatif est beaucoup plus courant que QUE.

Que pronom interrogatif

Remarque I: Les formes des pronoms interrogatifs sont les mêmes que celles des pronoms relatifs (qui, que, lequel, duquel, etc...). Seul DONT n'est pas utilisé à la forme interrogative.

Remarque II: Le français familier oublie souvent EST-CE QUE au *début* de la phrase interrogative (relis la page 285), mais l'emploie souvent, au contraire, après *que*:

Forme courte: QUE feras-tu demain?
Forme longue: QU'EST-CE QUE tu feras demain?
Avantage: pas d'inversion.

QUE
QU'EST-CE QUE } est l'objet du verbe et représente une chose.

Retrouve cet exemple dans le tableau suivant:

	Sujet	Objet
Personne	QUI a dit ça? QUI EST-CE QUI a dit ça?	QUI Joël a-t-il rencontré? QUI EST-CE QUE Joël a rencontré?
Chose	(La forme courte n'existe pas) QU'EST-CE QUI a fait ce bruit?	QUE feras-tu demain?[1] QU'EST-CE QUE Joël fera demain?

Que devient *Quoi*

1. Après une préposition, quand la réponse espérée concernera probablement une chose:

    Forme courte: { À QUOI penses-tu?
    Forme longue: { À QUOI EST-CE QUE tu penses?
    { AVEC QUOI manges-tu?
    { AVEC QUOI EST-CE QUE tu manges?
    { DE QUOI parles-tu?
    { DE QUOI EST-CE QUE tu parles?

    Attention: { Une cuillère, c'est POUR QUOI faire? (pour faire quoi?)
    { POURQUOI faire tant de bruit? (pourquoi faites-vous tant de bruit?)

Deux emplois particuliers de *de quoi:*

On achète DE QUOI manger. Quelque chose pour manger.

J'ai dansé trois heures sans m'arrêter; je suis fatigué! IL Y A DE QUOI!
On a étudié Hugo pendant deux ans... IL Y AVAIT DE QUOI vous dégoûter de lui!
    C'est (c'était) une conséquence logique.

2. Dans la langue familière, pour remplacer QU'EST-CE QUE dans une question.

    QU'EST-CE QUE tu fais demain?   (*présent remplaçant le futur pour*
    Demain, tu fais QUOI?   *donner l'idée de futur proche*).

    QU'EST-CE QU'il y a DE nouveau?
    QUOI DE neuf?

---

[1] Cette forme n'est courante que si le sujet est un *pronom*.

QUOI permet d'éviter le verbe. *Neuf* remplace souvent nouveau dans la langue familière. L'expression est alors très proche de l'anglais (*What's new?*)

3. Pour faire répéter une phrase que tu n'as pas comprise (*fam.*): QUOI? Deux formules plus polies: — PARDON? — PLAIT-IL?

4. A la fin d'une phrase (idée de: *au total, en somme*).
   — Tu n'as rien compris, QUOI!

Que après une comparaison

1. *Le Comparatif*

Joël est { PLUS / AUSSI / MOINS } jeune QUE Nicole.

Joël a { PLUS / AUTANT / MOINS } d'argent QUE Nicole.

A la forme négative, on préfère les formes suivantes:
   Joël n'est PAS SI jeune QUE Nicole.
   Joël n'a PAS TANT d'argent QUE Nicole.

Certains adjectifs n'ont pas besoin de *plus* ni de *que* pour exprimer la comparaison. Les principaux:

Joël est { SUPÉRIEUR À / ÉGAL À / INFÉRIEUR À } Nicole.

Avec un nombre:

Joël a { PLUS / MOINS } { ~~que~~ / DE } dix francs en poche.

Mais Joël a dix francs { DE PLUS QUE / DE MOINS QUE } Nicole.

2. *Le Superlatif*

Joël est LE PLUS jeune { DU groupe / QUE je connaisse. (verbe toujours au subjonctif.)

Ne... Que

1. Je N'ai rencontré Martine QU'une fois.

2. J'ai rencontré Martine une fois SEULEMENT. (Remarque la place de *seulement*.)
   La forme 1. est la plus habituelle dans la langue courante.

VIII

- Expressions idiomatiques — 339
- Faux amis — 340
- Homonymes — 341
- Des noms qui ne sont pas des noms — 341
- Pas comme en anglais — 342
- Le subjonctif — I — 342

En danger de progrès

Expressions idiomatiques

1. Il faut qu'on puisse produire ce matériel À LA CHAÎNE, EN SÉRIE, COMME DES PETITS PAINS. (*fam.*)

2. Les problèmes d'industrialisation PRENNENT LE PAS SUR les problèmes scientifiques.
   Ils prennent plus d'importance que...

3. À LA LONGUE, il comprendra peut-être.
   Petit à petit, plus tard...

4. TOUT COMPTE FAIT (EN FIN DE COMPTE), je pense qu'il va comprendre.
   Tout bien considéré, au total... Voir aussi la page 370.

5. On a appliqué À TIRE-LARIGOT les principes de la chimie de synthèse. (*pop.*)
   Continuellement et en grande quantité.

6. Les industriels LÈVENT LES BRAS AU CIEL. (*fam.*)

7. Il faut COÛTE QUE COÛTE lutter contre la mort.
   A tout prix, à n'importe quel prix.

339

Faux amis

— PROCÈS / PROCÈS-VERBAL / PROCÉDURE / PROCESSUS / PROCÉDÉ —

Il a INTENTÉ (FAIT) UN PROCÈS à son propriétaire qui ne voulait pas faire réparer la salle de bains.
Il a GAGNÉ son PROCÈS.
Les marxistes FONT LE PROCÈS de la société capitaliste.

J'avais mis ma voiture à un endroit défendu. Au retour, j'ai trouvé UN P.V. (UN PROCÈS-VERBAL) sous l'essuie-glace.

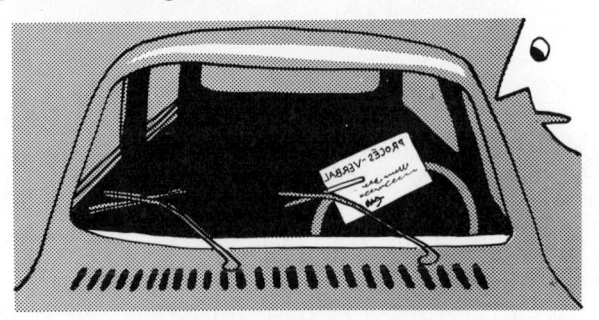

En France, LA PROCÉDURE de divorce est longue et difficile. *Terme légal.*

Les marxistes pensent que LE PROCESSUS de désintégration de la société capitaliste est très avancé.

LES PROCÉDÉS de fabrication de la fusée Apollo sont tenus secrets.
Je n'aime pas ce genre de PROCÉDÉS. *Cette façon d'agir.*

Proceed { Continue! Continuez!
         { Vas-y! Allez-y!

— ÉVENTUEL / ÉVENTUELLEMENT —

Le sens de l'*adjectif* est à peu près le même qu'en anglais.
Nous nous répartirons les bénéfices ÉVENTUELS.
Possibles, mais pas certains.

Le sens de l'*adverbe* est un peu différent:
ÉVENTUELLEMENT (S'IL Y A LIEU — LE CAS ÉCHÉANT), je pourrais te prêter la voiture.
- français: ce n'est pas certain.
- anglais (*eventually*): c'est certain, mais je ne sais pas quand.

— CARGO / CARGAISON —

UN CARGO est un bateau destiné au transport des marchandises.
LA CARGAISON est l'ensemble des marchandises transportées par un cargo.

Homonymes

POING / POINT

C'est un POING.   C'est un POINT.

Je n'en veux POINT (= pas — littéraire).
- Je refuse, UN POINT, C'EST TOUT!
- Je comprends votre POINT DE VUE.
- DU (AU) POINT DE VUE scientifique, cette théorie ne vaut rien.
- Essayons de FAIRE LE POINT.

      De voir où nous sommes *sur la carte*
      De voir où nous *en* sommes *dans une discussion*

- C'est mon dernier POINT: *la dernière partie de mon raisonnement.*
- L'orthographe est son POINT FAIBLE.
- Le professeur note sur 20: un devoir parfait vaut 20 POINTS. Il a décidé d'enlever 2 POINTS pour chaque grosse faute.
- Joe Frazier a battu Mohamed Ali AUX POINTS.
- Cette invention EST AU POINT: *parfaite, prête à être appliquée.*
- Je SUIS SUR LE POINT DE partir: *futur immédiat.*

partir

- Comment voulez-vous votre steak? À POINT. *Well done.*

Des noms qui ne sont pas des noms

Il arrive qu'au lieu de précéder un nom, un article précède un mot, ou une expression, d'une autre sorte:

- Je ne comprends pas LE POURQUOI de ton attitude.
- C'était UN RIEN (UN PETIT RIEN), mais ça a suffi à le mettre en colère.

- C'est PAS LE TOUT DE parler français; encore faut-il comprendre ce qu'on dit! (*fam.*)
- Je me moque DU QU'EN DIRA-T-ON! (*fam.*)
  Ce que disent les gens m'est égal
- C'est DU JE M'EN FOUTISME. Voir page 363.

Pas comme en anglais!

Tu me $\begin{Bmatrix} \text{fais} \\ \text{RENDS} \end{Bmatrix}$ nerveux.

Avant un *adjectif*, on n'emploie *pas* le verbe *faire*, on emploie le verbe *rendre*. Le sens habituel de ce verbe:

RENDS-MOI mon livre!
Ce disque coûte trente cinq francs. J'ai donné quarante francs. La vendeuse m'a RENDU cinq francs.

Le subjonctif

Le subjonctif a mauvaise réputation. L'une des raisons en est que les étudiants comprennent mal sa place et sa fonction à l'intérieur de la grande catégorie du *verbe*. Tu trouveras donc ici une vue d'ensemble des problèmes du verbe. Une chose importante: bien comprendre la différence entre *un mode* et *un temps*.

- Les *modes* sont les différentes *manières* de concevoir et de présenter une action exprimée par le verbe.

Modes personnels

INDICATIF	Action réelle
	Joël EST un bon étudiant.
CONDITIONNEL	Action éventuelle, ou dépendant d'une condition.
	Si Joël travaillait plus, il SERAIT un bon étudiant.
IMPÉRATIF	Ordre.
	TRAVAILLE!
SUBJONCTIF	«qui présente l'action comme simplement envisagée dans la pensée, avec un certain élan de l'âme» — Définition du grammairien M. Grévisse.
	Je voudrais que tu TRAVAILLES.

Modes impersonnels

INFINITIF
PARTICIPE

- Les *temps* sont les différentes *formes* que prend le verbe pour indiquer *quand* a lieu l'action. Chaque *mode* possède plusieurs *temps*.

	Présent :	Il travaille.
	Imparfait :	Il travaillait.
	Passé simple :	Il travailla.
	Passé composé :	Il a travaillé.
	Plus-que-parfait :	Il avait travaillé.
INDICATIF	*Passé antérieur :*	Il eut travaillé (rare).
10	*Futur simple :*	Il travaillera.
	Futur antérieur :	Il aura travaillé.
	Futur du passé :	(Mêmes formes que le condit. présent)
	Futur antérieur du passé :	(Mêmes formes que le condit. passé)
CONDITIONNEL	*Présent :*	Il travaillerait.
2	*Passé :*	Il aurait travaillé.
IMPÉRATIF	*Présent :*	Travaille !
2	*Passé :*	Aie travaillé ! (rare)
	Présent :	qu'il travaille
SUBJONCTIF	*Imparfait :*	qu'il travaillât (rare)
4	*Passé :*	qu'il ait travaillé
	Plus-que-parfait :	qu'il eût travaillé (rare)
	Présent :	travailler
INFINITIF	*Passé :*	avoir travaillé
3	*Futur :*	devoir travailler (rare)
	Présent :	travaillant
PARTICIPE	*Passé :*	ayant travaillé
3	*Futur :*	devant travailler (rare)

Les temps peuvent être *simples* ou *composés*

TEMPS SIMPLES { Il travaille / Il se lève

TEMPS COMPOSÉS { Il a travaillé / Il s'est levé

Tu as maintenant tous les éléments pour bien comprendre le subjonctif :

- Le subjonctif est un *mode personnel*, qui possède *quatre temps*, deux *temps simples* et deux *temps composés*. L'imparfait et le plus-que-parfait du subjonctif sont des temps *littéraires*, qu'il faut savoir *reconnaître*. Le présent et le passé du subjonctif sont des temps *vivants*, qu'il faut savoir *employer*. C'est eux seuls que nous étudierons ici.

— QUAND FAUT-IL EMPLOYER LE SUBJONCTIF? —

Deux conditions sont nécessaires pour employer le subjonctif:

1. la présence de certains verbes ou de certaines conjonctions exigeant le subjonctif. Nous allons les étudier en détail.

2. que le sujet des deux verbes soit différent:

                Joël veut que Nicole aille avec lui.

                Joël veut qu'il aille chez lui. / aller chez lui.

— QUAND FAUT-IL EMPLOYER LE SUBJONCTIF — PRÉSENT ET QUAND LE SUBJONCTIF PASSÉ?

Pose-toi la question: « La *deuxième* action a-t-elle lieu *avant la première?* »
                Oui? Subjonctif passé.
                Non? Subjonctif présent.

Oui: Je suis content (maintenant) que vous AYEZ PU venir (hier).

Non: Je suis content (maintenant) que vous SOYEZ là (maintenant).

Non: Je suis content (maintenant) que vous PUISSIEZ venir (demain).

Subjonctif après certains verbes

Tout dépend du *sens* du verbe. Voici les quatre principales catégories:

    1. OBLIGATION — VOLONTÉ (positifs ou négatifs)

Impersonnels
- a. Il est nécessaire que tu viennes.
- b. Il faut que tu viennes.
- a. Il n'est pas nécessaire que tu viennes. (*forme négat.*)
- b. Tu n'as pas besoin de venir (*id.*)

La forme b. est la plus courante dans les deux cas.

                Il ne faut pas que tu viennes *veut dire:* Tu ne dois pas venir.
                Il t'est interdit de venir.

Personnels
- Je veux que
- J'ordonne que
- Je demande que
- Je souhaite que
- J'exige que
- Je défends que
- J'empêche que
- Je permets que

2. OPINION NÉGATIVE OU INCERTAINE

		Pas de subjonctif :
Impersonnels	Il n'est pas vrai que Il n'est pas sûr que Il n'est pas certain que Il est improbable que Il est impossible que Il n'est pas impossible que Il est possible que Il se peut que Il semble que	Il est vrai que Il est sûr que Il est certain que Il est probable que Il est évident que Il me semble que
Personnels	Je ne pense pas que Je ne crois pas que Je ne suis pas sûr que Je ne suis pas certain que Je doute que	Je pense que Je crois que Je suis sûr que Je suis certain que Je me doute que J'espère que

Cette catégorie de verbes est la plus difficile pour les étudiants parce que le degré d'incertitude d'une phrase n'est pas toujours clair; c'est une question de jugement, et aussi d'usage. Exemples :

- *Il semble que* (pas certain) : subjonctif.
  Il me semble que a une connotation plus positive (je suis presque sûr) : indicatif.
- *Je doute que* (j'ai des doutes) : subjonctif.
  Je me doute que (je suis presque sûr) : indicatif.
- *Il est probable que* (presque sûr) : indicatif.
  J'espère que (je fais comme si la chose était sûre) : indicatif.
- *Je ne suis pas sûr* que nous *partions* (j'insiste sur l'incertitude) : subjonctif.
  Je ne suis pas sûr que nous *partirons* (j'insiste sur la réalité de l'action de partir) : indicatif.
- *Est-il sûr que* nous *partions?* (je ne suis pas sûr de la réponse; je voudrais savoir) : subjonctif.
  Est-il sûr que nous *partirons?* (je m'intéresse avant tout à l'action de partir) : indicatif.

Conclusion : avec certains verbes, on emploie *généralement* le subjonctif, mais l'indicatif est possible pour indiquer une certaine nuance de pensée.

Rappel de ces verbes, qui sont tous à la forme négative :

Il n'est pas vrai que
Il n'est pas sûr que
Il n'est pas certain que
Je ne suis pas sûr que

> Je ne suis pas certain que
> Je ne crois pas que
> Je ne pense pas que

3. SENTIMENT — « MOUVEMENT DE L'ÂME » (positifs ou négatifs)

Impersonnels
- Il est heureux que
- Il est temps que
- Il est regrettable que
- Il est urgent que
- Il est (c'est) dommage que

Personnels
- Je suis heureux que
- Je regrette que
- Je m'étonne que
- Je me réjouis que

Les verbes exprimant une opinion (section 2) et ceux exprimant un sentiment (la présente section) se ressemblent beaucoup. Je ne les ai séparés que parce que les verbes de sentiment, contrairement aux verbes d'opinion, ne présentent pas de difficulté spéciale.

4. BUT — CONSÉQUENCE

> Je cherche un médecin qui *sache* jouer de la trompette.
> Je cherche un médecin qui *sait* jouer de la trompette.

Même observation que pour la section 2: un verbe comme *chercher* exige en général le subjonctif (je n'ai pas encore trouvé: je suis dans l'incertitude), sauf si je veux insister sur le fait de savoir jouer de la trompette plutôt que sur le fait de chercher: dans ce cas je mets l'indicatif.

IX

- Expressions idiomatiques 349
- Synonymes — Nuances 350
- Faux amis 351
- Singulier — Pluriel 351
- Subjonctif — II 352

L'Amour et la vie

Expressions idiomatiques

1. On A FAIT LES QUATRE CENTS COUPS ENSEMBLE. (*fam.*)
   Nicole et ses deux frères ont fait ensemble toutes sortes de petites choses défendues par leurs parents. *Les quatre cents coups:* titre d'un film de Truffaut.

2. Une complicité À VIDE, le clin d'œil pour le clin d'œil.

   Les deux amis ne sont complices à propos de rien de précis; ils se sentent complices du seul fait qu'ils se parlent.
   Le moteur d'une voiture tourne À VIDE: n'entraîne pas les roues.
   Il raisonne À VIDE: sans effet utile.

3. On disait *vous* aux garçons PENDANT UN TEMPS FOU avant de leur dire *tu*. (*fam.*)
   Pendant un temps très long.

4. Autrefois le mariage était une espèce de VENTE AUX ENCHÈRES de la jeune fille.

   —Monsieur, prenez ma fille: elle sait coudre, faire le ménage, faire la cuisine!
   —Monsieur, prenez plutôt la mienne: elle sait faire tout ça et, de plus, elle est muette.
   —Pas d'hésitation, c'est celle-là que je prends!
   Au sens propre: un acheteur offre une certaine somme d'argent, un autre une somme plus forte, etc... Chacun fait une SURENCHÈRE pour obtenir une chose dont il a très envie.

5. Aujourd'hui, c'est la jeunesse qui MÈNE LE BAL.
   Qui décide elle-même en ce qui concerne les habits qu'elle porte, la musique qu'elle aime, etc...

6. A la maison, on ne disait jamais que ma sœur était ENCEINTE, on disait qu'elle ATTENDAIT UN BÉBÉ...

La première expression, médicalement exacte, ne paraissait pas assez « décente »...

Synonymes — Nuances

— GOSSE / GAMIN / MÔME —

UN GOSSE (*fam.*)   UNE GOSSE
UN GAMIN (*fam.*)   UNE GAMINE
UN MÔME (*pop.*)   UNE MÔME

Quand j'étais { gosse... / gamin... / môme... } (*Attention: pas d'article.*)

LA MÔME PIAF (*pop.*): Edith Piaf, qui était très petite. Connotation affectueuse.

— DISCUSSION / DISPUTE / BAGARRE —

LA DISCUSSION (sérieuse) s'est transformée en DISPUTE (paroles violentes) puis en BAGARRE (échange de coups).

- Il n'y a pas moyen de DISCUTER avec lui: il a trop de préjugés.
- Les gamins se sont mis à (ont commencé à) SE DISPUTER pour savoir qui allait manger la seule pomme qui restait.
- Joël a pensé: { ÇA VA CHAUFFER! (*fam.*) / ÇA VA BARDER! (*pop.*) }
            Il va y avoir de la violence
- En effet, au bout de quelques minutes, les mômes se sont mis à SE BAGARRER (*fam.*) et LA BAGARRE est vite devenue générale.

Trois termes plus « *nobles* »:

LA BATAILLE
LA LUTTE } s'est engagé(e) (a commencé) entre les deux armées.
LE COMBAT

Faux amis

— CONFIANCE / CONFIDENCE / *Confidence* —

- Parce que J'AI CONFIANCE EN toi, je vais te FAIRE UNE CONFIDENCE: je crois que Joël est un peu amoureux de Nicole.
- Dans *Phèdre* de Racine, Œnone est LA CONFIDENTE de Phèdre.

— ÉDITEUR / *Editor* —

- L'ÉDITEUR de ce livre est *Macmillan*. Ce livre EST ÉDITÉ (PUBLIÉ) par *Macmillan*.
- Dans UNE REVUE (*magazine*) HEBDOMADAIRE (qui PARAÎT toutes les semaines) ou MENSUELLE (qui paraît tous les mois), aussi bien que dans UN QUOTIDIEN (un JOURNAL qui paraît tous les jours), le responsable est, en principe, LE RÉDACTEUR EN CHEF (*editor*).
- Dans un grand hebdomadaire comme *l'Express* par exemple, on trouve:
  - UN DIRECTEUR (qui est en fait une directrice)
  - UN RÉDACTEUR EN CHEF et ses ADJOINTS
  - DES CHEFS DE SECTIONS (ou de RUBRIQUES) (la rubrique cinéma, la rubrique politique, etc...)
  - DES CHEFS D'ENQUÊTES
  - DES RÉDACTEURS
  - DES SECRÉTAIRES DE RÉDACTION

— BLAGUE (*fam.*) / BLAGUE —

- Joël et sa sœur FAISAIENT souvent DES BLAGUES (fém.) ensemble: des petites farces (*tricks*) à leurs copains.
- Joël aime bien RACONTER DES BLAGUES: des histoires, des plaisanteries.
- Joël — Je suis amoureux.
  Ray — SANS BLAGUE! (Incrédulité, ironie)
  Toutes ces expressions sont familières.
- Joël BOURRE sa pipe après avoir pris du tabac dans SA BLAGUE À TABAC.

Singulier — Pluriel

LA VIE DES ÉTUDIANTS français n'est pas toujours facile.
LA BARBE DES HIPPIES est souvent longue.
Chacun a une seule vie, une seule barbe...
LES CHEVEUX DES HIPPIES sont souvent longs.
Pourquoi LES CHEVEUX? Parce que l'équivalent de *hair* est toujours pluriel.
L'équivalent de *hairs:* LES POILS.
Tu connais déjà: Il est DE MAUVAIS POIL.
Il est À POIL (*pop.*): nu.

Subjonctif après certaines conjonctions

Exemple de conjonction: *avant que*. Certaines grammaires l'appellent *locution conjonctive*, parce qu'elle est formée de plus d'un mot.

Compare les deux phrases suivantes:

IL FAUT QUE NICOLE PARTE.

C'est le type que nous avons étudié au chapitre précédent.
Il faut ne peut pas être employé tout seul. Pour qu'il y ait un sens, la phrase doit continuer.

J'IRAI VOIR NICOLE / AVANT QU'ELLE PARTE.

C'est le type que nous allons étudier maintenant.
J'irai voir Nicole est une phrase complète. Mais si je veux indiquer *dans quelles circonstances* j'irai voir Nicole, je peux ajouter: *avant qu'elle parte*, ou *pour qu'elle m'embrasse*.

BEAUCOUP DE CONJONCTIONS EXIGENT LE SUBJONCTIF, MAIS PAS TOUTES

- Pour employer le subjonctif après les conjonctions dont tu vas trouver la liste, il faut aussi que le sujet des deux verbes soit différent:
    J'irai voir Nicole avant qu'ELLE parte.
    J'irai voir Nicole avant DE partir.
  Dans ce deuxième cas, c'est moi qui *vais* et c'est également moi qui *pars*.
- Le *ne explétif*, employé parfois dans la langue courante après certaines conjonctions (avant que, de peur que, etc...), est totalement oublié dans la langue familière.
- Dans la liste ci-dessous, tu trouveras seulement les conjonctions employées (avec une fréquence différente cependant) à la fois dans la langue courante et dans la langue familière. Il y en a quelques autres (*de crainte que*, par exemple) que même la langue courante abandonne de plus en plus.

I.   TEMPS   Pas de subjonctif
— Avant que   — Aussitôt que
— En attendant que   — Depuis que
— Jusqu'à ce que   — Après que
                                — Quand
                                — Dès que
                                — Pendant que
                                — Tant que
                                — Alors que

II.   BUT
— Pour que

III.   MANIÈRE
— Sans que
— De peur que
— Assez pour que
— Suffisamment pour que
— Trop pour que
— Trop peu pour que
— De façon que

<u>Pas de subjonctif</u>
— Parce que
— Puisque (*Since*)
— Vu que (*Since*)
— Etant donné que (*Since*)
— Du fait que (*Since*)
— Attendu que (*Since*)
— D'autant plus que (*All the more because*)
— A mesure que
— Au fur et à mesure que

IV.   OPPOSITION
— Bien que
— Quoique

V.   CONDITION
— A condition que
— A moins que
— En admettant que
— Pourvu que
— A supposer que

X

- Expressions idiomatiques 357
- Ne pas confondre 357
- Trois verbes 358
- Équivalences 359
- Adverbe 359

Carolle

Expressions idiomatiques

1. Dans le métro, six heures et quart, c'est l'HEURE DE POINTE.
    L'heure où il y a le plus de monde.

2. Tu ATTACHES DE L'IMPORTANCE aux repas?
    Tu les considères comme importants?

3. Je n'AI pas LES MOYENS DE me payer une voiture.
    Pas assez d'argent pour...

4. Sur certains sujets, Carolle A / A PRIS } DES POSITIONS EN FLÈCHE.
    Des positions très audacieuses.

5. Carolle n'a pas l'air de SE PRENDRE AU JEU.
    Elle est réservée; elle ne semble pas s'intégrer totalement à la situation présente. Voir page 370.

6. Ces filles travaillent ensemble à LONGUEUR D'ANNÉE. (*fam.*)
    Toute l'année. Façon d'insister fortement sur le caractère continu de leurs relations.
    Elle répète la même chose à LONGUEUR DE JOURNÉE. (*fam.*)
    Constamment, toute la journée, TOUTE LA SAINTE JOURNÉE! (*fam.*)

7. Elles se disent des *Mademoiselle* LONG (ou GROS) COMME LE BRAS. (*fam.*)
    Au lieu de s'appeler par leurs prénoms (Claudine, Régine, etc...), elles continuent à s'appeler *Mademoiselle*. Idée de désapprobation: «Cette façon de faire est ridicule!»

Ne pas confondre!

— CONFONDRE / *Confused* —

JE CONFONDS } le rêve avec la réalité. (je prends, j'ai pris l'un pour l'autre.)
J'AI CONFONDU }

JE SUIS PERDU.
JE M'Y PERDS.
J'Y PERDS MON LATIN (*fam.*) } *I am confused.*
JE N'Y COMPRENDS PLUS RIEN.
JE NAGE COMPLÈTEMENT (*fam.*)
J'Y PIGE QUE DALLE. (*pop.*)

— TOUT COMPRIS —

— Je viens d'écouter un disque de Montand.
— Tu as TOUT COMPRIS?

Menu: vingt francs TOUT COMPRIS (SERVICE COMPRIS; pas de POURBOIRE à donner).
Cet appartement: mille francs par mois TOUT COMPRIS (gaz, électricité, etc...).

— PRÊTER / EMPRUNTER —

Je n'ai pas assez d'argent pour finir la semaine. Je vais être obligé D'EMPRUNTER de l'argent... Peux-tu me PRÊTER cinquante francs?
Carolle va souvent au cinéma parce que le quartier S'Y PRÊTE. (C'est facile; il y a beaucoup de cinémas dans le quartier.)
Pour SE PRÊTER à cela, il faut avoir perdu tout sens moral. (accepter cela.)

Trois verbes

— TOMBER —

- Le principe du judo: FAIRE TOMBER l'adversaire sans tomber soi-même.
- A moins de TOMBER (*descendre*) dans l'univers des comédies musicales...
- Peux-tu me prêter cinquante francs?
    ÇA TOMBE BIEN! ⎫
    TU TOMBES BIEN! ⎭ Je viens de toucher mon argent de poche.

    ÇA TOMBE MAL! ⎫
    TU TOMBES MAL! ⎭ Je viens de perdre mon portefeuille.
- Une situation délicate: juste avant l'heure du rendez-vous avec sa maîtresse, il est TOMBÉ sur sa femme. (*Il l'a rencontrée par hasard.*)
- Une autre situation délicate: sa femme vient de le LAISSER TOMBER. (*abondonner*) (*fam.*)
- LAISSE TOMBER! (*fam.*) (*Pour terminer une discussion. Se dit en général avec mauvaise humeur.*)

— CREVER —

- JE SUIS CREVÉ! (*très fatigué, complètement épuisé.*) (*fam.*)
    Une vision pénible: un CHIEN CREVÉ (*mort*) couvert de mouches.
    Je le déteste; je voudrais QU'IL CRÈVE! (*pop.*)
- J'ai eu l'occasion de parler longuement avec Carolle le jour où
    VOUS AVEZ CREVÉ.
    VOUS AVEZ EU UN PNEU CREVÉ.

— TENIR —

- Je le TIENS; il ne pourra pas s'échapper!
    JE TIENS LE BON BOUT! (*fam.*) Je suis content: j'ai presque fini ce que je suis en train de faire.

La maman: TIENS-TOI BIEN! Ne mets pas tes coudes sur la table!

- Il TIENT beaucoup à elle.
  JE TIENS absolument à vous accompagner.
  SI VOUS Y TENEZ... (*Sentiment très fort: amour, désir, volonté*)
  ÇA TIENT à ma formation de cinéma.
  ÇA TIENT à ce qu'il est mieux informé que moi. (*L'explication, la raison, c'est...*)
  La *pop music*, ÇA TIENT DU classique et DU jazz.
  La navette spatiale, ÇA TIENT DE l'avion. (*Elle a certains caractères communs avec...*)
  SE TENIR DE PRÈS Voir *page 365*.

Équivalences

— *Supposed* / CENSÉ —

- Le plan est parfaitement au point: JE DOIS / JE SUIS CENSÉ arriver à midi, et ensuite...

- Le plan a échoué! JE DEVAIS / J'ÉTAIS CENSÉ arriver à midi, mais je ne me suis pas réveillé...

Remarque que, dans ce sens, le verbe *devoir* s'emploie à l'imparfait, jamais au passé composé.

- En général, on vouvoie une personne qu'on respecte... ou qu'on EST CENSÉ respecter.

— *Any* / QUELCONQUE —

- Je n'aime pas te voir sans rien faire. Prends UN LIVRE QUELCONQUE! (*n'importe lequel*). Lis!
- ELLE EST TRÈS QUELCONQUE: pas jolie, pas vraiment laide; comme tout le monde.

L'Adverbe se place après le verbe

1. Avec un verbe à *temps simple,* l'adverbe se place *toujours* APRÈS LE VERBE.
   - Je PRENDS TOUJOURS mon thé sans sucre.
   - Tu ne PARLES pas ASSEZ FORT.

2. Avec un verbe à *temps composé,* l'adverbe se place *en général* APRÈS LE VERBE. (Le placer entre les deux parties du verbe peut permettre certains effets de style, mais ne le fais que dans des cas spéciaux).
- J'AVAIS AIMÉ ÉNORMÉMENT ce film
- Ça S'EST PASSÉ AUTREFOIS.

Cependant, les adverbes suivants se placent *en général* ENTRE LES DEUX PARTIES DU VERBE. (Ne les place après le verbe que dans des cas très spéciaux).

bien	vite	souvent
mieux	assez	toujours
mal	trop	jamais
déjà	moins	vraiment

- Je vous L'AI DÉJÀ DIT.
- Je N'AI JAMAIS PU faire la différence.
- Je N'AVAIS VRAIMENT pas COMPRIS.
- Elle EST SOUVENT VENUE ici.

XI

- Expressions idiomatiques   363
- Fichu — Foutu   363
- RE   364
- Fou   364
- Rapidité   364
- Manque d'espace   365
- Le Français est débrouillard   365

Une France multiple

Expressions idiomatiques

1. Le premier, c'est un thème de TRAITE DES BLANCHES.
    La prostitution des jeunes filles blanches emmenées contre leur volonté, dit la légende, dans certains pays du Moyen-Orient.

2. Le juif est pris comme BOUC ÉMISSAIRE.
    Celui qui est donné comme responsable de toutes les fautes.
    En français, le mâle: le bouc.
    En anglais, la femelle: la chèvre.

3. Il n'y a PAS DE FUMÉE SANS FEU. (*fam.*)
    Pas de conséquence sans cause.

Fichu / S'en ficher / foutu / S'en foutre

Fichu et les mots de la même famille font partie du langage *familier*.
Foutu et les mots de la même famille font partie du langage *populaire*.

1. • Ce magnétophone est {FICHU} Il est abîmé.
    {FOUTU} Il ne marche plus

   • Si on refuse de pleurer à un film, on est {FICHU! / FOUTU!}
    (Ça n'est pas la peine de continuer; c'est comme si on était mort!)

   • Si l'homme s'ennuie en analysant les problèmes, alors c'est {FICHU! / FOUTU!}
    (Pourquoi *c'est*? Tout, le fait de vivre...)

2. • *Eldorado* est un film vraiment BIEN {FICHU. / FOUTU.} (fait)

   • Des hommes assez MAL {FICHUS. / FOUTUS.} (le contraire de bien bâtis, bien baraqués).

    Un sens spécial:
    — Aujourd'hui, je suis MAL {FICHU. / FOUTU.}
    (Je ne me sens pas très bien; je suis un peu malade.)

3. JE M'EN {FICHE! / FOUS!}

    ON S'EN {FICHE royalement! / FOUT éperdument!} (Ça nous est complètement égal)

4. Expression idiomatique:
    FICHE EN L'AIR Voir page 321.

5. Employé comme nom:
    Une sorte de JE M'EN FOUTISME Voir page 289.

6. NOTRE FOUTUE planète (*pop.*) *Our d... planet.*

7. Ne pas confondre :

        une fiche
        un fichier
        le fichier central

RE

- Souvent, mais pas toujours, un verbe commençant par *re* signifie : faire quelque chose *encore une fois, de nouveau*.
- Parfois *re* peut devenir *ré* ou simplement *r*. Voici quelques exemples :
  - Il faut faire deux changements pour RETOMBER sur sa ligne.
  - Le rasoir… On le dévisse, et après, on le REVISSE.
  - On REMET en cause le principe de la gratuité de l'enseignement.
  - Si je suis collé à mon examen, je n'aurais plus qu'à le REPASSER.
  - Il faudrait RAPPELER d'abord que…
  - La navette spatiale atterrit à l'horizontale et REDÉCOLLE à la verticale.
  - On oublie son enfance, et puis elle REVIENT, elle se RÉINSTALLE.
  - Je crois que la Sorbonne est la faculté la plus REPEINTE de France.

Fou

1. - On disait *vous* aux garçons PENDANT UN TEMPS FOU. Voir page 211.
   - Le musicien Tony Scott a UN TEMPÉRAMENT FOU. Voir page 107.
   - Les vieux usages disparaissent À UNE VITESSE FOLLE.

                (À TOUTE VITESSE)

2. - C'EST FOU ce qu'elle est jolie !

                C'est extraordinaire.

3. - Il est FOU ⎱ D'ELLE (*crazy about…*).
             ⎰ DE JOIE (*filled with…*).

4. En voyant Martine déguisée en petite fille, son ami

        A EU
        A PRIS   LE FOU RIRE.
        A ATTRAPÉ

Il ne pouvait plus s'arrêter de rire.

Rapidité

- Le matin, les gens SE PRESSENT toujours.

                Ils se dépêchent.

- Entre quatre et six, on peut SE PRÉCIPITER pour aller voir un film.

                Se dépêcher énormément, courir.

- JE M'EMPRESSE DE dire qu'elle est charmante.

                Je me dépêche. En général au sens figuré.

Manque d'espace

- Dans le métro, il y a des gens qui SE PRESSENT les uns contres les autres.
Se serrent fortement.
L'expression « les uns contre les autres » aide à préciser le sens. Sans elle, comment décider entre l'idée de rapidité et celle d'espace? Par le contexte.
- Dans une petite salle, on SE SERRAIT À soixante.
Soixante personnes se serraient les unes contre les autres.
- Les candidats SE TIENNENT DE PRÈS.
Leurs notes sont très près l'une de l'autre. En général au sens figuré.

Le Français est débrouillard

À un examen
- Quand on PASSE un examen, c'est en général avec l'espoir de RÉUSSIR.

Dans la vie, quand une difficulté se présente:

— SE DÉBROUILLER / S'ARRANGER —
Souvent à l'impératif.

- Voilà de l'argent: DÉBROUILLE-TOI avec!
- Si quelqu'un n'a pas d'argent, on S'ARRANGE toujours.

En cas de difficulté sérieuse:

— S'EN SORTIR / S'EN TIRER —

- Jean-Claude est astucieux: même dans les domaines où il est moins bien documenté, il S'EN TIRE toujours.
- J'espère qu'il va S'EN SORTIR! Voir page 63.

Le résultat:

— ABOUTIR À / DÉBOUCHER SUR —

- Aller quelque part où l'on sait qu'on ABOUTIRA automatiquement, c'est pas drôle!
- Partir d'une idée et ABOUTIR À une autre...
- On se réunit pour des buts universitaires, et puis on DÉBOUCHE SUR des buts politiques.
- Les DÉBOUCHÉS professionnels (les professions, qui sont la suite et le resultat des études).

XII

- Expressions idiomatiques 369
- Le prix de la vie 369
- Jeu — Jouer 370
- Mettre — Commencer 370

Abby et Steve

Expressions idiomatiques

1. On détruit la Tour Eiffel ? Non, À LA RIGUEUR, on peut la garder.
   Si ça vous fait vraiment plaisir.

2. J'aime les conversations À BÂTONS ROMPUS.
   Où l'on change de sujet à tout moment.

3. — Nicole te plait ? — Non, ELLE N'EST PAS MON GENRE.
   Elle ne correspond pas au type de fille que j'aime.

4. Le Grand Palais est { DRÔLEMENT / VACHEMENT } moche.
   Très, extrêmement.
   Drôlement est du langage *familier*.
   Vachement est du langage *populaire*.

A la rigueur est une expression du langage *courant*; elle est même légèrement littéraire. Il vaut donc mieux ne pas l'employer avec une expression *familière*, et il ne faut l'employer en aucun cas avec une expression du langage *populaire* :

Je ne prends jamais de pain le matin ; *à la rigueur* je prends un croissant,

  parce que je l'aime beaucoup.   *Oui*
  parce que je l'aime drôlement.   *???*
  parce que je l'aime vachement.   *Non!*

Je suis très content d'apprendre ton mariage. *Oui*
____ drôlement _____ ton ____. *Oui*
____ vachement _____ ton ____. *Oui*
____ drôlement _____ votre ____. *???*
____ vachement _____ votre ____. *Non!*

Le prix de la vie

1. Ces vins-là { COÛTENT CHER. / sont BON MARCHÉ. }

- *Cher* et *bon marché* sont ici des adverbes : pas de *s*.
- *Bon marché* s'emploie presque toujours avec le verbe *être*.

  Ces vins-là { coûtent ~~bon~~ marché. / SONT CHERS. }

- *Chers* est un adjectif : accord avec le sujet.

2. Ça REVIENT À 20.000 francs. Ça coûte...

3. Il faut COÛTE QUE COÛTE lutter contre la mort. (Voir page 186.)

4. La télévision est un moyen de voir des films À BON COMPTE.
Idée un peu moins « matérielle » qu'*à bon marché*.
Tu COMPTES continuer tes études ? Tu penses ? Tu espères ?

TOUT COMPTE FAIT,
EN FIN DE COMPTE, } je pense qu'il va comprendre. (Voir page 339.)

5. Le COÛT DE LA VIE est très élevé en France.

6. Il m'a donné un COUP DE PIED.

Le COUP DES CARTES. (*fam.*) Voir page 243.

On a FAIT LES QUATRE CENT COUPS ensemble. (*fam.*) Voir page 349.
Tu te sens un peu EN DEHORS DU COUP, (*fam.*) Voir page 111.

7. Elle a un joli cou.

Jeu / Jouer

1. • Joël JOUE LE JEU.
   • C'EST PAS DU JEU! (C'EST PAS DE JEU!) Voir page 329.
   • Carolle n'a pas l'air de SE PRENDRE AU JEU. Voir page 357.
   • BIEN JOUÉ, Joël! (sens propre et sens figuré).

2. • C'est Jon Voigt qui JOUE LE RÔLE du cowboy dans *Midnight Cowboy*.
   • Ce qui A JOUÉ, c'est une sorte de logique de l'inconscient.
      (Le mécanisme qui s'est mis en marche, les éléments qui sont intervenus).

Mettre

1. Est-ce que les garçons METTENT LA MAIN À LA PÂTE? (*fam.*) Voir page 329.

2. C'est maintenant qu'on va me METTRE À TOUTES LES SAUCES. (*fam.*) Voir page 330.

3. L'autoroute va METTRE EN FAILLITE quelques restaurateurs. (ruiner)

4. Qui est-ce qui va METTRE LA TABLE? (les assiettes, les verres, etc...)
   À TABLE! METTONS-NOUS À TABLE! (nous-mêmes)

5. ON MET
   ÇA PREND } dix ans pour devenir Bory.

Commencer

1. • Je ne vais pas ME METTRE au travail à l'heure pile! Voir page 232.
   • Extraordinaire: Elle SE MET à avoir des idées!

2. • Je vais FAIRE DÉMARRER la voiture.
            (C'est le sens propre).
   • Pour FAIRE DÉMARRER cette discussion... (*fam.*)
   • Des groupes américains qui viennent à peine de DÉMARRER. (*fam.*)
            (Qui commencent seulement à être connus).

3. • Léonard de Vinci ESQUISSE ses personnages avant de les peindre.
   • Le petit bonhomme ESQUISSERA des pas de danse.
   • A New York, on avait vu S'ESQUISSER un mouvement plus intellectuel.
4. • J'ai fait un livre sur la *Nouvelle Vague,* au moment où le mouvement S'AMORÇAIT.
5. • Le matin, JE COMMENCE PAR aller chez mon crémier.

Index général

Cet index contient deux séries de mots:

a. tous ceux qui ont déjà fait l'objet d'une explication dans ce livre: ils sont suivis de l'indication de la page—ou des pages—où tu pourras trouver cette explication.

Tu trouveras séparément les verbes « normaux » et les verbes réfléchis (*passer et se passer* par exemple), mais sauf exception, aucune indication sur la préposition qu'exige le verbe: c'est aux pages indiquées par l'index que tu trouveras des exemples de l'emploi de ces verbes avec leur préposition.

b. un certain nombre d'autres mots spécialement choisis: ils sont directement suivis de leur explication, en général en français, parfois en anglais s'il y a un risque d'ambiguïté.

Voici comment ces mots ont été choisis. Une « Commission du français fondamental » a établi une liste de mots (moins de 3.000) qu'un étudiant étranger connaît en général quand il arrive au niveau intermédiaire. J'ai expliqué ici tous les mots employés dans ce livre qui ne font *pas* partie de cette liste et qui n'avaient *pas* été expliqués dans le corps même du livre, à l'exception, bien entendu, de ceux dont la consonnance — et le sens — sont très similaires en anglais et en français.

Substantifs: Pour te permettre de connaître à la fois le genre d'un substantif et la façon la plus habituelle de l'employer, le systèm suivant est utilisé: — noms « normaux »: *un, une, des* — noms qui s'emploient plus couramment avec un article défini: *le, la, l', les* — noms qui s'emploient plus couramment avec un partitif: *du, de, la, de l', des* — noms qui s'emploient rarement en dehors des expressions idiomatiques: *masc.* ou *fém.* Si tu trouves donc cette indication, et celle-là seulement, après un nom, il faut être tout spécialement prudent dans l'emploi de ce nom.

abominer   *détester*
aborder   46, 166
aboutir   365
aboutissants (les)   *les conséquences*
abreuvé   143
abri (un)   237
abruti   143, 332
absorbé   *occupé entièrement*
accent (un)   292
accession (l') (fém.)   *le fait d'obtenir quelque chose*
accrocher   58
actionnaire (un)   184
actualités (les) (fém.)   121
actuellement   290
adjoint (un)   351
affecter   *attribuer*
affiche (une)   330

affolé   256
affreux   *très laid, atroce*
affronter (s')   *se combattre*
agir (s')   45, 297
agrafage (un)   168
agrégation (une)   30
agréger   38
ahurissant   14
aie!   56
aigre   295
ail (un)   garlic
aile (une)   82
aîné (l')   *le plus âgé*
air (l') (masc.)   321
aise (fém.)   105
aisé   *assez riche*
aléatoire   46
aller   289, 295

373

aller (s'en)   295
allocation (une)   222
allongé   *couché*
allure (une)   *un aspect*
ambiance (une)   *une atmosphère*
aménager   *arranger*
aménagement (un)   *une légère modification*
amener (s')   167
amorcer (s')   371
amphi (un)   40
ancien combattant (un)   9
âne (un)   330
animé (un dessin)   121, 136
annonces (les petites)   *pour chercher du travail, un appartement, etc. . . .*
anté—   *avant*
antécédant (un)   *qui a lieu avant*
antédiluvien   *très, très vieux*
anti—   *contre*
antidote (un)   *un remède*
aplatir (s')   283
apolitique   *non politique*
appareil (un)   113
appariteur (un)   39
appartenance (une)   *le fait d'appartenir à*
appréhender   241
apprentissage (un)   *le fait d'apprendre*
approfondi   38
arabesque (une)   87
arc (un)   321
argot (un)   *une langue particulière à un certain groupe*
argument (un)   *une raison*
arranger (s')   365
artisan (un)   *exerce une activité manuelle pour son propre compte*
artisanat (l') (masc.)   *l'ensemble des artisans*
asocial   *pas adapté à la vie sociale*
assister   289
assouplir   44
assumer   *se charger de*

astucieux   *ingénieux*
atelier (un)   168
atout (un)   18
attacher   357
attarder (s')   57
atteindre   *blesser*
attendre   350
attendre (s')   242
attrayant   42
aubaine (une)   13
aubergine (une)   *eggplant*
aucunement   *pas du tout*
aumônier (un)   239
auparavant   290
auto—   *self*
autoroute (une)   261
autrefois   291
autrui (sing.)   *les autres*
avarié   156
avérer (s')   241
aveu (un)   *le fait d'admettre quelque chose*
aveuglette (fém.)   303
avis (un)   168
avouer   304

bagage (un)   206
bagarre (une)   350
bagarrer (se)   350
bain (un)   229, 303
bal (un)   349
balade (une)   313
ballade (une)   313
balle (une)   20
banlieue (une)   78
baraqué   123
barbe (une)   351
barder   350
barrage (un)   32
bas   321
bataille (une)   350
bateau (un)   295
bâton (un)   369
beau   303

Index général 375

bébé (un)   350
ben   9
béquille (une)   65
berger (un)   313
bêtise (une)   *une chose bête, stupide*
béton (du)   85
betterave (une)   *beet*
biais (un)   68
bidonville (un)   41
bidule (un)   182
bilan (un)   169
binôme (un)   65
biscotte (une)   154
bistrot (un)   113
blague (une)   351
blâmable   *méritant condamnation*
blanc-bec (un)   295
blanche   363
bleuté   12
bloqué   *immobilisé*
blouson (un)   *une courte veste de cuir*
boîte (une)   156, 161
boiter   62
boiteux   *limping*
bon marché   369
bonhomme (un)   146, 314
bonne femme (une)   314
bord (un)   167
bordel (un)   *une maison de prostitution*
bouc (un)   *le mâle de la chèvre*
bouc émissaire (un)   363
boucherie (une)   *un massacre sanglant*
boue (de la)   167
bouffer   185
bougie (une)   241
bougre   146
boule (une)   106
bouleversé   *profondément ému*
boulon (un)   189
boum (une)   331
bouquin (un)   14
bourrer   *remplir jusqu'au bord*

bourse (une)   34
boursier (un)   *le bénéficiaire d'une bourse*
bousillé   16
bout (un)   13
bras (un)   339, 357
braver   *affronter sans peur*
brevel (un)   27
brûle-pourpoint   303
brumeux   8
bureaucrate (un)   *une personne qui travaille dans un bureau*

cabaret (un)   *a nightclub,* 161
cadre (un)   18, 42
cagne (fém.)   43
caillou (un)   62
camionneur (un)   *un conducteur de camion*
canard (un)   158
cantine (une)   *le restaurant d'un ministère, d'un lycée*
capacité (la—de)   *l'aptitude à*
caporal (un)   *il deviendra peut-être sergent . . .*
caractère (un)   304
caractériser   304
cargaison (une)   340
cargo (un)   340
carpette (une)   283
carrément   88
cas (un)   340
casé   215
casque (un)   *un chapeau de métal*
casse (la)   192
cassoulet (du)   158
catéchisme (un)   239
cause (une)   34
censé   359
certes   *bien sûr*
certificat (un)   27, 30
chagrin (ad.)   *qui voit tout en noir*
chaîne (une)   339
chair (la)   19, 63

chantier (un)   6
charnière (une)   34
chauffer   350
chaussure (une)   62
chaf-opérateur (un)   121
chef de section (un)   351
chemisier (un)   *vêtement féminin qui recouvre le buste*
cher   369
chercheur (un)   *celui qui fait de la recherche*
cheval (un)   161
chevet (un)   60
chevaucher   182
cheveux (des)   351
chiffre (un)   283
chiffré   *fait au moyen de chiffres*
chômage (le)   103
chose (une)   291
choucroute (une)   *sauerkraut*
chouette   13
chronique (une)   *column*
chroniqueur (un)   *columnist*
ciel (le)   339
cinéaste (un)   *metteur en scène*
cinémathèque (une)   *lieu où l'on conserve et montre les vieux films*
cire (de la)   106
citerne (une)   185
clac!   *onomatopée: rapidité, précision*
clapier (un)   260
cliché (un)   87
clin d'oeil (un)   *signe fait avec l'oeil*
clochard (un)   *personne sans domicile*
clos   *terminé*
cobaye (un)   *guinea-pig*
coeur (par)   *de mémoire*
coin (un)   312
col (un)   17
collège (un)   27
coller, collé   289
combat (un)   350
combattant (un)   9
comité (un)   283

commande (une)   *demande de marchandise*
commencer   370
commettre   181
commode   11
commune (une)   *un village au sens administratif*
compagnie (une)   215
complaisant   *aimable*
complexe (un)   *hang-up*
compliment (un)   *petit texte de remerciement*
complot (un)   253
comportement (un)   269
compréhensible   332
compréhensif   332
compris   357
comptable (un)   6
compte (un)   291, 339, 370
compter   369
con   332
concurrence (une)   *compétition*
confiance (la)   351
confidence (une)   351
confidente (une)   351
confluer   *se réunir*
confondre   357
confrère (un)   89
conjugal   *qui concerne les relations entre mari et femme*
conserve (une)   156
consoeur (une)   89
contestataire (adj. ou nom masc.)   *qui refuse, qui s'oppose à*
continuité (la)   183
contre-épreuve (une)   *vérification de l'opinion inverse*
convoiter   *désirer vivement*
copain, copine (un—une)   14
coq (un)   330
corde (une)   321
corne (une)   *horn*
coté   47
cou (un)   370

couette (une)   83
coup (un)   111, 370
coupe (la)   259
couper   311
courgette (une)   zucchini
court   (à—de)   18
courtisane (une) (mot vieilli)
    prostituée
court-métrage (un)   121
coût (un)   370
coûte (que coûte)   369
couverture (une)   81, 311
coyote (un)   81
craie (de la)   pour écrire au tableau
crainte (la)   peur
craquer   283
crédits (des) (masc.)   42
crémier (un)   qui vend du lait,
    du beurre, du fromage
crétin   332
creuser (se)   devenir plus grand
creux (adj.)   311
creux (un)   100
crever   358
croquet   275
croquis (un)   85
cuisiner   préparer à manger
cygne (un)   272

dalle   357
davantage   une plus grande quantité
débarbouiller (se)   153
débarquer   190
débecqueter   167
débordé   37
débouché (un)   365
déboucher   365
débrouillard   365
débrouiller (se)   365
décerner   43
déchaîner   libérer
déchiffrable   qu'on peut comprendre
déchiffrer   lire, interpréter

déchirement (un)   138
déchu   128
décoller   81, 191
décompter   169
décontracté   268
décor (un)   ce qui décore un lieu,
    comme au théâtre
découper   13
décret (un)   32
décrocher   84
déçu   81
définitif   décidé une fois pour toutes
déflation (une)   le contraire de
    l'inflation
défouler (se)   63
dégâts (des) (masc.)   184
dégoulinant   14
dégueulasse   9
déhanché   268
demander   40, 313
démarche (une)   façon de progresser
démarrer   370
démentiel   37
dentelle (de la)   lace
dépasser   ne pas être sur la même ligne
dépouiller   321
déranger   64
déracinement (un)   260
dérogation (une)   34
dérouler (se)   avoir lieu
    successivement
déroutant   236
descendance (la)   218
désorienté   troublé, déconcerté
desséché   18
dessin animé (un)   121, 136
détendre   reposer, rendre decontracté
dévalorisé   qui n'a plus de valeur
devanture (une)   partie d'un magasin
    qui donne sur la rue
devin (un)   167
dévisser   9
dévoiler   enlever le voile qui cachait
    une chose

diabolique   *inspiré par le diable, le démon*
difficile   313
diffuser   *faire connaître*
digestif (un)   *alcool pour faire digérer*
digne (être)   *mériter*
diligence (une)   188
dingue   112
dire   295, 330
directeur (un)   351
directive (une)   *direction*
discordant   36
discourir   *faire de longs discours*
discuter   350
dispensé   41
disponible   *dont on peut disposer*
disposer   14
dispute (une)   350
disputer (se)   350
disserter   *discourir*
dissimuler (se)   *ne pas se rendre compte de*
distanciation (une)   *distance entre l'acteur et son rôle*
distendu   206
divertissement (un)   68
doctorat (un)   30
doctrinaire   *dogmatique*
documentaire (un)   121
doigt (un)   329
donnée (une)   *un fait pré-établi*
donner   134, 322
dormir   329
dose (une)   *une quantité*
dossier (un)   14
doublé (film)   *le contraire de sous-titré*
douche (une)   229
doué de   *qui possède*
douteux   *équivoque, ambigu*
doyen (un)   34
droit (un)   31, 33
drôlement   369

eau (une)   303
éblouir   125
écart (un)   *une différence*
écartelé   *sollicité en des sens opposés*
échafaud (l') (masc.)   *la guillotine*
échéant   340
échec (un)   69, 289
échouer   289
échouer (s')   185
éclatement (un)   133
écorce (une)   166
écoulé   11
écoute (l') (fém.)   *l'ensemble de ceux qui suivent un programme de radio ou de télé*
écrémage (un)   *choix du meilleur*
éditer   351
éditeur (un)   351
effectivement   290
effectuer (s')   169
effet (un)   290
effondrer (s')   127
électrophone (un)   99
émanciper (s')   *se libérer des contraintes*
emballer   250
embellir (s')   *devenir plus beau*
embêtant   231
embêter   65
émeutier (un)   68
éminemment   *extrêmement*
émoussé   132
emparer (s')   251
emplacement (l') (masc.)   *le lieu*
empoisonner   206
emporter (l')   *être victorieux*
empresser (s')   364
emprunter   358
encéphale (l') (masc.)   *l'ensemble des organes contenus dans la tête*
enceinte   350
enchère (une)   349

encyclique (une)   *une lettre adressée par le pape aux catholiques du monde entier*
endémique   *permanent*
enfin   291
enfler (s')   255
enfoncer (s')   15
engagement (un)   *prise de position politique*
engin (un)   *instrument, machine*
englober   110
enlever   283
enquête (une)   255
enquêteur (un)   255
enrubanné   *entouré de rubans*
enseignant (un)   *quelqu'un qui enseigne*
entasser (s')   38
entente (une)   *a) harmonie b) union*
entier   86, 321
entourer   *être autour*
entraîner   171, 274
entracte (un)   121
envolée (une)   *un gracieux mouvement vers le haut*
envoyer   311
épanouir (s')   252
épargner   *éviter*
épatant   171
épater   171
épave (une)   127
épigramme (une)   *une courte pièce de vers satiriques*
épinglé   *comme fixé par une épingle*
époumonner (s')   105, 186
épouvantable   *effrayant*
épuisement (un)   189
ère (une)   *époque*
errer   *marcher au hasard*
ès lettres   44
escalope (une)   85
escogriffe (un)   107
escroc (un)   128

Index général **379**

espèce (une)   284, 333
espion (un)   *cherche à surprendre les secrets*
esquimau (un)   136
esquisser   371
esquisser (s')   371
essayage (un)   254
estime (l') (fém.)   240
étaler   83
étape (une)   9
étendu   127
étiquette (une)   110
étirer   8
étouffer (s')   250
être (en—à)   47
étriqué   12
études (des)) (fém.)   289
étudier   289
éventail (un)   *fan, range*
éventuel   340
éventuellement   340
évêque (un)   *dignitaire de l'Eglise; en général administre un diocèse*
évident   304
exaltant   *passionnant*
exception (une)   34
exclusivité (une)   121
exécrable   *très mauvais*
exemplaire (un)   *un des objets reproduits en série*
exemple (un)   235
exiger   115, 313
explicite   *clair et net*
extérioriser (s')   *rendre visible ce qui est à l'intérieur*
exubérant   *plein de vie, expansif*
exutoire (un)   194

face (une)   16
facultaire   *de la faculté*
faculté (une)   *division traditionnelle de l'université avant 1968*
faillite (une)   *banqueroute*

faire   88, 292, 342
fait (un)   290
fameux   110
fantaisiste   *capricieux, non rationnel*
faramineux   67
farce (une)   351
farfelu   90
fauché   161
fausser   *rendre faux*
fer (le)   36
feu (un)   363
feuilleton (un)   68
fiche (une)   364
fiche (ficher)   363
ficher (s'en)   363
fichier (un)   364
fichu   363
fier (se)   210
figure (une)   283
figuré   330
filet (un))   87
filial   202
fin (le)   289
fin (une)   291, 339
finalement   291
finalisé   *qui a un but en soi*
firme (une)   *entreprise industrielle ou commerciale*
flamant (un)   275
flâner   156
flanquer   186
flèche (une)   357
flic (un)   136
flocon (un)   84
foie (un)   188
fois (une)   314
foncer   230
foncièrement   42
fond (un)   291, 296
forçat (un)   145
force (une)   98
forcené   *poussé à l'extrême*
fort   85
fossé (un)   262

fou   364
fougue (une)   166
foutoir (un)   17
foutre (s'en)   363
foutu   363
foyer (un)   *a) lieu d'habitation d'une famille b) local de réunion*
frais (les) (masc.)   169
fraise (une)   *strawberry*
franchir   *a) faire b) sauter par dessus*
franchise (la)   *le fait d'être franc*
frange (une)   83
frappe (une)   168
fraternité (une)   203
frêle   237
fréquence (une)   98
fréquentation (la)   *voir* écoute (l')
frites (des) (fém.)   13
fruit (un)   43
fuite (une)   18
fumée (une)   363
fur et à mesure (au)   *dans le même temps et dans la même proportion*
fusée (une)   191

gagner   311
galvauder   214
gamin (e) (un–une)   350
gamme (une)   136
garni (bouquet)   *composé de plusieurs plantes aromatiques*
gars (un)   108
gauchiste   17
gazon (du)   85
gêner   125
génial   82
genre (un)   284
germe (un)   *élément originel*
gigolo (un)   *jeune homme qui se fait entretenir par une personne plus âgée.*
glisser   131
gosse (un–une)   350
goujat   332

graphie (une)   manière d'écrire
gratuit   12
greffé   37
grève (une))   refus de travailler
gréviste   qui est en grève
grimper   234
gros   13, 332, 357
gros-plan (un)   121
grossier   332
guère   pas beaucoup
guéridon (un)   243
gueuler   143
guillemets (des) (masc.) « »

habituel   normal, courant
hameçon (un)   183
havre (un)   105
hebdomadaire   351
hérisson (un)   275
heure (une)   357
heurt (un)   choc
heurter   124
hirondelle (une)   232
historisé   relié à l'histoire
homme (un)   314, 321
hospitalier   d'un hospital
humeur (une)   304
humour (l') (masc.)   304

idiot   339
ignoble   134
illisible   impossible à lire
imbécile   332
impasse (une)   rue sans issue
importance (de l') (fém.)   357
impressario (un)   109
impression (une)   304
imprévoyance (l') (fém.)   le fait de ne pas prévoir
inattendu   qu'on n'attend pas
incertain   dont on ne connaît pas l'issue
incisif   89
incompris   85

indice (un)   tableau indiquant un niveau moyen
indiscipliné   qui refuse d'obéir
infect   14
infirmer   127
ingurgiter   58
injure (une)   332
injurier   332
inscription (une)   33
insignifiant   238
insister   292
insulte (une)   332
insulter   332
instant (un)   290
insurger (s')   se révolter
intégrale (une)   en mathématiques, fonction dont le signe ests
invraisemblable   134
irréalisable   impossible à réaliser

jacobin   révolutionnaire
jauger   142
je m'en foutisme (du)   289, 363
jerrycan (un)   récipient pour transporter l'essence ou le mazout
jeu (un)   329, 357
joindre (se)   se réunir
joint   295
jouer   121, 329
jour (un)   303
journal (un)   351
journée (une)   357
jumelage (un)   251
jurer   blasphémer
juridique   légal

laïc   34
laisser-aller (un)   négligence
laisser tomber   358
lame (une)   9
langoustine (une)   prawn
languir   164
lapinerie (la)   214
lassitude (une)   fatigue

lauréat (un)   *qui a remporté un prix dans un concours*
laurier (du)   *bay leaves*
lecture (la)   *le fait de lire*
légitime   *conforme à la raison*
lendemain (le)   78
lever   339
licence (une)   30
licencié   30
lié   *qui a un lien*
lien (un)   *un rapport*
lier connaissance   238
limite (une)   131
linéament (un)   *une ligne élémentaire*
lingot (un)   186
local, locaux (un, des)   36
lointain   *vague, distrait*
loir (un)   329
long (longue)   339, 357
longueur (une)   357
loucher   56
lutte (une)   350
lycée (un)   27

machabée (un)   37
machin (un)   8
magazine (un)   142
magistral   40
magnétophone (un)   4
maillet (un)   275
main (une)   329
maîtrise (une)   30
majeur   169
maladresse (une)   56
malice (une)   284
malin   284
malsain   *pas sain*
manier   88
manquer   170
maquillage (un)   *action de se maquiller; le résultat obtenu*
maquiller (se)   *se mettre des produits de beauté sur le visage*

marché (un)   289
marcher   296
marginal   *spécial, inhabituel*
marmotte (une)   329
marque (une)   83
marquer   124
marrant   10, 18
marre   143
marron (un)   *chestnut*
maternité (la)   *le fait d'être mère*
matière (une)   42
maudit   *rejeté, interdit*
mazout (du)   85
mécanicien (un)   203
méchamment   284
méchanceté (la)   284
méchant   284
mécontentement (le)   *insatisfaction, contrariété*
mégot (un)   17
même (à—de)   31
mémère (une)   144, 314
mémoire (un)   85
ménager   164
ménagère (une)   6
mener   349
mensuel   351
mesure (au fur et à—)   *voir* fur
messe (une)   *cérémonie principale du culte catholique*
métabolisme (un)   *ensemble des transformations qui se produisent dans un organisme*
mettre   283, 292, 303, 311, 329, 330, 370
mettre (se)   370
mi-temps   331
microsillon (un)   8
mignon   271
milieu (le)   303
militer   *agir pour ou contre quelque chose*
milliard (un)   184
minerai (un)   193

minoritaire   *qui fait partie de la minorité*
minutieux   9
mirabelle (une)   231
mise au point (la)   *voir* point
mise en oeuvre (la)   *voir* oeuvre
misérabilisme (le)   *insistance sur tout ce qui est misérable*
moche   15
modulation (une)   98
moeurs (les) (fém.)   *pratiques morales et sociales*
moisi   14
moite   10
môme (un-une)   350
monceau (un)   79
mordant   *incisif*
mot (un)   321
moumoute (une)   84
moules (des) (fém.)   mussels
moutarde (de la)   mustard
moyen (un)   357

nager   357
naturel   89
naufrage (un)   184
navet (un)   121
navette (une)   191
navigant   203
négociant (un)   6
net   86
nez (un)   311
nier   166
nocturne   *de nuit*
notable (un)   261
nourriture (la)   *ce qu'on mange*
nouvelle (une)   65
noyau (le)   *le petit groupe des fidèles*
noyer (se)   255
nucléique   *qui se trouve dans les noyaux de cellules*
nuire   108
nuit (une)   161

obscurcir (s')   *devenir obscur*
occasion (une)   283
occuper (s')   331
oeuvre (mise en—) (la)   *l'exécution*
oie (une)   goose
onde (une)   193
orage (un)   205
orange (une)   14
ordinateur (un)   181
ordre (un)   69
ordures (des) (fém.)   79
ouais   90
ours (un)   bear
outil (un)   68

pacha (un)   159
paëlla (une)   157
pain (un)   339
palmier (un)   125
paniqué   183
papier (un)   86
para-artistique   5
paravent (un)   screen
pareil   261
parer (se)   238
pari (un)   190
part (une)   34, 321
part (faire)   202
partager   127
parti (un)   331
parti pris (un)   331
particulier   124
partie (une)   331
pas (un)   339
passer   64, 205, 283, 323, 330
passer (se)   323
pasteur (un)   313
pâte (une)   329
patin à roulettes (du)   204
paumé   125
pavillon (un)   185
paye (une)   *un salaire*
pègre (la)   273
pelouse (une)   272

perche (une)   311
perdre   357
perdu   357
périmé   222
personnage (un)   304
personnalité (une)   28
peser   125
pétrolier (un)   *bateau transportant du pétrole*
phare (un)   271
physionomie (une)   *un aspect*
pichenette (une)   16
pied (un)   295
piger   190, 357
pile   16, 232
pilier (un)   *colonne de pierre*
piquer   252, 255
piquette (de la)   13
piste (une)   *dans un cirque, le lieu du spectacle*
plagier   *imiter, copier*
plaisanterie (une)   351
plan (un)   313
planer   *exister de façon plus ou moins menaçante*
plaque (une)   168
plein   83, 283
plié   321
pluri —   *plusieurs*
poêle (un)   79
poil (un)   304, 351
poing (un)   341
point (un)   90, 111, 341
pointe (une)   357
poivre (du)   pepper
poivron (un)   green pepper
pommade (une)   283
pont (un)   311
pontifical   *du pape*
position (une)   357
poubelle (une)   *récipient où l'on jette les ordures*
pouce (un)   *le doigt le plus gros et le plus court*

poulailler (un)   hen-house
poumon (un)   186
poupée (une)   83
pourboire (un)   358
préalablement   *d'abord, avant*
précipiter (se)   364
précocité (la)   *ce qui a lieu avant le moment habituel*
prédire   *dire à l'avance*
préjugé (un)   211
prendre   323, 329, 330, 339, 357
prendre (se)   357
presser (se)   364, 365
prêter   358
prêter (se)   358
prêtre (un)   313
prévenir   216
prime (une)   43, 169
printanier   *du printemps*
priori (à)   *sans tenir compte des faits réels*
prise (une)   130, 323
problématique (la)   *l'ensemble des problèmes posés*
procédé (un)   340
procédure (une)   340
procès (un)   340
processus (un)   340
P.V. (procès-verbal) (un)   340
proche   29
prof. (un, une)   38
proie (une)   *un être vivant qu'un animal veut dévorer*
propos (un)   296
proposition (une)   19
propre   330
proprement   330
province (une)   6
proviseur (un)   66
provisoire   *temporaire*
publier   351
pudeur (la)   *l'embarras*
putain (une)   67

Index général   385

quart (un)   45, 233
quartier (un)   *partie de Paris*
quasi   *presque*
quelconque   359
qu'en dira-t-on (le)   342
question (une)   289
quête (une)   *recherche*
quincaillerie (une)   192
quotidien   351

rabâcher   190
rabaisser   110
raisonnable   332
rajouter   *ajouter encore*
ralenti (un)   121
ramassis (un)   10
ramener (se)   15
ramifier (se)   205
ramolir (se)   9
rampe (une)   70
rappeler   127
rappliquer   81
rapport (par)   37
rassis   230
ratatouille (de la)   158
rater   11
rattacher (se)   *avoir des rapports*
rattraper   185
rattraper (se)   *compenser*
ravi   *très heureux*
réalisateur (un)   121
réalité (la)   290
rébarbatif   42
reconduire   12
réconfortant   *encourageant*
reçu   289
recul (un)   48
récuser   32
rédacteur (un)   351
réformer   *exempter du service militaire*
refouler   *empêcher de s'extérioriser*
refrain (un)   *ce qu'une personne répète sans cesse*

réinstaller (se)   206
relais (prendre le)   *remplacer*
relief (le)   *forme de la surface terrestre*
relier   19
remettre en cause   34
remonter   8
rendre   342
renfermé   *contraire: ouvert, expansif*
renié   35
rentable   187
renvoyé   231
répandu   34
réparateur (un)   *qui répare*
repasser   289
repère (un)   111
réplique (une)   *réponse*
reportage (un)   *programme documentaire*
reporter (se—à)   *se référer à*
reprendre   13
représenter (se)   289
résiduel   *qui est resté*
résonner   *produire un son*
ressentir   100
ressortir   88
restaurer   *rétablir*
retenir   14
retenir (se)   270
retenue (une)   *réserve, modération*
retomber   11
réussir   289
réussite (une)   *résultat favorable*
revanche (une)   330
réveil (un)   8
revenir   34, 39, 312
rêverie (une)   *abandon à des images vagues*
revisser   9
revue (une)   351
ride (une)   283
rien   321
rigueur (la)   369
rire (un)   321

rive (une)   bord du fleuve
romancé   inventé
romancier (un)   écrit des romans
rompre   6, 369
ronronner   68
rosse   133
roublard   48
roulé (col)   17
rouler   127
roulette (une)   204
rouspéter   154
rousseur (la)   voir tache
ruban (un)   étroite bande de tissu servant d'ornement
rubrique (une)   351

sacré   333
sage   332
saint   357
saisir   311
salaud   332
sale   333
salle (une)   121
salon (un)   254
saloper   185
sauce (une)   311, 330
saucisson (un)   grosse saucisse
saut (un)   210
sauter   14, 295
savoir   295
savonnette (une)   savon parfumé
scarolle (une)   236
scénario   script
schématiser   simplifier
séance (un)   82, 121
secouer   154
secrétaire de rédaction (un)   351
section (une)   351
sédentaire   6
seigle (du))   259
seigneur (le)   144
sellette (une)   283
semblant (un—de)   un peu de
semi—   demi

sens (un)   46, 330
sensibilisé à   prêt à éprouver quelque chose
sensibilité (une)   332
sensible   332
sentimental   332
sentir   136
série (une)   339
serment (un)   promesse
service (un)   330
session (une)   45
serrer (se)   365
silhouette (une)   283
simpliste   145
singe (un)   303
singeries (des) (fém.)   303
sirupeux   comme du sirop
sketch (un)   oeuvre courte, au cinéma ou au théâtre
snob   162
soigner   331
soigner (se)   331
soigneux   332
soin (un)   332
soirée (une)   331
solution de continuité (une)   183
sombrer   102
sondage (un)   étude d'opinion
sort (le)   67, 283
sortir   121
sortir (s'en)   63, 365
souche (une)   329
soucier (se)   se préoccuper de
soucoupe volante (une)   242
souffle (un)   respiration
soulever   63
soûl   144
souligner   292
sous-entendu   208
sous-titré   121
souvenir (se)   se rappeler
spatial   191
sport   268
sueur (la)   10

surboum (une)   331
surchargé   36
surchauffe (une)   289
surenchère (une)   131
surgir   *apparaître brusquement*
surnager   57
surprise-partie (une)   331
sursaut (un)   80
suspens (en)   *sans solution*
sympathique   296
sympa   296

tache (une)   *de rousseur freckle*
taille (une)   272
tambour (une)   *une caisse, de la peau, des baguettes*
tant (en–que)   42, 134
tapis (un)   311
tapoter   100
tarifer   *fixer le prix*
tarte (une)   13
tartine (une)   230
tas (un)   283
taux (un)   *proportion*
teinté   128
télé (une)   139
témoignage (un)   *révélation de ce qu'on sait*
tempérament (un)   *caractère, nature*
temps (un)   314, 349
tenants (les)   *l'origine*
tendre   205, 241, 311
tenir   330, 358
tentative (une)   *essai*
tenter   160
terme (un)   295
terminale (classe)   4
terne   12
terroir (le)   105
tête de mort (une)   241
texte (un)   66
thérapeutique (une)   *traitement d'une maladie*
thésard (un)   44

tierce personne (une)   237
tir (un)   251
tirage (un)   56
tire-larigot (à)   339
tirer   283, 311
tirer (s'en)   365
titulaire   36
toilette (une)   254
tomber   303, 358
topinambour (un)   *rutabaga*
total (un)   291
toucher   56
tour (un)   243
tourne-disque (un)   99
tourner   122, 295
trac (le)   83
traduire (se)   35
traîner   10
traîner (se)   8
trait (un)   64
traite (la)   363
traiter   297
traître (un)   329
tranchant   205
tranché   257
tranche (une)   13
transmuer   242
travaux publics (les)   6
tricher   16
tripes (les)   311
trottoir (un)   127
trou (un)   13
trouver (se)   181, 304
truc (un)   9, 125
truculence (la)   167
truffé   129
tube (un)   100
tutoiement (le)   211
tuyau (un)   100, 295
type (un)   43, 134

ultérieurement   *plus tard*
unité (une)   28
urémique   188

vachement 369
vadrouille (fém.) 105
vaisselle (la)   *les assiettes, les verres, etc....*
valable 44, 124
valeur (une) 123, 292
valoir 154
valonné 261
varape (de la) 234
vedette (une)   *star*
veille (la) 10
vente (une) 349
vétéran (un) 132
vide 349
vider 63
vieil 321
vieillot 39
vil 110

vieux 203
virement (un) 168
visée (une) 31
vitesse (une) 321
vivoter 259
vocation (une)   *forte attirance*
vogue (une) 240
voir 303
voué à 69
vouloir 115, 313
voûté 8
vouvoyer 238
voyante (une)   *qui prédit l'avenir*
voyou (un) 332
vue (une) 341

zone (une) 144

Index des expressions idiomatiques

Tu trouveras ici toutes les expressions idiomatiques qui ont été présentées dans la partie grammaticale de ce livre. Elles sont dans l'ordre alphabétique des mots-clefs (les mots en majuscule). Quand une expression idiomatique contient deux mots-clefs, tu la trouveras à chacun des deux mots:

      a. *s'aplatir* comme une carpette
      b. s'aplatir comme une *carpette*

tenir *l'affiche*   330
tourner à *l'aigre*   235
fiche en *l'air*   321
passer du coq à *l'âne*   330
s'aplatir comme une carpette   283
avoir plusieurs cordes à son *arc*   321
attacher de l'importance à   357
attendre un bébé   350
aller à *l'aveuglette*   303

mettre dans le *bain*   303
mener le *bal*   349
au *bas* mot   321
un exemple *bateau*   295
à *bâtons* rompus   369
un *beau* jour   303
au *beau* milieu   303
attendre un *bébé*   350
ce petit *blanc-bec*   295
la traite des *blanches*   363
servir de *bouc* émissaire   363
long (gros) comme le *bras*   357
lever les *bras au ciel*   339
à *brûle-pourpoint*   303

s'aplatir comme une *carpette*   283
à la *chaîne*   339
lever les bras au *ciel*   339
au petit *coin*   312
en petit *comité*   283
en fin de *compte*   339
tout *compte* fait   339
passer du *coq* à l'âne   330

avoir plusieurs *cordes* à son arc   321
couper les ponts   311
faire les quatre cents *coups*   349
coûte que coûte   339
tirer la *couverture*   311
plein à *craquer*   283
avoir le nez *creux*   311

dépouiller le vieil homme   321
comme *disait* je ne sais qui   295
proprement *dit*   330
être à deux *doigts* de   329
dormir comme un loir   329
dormir comme une marmotte   329
dormir comme une souche   329
drôlement   369

tomber à *l'eau*   303
une vente aux *enchères*   349
être *enceinte*   350
enlever la pommade   283
à part *entière*   321
envoyer la sauce   311
un *exemple* bateau   295

pas de fumée sans *feu*   363
fiche en l'air   321
au sens *figuré*   330
en *fin* de compte   339
le *fin* du fin   289
prendre une position en *flèche*   357
un temps *fou*   349
je m'en *foutisme*   289

389

pas de *fumée* sans feu   363
gagner des mille et des cents   311
elle n'est pas mon *genre*   369
gros comme le bras   357

l'heure de pointe   357
dépouiller le vieil *homme*   321

attacher de *l'importance* à   357

jouer le *jeu*   329
c'est pas du (de) *jeu*   329
se prendre au *jeu*   357
sauter à pieds *joints*   295
jouer le jeu   329
un beau *jour*   303
à longueur de *journée*   357
toute la sainte *journée*   357

lever les bras au ciel   339
dormir comme un *loir*   329
long comme le bras   357
à la *longue*   339
à *longueur* de journée   357

mettre la *main* à la pâte   329
par dessus le *marché*   289
dormir comme une *marmotte*   329
mener le bal   349
mettre sur la sellette   283
mettre dans le bain   303
mettre les tripes   311
mettre à toutes les sauces   330
mettre la main à la pâte   329
au beau *milieu*   303
au bas *mot*   321
avoir les *moyens*   357

avoir le *nez* creux   311

comme des petits *pains*   339
à *part* entière   321
prendre le *pas sur*   339
passer de la pommade   283

passer du coq à l'âne   330
mettre la main à la *pâte*   329
saisir la *perche*   311
tendre une *perche*   311
sauter à *pieds* joints   295
plein à craquer   283
être *plié* en deux de rire   321
l'heure de *pointe*   357
enlever la *pommade*   283
couper les *ponts*   311
prendre une *position* en flèche   357
prendre en traître   329
prendre sa revanche   330
prendre le pas sur   339
se *prendre* au jeu   357
au sens *propre*   330
proprement dit   330

qu'est ce que j'en ai à faire?   283

prendre sa *revanche*   330
revenir sur le tapis   312
de *rien* du tout   321
à la *rigueur*   369
être plié en deux de *rire*   321
à bâtons *rompus*   369

toute la *sainte* journée   357
comme disait je ne *sais* qui   295
saisir la perche   311
envoyer la *sauce*   311
mettre à toutes les *sauces*   330
sauter à pieds joints   295
mettre sur la *sellette*   283
au *sens* propre (figuré)   330
en *série*   339
faire le *singe*   303
faire des *singeries*   303
tirer au *sort*   283
dormir comme une *souche*   329
en grande *surchauffe*   289

revenir sur le *tapis*   312
un *temps* fou   349

tendre une perche   311
tenir l'affiche   330
tirer au sort   283
tirer la couverture   311
à *tire-larigot*   339
tomber à l'eau   303
tourner à l'aigre   295
la *traite* des blanches   363

prendre en *traître*   329
mettre les *tripes*   311

vachement   369
une *vente* aux enchères   349
à *vide*   349
dépouiller le *vieil* homme   321
à toute *vitesse*   321
tu me *vois* d'ici   303

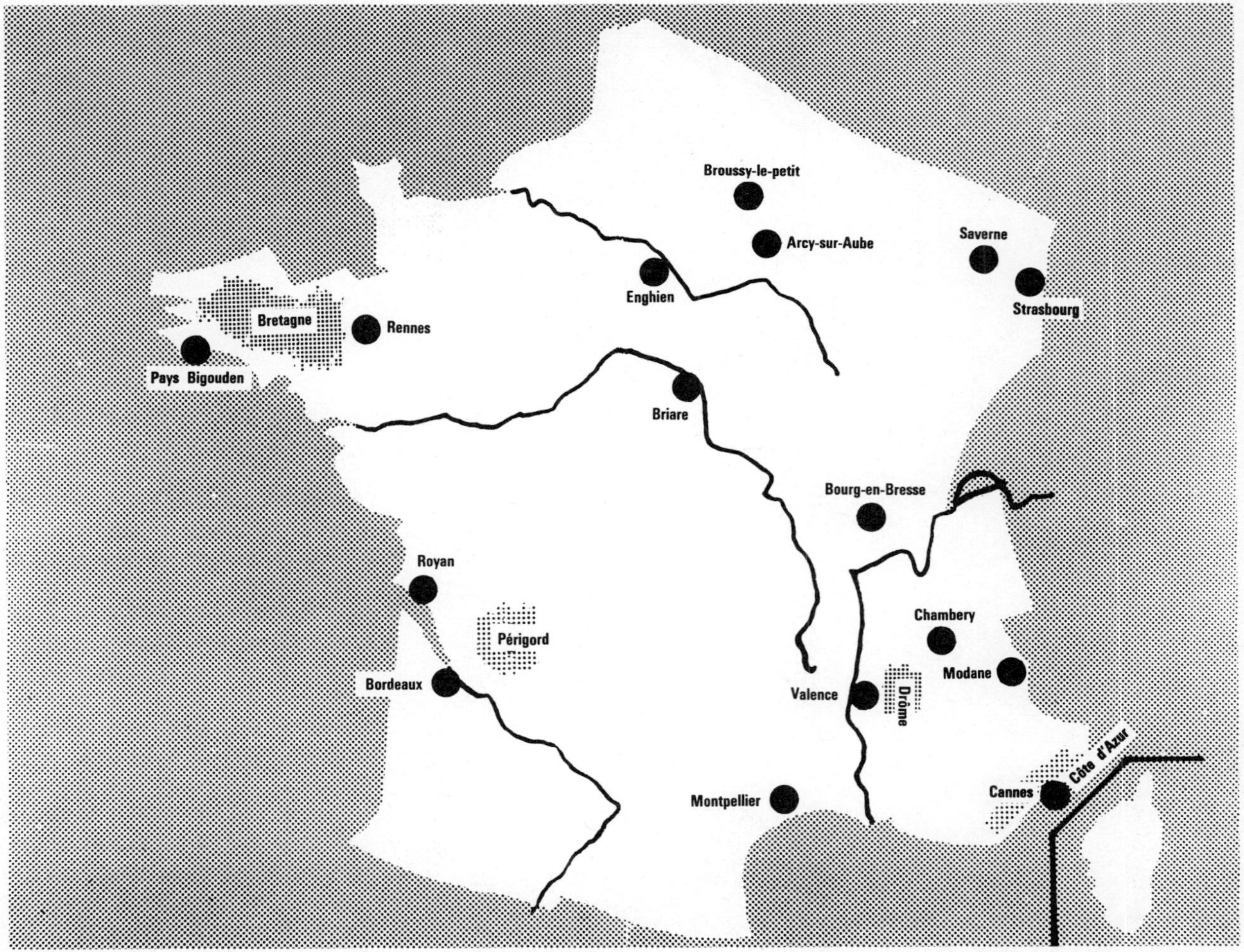

Broussy-le-petit
Arcy-sur-Aube
Saverne
Strasbourg
Enghien
Bretagne
Rennes
Pays Bigouden
Briare
Bourg-en-Bresse
Royan
Périgord
Bordeaux
Chambery
Modane
Valence
Drôme
Montpellier
Cannes
Côte d'Azur

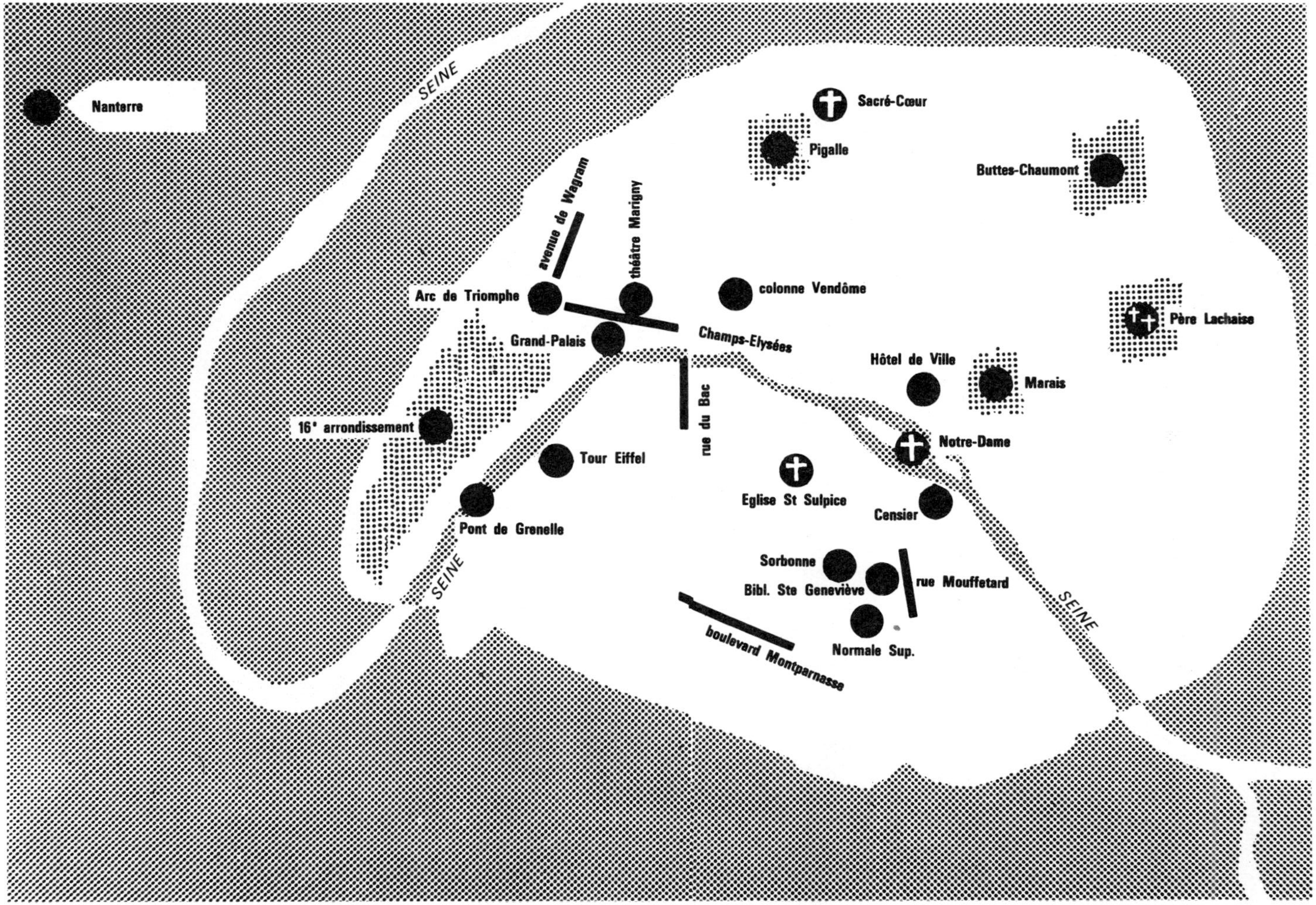
Nanterre
SEINE
Sacré-Cœur
Pigalle
Buttes-Chaumont
avenue de Wagram
théâtre Marigny
Arc de Triomphe
colonne Vendôme
Père Lachaise
Grand-Palais
Champs-Elysées
Hôtel de Ville
Marais
16ᵉ arrondissement
rue du Bac
Notre-Dame
Tour Eiffel
Eglise St Sulpice
Censier
Pont de Grenelle
Sorbonne
Bibl. Ste Geneviève
rue Mouffetard
SEINE
SEINE
boulevard Montparnasse
Normale Sup.